ENCYCLOPÉDIE-RORET

GARDES CHAMPÊTRES

MANUELS-RORET.

NOUVEAU MANUEL COMPLET

DES

GARDES CHAMPÊTRES

COMMUNAUX OU PARTICULIERS

GARDES FORESTIERS, GARDES-PÊCHE
ET GARDES-CHASSE

CONTENANT

L'analyse ou le texte des lois, Ordonnances et Arrêts sur leurs attributions, selon la législation nouvelle ;

CONTENANT ÉGALEMENT

Un DICTIONNAIRE DES GARDES, où se trouvent toutes les notions qu'ils doivent avoir relativement aux contraventions et délits de toute nature, et celles relatives aux biens ruraux, aux bois, poissons, gibier, filets ou engins permis ou prohibés ; avec les Formules de leurs Procès-Verbaux.

Par M. BOYARD

Ancien Président de la Cour impériale d'Orléans

Nouvelle Édition, revue, corrigée,

et mise au courant de la Législation actuelle.

PAR M. CH. VASSEROT

Avocat à la Cour impériale de Paris

PARIS

LIBRAIRIE ENCYCLOPÉDIQUE DE RORET

Rue Hautefeuille, 12

1866

AVIS.

Le mérite des ouvrages de L'ENCYCLOPÉDIE-RORET leur a valu les honneurs de la traduction, de l'imitation et de la contrefaçon. Pour distinguer ce volume, il porte la signature de l'éditeur, qui se réserve le droit de le faire traduire dans toutes les langues, et de poursuivre, en vertu des lois, décrets et traités internationaux, toutes contrefaçons et toutes traductions faites au mépris de ses droits.

Le dépôt légal de ce Manuel a été fait dans le cours du mois de mars 1866, et toutes les formalités prescrites par les traités ont été remplies dans les divers États avec lesquels la France a conclu des conventions littéraires.

PRÉFACE.

On écrit beaucoup pour éclairer les fonctionnaires de toutes les classes, et presque toujours ils savent mieux que leurs professeurs ce qu'on prend la peine de leur enseigner, parce qu'ils ont pour eux la pratique, et que les écrivains ne s'occupent ordinairement que des théories plus ou moins satisfaisantes, mais rarement applicables.

Nous suivons un autre système.

Notre objet étant, avant tout, de populariser la science administrative selon la sphère et les facultés des administrateurs et de leurs auxiliaires, nous avons dû diviser notre travail de manière à faire bien comprendre aux gardes champêtres, communaux et particuliers, aux gardes forestiers, gardes-pêche, gardes-chasse, ce qui est de l'essence de leurs fonctions, et leur donner ensuite les moyens de les bien remplir.

Ainsi, notre livre se compose de deux parties : l'une contenant un petit traité substantiel sur les attributions, les droits, les devoirs de chaque garde ; l'autre un dictionnaire de poche contenant tout ce qui tient à la pratique.

La première partie se divise en quatre sections : la première est consacrée aux gardes champêtres considérés comme auxiliaires de l'autorité administrative et judiciaire ; elle traite aussi des devoirs réciproques de tous les gardes entre eux, car tous sont auxiliaires les uns des autres.

La deuxième section règle les attributions spéciales des gardes forestiers, selon le Code de 1827 et l'ordonnance forestière.

La troisième, relative aux gardes-pêche, contient le texte de la loi sur la pêche fluviale et l'analyse de la jurisprudence et des instructions administratives.

La quatrième section contient tout ce qui est relatif aux gardes-chasse.

Quant au Dictionnaire, il a l'avantage d'éviter les détails qui empêchent les gardes de trouver les choses essentielles, et celui de leur indiquer à l'instant ce qu'ils cherchent.

Les procès-verbaux de gardes sont souvent annulés par les tribunaux, parce que les gardes, en général, n'ont pas une connaissance assez complète de leurs devoirs ; les modèles de ces actes sont excellents pour les cas ordinaires, mais fort insuffisants pour les cas graves, qui sont précisément ceux qui demandent le plus de soins, puisque la gravité des actions entraîne la profondeur des discussions, et stimule les efforts des contrevenants et de leurs défenseurs.

Il faut donc que tout procès-verbal se suffise à lui-même, et que, de plus, il puisse résister aux attaques des délinquants. Ainsi, il ne saurait contenir des détails trop précis sur l'objet du délit, quant à son espèce, sa qualité, afin que l'identité soit parfaitement constatée; et rien n'est plus propre à éclairer promptement les rédacteurs de ces actes que le dictionnaire qui contient des notions sur tout ce qui se rapporte à leurs fonctions.

N'est-il pas vrai que si un vol de poisson a été fait, et si on a constaté la saisie de tant de pièces, sans en donner les noms ou la description, le juge n'aura que des renseignements vagues, peu capables de l'éclairer, tandis que si le garde a déclaré que parmi les poissons saisis se trouvaient des carpes, des perches, des tanches, la preuve sera complète, si, par exemple, la plainte ou la déclaration du propriétaire portait que le canal ou vivier où le vol a été commis était peuplé de ces trois espèces? Eh bien, le dictionnaire donne les moyens de les distinguer et de les décrire.

D'un autre côté, si l'on dit à un garde champêtre qu'il est chargé de signaler les anticipations sur les chemins communaux, la première question qu'il se fera est celle-ci : Quelle est la largeur de ces chemins? La loi ne le dit pas ; mais s'il cherche au mot *Chemin*, il le trouvera.

Tous les gardes doivent arrêter les malfaiteurs qu'ils trouvent en flagrant délit : beaucoup se demanderont ce que c'est qu'un *flagrant délit ;* qu'ils cherchent ce mot et ils feront connaissance avec la chose.

Un garde particulier veut constater qu'un individu a été pris chassant en temps prohibé, nanti de plusieurs pièces de gibier ; s'il est un garde ignorant, le délinquant soutiendra qu'il ne chassait pas, qu'il a seulement tiré des oiseaux de passage, etc., etc. Mais si le garde a lu attentivement son petit dictionnaire, il saura très-bien que telle pièce est un faisan, telle autre une sarcelle, telle autre une perdrix, et que ce n'est qu'en chassant et non par hasard qu'on tue de tel gibier. Il consignera ces circonstances dans son procès-verbal, et la preuve du délit sera, par cela seul, acquise, et la répression assurée.

Un garde-pêche veut constater un délit résultant de ce qu'on a pris avec des filets destinés au petit poisson des pièces qu'on ne pouvait pêcher légalement qu'avec des filets d'ordonnance. Il ne suffit pas que son procès-verbal contienne le poids du poisson, il faut qu'il désigne les espèces, car sans cela la loi ne peut s'appliquer à des faits douteux ; mais s'il a bien lu la description de la carpe, du barbeau, du brochet, il ne doutera pas que les poissons pêchés avec des filets à éperlans ou à goujons, étant de moyennes carpes ou de moyens barbeaux, le pêcheur avait commis un véritable délit.

Un garde forestier assiste-t-il à un récolement, il faut qu'il connaisse toutes les essences d'arbres.

qui en font partie. Toutes sont mentionnées au dictionnaire ; s'il a des doutes sur une espèce, la désignation de son écorce, de son feuillage, de son fruit, le mettront sur la voie ; et avec un peu d'attention, il évitera des erreurs qui auraient pu le faire mettre au rang des gardes incapables, et le priver d'un avancement auquel il croit avoir des droits incontestables.

Le propriétaire lui-même n'a pas toujours sous la main un dictionnaire d'agriculture ou d'histoire naturelle, et, dans beaucoup d'occasions, le *Dictionnaire des Gardes* pourra lui servir de guide ; car le propriétaire doit être le garde par excellence de ses champs, de sa pêche et de sa chasse ; c'est le garde-chef auquel rien ne doit échapper.

Nous avons enfin, dans une troisième partie, réuni la loi sur la chasse, ainsi que tous les arrêts qui en ont réglé le sens depuis sa promulgation, celle sur le roulage rendue le 8 juin 1851, et celle sur la pêche en date du 31 mai 1865. C'est un des avantages de cette cinquième édition de contenir toutes les lois en vigueur relatives aux fonctions des gardes champêtres et autres gardes, et de ne plus contenir celles qui ont été abrogées depuis notre dernière édition.

Peut-être nous sommes-nous exagéré les avantages de ce petit livre ; c'est cependant l'idée de son utilité qui nous a soutenu dans le travail fastidieux auquel il a fallu nous livrer. Mais en sup-

posant que nous nous soyons fait illusion, il est
du moins un point sur lequel nous n'avons pu
nous tromper : c'est que celui qui le lira attentivement économisera, à peu de frais, tout le temps
que nous avons consacré à réunir, dans un cadre
étroit, ce qui se trouve répandu dans plusieurs
ouvrages d'une grande étendue et d'un prix considérable.

NOUVEAU MANUEL COMPLET

DES

GARDES CHAMPÊTRES

COMMUNAUX OU PARTICULIERS

GARDES-FORESTIERS, GARDES-PÊCHE ET GARDES-CHASSE.

PREMIÈRE PARTIE.

ATTRIBUTIONS DE TOUS LES GARDES.

SECTION PREMIÈRE.

Fonctions communes aux Gardes Champêtres communaux ou particuliers, Gardes Forestiers, Gardes-Pêche et Gardes-Chasse.

§ 1er. La mission confiée à tous ces agents consiste à veiller à la conservation des bois, propriétés rurales, récoltes pendantes ou coupées, chasses et pêches ; à constater toutes les infractions aux lois et ordonnances commises dans l'arrondissement à la garde duquel ils ont été commis ; à dresser des procès-verbaux contre toute personne prise en délit, quels que soient d'ailleurs son rang, son âge, sa profession.

Son rang, parce que tous les citoyens sont égaux devant la loi.

Son âge, parce que les parents répondent des actes des mineurs. (*Art.* **206.** *Code forestier*).

Sa profession, parce qu'il n'en est pas qui dispense de

l'exécution des lois , et qu'il en est telle que celle de domestique , d'ouvrier , de pâtre , qui ouvrent action contre leurs maîtres. (*Même article.*)

§ 2. Les agents de l'État, des communes ou des particuliers doivent concilier leurs devoirs, quelquefois rigoureux, avec le respect dû à la liberté individuelle et à la propriété ; ils doivent agir avec fermeté, mais avec circonspection , et ne jamais oublier qu'ils sont personnellement responsables des délits qu'ils auraient volontairement omis de constater. (V. *Dictionnaire des Gardes*, au mot *Procès-verbal.*)

La Cour de cassation a décidé , le 2 mai 1839 , que les gardes champêtres, comme auxiliaires des officiers locaux de police, peuvent être chargés de faire exécuter les arrêtés légalement pris par l'autorité municipale; et que, lorsqu'ils agissent à cet effet, toute voie de fait commise à leur égard doit être punie comme exercée envers un agent chargé d'un ministère de service public , dans le sens de l'article 230 du Code pénal.

Elle a décidé aussi, le 21 mai 1835, que les gardes champêtres et forestiers des particuliers qui commettent des délits dans l'exercice de leurs fonctions , doivent, à raison de leur qualité d'officiers de police judiciaire, être traduits directement devant la cour impériale.

§ 3. Le mode commun à tous, est d'agir par voie de procès-verbaux, et la règle commune à tous ces actes est,

1° Qu'ils soient signés par le garde verbalisant ;

2° Qu'ils soient affirmés le lendemain de leur clôture (Voy. id. *Affirmation* ;)

3° Que dans le cas où l'agent n'aurait pas écrit lui-même le procès-verbal, l'officier qui reçoit l'affirmation constate qu'il en a donné lecture à l'agent ; .

4° Que le procès-verbal soit enregistré dans le délai fixé. (V. id. *Enregistrement.*)

§ 4. D'après la loi et la jurisprudence de la Cour de cassation, il y a nullité chaque fois que l'une de ces formalités n'a pas été remplie ; et cette nullité peut être opposée en tout état de cause, c'est-à-dire en police correctionnelle, en appel et même en cassation.

§ 5. Les procès-verbaux pour délits forestiers ou délits de pêche doivent être enregistrés dans les quatre jours qui suiveut celui du délit, ainsi que le prescrivent les art. 170 du Code forestier et 47 de la loi sur la-pêche fluviale. Il n'en serait pas de même d'un procès-verbal pour délit de chasse ou de port d'armes, parce que la loi n'a pas prescrit l'enregistrement à peine de nullité. (Voy. *Procès-verbaux.*)

§ 6. L'administration de l'enregistrement a le droit de poursuivre les gardes dont les procès-verbaux ont été annulés pour défaut d'accomplissement des formalités prescrites, c'est assez dire à ces agents qu'il est de leur intérêt de n'y rien négliger, et que s'ils s'abstenaient par faveur ou pour tout autre motif de remplir ces formalités, ils encourraient à la fois des mercuriales, des condamnations à l'amende, et même la destitution.

Quant aux conditions d'admission et aux prérogatives de chaque place, elles se trouveront exprimées dans les différentes sections où l'on traitera des devoirs et des droits de ces gardes. (Voyez, pour les gardes champêtres, les paragraphes suivants ; pour les gardes forestiers, la section II ; pour les gardes-pêche, la section III ; ponr les gardes-chasse, la section IV ; et pour tous les mots du *Dictionnaire des Gardes* qui se réfèrent à leurs fonctions.)

§ 7. ATTRIBUTIONS DES GARDES CHAMPÊTRES.

Les gardes champêtres sont des auxiliaires de l'autorité administrative et judiciaire, préposés à la surveillance des propriétés et à la conservation des fruits, des moissons et récoltes de toute nature.

La loi du 18 juillet 1837, sur les attributions municipales, donnait aux maires le droit de nommer les gardes champêtres, sur l'approbation du conseil municipal. En vertu de l'art. 5 du décret du 25 mars 1852, les préfets nomment directement les gardes champêtres et forestiers sur la présentation des chefs de service. Ils prêtent serment devant le juge de paix du canton de leur résidence.

D'après le décret du 20 messidor an III, il devrait y avoir un garde champêtre au moins par chaque commune ; mais cette loi n'a jamais été exécutée rigoureusement, il y a encore beaucoup de communes qui sont sans gardes champêtres ; et bien que la loi de juillet 1837 mette le traitement de ces agents au nombre des dépenses obligatoires, on ne doit pas en tirer la conséquence qu'une commune, qui n'a pas de garde champêtre, peut être forcée d'en prendre un ; la dépense n'est obligatoire qu'à l'égard de ceux qui existent.

Ils sont chargés de seconder les maires, les brigades de gendarmerie dans la recherche des crimes, délits et contraventions prévus par le Code pénal, le Code forestier, le Code rural, celui des contributions indirectes, celui de la pêche fluviale ; par les lois sur le recrutement, sur les tabacs, sur les chemins, le roulage et les cours d'eau.

§ 8. Les gardes champêtres prêtent devant le juge de paix le serment prescrit par le décret du 5 avril 1852. Comme auxiliaires de la police judiciaire, leurs devoirs se trouvent tracés dans le Code d'instruction criminelle, art. 16 à 22.

Les gardes champêtres et les gardes forestiers, considérés comme officiers de police judiciaire, sont chargés de rechercher, chacun dans le territoire pour lequel ils ont prêté serment, les délits et les contraventions de police qui auront porté atteinte aux propriétés rurales et forestières.

Ils dresseront des procès-verbaux à l'effet de constater la nature, les circonstances, le temps, le lieu des délits et des contraventions, ainsi que les preuves et les indices qu'ils auront pu recueillir (*).

Ils suivront les choses enlevées dans les lieux où elles auront été transportées, et les mettront en séquestre. Ils ne pourront néanmoins s'introduire dans les maisons, ateliers, bâtiments, cours adjacentes et enclos, si ce n'est en présence, soit du juge de paix, soit de son suppléant, soit du commissaire de police, soit du maire du lieu, soit de son adjoint, et le procès-verbal qui devra en être dressé, sera signé par celui en présence duquel il aura été fait.

Ils arrêteront et conduiront devant le juge de paix ou devant le maire tout individu qu'ils auront surpris en flagrant

---

* Les procès-verbaux des gardes champêtres, dressés et affirmés dans la forme prescrite, lorsqu'ils ne donnent lieu qu'à des réclamations pécuniaires, font pleine foi en justice, sauf néanmoins la preuve contraire ; et, pour administrer cette preuve, il n'est pas nécessaire de prendre la voie de l'inscription de faux. (*Loi du 28 septembre 1791, sur la police rurale, titre 1, section 7, article 6.*) Il n'en est pas ainsi des procès-verbaux rédigés par les gardes forestiers ; ils font foi jusqu'à inscription de faux.

délit, ou qui sera dénoncé par la clameur publique, lorsque ce délit emportera la peine d'emprisonnement ou une peine plus grave.

Ils se feront donner, pour cet effet, main forte par le maire ou par l'adjoint au maire du lieu, qui ne pourra s'y refuser.

Comme auxiliaires de l'administration, il sont sous les ordres du maire de la commune, pour exécuter tout ce qu'il prescrit pour l'application et l'exécution des lois et ordonnances, ou réglements.

§ 9. Comme auxiliaires de la gendarmerie, leurs devoirs sont consignés dans l'ordonnance du 29 octobre 1820, art. 310 à 314, dont voici les termes :

310. Les gardes champêtres des communes sont placés sous la surveillance des commandants des brigades de gendarmerie qui tiennent un registre particulier sur lequel ils inscrivent les noms, l'âge et le domicile de ces gardes champêtres.

311. Les officiers et sous-officiers de gendarmerie s'assurent dans leurs tournées si les gardes champêtres remplissent bien les fonctions dont ils sont chargés ; ils donnent connaissance aux sous-préfets de ce qu'ils ont appris sur la conduite et le zèle de chacun d'eux.

312. Dans des cas urgents, ou pour des objets importants, les sous-officiers de gendarmerie peuvent mettre en réquisition les gardes champêtres d'un canton, et les officiers ceux d'un arrondissement, soit pour les seconder dans l'exécution des ordres qu'ils ont reçus, soit pour le maintien de la police et de la tranquillité publique ; mais ils sont tenus de donner avis de cette réquisition aux maires et aux sous-préfets, et de leur en faire connaître les motifs généraux.

313. Les officiers et sous-officiers de gendarmerie adressent, au besoin, aux maires, pour être remis aux gardes champêtres, le signalement des individus qu'ils ont l'ordre d'arrêter.

314. Les gardes champêtres sont tenus d'informer les maires, et ceux-ci les officiers et les sous-officiers de la gendarmerie, de tout ce qu'ils découvrent de contraire au maintien de l'ordre et de la tranquillité publique ; ils leur don-

nent avis des délits qui ont été commis dans leurs territoires respectifs. Le décret du 11 juin 1806 contient de plus les dispositions suivantes :

Les officiers et sous-officiers de gendarmerie adressent aux maires, pour être transmis aux gardes champêtres, le signalement des malfaiteurs, déserteurs, ou autres individus qu'ils auront reçu ordre de faire arrêter. (Art. 4.)

Les gardes champêtres sont tenus d'informer les maires, et ceux-ci les officiers ou sous-officiers de gendarmerie, de tout ce qu'ils découvrent de contraire au maintien de l'ordre et à la tranquillité publique ; ils leur donnent avis de tous les délits qui ont été commis dans leurs territoires respectifs, et les préviennent lorsqu'il s'établit dans leurs communes des individus étrangers à la localité. (Art. 5.)

Les gardes champêtres qui arrêtent, soit des déserteurs, des hommes évadés des galères, ou autres individus, reçoivent la gratification accordée par les lois à la gendarmerie impériale. » (Art. 6.)

Le décret du 12 janvier 1811 fixe à 25 francs le montant de la gratification accordée pour chaque arrestation de déserteur. (Art. 1.) L'art. 2 porte que cette gratification leur sera avancée, sur le vu de leurs procès-verbaux, par les préfets.

Les sous-préfets, après avoir pris l'avis des maires et des officiers de gendarmerie, désignent aux préfets, et ceux-ci à l'administration forestière, ceux d'entre les gardes champêtres de leurs arrondissements et de leurs départements respectifs qui, par leur bonne conduite et par leurs services, méritent d'être appelés aux fonctions de gardes forestiers. (Art. 7.)

Tout garde champêtre qui manque à ses devoirs peut être suspendu par le maire et destitué par le préfet. Il est évident que ce magistrat ne statue dans les cas ordinaires, qu'après avoir pris l'avis du maire et du sous-préfet, puisque le décret du 25 mars 1852 lui impose l'obligation de le faire pour la nomination.

La loi du 15 septembre 1791 leur défend d'exercer aucun métier, afin qu'ils soient tout entiers à leurs fonctions ; ainsi, c'est abusivement que les maires les emploient comme cantonniers ou comme ouvriers, dans l'intérêt de la commune. (Voyez *Officiers de Police judiciaire et Outrages*).

Enfin, pour compléter l'exposé des droits et des devoirs des gardes champêtres, nous nous empressons de rapporter la circulaire de M. le Ministre de l'Intérieur adressée aux préfets.

Paris, le 30 octobre 1865.

Monsieur le préfet,

La cour de cassation a rendu récemment un arrêt d'où il résulte que les gardes champêtres étant préposés spécialement à la garde des propriétés rurales et forestières n'ont d'autre pouvoir que de constater les contraventio et délits commis au préjudice de ces propriétés, et qu'ils n'ont pas qualité pour constater d'autres délits ou contraventions, par exemple, sur la fermeture des cabarets et autres lieux publics.

Cet arrêt est en complet accord avec la législation. En effet, il ressort incontestablement des articles 9, 11 et 16 combinés, du Code d'instruction criminelle, que les gardes champêtres ne peuvent intervenir, *à titre d'officiers de police judiciaire*, dans l'exercice de la police municipale et constater par des *procès-verbaux* les contraventions de cette nature. L'article 11, notamment, porte que les gardes champêtes et les gardes forestiers, considérés comme officiers de police judiciaire, sont chargés de rechercher, chacun dans le territoire pour lequel ils auront été assermentés, les délits et les contraventions de police qui auront porté atteinte aux propriétés rurales et forestières, et en cela, l'article 11 est resté fidèle à la pensée de la loi du 28 septembre - 6 octobre 1791, sur l'agriculture, qui, en régularisant l'institution de ces agents, n'a entendu placer sous leur surveillance que la police des campagnes.

Toutefois, si les gardes champêtres ne sont pas aptes à rédiger des procès-verbaux autres que ceux de police rurales ils peuvent et doivent même surveiller dans les communes, les diverses parties du service municipal, donner des avertissements aux citoyens, dénoncer, à fin de droit, par la voie de *simples rapports*, les contraventions dont ils s'aperçoivent, et se rendre ainsi les auxiliaires actifs et vigilants de l'administration.

» En ce qui concerne notamment la police des cabarets et lieux publics, le garde champêtre ne peut constater *officiellement* le fait d'ouverture après l'heure réglementaire ; son procès-verbal ne serait admis en justice qu'à titre de renseignement ; mais il doit signaler l'abus commis au maire, son chef immédiat, qui a en main le pouvoir de constater les contraventions, au commissaire de police, auquel il doit régulièrement signaler la situation de la commune, à la gendarmerie, qui, avertie par lui, surveillera plus spécialement l'établissement qui lui aura été désigné.

» La décision de la cour suprême, dont j'apprends que certains maires se sont émus, ne modifie en rien la situation légale des gardes champêtres ; elle ne fait que définir et préciser leurs droits. Le devoir de surveillance qui incombe aux gardes champêtres, à l'égard des établissement publics, reste intact et leur mission administrative reste la même.

Vous voudrez bien adresser des instructions en ce sens à MM. les maires de votre département.

» Recevez, etc.

» *Le ministre de l'intérieur,*

« LA VALETTE. »

§ 10.   DEVOIRS RÉCIPROQUES DES GARDES ENTRE EUX.

Les gardes champêtres étant agents de la force publique, comme les gardes forestiers, les gardes-pêche et les gardes-chasse, il s'ensuit qu'il se doivent mutuellement aide et protection dans les cas de résistance à la loi par les délinquants. Les gardes particuliers sont dans la même position que les autres (*) ; il y a seulement entre eux cette différence : 1° que les gardes nommés par l'autorité publique qui refuseraient leur concours seraient dans le cas de la destitution, tandis que les gardes des particuliers ne devraient encourir que le blâme de leurs maîtres et de leurs concitoyens. 2° Que ces derniers ne peuvent pas être réunis

---

* Voyez section IV, § 12.

et momentanément embrigadés sans leur consentement, tandis que l'art. 312 du décret du 11 juin 1806 autorise les sous-officiers de gendarmerie à mettre en réquisition les gardes d'un canton, et les officiers ceux de tout un arrondissement, soit pour les seconder dans l'exécution des ordres qu'ils ont reçus, soit pour le maintien de la police et de la tranquillité publique.

Cet article paraît ne s'appliquer qu'aux gardes champêtres, mais les réglements généraux sur la gendarmerie et les lois antérieures au décret de 1806 étendent la disposition à tous les gardes, à quelque administration qu'ils appartiennent.

Il en est ainsi pour les douanes et les impôts indirects ; tous doivent prêter main-forte. Aussi, faut-il dire que, dans le cas de concours de la part des gardes, ils ont droit à une portion de la gratification accordée par l'État, si le fait y donne lieu, comme en matière de douanes, d'arrestation de déserteurs, de réfractaires, de prisonniers ou de forçats évadés, et autres cas qu'on ne peut énumérer. Non-seulement dans tous ces cas ils doivent se joindre à la force publique qui les requiert, mais il est encore dans leur intérêt de prévenir la réquisition ; car c'est par leur empressement à maintenir l'ordre et la tranquillité, qu'ils se rendent dignes de l'avancement et des récompenses qui sont réservées aux hommes courageux et amis des lois.

Ils peuvent même agir isolément si l'occasion s'en présente ; mais alors c'est sous leur responsabilité personnelle ; et, pour se mettre à l'abri de tout reproche, ils doivent, en cas de saisie ou d'arrestation, en référer sur-le-champ à l'autorité supérieure, qui statue provisoirement.

Il leur est interdit d'arrêter qui que ce soit sans conduire le délinquant soit à la brigade de gendarmerie, s'il s'agit de crime ou délit ; soit au bureau de la douane, s'il s'agit de denrées prohibées ; soit au bureau des contributions indirectes, s'il s'agit de fraude sur les tabacs ou les boissons. Ils peuvent alors requérir les simples citoyens de leur prêter main-forte ; ils peuvent opérer des saisies, mettre provisoirement en fourrière les chevaux et attelages servant au délit, et ils doivent du tout dresser des procès-verbaux détaillés.

S'il s'agit de délit sur les canaux ou les grandes routes, ils peuvent également se faire assister des cantonniers, des éclusiers et gardes-ports. Les gardes champêtres peuvent enfin constater les délits de chasse et ceux de pêche : l'art. 56 de la loi du 15 avril 1829 leur en fait un devoir en ce qui touche la pêche.

Mais plus le législateur leur a confié d'attributions, plus il a dû se montrer sévère lorsque les gardes ne les remplissent pas, et surtout lorsqu'ils s'abstiennent, par faveur ou par corruption, de faire les actes qui leur sont imposés par leur serment.

La loi du 28 avril 1816, art. 225 et 245, donne à tous les gardes et généralement à tout employé assermenté, le droit de constater les ventes des colporteurs de tabacs, de cartes, de sel, de poudre à feu, des boissons, vins, cidres, poirés, eau-de-vie, esprits et liqueurs; elle veut que le transport et la vente de ces objets soient garantis par des laisser-passer, des congés, des timbres, des vignettes de la régie, et l'on doit dresser des procès-verbaux contre toutes les infractions à ce qu'elle prescrit.

Après avoir analysé ce qui a rapport aux fonctions des gardes de toutes les administrations ou des communes, il faut, pour les prémunir contre les dangers de la séduction, les avertir qu'indépendamment de la suspension , de la révocation, de la destitution, le Code pénal contient les dispositions suivantes :

Art. 177. Tout agent ou préposé d'une administration publique, qui aura agréé des offres ou promesses, ou reçu des dons ou présents pour faire un acte de sa fonction ou de son emploi, même juste, mais non sujet à salaire, sera puni de la dégradation civique, et condamné à une amende double de la valeur des promesses agréés ou des choses reçues, sans que ladite amende puisse être inférieure à deux cents francs.

La présente disposition est applicable à tout fonctionnaire, agent ou préposé de la qualité ci-dessus exprimée, qui par offres ou promesses agréés, dons ou présents reçus, se sera abstenu de faire un acte qui entrait dans l'ordre de ses devoirs.

178. Dans le cas où la corruption aurait pour objet un fait criminel emportant une peine plus forte que celle de la

dégradation civique, cette peine plus forte sera appliquée aux coupables.

179. Quiconque aura contraint on tenté de contraindre par voies de fait ou menaces, corrompu ou tenté de corrompre par promesses, offres, dons ou présents, un fonctionnaire, agent ou préposé de la qualité exprimée en l'article 177, pour obtenir soit une opinion favorable, soit des procès-verbaux, états, certificats ou estimations contraires à la vérité, soit des places, emplois, adjudications, entreprises ou autres bénéfices quelconques, soit enfin tout autre acte du ministère du fonctionnaire, agent ou préposé, sera puni des mêmes peines que le fonctionnaire, agent ou préposé corrompu.

Toutefois, si les tentatives de contrainte ou corruption n'ont eu aucun effet, les auteurs de ces tentatives seront simplement punis d'un emprisonnement de trois mois au moins, et de six mois au plus, et d'une amende de cent fr. à trois cents fr.

180. Il ne sera jamais fait au corrupteur restitution des choses par lui livrées, ni de leur valeur : elles seront confisquées au profit des hospices des lieux où la corruption aura été commise.

§ 11. DISPOSITIONS COMMUNES AUX GARDES CHAMPÊTRES ET À LA GENDARMERIE.

Emeute, résistance, sommation.

Les gardes champêtres doivent leur concours à la gendarmerie lorsqu'ils en sont légalement requis, en cas d'émeute, d'attroupement ou de danger public ; alors ils sont soumis comme les corps avec lesquels ils agissent, aux dispositions du décret impérial du 1er mars 1854.

Il est inutile de transcrire ici ce décret, puisque dans ce cas les gardes n'ont comme les soldats qu'à se soumettre aux ordres qui leur sont transmis.

L'ordonnance du 24 juillet 1816 permet aux gardes champêtres et aux gardes forestiers d'avoir un fusil de guerre lorsqu'ils y seront autorisés par les sous-préfets.

SECTION II.

Des Gardes forestiers.

Ces agents qui, jusqu'au décret du 25 mars 1852 sur la décentralisation administrative, étaient nommés par l'administration forestière, le sont maintenant par les préfets sur la présentation de cette administration.

Quant aux considérations générales, nous renvoyons à ce que nous avons dit des gardes champêtres dans la première section, § 1er à 6. Nous ajouterons cependant que les gardes forestiers ayant des attributions qui leur sont propres, ce sont elles que nous essayons de reproduire ici en suivant l'ordre du code et de l'ordonnance d'exécution, parce que ces deux actes devant être l'objet de leur étude de tous les jours, il est bon de se borner à les leurexpliquer sans intervertir l'ordre des articles qui se réfèrent aux fonctions des gardes forestiers.

§ 1er. Les objets principaux de leur surveillance sont : les entreprises qui peuvent porter atteinte à l'intégralité du sol forestier, les usurpations, les défrichements non autorisés dans les forêts impériales et tous autres bois, même des particuliers, et quels que soient les propriétaires; les coupes de futaie, sans déclaration, dans les bois des particuliers, et les coupes non autorisées dans les bois communaux et d'établissements publics ; l'introduction des bestiaux dans les forêts par des personnes non usagères, et le pâturage dans les endroits non déclarés défensables; la dépaissance des chèvres, brebis et moutons, même dans les bois des particuliers; le ramas du bois sec avec des instruments défendus ; les enlèvements en délits de bois, de plants, de fruits, de terre et sable, d'herbes, de feuilles mortes et autres, et de tous produits forestiers; les dommages causés aux arbres; les incendies; la fabrication du charbon et des cendres; le feu allumé dans les forêts, landes et bruyères , et à des distances prohibées; la construction de maisons, usines et ateliers dans les forêts, et à des distances prohibées; le commerce de bois par des préposés forestiers et autres personnes à qui la loi le défend; l'établissement, près des forêts, d'ouvriers qui emploient le bois ; enfin tous les délits qui peuvent se com-

mettre dans les bois impériaux, communaux et d'établissements publics, et tous les bois possédés par *indivis* avec le
gouvernement, ou dans lesquels il a des droits ; l'exercice de
la chasse **et le** port d'armes dans les forêts sans permission;
la défense de prendre des aires d'oiseaux, de tirer sur les
cerfs et biches par personnes non autorisées.

§ 2. Les gardes forestiers, considérés comme officiers de
police judiciaire, sont chargés de rechercher, chacun dans
le territoire pour lequel ils auront été assermentés, les délits
et les contraventions de police qui auront porté atteinte aux
propriétés rurales et forestières.

Ils dressent des procès-verbaux, à l'effet de constater la
nature, les circonstances, le temps, le lieu des délits et des
contraventions, ainsi que les preuves et les indices qu'ils
peuvent en recueillir.

Ils suivent les choses enlevées dans les lieux où elles ont
été transportées, et les mettent en séquestre : ils ne peuvent
néanmoins s'introduire dans les maisons, ateliers, bâtiments,
cours adjacentes et enclos, si ce n'est en présence, soit du
juge de paix, soit de son suppléant, soit du commissaire de
police, soit du maire du lieu, soit de son adjoint ; et le procès-verbal qui doit en être dressé est signé par celui en présence de qui il est fait.

Ils arrêtent et conduisent devant le juge de paix, ou devant le maire, tout individu qu'ils ont surpris en flagrant
délit, ou qui est dénoncé par la clameur publique, lorsque
ce délit emporte la peine d'emprisonnement, ou une peine
plus grave.

Ils se font donner, pour cet effet, main-forte par le maire
ou par l'adjoint au maire du lieu, qui ne pourra s'y refuser.
(*Art.* 16 *du Code d'Instruction criminelle.*)

Les gardes forestiers sont, comme officiers de police judiciaire, sous la surveillance du procureur impérial, sans préjudice de leur subordination à l'égard de leurs supérieurs
dans l'administration. (*Ibid.*, *art.* 17.)

Les gardes forestiers de l'administration des communes
et des établissements publics remettent leurs procès-verbaux aux conservateur, inspecteur ou sous-inspecteur forestiers, dans les trois jours au plus tard, y compris celui où ils

ont reconnu le fait sur lequel ils procèdent. (*Ibid.*, *art.* 15 et 18.)

L'officier qui a reçu l'affirmation est tenu, dans la huitaine, d'en donner avis au procureur impérial. (*Ibid.*)

Le conservateur, inspecteur ou sous-inspecteur, fait citer les prévenus ou les personnes civilement responsables, devant le tribunal correctionnel. (*Ibid.*, *art.* 19.)

Les officiers de police judiciaire ont, dans l'exercice de leurs fonctions, le droit de requérir directement la force publique. (*Ibid.*, *art.* 25.)

§ 5. RESPONSABILITÉ DES GARDES FORESTIERS.

Les gardes forestiers sont responsables de toutes négligences ou contraventions dans l'exercice de leurs fonctions, ainsi que de leurs malversations personnelles.

Par suite de cette responsabilité, les gardes peuvent être tenus des indemnités encourues par les délinquants, lorsqu'ils n'ont pas dûment constaté les délits ; et le montant des condamnations qu'ils subissent est retenu sur leur traitement, sans préjudice de toute autre poursuite [*].

Les gardes forestiers ne peuvent faire le commerce de bois, ni enlever les bois abattus dans les haies et tranchées.

Les gardes particuliers qui achètent des bois des gardes forestiers, sont réputés par cela seul complices. (*Cour cas.* 9 *février* 1811.)

Le vol de bois commis par un garde forestier dans les forêts commises à sa surveillance n'est point un crime, mais un délit de police correctionnelle. (*Cour cas. du* 25 *juin* 1815.)

L'article 5 du code forestier porte que nul ne pourra exercer un emploi forestier s'il n'est âgé de 25 ans ; il n'y a d'exception que pour les élèves de l'école forestière, qui peuvent être gardes-généraux sans passer par les grades inférieurs.

[*] Deux ordonnances, en date du 22 février 1821, rendues en conseil d'État, autorisent le ministère public à poursuivre : 1° un garde forestier prévenu d'avoir, étant dans ses fonctions, tiré un coup de fusil sur un particulier ; 2° trois gardes forestiers prévenus de concussion (*Recueil des Arrêts sur le contentieux de l'administration, par M. Macarel*). Voyez, au surplus, le § 16 de la première section, et les mots *Affouage, Forêt, Outrage, Usage,* etc., etc.

L'article 5 veut que personne ne puisse être attaché à la garde des forêts s'il n'est muni d'une commission de l'administration *.

Les gardes sont responsables des délits, dégâts, abus et abroutissements qui ont lieu dans leurs triages, et passibles des amendes et indemnités encourues par les délinquants, lorsqu'ils n'ont pas dûment [constaté les délits **. (*Art. 6 du code forestier.*) On remarque la sévérité exceptionnelle de cette disposition qui rend le garde responsable de l'amende qu'aurait encouru le délinquant.

Les agents et gardes forestiers sont munis de marteaux à empreintes.

L'empreinte de tous les marteaux dont les agents et les gardes forestiers font usage, tant pour la marque des bois de délit et des chablis que pour les opérations de balivage et de martelage, est déposée aux greffes des tribunaux, savoir :

Celle des marteaux particuliers dont les agents et gardes sont pourvus, aux greffes des tribunaux de première instance dans le ressort desquels ils exercent leurs fonctions ;

Celle du marteau impérial uniforme, aux greffes des tribunaux de première instance et des cours impériales. (*Art. 7.*)

Les gardes ne peuvent jamais disposer des bois confiés à leur garde, soit par vente, don, échange ou autrement. La loi a prescrit le mode de vente des bois par adjudication : toute vente faite autrement sera déclarée nulle.

18. Les fonctionnaires et agents qui auraient ordonné ou effectué la vente, seront condamnés solidairement à une amende de 5000 francs au moins, et de 6000 francs au plus,

---

* Ces commissions sont sujettes au timbre de dimension. Celles qui n'ont pas été écrites sur papier timbré doivent contenir en marge l'avis qu'elles ne seront valables qu'après avoir été soumises soit au timbre extraordinaire, soit au visa pour timbre, moyennant le paiement effectif des simples droits (*Circulaire du 21 mars 1831.*)

Les conservateurs présentent pour chaque place de garde, trois candidats, dont un au moins doit être désigné par l'agent en chef de l'inspection où la place est vacante. (*Instruction du 23 mars 1821.*)

** L'administration forestière est autorisée à traduire devant les tribunaux, sans autorisation préalable du gouvernement, les agents et gardes qui se rendent coupables de délits. (*Arrêts des 4 octobre 1823 et 23 décembre 1824.*)

et l'acquéreur sera puni d'une amende égale à la valeur des bois vendus.

19. Sera de même annulée, quoique faite par adjudication publique, toute vente qui n'aura pas été précédée des publications et affiches prescrites par l'article 17, ou qui aura été effectuée dans d'autres lieux ou à un autre jour que ceux qui auront été indiqués par les affiches ou les procès-verbaux de remise de vente.

20. Les fonctionnaires ou agents qui auraient contrevenu à ces dispositions, seront condamnés solidairement à une amende de 1000 à 3000 francs; et une amende pareille sera prononcée contre les adjudicataires, en cas de complicité.

21. Ne pourront prendre part aux ventes, ni par eux-mêmes, ni par personnes interposées, directement ou indirectement, soit comme parties principales, soit comme associés ou cautions :

Les agents et gardes forestiers et les forestiers de la marine, dans toute l'étendue de l'Empire, les fonctionnaires chargés de présider ou de concourir aux ventes, et les receveurs du produit des coupes, dans toute l'étendue du territoire où ils exercent leurs fonctions.

En cas de contravention, ils seront punis d'une amende qui ne pourra excéder le quart ni être moindre du dixième du montant de l'adjudication, et ils seront en outre passibles de l'emprisonnement et de l'interdiction qui sont prononcés par l'article 175 du Code pénal.

Les parents et alliés en ligne directe, les frères et beaux-frères, oncles et neveux des agents et gardes forestiers et des agents forestiers de la marine, dans toute l'étendue du territoire pour lequel ces agents ou gardes sont commissionnés.

En cas de contravention, ils seront punis d'une amende égale à celle qui est prononcée par le paragraphe précédent.

38. Les agents forestiers indiqueront par écrit, aux adjudicataires, les lieux où il pourra être établi des fosses ou fourneaux pour charbon, des loges ou des ateliers; il n'en pourra être placé ailleurs, sous peine, contre l'adjudicataire, d'une amende de 50 francs pour chaque fosse ou four-

neau, loge ou atelier établi en contravention à cette disposition *.

39. La traite des bois se fera par les chemins désignés au cahier des charges, sous peine, contre ceux qui en pratiqueraient de nouveaux, d'une amende dont le minimum sera de 50 francs, et le maximum de 200 francs, outre les dommages-intérêts **.

40. La coupe des bois et la vidange des ventes seront faites dans les délais fixés par le cahier des charges, à moins que les adjudicataires n'aient obtenu de l'administration forestière une prorogation de délai, à peine d'une amende de 50 à 500 francs, et, en outre, des dommages-intérêts dont le montant ne pourra être inférieur à la valeur estimative des bois restés sur pied, ou gisants sur les coupes **.

Il y aura lieu à la saisie de ces bois, à titre de garantie pour les dommages-intérêts.

41. A défaut par les adjudicataires d'exécuter, dans les délais fixés par le cahier des charges, les travaux que ce cahier leur impose, tant pour relever et faire façonner les ramiers, et pour nettoyer les coupes des épines, ronces et arbustes nuisibles, suivant le mode prescrit à cet effet, que pour les réparations des chemins de vidange, fossés ****, repiquement de places ***** à charbon et autres ouvrages à leur charge, ces travaux seront exécutés à leurs frais, à la diligence des agents forestiers, et sur l'autorisation du préfet, qui arrêtera ensuite le mémoire des frais, et le rendra exécutoire contre les adjudicataires pour le paiement.

* En général, ils doivent faire la recherche des anciennes places à fourneaux. Cela est intéressant parce que le *fesi* s'y conserve, et que les charbonniers qui le retrouvent, en l'employant, sont dispensés d'enlever de nouvelle terre pour la convertir en *fesi*, opération toujours nuisible au sol de la forêt.

** C'est le cahier des charges qui sous ce rapport est la règle des gardes et des parties.

*** La prorogation de délai doit surtout être accordée quand les pluies ou les neiges ont dégradé les chemins, ou quand la rigueur de la saison a empêché de lever les écorces.

**** Fossés. Voyez ce mot au *Dictionnaire des Gardes*.

***** Repiquement de place à charbon. Cette opération a pour objet de faire repousser le bois. S'il revient, les gardes devront plus tard chercher une autre place où il s'en trouve moins ou d'une moins bonne qualité. S'il ne revient pas, voyez la note sur l'article 38.

42. Il est défendu à tous adjudicataires, leurs facteurs et ouvriers, d'allumer du feu ailleurs que dans leurs loges ou ateliers, à peine d'une amende de 10 à 100 francs, sans préjudice de la réparation du dommage qui pourrait résulter de cette contravention.

43. Les adjudicataires ne pourront déposer dans leurs ventes d'autres bois que ceux qui en proviendront, sous peine d'une amende de 100 à 1000 francs.

44. Si, dans le cours de l'exploitation ou de la vidange, il était dressé des procès-verbaux de délits ou vices d'exploitation, il pourra y être donné suite sans attendre l'époque du récolement *.

Néanmoins, en cas d'insuffisance d'un premier procès-verbal, sur lequel il ne sera pas intervenu de jugement, les agents forestiers pourront, lors du récolement, constater par un nouveau procès-verbal les délits et contraventions.

71. Les chemins par lesquels les bestiaux devront passer pour aller au pâturage ou au panage et en revenir, seront désignés par les agents forestiers **.

Si ces chemins traversent des taillis ou des recrus de futaies non défensables, il pourra être fait à frais communs, entre les usagers et l'administration, et d'après l'indication des agents forestiers, des fossés suffisamment larges et profonds, ou toute autre clôture, pour empêcher les bestiaux de s'introduire dans les bois.

81. Si les bois de chauffage se délivrent par coupe, l'exploitation en sera faite, aux frais des usagers, par entrepreneur spécial nommé par eux et agréé par l'administration forestière.

Aucun bois ne sera partagé sur pied ni abattu par les usagers individuellement, et les lots ne pourront être faits qu'après l'entière exploitation de la coupe, à peine de confiscation de la portion de bois abattu afférente à chacun des contrevenants.

---

* Le récolement se fait à l'époque fixée par le cahier des charges ; il doit avoir lieu en présence de l'adjudicataire, ou lui dûment appelé ; il est fait par deux agents forestiers et le garde particulier du triage ou canton.

** En présence des usagers ou de leur représentant. Les gardes qui ont été chargés de ce soin doivent, les premières fois, diriger les conducteurs des troupeaux, s'il n'y a ni fossés, ni barrières, ni clôtures qui puissent les empêcher de se tromper.

Les fonctionnaires ou agents qui auraient permis ou toléré la **contravention**, seront passibles d'une amende de 50 francs, et demeureront en outre personnellement responsables, et sans aucun recours, de la mauvaise exploitation et de tous les délits qui pourraient avoir été commis.

85. Il est interdit aux usagers de vendre ou d'échanger les bois qui leur sont délivrés, et de les employer à aucune autre destination que celle pour laquelle le droit d'usage a été accordé.

S'il s'agit de bois de chauffage, la contravention donnera lieu à une amende de 10 à 100 francs.

S'il s'agit de bois à bâtir ou de tout autre bois non destiné au **chauffage**, il y aura lieu à une amende double de la valeur des bois, sans que cette amende puisse être au-dessous de 50 francs.

84. L'emploi des bois de construction devra être fait dans un délai de deux ans, lequel néanmoins pourra être prorogé par l'administration forestière. Ce délai expiré, elle pourra disposer des arbres non employés.

85. Les défenses prononcées par l'article 57 sont applicables à tous usagers quelconques, et sous les mêmes peines *.

Bois et Forêts du domaine de la Couronne.

86. Les bois et forêts qui font partie du domaine de la couronne sont exclusivement régis et administrés par le ministre de la maison de l'Empereur, conformément aux dispositions de la loi du 8 novembre 1814.

87. Les agents et gardes des forêts de la couronne sont en tout assimilés aux agents et gardes de l'administration forestière, tant pour l'exercice de leurs fonctions, que pour la poursuite des délits et contraventions **.

Des bois des communes et établissements publics.

94. Les communes et établissements publics entretien-

* Il est bien entendu, malgré les termes absolus de la loi, que ces articles ne peuvent être invoqués contre les usagers, dans les pays où ils jouissent d'affouages qui excèdent leurs besoins. Les concessions font alors la loi des parties, et le Code n'a pu avoir à cet égard d'effet rétroactif.

** Quoique les deux administrations soient séparées, dans l'usage on confond généralement tous les agents forestiers, et cet article 8⁻ justifie cette confusion.

dront, pour la conservation de leurs bois, le nombre de gardes particuliers qui sera déterminé par le maire et les administrateurs des établissements, sauf l'approbation du préfet, sur l'avis de l'administration forestière.

95. Le choix de ces gardes sera fait, pour les communes, par le maire, sauf l'approbation du conseil municipal; et pour les établissements publics, par les administrateurs de ces établissements.

Ces choix doivent être agréés par l'administration forestière, qui délivre aux gardes leurs commissions *.

En cas de dissentiment, le préfet prononcera.

96. A défaut, par les communes ou établissements publics, de faire choix d'un garde dans le mois de la vacance de l'emploi, le préfet y pourvoira, sur la demande de l'administration forestière **.

97. Si l'administration forestière et les communes ou établissements publics jugent convenable de confier à un même individu la garde d'un canton de bois appartenant à des communes ou établissements publics, et d'un canton de bois de l'État, la nomination du garde appartient à cette administration seule. Son salaire sera payé proportionnellement par chacune des parties intéressées.

98. L'administration forestière peut suspendre de leurs fonctions les gardes des bois des communes et des établissements publics; s'il y a lieu à destitution, le préfet la prononcera, après avoir pris l'avis du conseil municipal ou des administrateurs des établissements propriétaires, ainsi que de l'administration forestière.

Le salaire de ces gardes est réglé par le préfet, sur la proposition du conseil municipal ou des établissements propriétaires.

99. Les gardes des bois des communes et des établissements publics sont en tout assimilés aux gardes des bois de l'État, et soumis à l'autorité des mêmes agents; ils prêtent serment dans les mêmes formes, et leurs procès-verbaux font

---

* Voyez la note sur l'article 5, page 15.

** Cependant, lorsque les bois d'une commune sont d'une petite contenance ou de peu de produit, leur surveillance peut être confiée au garde-champêtre, qui reçoit à cet effet une commission de l'administration forestière. (*Circulaire du 7 prairial an XI*)

également foi en justice pour constater les délits et contraventions commis même dans les bois soumis au régime forestier autres que ceux dont la garde leur est confiée.*

100. Les ventes des coupes, tant ordinaires qu'extraordinaires, seront faites à la diligence des agents forestiers, dans les mêmes formes que pour les bois de l'État, et en présence du maire ou d'un adjoint, pour les bois des communes, et d'un des administrateurs pour ceux des établissements publics ; sans toutefois que l'absence des maires ou administrateurs, dûment appelés, entraîne la nullité des opérations.

Toute vente ou coupe effectuée par l'ordre des maires des communes ou des administrateurs des établissements publics, en contravention au présent article, donnera lieu contre eux à une amende qui ne pourra être au-dessous de 300 francs, ni excéder 6000 francs, sans préjudice des dommages-intérêts qui pourraient être dus aux communes ou établissements propriétaires.

Les ventes ainsi effectuées seront déclarées nulles.

108. Le salaire des gardes particuliers restera à la charge des communes et des établissements publics. (V. GARDE DES BOIS COMMUNAUX.)

109. Les coupes ordinaires et extraordinaires sont principalement affectées au paiement des frais de garde, de la contribution foncière et des sommes qui reviennent au trésor, en exécution de l'article 106.

Si les coupes sont délivrées en nature pour l'affouage, et que les communes n'aient pas d'autres ressources, il sera distrait une portion suffisante des coupes, pour être vendue aux enchères avant toute distribution, et le prix en être employé au paiement desdites charges. (V. AFFOUAGE.) On lit à ce mot une décision du 29 octobre 1834.

Des bois des particuliers.

117. Les propriétaires qui voudront avoir, pour la conservation de leurs bois, des gardes particuliers devront les

---

* Leurs procès-verbaux sont conçus, affirmés dans les mêmes formes. (Voyez *Affirmation, Enregistrement* et *Procès-verbaux.*)

faire agréer par le sous-préfet de l'arrondissement, sauf le recours au préfet, en cas de refus *.

Ces gardes ne pourront exercer leurs fonctions qu'après avoir prêté serment devant le tribunal de première instance.

118. Les particuliers jouiront, de la même manière que le gouvernement et sous les conditions déterminées par l'article 65, de la faculté d'affranchir leurs forêts de tous droits d'usage en bois.

119. Les droits de pâturage, parcours, panage et glandée dans les bois des particuliers, ne pourront être exercés que dans les parties de bois déclarées défensables par l'administration forestière, et suivant l'état et la possibilité des forêts, reconnus et constatés par la même administration **.

Les chemins par lesquels les bestiaux devront passer pour aller au pâturage et pour en revenir, seront désignés par le propriétaire.

134. Les délits et contraventions concernant le service de la marine seront constatés, dans tous les bois, par procès-verbaux, soit des agents et gardes forestiers, soit des maîtres, contre-maîtres, aides contre-maîtres assermentés de la marine ; en conséquence, les procès-verbaux de ces maîtres, contre-maîtres et aides contre-maîtres, feront foi en justice comme ceux des gardes ***.

Les articles 136 à 143 sont relatifs aux bois destinés au service des ponts-et-chaussées pour les travaux du Rhin. L'article 143 contient la disposition suivante : les contraventions en cette matière seront constatées par procès-verbaux des agents ou gardes forestiers, ou des conducteurs des ponts-et-chaussées.

---

* Les sous-préfets exigent ordinairement que le propriétaire ait pris l'agrément du maire de la commune. Cela n'est dans aucune loi ; mais on conçoit qu'il peut être utile d'imposer cette condition, puisque le garde particulier doit avoir des rapports avec le maire. Il n'est d'ailleurs aucun moyen de se soustraire à cette obligation, car si l'on s'y refusait, le sous-préfet refuserait la commission

** L'article 78 défend le parcage des moutons et des chèvres d'une manière absolue, à moins qu'il ne soit permis par un décret impérial.

L'article 110 contient une disposition analogue pour les bois des établissements publics. Pour la peine encourue, voyez article 199.

*** Ils doivent être faits dans les mêmes formes que ceux des gardes fores-

Police et conservation des bois et forêts.

Ces dispositions doivent particulièrement fixer l'attention des gardes forestiers.

Art. 144. Toute extraction ou enlèvement non autorisé de pierre, sable, minerai, terre ou gazon, bruyère, genêts, herbage, feuilles vertes ou mortes, engrais existant sur le sol des forêts, glands, faînes et autres fruits ou semences des bois ou forêts, donnera lieu à des amendes qui seront fixées ainsi qu'il suit :

Par charretée ou tombereau, de 10 à 30 francs, pour chaque bête attelée ;

Par chaque charge de bête de somme, de 5 à 15 francs ;

Par chaque charge d'homme, de 2 à 6 francs.

145. Il n'est point dérogé aux droits conférés à l'administration des ponts-et-chaussées d'indiquer les lieux où doivent être faites les extractions des matériaux pour les travaux publics ; néanmoins les entrepreneurs seront tenus envers l'État, les communes et établissements publics comme envers les particuliers, de payer toutes les indemnités de droit et d'observer toutes les formes prescrites par les lois et réglements en cette matière.

146. Quiconque sera trouvé dans les bois et forêts, hors des routes et chemins ordinaires, avec serpes, cognées, haches, scies et autres instruments de même nature, sera condamné à une amende de 10 francs. et à la confiscation desdits instruments.

147. Ceux dont les voitures, bestiaux, animaux de charge ou de monture, seront trouvés dans les forêts, hors des routes et chemins ordinaires, seront condamnés, savoir :

Par chaque voiture, à une amende de 10 francs pour les bois de dix ans et au-dessus, et de 20 francs pour les bois au-dessous de cet âge ;

Par chaque tête ou espèce de bestiaux non attelés, aux amendes fixées pour délit de pâturages par l'article 199.

Le tout sans préjudice des dommages-intérêts.

148. Il est défendu de porter ou allumer du feu dans l'intérieur et à la distance de 200 mètres des bois et forêts,

tiers. Voyez *Affirmation*, *Enregistrement* et *Procès-verbaux*. Voyez aussi le § 16 de la section première, et la quatrième section, § 11, 12 et suivants.

sous peine d'une amende de 20 à 100 francs, sans préjudice, en cas d'incendie, des peines portées par le Code pénal, et de tous dommages-intérêts, s'il y a lieu *.

149. Tous usagers qui, en cas d'incendie, refuseront de porter des secours dans les bois soumis à leur droit d'usage, seront traduits en police correctionnelle, privés de ce droit pendant un an au moins, et cinq ans au plus, et condamnés en outre aux peines portées en l'article 475 du Code pénal.

150. Les propriétaires riverains des bois et forêts ne peuvent se prévaloir de l'article 672 du Code civil pour l'élagage des lisières desdits bois et forêts, si ces arbres de lisière ont plus de trente ans.

Tout élagage qui serait exécuté sans l'autorisation des propriétaires des bois et forêts, donnera lieu à l'application des peines portées par l'article 196 **.

151. Aucun four à chaux ou à plâtre, soit temporaire, soit permanent, aucune briqueterie et tuilerie ne pourront être établis dans l'intérieur, et à moins d'un kilomètre des forêts, sans l'autorisation du gouvernement, à peine d'une amende de 100 à 500 francs, et de la démolition des établissements. ***.

152. Il ne pourra être établi sans l'autorisation du gouvernement, sous quelque prétexte que ce soit, aucune maison sur perches, loge, baraque ou hangar, dans l'enceinte et à moins d'un kilomètre des bois et forêts, sous peine de 50 fr. d'amende, et de la démolition dans le mois, à dater du jour du jugement qui l'aura ordonnée.

---

* La peine portée par le Code pénal en ce cas est une amende de 5o francs au moins et de 5oo francs au plus (art. 458). Mais il est important de rapprocher de cet article le n° 462 qui porte que si les délits dont on vient de parler sont commis par des gardes champêtres ou forestiers, la peine d'emprisonnement sera d'un mois au moins et d'un tiers en plus en sus de la peine la plus forte qui serait appliquée à un autre, coupable du même délit.

Cet article 458 ne fixe la distance qu'à 100 mètres, mais cette distance a paru trop faible, et le Code forestier l'a portée au double ; c'est lui qui sert maintenant de règle.

** C'est à-dire qu'ils seront punis comme s'ils les avaient coupés par le pied. C'est un calcul à faire d'après la distinction établie par l'article 192.

*** Cette défense ne faisant aucune distinction, doit toujours être prise en considération quand la distance entre le four et la forêt est au-dessous d'un kilomètre : peu importe que la forêt soit peuplée de taillis ou de futaie, et que le four ne soit que temporaire. (*Arrêt du premier mai 1830.*)

153. Aucune construction de maisons ou fermes ne pourra être effectuée, sans l'autorisation du gouvernement, à la distance de cinq cents mètres des bois et forêts soumis au régime forestier, sous peine de démolition.

Il sera statué dans le délai de six mois sur les demandes en autorisation; passé ce délai, la construction pourra être effectuée.

Il n'y aura point lieu à ordonner la démolition des maisons ou fermes actuellement existantes. Ces maisons ou fermes pourront être réparées, reconstruites et augmentées sans autorisation.

Sont exceptés des dispositions du paragraphe premier du présent article, les bois et forêts appartenant aux communes, et qui sont d'une contenance au-dessous de deux cent cinquante hectares.

154. Nul individu habitant les maisons ou les fermes actuellement existantes dans le rayon ci-dessus fixé, ou dont la construction y aura été autorisée en vertu de l'article précédent, ne pourra établir dans lesdites maisons ou fermes aucun atelier à façonner le bois, aucun chantier ou magasin pour faire le commerce de bois, sans la permission spéciale du gouvernement, sous peine de 50 fr. d'amende et de la confiscation des bois.

Lorsque les individus qui auront obtenu cette permission auront subi une condamnation pour délits forestiers, le gouvernement pourra leur retirer ladite permission.

155. Aucune usine à scier le bois ne pourra être établie dans l'enceinte et à moins de 2 kilomètres de distance des bois et forêts, qu'avec l'autorisation du gouvernement, sous peine d'une amende de 100 à 500 fr., et de la démolition dans le mois, à dater du jugement qui l'aura ordonnée.

156. Sont exceptées des dispositions des trois articles précédents, les maisons et usines qui font partie des villes, villages ou hameaux formant une population agglomérée, bien qu'elles se trouvent dans les distances ci-dessus fixées des bois et forêts.

157. Les usines, hangars et autres établissements autorisés en vertu des articles 151, 152, 154 et 155, seront soumis aux visites des agents et gardes forestiers, qui pourront y faire toutes perquisitions sans l'assistance d'un officier pu-

blic, pourvu qu'ils se présentent au nombre de deux au moins, ou que l'agent ou garde forestier soit accompagné de deux témoins domiciliés dans la commune.

158. Aucun arbre, bille ou tranche, ne pourra être reçu dans les scieries dont il est fait mention en l'article 155, sans avoir été préalablement reconnu par le garde forestier du canton et marqué de son marteau, ce qui devra avoir lieu dans les cinq jours de la déclaration qui en aura été faite, sous peine, contre les exploitants desdites scieries, d'une amende de 50 à 300 fr. En cas de récidive, l'amende sera double, et la suppression de l'usine pourra être ordonnée par le tribunal.

159. L'administration forestière est chargée, tant dans l'intérêt de l'État que dans celui des autres propriétaires de bois et forêts soumis au régime forestier, des poursuites en réparation de tous délits et contraventions commis dans ces bois et forêts, sauf l'exception mentionnée en l'article 87.

Elle est également chargée de la poursuite en réparation des délits et contraventions spécifiés aux articles 134, 143 et 219.

Poursuites des délits et contraventions.

Les actions et poursuites seront exercées par les agents forestiers au nom de l'administration forestière, sans préjudice du droit qui appartient au ministère public.

160. Les agents, arpenteurs et gardes forestiers recherchent et constatent par procès-verbaux les délits et contraventions, savoir : les agents et arpenteurs dans toute l'étendue du territoire pour lequel ils sont commissionnés ; et les gardes, dans l'arrondissement du tribunal près duquel ils sont assermentés.

161. Les gardes sont autorisés à saisir les bestiaux trouvés en délit, et les instruments, voitures et attelages des délinquants, et à les mettre en séquestre. Ils suivront les objets enlevés par les délinquants jusque dans les lieux où ils auront été transportés, et les mettront également en séquestre.

Ils ne pourront néanmoins s'introduire dans les maisons, bâtiments, cours adjacentes et enclos, si ce n'est en présence, soit du juge de paix ou de son suppléant, soit du maire du lieu ou de son adjoint, soit du commissaire de police.

162. Les fonctionnaires dénommés en l'article précédent ne pourront se refuser à accompagner sur-le-champ les gardes, lorsqu'ils en seront requis par eux pour assister à des perquisitions. *

Ils seront tenus, en outre, de signer le procès-verbal de séquestre ou de la perquisition faite en leur présence, sauf au garde, en cas de refus de leur part, à en faire mention au procès-verbal.

163. Les gardes arrêteront et conduiront devant le juge de paix ou devant le maire, tout inconnu qu'ils auront surpris en flagrant délit.

164. Les agents et les gardes de l'administration des forêts ont le droit de requérir directement la force publique pour la répression des délits et contraventions en matière forestière, ainsi que pour la recherche et la saisie des bois coupés en délit, vendus ou achetés en fraude.

165. Les gardes écriront eux-mêmes leurs procès-verbaux ; ils les signeront et les affirmeront au plus tard le lendemain de la clôture desdits procès-verbaux, par-devant le juge de paix du canton ou l'un de ses suppléants, ou par-devant le maire ou l'adjoint, soit de la commune de leur résidence, soit de celle où le délit a été commis ou constaté : le tout sous peine de nullité. **

Toutefois, si par suite d'un empêchement quelconque le procès-verbal est seulement signé par le garde, mais non écrit en entier de sa main, l'officier public qui en recevra l'affirmation devra lui en donner préalablement lecture, et faire ensuite mention de cette formalité, le tout sous peine de nullité du procès-verbal.

166. Les procès-verbaux que les agents forestiers, les gardes généraux et les gardes à cheval dresseront, soit isolément, soit avec le concours d'un garde, ne seront point soumis à l'affirmation.

167. Dans les cas où le procès-verbal portera saisie, il

---

* Si, par suite de la perquisition, des bois de délit sont trouvés, l'inculpé est sommé d'assister au repatronnage, et le procès-verbal mentionnera sa présence ou son refus (Voyez *Dictionnaire des Gardes*, au mot *Perquisition*.

** Voyez *Dictionnaire des Gardes*, au mot *Procès-verbaux*.

en sera fait, aussitôt après l'affirmation, une expédition qui sera déposée dans les vingt-quatre heures au greffe de la justice de paix, pour qu'il en puisse être donné communication à ceux qui réclameraient les objets saisis.

168. Les juges de paix pourront donner main-levée provisoire des objets saisis, à la charge du paiement des frais de séquestre, et moyennant une bonne et valable caution.

En cas de contestation sur la solvabilité de la caution, il sera statué par le juge de paix.

169. Si les bestiaux saisis ne sont pas réclamés dans les cinq jours qui suivront le séquestre, ou s'il n'est pas fourni bonne et valable caution, le juge de paix en ordonnera la vente à l'enchère, au marché le plus voisin. Il y sera procédé à la diligence du receveur des domaines, qui la fera publier vingt-quatre heures d'avance.

Les frais de séquestre et de vente seront taxés par le juge de paix, et prélevés sur le produit de la vente ; le surplus restera déposé entre les mains du receveur des domaines, jusqu'à ce qu'il ait été statué en dernier ressort sur le procès-verbal.

Si la réclamation n'a lieu qu'après la vente des bestiaux saisis, le propriétaire n'aura droit qu'à la restitution du produit net de la vente, tous frais déduits, dans le cas où cette restitution serait ordonnée par le jugement.

170. Les procès-verbaux seront, sous peine de nullité, enregistrés dans les quatre jours qui suivront celui de l'affirmation ou celui de la clôture du procès-verbal, s'il n'est pas sujet à l'affirmation.

L'enregistrement s'en fera en *debet*, lorsque les délits en contravention intéresseront l'État et le domaine de la couronne, ou les communes et les établissements publics.

171. Toutes les actions et poursuites exercées au nom de l'administration générale des forêts, et à la requête de ses agents, en réparation de délits ou contraventions en matière forestière, sont portées devant les tribunaux correctionnels, lesquels sont seuls compétents pour en connaître.

172. L'acte de citation doit, à peine de nullité, contenir la copie du procès-verbal et de l'acte d'affirmation.

173. Les gardes de l'administration forestière pourront, dans les actions et poursuites exercées en son nom, faire

toutes citations et significations d'exploits, sans pouvoir procéder aux saisies-exécutions.

Leurs rétributions pour les actes de ce genre seront taxées comme pour les actes faits par les huissiers des juges de paix.

174. Les agents forestiers ont le droit d'exposer l'affaire devant le tribunal, et sont entendus à l'appui de leurs conclusions.

175. Les délits ou contraventions en matière forestière seront prouvés, soit par procès-verbaux, soit par témoins à défaut de procès-verbaux, ou en cas d'insuffisance de ces actes.

176. Les procès-verbaux revêtus de toutes les formalités prescrites par les art. 165 et 170, et qui sont dressés et signés par les agents ou gardes forestiers, font preuve, jusqu'à inscription de faux, des faits matériels relatifs aux délits et contraventions qu'ils constatent, quelles que soient les condamnations auxquelles ces délits et contraventions peuvent donner lieu. *

Il ne sera, en conséquence, admis aucune preuve pour ou contre le contenu de ces procès-verbaux, à moins qu'il n'existe une cause de récusation contre l'un des signataires.

177. Les procès-verbaux revêtus de toutes les formalités prescrites, mais qui ne seront dressés et signés que par un seul agent ou garde, feront de même preuve suffisante jusqu'à inscription de faux, mais seulement lorsque le délit ou la contravention n'entraînera pas une condamnation de plus de 100 fr., tant pour amende que pour dommages-intérêts.

Lorsqu'un de ces procès-verbaux constatera à la fois contre divers individus des délits ou contraventions distincts et séparés, il n'en fera pas moins foi, aux termes du présent article, pour chaque délit ou contravention qui n'entraînerait pas une condamnation de plus de 100 francs, tant pour amende que pour dommages-intérêts, quelle que soit la quotité à laquelle pourraient s'élever toutes les condamnations réunies.

178. Les procès-verbaux qui, d'après les dispositions qui précèdent, ne font point foi et preuve suffisante jusqu'à in-

---

* Voyez la différence établie par l'article 177

scription de faux, peuvent être corroborés et combattus par toutes les preuves légales conformément à l'art. 154 du Code d'Instruction criminelle [*].

179. Le prévenu qui voudra s'inscrire en faux contre le procès-verbal, sera tenu d'en faire, par écrit et en personne ou par un fondé de pouvoir spécial, par acte notarié, la déclaration au greffe du tribunal, avant l'audience indiquée par la citation.

Cette déclaration sera reçue par le greffier du tribunal : elle sera signée par le prévenu ou son fondé de pouvoirs, et dans le cas où il ne saurait ou ne pourrait signer, il en sera fait mention expresse.

Au jour indiqué pour l'audience, le tribunal donnera acte de la déclaration, et fixera un délai de trois jours au moins, et de huit au plus, pendant lequel le prévenu sera tenu de faire au greffe le dépôt des moyens de faux, et des noms, qualités et demeures des témoins qu'il voudra faire entendre.

A l'expiration de ce délai, et sans qu'il soit besoin d'une citation nouvelle, le tribunal admettra les moyens de faux, s'ils sont de nature à détruire l'effet du procès-verbal, et il sera procédé sur le faux, conformément aux lois [**].

Dans le cas contraire, ou faute par le prévenu d'avoir rempli toutes les formalités ci-dessus prescrites, le tribunal

---

[*] L'article 154 porte : Les contraventions seront prouvées soit par des procès-verbaux ou rapports, soit par témoins à défaut de rapports et procès-verbaux. » Il ajoute : « Quant aux procès-verbaux faits par des agents auxquels la loi n'a pas accordé le droit d'être cru, jusqu'à inscription de faux, ils pourront être débattus par des preuves contraires, soit écrites soit testimoniales, si le tribunal juge à propos de les admettre. » L'article 155 règle le mode d'admissibilité de la preuve.

[**] La procédure en inscription de faux est réglée par les articles 228, 229 et suivants du code de procédure civile. C'est une procédure longue, difficile, et qui n'est pas sans danger pour le demandeur en faux. L'article 246 du Code porte d'ailleurs que le demandeur en faux qui succombera, sera condamné à une amende qui ne pourra être moindre de 300 francs, et à tels dommages-intérêts qu'il appartiendra.

Mais, d'un autre côté, il ne faut pas que les gardes se croient à l'abri de toute poursuite par la rigueur des principes ci-dessus. L'article 250 autorise le demandeur en faux à se pourvoir par la voie criminelle en faux principal ; dans ce cas, il est sursis au jugement de la cause, car le procès-verbal étant la pièce principale du procès, il y a nécessité absolue d'attendre la décision sur le faux pour statuer au correctionnel.

déclarera qu'il n'y a lieu à admettre les moyens de faux et ordonnera qu'il soit passé outre au jugement.

180. Le prévenu contre lequel aura été rendu un jugement par défaut, sera encore admissible à faire sa déclaration d'inscription de faux, pendant le délai qui lui est accordé par la loi pour se présenter à l'audience sur l'opposition par lui formée.

181. Lorsqu'un procès-verbal sera rédigé contre plusieurs prévenus, et qu'un ou quelques-uns d'entre eux seulement s'inscriront en faux, le procès-verbal continuera de faire foi à l'égard des autres, à moins que le fait sur lequel portera l'inscription de faux ne soit indivisible et commun aux autres prévenus.

182. Si, dans une instance en réparation de délit ou contravention, le prévenu excipe d'un droit de propriété ou autre droit réel, le tribunal saisi de la plainte statuera sur l'incident, en se conformant aux règles suivantes :

L'exception préjudicielle ne sera admise qu'autant qu'elle sera fondée, soit sur un titre apparent, soit sur des faits de possession équivalents, personnels au prévenu et par lui articulés avec précision, et si le titre produit ou les faits articulés sont de nature, dans le cas où ils seraient reconnus par l'autorité compétente, à ôter au fait qui sert de base aux poursuites, tout caractère de délit ou de contravention.

Dans le cas de renvoi à fins civiles, le jugement fixera un bref délai dans lequel la partie qui aura élevé la question préjudicielle devra saisir les juges compétents de la connaissance du litige, et justifier de ses diligences ; sinon il sera passé outre. Toutefois, en cas de condamnation, il sera sursis à l'exécution du jugement, sous le rapport de l'emprisonnement, s'il était prononcé, et le montant des amendes, restitutions et dommages-intérêts, sera versé à la caisse des dépôts et consignations, pour être remis à qui il sera ordonné par le tribunal qui statuera sur le fond du droit.

183. Les agents de l'administration des forêts peuvent, en son nom, interjeter appel des jugements, et se pourvoir contre les arrêts et jugements en dernier ressort ; mais ils ne peuvent se désister de leurs appels sans autorisation spéciale.

184. Le droit attribué à l'administration des forêts et à

ses agents de se pourvoir contre les jugements et arrêts par appel ou par recours en cassation, est indépendant de la même faculté qui est accordée par la loi au ministère public, lequel peut toujours en user, même lorsque l'administration ou ses agents auraient acquiescé aux jugements et arrêts.

185. Les actions en réparation de délits et contraventions en matière forestière se prescrivent par trois mois, à compter du jour où les délits et contraventions ont été constatés, lorsque les prévenus sont désignés dans les procès-verbaux. Dans le cas contraire, le délai de prescription est de six mois, à compter du même jour, sans préjudice, à l'égard des adjudicataires et entrepreneurs des coupes, des dispositions contenues aux art. 45, 47, 50, 51 et 82 de la présente loi.

186. Les dispositions de l'article précédent ne sont point applicables aux contraventions, délits et malversations commis par des agents, préposés ou gardes de l'administration forestière, dans l'exercice de leurs fonctions ; les délais de prescription à l'égard de ces préposés et de leurs complices seront les mêmes que ceux qui sont déterminés par le Code d'Instruction criminelle *.

187 Les dispositions du Code d'Instruction criminelle sur la poursuite des délits et contraventions, sur les citations et délais, sur les défauts, oppositions, jugements, appels et recours en cassation, sont et demeurent applicables à la poursuite des délits et contraventions spécifiés par la présente loi, sauf les modifications qui résultent du présent titre **.

Poursuites dans l'intérêt des particuliers.

188. Les procès-verbaux dressés par les gardes des bois et forêts des particuliers, feront foi jusqu'à preuve contraire.

189. Les dispositions contenues aux art. 161, 162, 163

* L'action publique et l'action civile se prescrivent, aux termes de l'article 638, par trois années.

** Voyez les articles 179, 162, 184, 185, 190, 194, 197, 202, 211 du Code.

165, 167, 168, 169, 170, § 1er, 172, 175, 182, 185 et 187 ci-dessus, sont applicables aux poursuites exercées au nom et dans l'intérêt des particuliers, pour délits et contraventions commis dans les bois et forêts qui leur appartiennent.

Toutefois, dans les cas prévus par l'art. 169, lorsqu'il y aura à effectuer la vente des bestiaux saisis, le produit net de la vente sera versé à la caisse des dépôts et consignations.

190. Il n'est rien changé aux dispositions du Code d'Instruction criminelle relativement à la compétence des tribunaux, pour statuer sur les délits et contraventions commis dans les bois et forêts qui appartiennent aux particuliers.

191. Les procès-verbaux dressés par les gardes des bois des particuliers seront, dans le délai d'un mois à dater de l'affirmation, remis au procureur impérial ou au juge de paix, suivant leur compétence respective *.

Des peines.

192. La coupe ou l'enlèvement d'arbres ayant deux décimètres de tour et au-dessus, donnera lieu à des amendes qui seront déterminées dans les proportions suivantes, d'après l'essence et la circonférence de ces arbres.

Les arbres sont divisés en deux classes.

La première comprend les chênes, hêtres, charmes, ormes, frênes, érables, platanes, pins, sapins, mélèzes, châtaigniers, noyers, aliziers, sorbiers, cormiers, mérisiers et autres arbres fruitiers.

La seconde se compose des aulnes, tilleuls, bouleaux, trembles, peupliers, saules, et de toutes les espèces non comprises dans la première classe.

Si les arbres de la première classe ont deux décimètres

---

* Dans le délai d'un mois au lieu du délai de trois jours, par le motif que le propriétaire peut être absent ou empêché, et sans doute aussi pour faciliter les transactions.

Les condamnations en faveur des particuliers pour réparation des délits commis dans leurs bois, sont, à leur diligence, signifiées et exécutées suivant les voies de contrainte employées par l'administration forestière, et le recouvrement des amendes est fait par les receveurs de l'enregistrement (Voyez toutefois les articles 215 et 216 du Code forestier.)

de tour, l'amende sera de 1 fr. par chacun de ces deux décimètres, et s'accroîtra ensuite progressivement de 10 centimes par chacun des autres décimètres.

Si les arbres de la seconde classe ont deux décimètres
de tour, l'amende sera de 50 centimes par chacun de ces
deux décimètres, et s'accroîtra ensuite progressivement de
5 centimes par chacun des autres décimètres.

Le tout conformément au tableau annexé à la présente
loi (*).

La circonférence sera mesurée à un mètre du sol.

Si les arbres auxquels s'applique le tarif établi par l'article précédent ont été enlevés et façonnés, le tour en sera
mesuré sur la souche ; et si la souche a été également en-
levée, le tour sera calculé dans la proportion d'un cinquième
en sus de la dimension totale des quatre faces de l'arbre
équarri.

Lorsque l'arbre et la souche auront disparu, l'amende
sera calculée suivant la grosseur de l'arbre, arbitrée par le
tribunal, d'après les documents du procès.

194. L'amende pour coupe ou enlèvement de bois qui
n'auront pas deux décimètres de tour, sera, pour chaque
charretée, de 10 fr. par bête attelée, de 5 fr. par chaque
charge de bête de somme, et de 2 fr. par fagot, fouée ou
charge d'homme.

S'il s'agit d'arbres semés ou plantés dans les forêts depuis moins de cinq ans, la peine sera d'une amende de 5 fr.
par chaque arbre, quelle qu'en soit la grosseur, et en outre
d'un emprisonnement de six à quinze jours.

195. Quiconque arrachera des plants dans les bois et
forêts, sera puni d'une amende qui ne pourra être moindre
de 10 fr., ni excéder 300 fr.; et si le délit a été commis dans

---

* Ce tableau est entre les mains de tous les agents forestiers, mais il n'est
pas dans celles de tous les gardes, et ils n'en ont pas besoin, puisque ce ne
sont pas eux qui prennent les conclusions; mais la nécessité de calculer l'a-
mende d'après l'essence et la grosseur de l'arbre, conduit à celle, pour les
gardes, de prendre exactement la mesure prescrite et de constater l'essence
de l'arbre coupé.

La Cour de cassation a jugé, le 7 mars 1829, que l'enlèvement dans un
bois d'un arbre précédemment coupe en délit, constitue la contravention
punie par l'article 192, encore bien que l'arbre n'ait pas été abattu par le
délinquant.

un semis ou plantation exécutés de main d'homme, il sera prononcé en outre un emprisonnement de quinze jours à un mois.

196. Ceux qui, dans les bois et forêts, auront éhouppé, écorcé ou mutilé des arbres, ou qui en auront coupé les principales branches, seront punis comme s'ils les avaient abattus par le pied.

197. Quiconque enlèvera des châblis et bois de délit, sera condamné aux mêmes amendes et restitutions que s'ils les avaient abattus sur pied*.

198. Dans les cas d'enlèvements frauduleux de bois et d'autres productions du sol des forêts, il y aura toujours lieu, outre les amendes, à la restitution des objets enlevés ou de leur valeur, et de plus, selon les circonstances, à des dommages-intérêts.

Les scies, haches, serpes, cognées et autres instruments de même nature dont les délinquants et leurs complices seront trouvés munis, seront confisqués.

199. Les propriétaires d'animaux trouvés de jour en délit dans les bois de dix ans et au-dessus, seront condamnés à une amende de :

1 fr. pour un cochon,
2 fr. pour une bête à laine,
3 fr. pour un cheval ou autre bête de somme,
4 fr. pour une chèvre,
5 fr. pour un bœuf, une vache ou un veau.

L'amende sera double si les bois ont moins de dix ans, sans préjudice, s'il y a lieu, des dommages-intérêts (**).

---

* La condamnation serait encore la même s'il s'agissait de l'enlèvement d'une partie de châblis, quand le délinquant ne les aurait pas lui-même abattus (*Arrêt du 24 septembre 1829.*)
Il s'agissait d'un individu qui avait été pris coupant les cimeaux d'un arbre renversé par le vent.

** La Cour de cassation a aussi décidé, le 26 mars 1830, que l'introduction de bestiaux dans une coupe, même pour enlever le bois, est punissable des peines ci-dessus, si elle n'est pas faite avec les formalités prescrites, et spécialement si elle a eu lieu avant le lever du soleil.
Elle a décidé aussi, le 24 décembre 1829, que lors même qu'il y a autorisation d'introduire des moutons dans un bois, conformément à ce que prescrit l'article 110 du Code forestier, cette introduction ne constitue pas moins un délit, si le bois n'est pas préalablement déclaré *défensable*. (Voyez le mot au *Dictionnaire des Gardes*.)

200. Dans le cas de récidive, la peine sera toujours doublée.

Il y a récidive, lorsque dans les douze mois précédents il a été rendu contre le délinquant ou contrevenant un premier jugement pour délit ou contravention en matière forestière.

201. Les peines seront également doublées lorsque les délits ou contraventions auront été commis dans la nuit, ou que les délinquants auront fait usage de la scie pour couper les arbres sur pied.

202. Dans tous les cas où il y aura lieu à adjuger des dommages-intérêts, ils ne pourront être inférieurs à l'amende simple prononcée par le jugement.

203. Les tribunaux ne pourront appliquer aux matières réglées par le présent Code les dispositions de l'art. 463 du Code pénal.

204. Les restitutions et dommages-intérêts appartiennent au propriétaire ; les amendes et confiscations appartiennent toujours à l'Etat.

205. Dans tous les cas où les ventes et adjudications seront déclarées nulles pour cause de fraude ou collusion, l'acquéreur ou adjudicataire, indépendamment des amendes et dommages-intérêts prononcés contre lui, sera condamné à restituer les bois déjà exploités, ou à en payer la valeur sur le pied du prix d'adjudication ou de vente.

206. Les maris, pères, mères et tuteurs, et en général tous maîtres et commettants, seront civilement responsables des délits et contraventions commis par leurs femmes, enfants mineurs et pupilles, demeurant avec eux et non mariés ; ouvriers, voituriers et autres subordonnés, sauf tout recours de droit.

Cette responsabilité sera réglée conformément au paragraphe dernier de l'art. 1384 du Code Nap., et s'étendra aux restitutions, dommages-intérêts et frais, sans pouvoir toutefois donner lieu à la contrainte par corps, si ce n'est dans le cas prévu par l'art. 46.

207. Les peines que la présente loi prononce, dans cer-

Elle a décidé, le 3 avril 1830, que l'introduction dans une forêt non déclarée défensable est interdite même aux usagers de la forêt.

tains cas spéciaux, contre des fonctionnaires ou contre des agents et préposés de l'administration forestière, sont indépendantes des poursuites et peines dont ces fonctionnaires, agents ou préposés, seraient passibles d'ailleurs pour malversation, concussion ou abus de pouvoir.

Il en est de même quant aux poursuites qui pourraient être dirigées, aux termes des art. 179 et 180 du Code pénal, contre tous délinquants et contrevenants, pour fait de tentative de corruption envers des fonctionnaires publics, et des agents et préposés de l'administration forestière.

208. Il y aura lieu à l'application des dispositions du même Code dans tous les cas non spécifiés par la présente loi.

EXTRAIT DE L'ORDONNANCE DU 1er AOUT 1837,

EN CE QUI CONCERNE LES GARDES FORESTIERS.

La 1re section du titre premier est consacrée à l'administration supérieure; la seconde au service forestier dans les départements; elle s'occupe des agents sous les dénominations de conservateur, d'inspecteur, de sous-inspecteur et de gardes-généraux.

L'article 12 réserve au gouvernement la nomination des conservateurs, donne au ministre des finances celle des inspecteurs et sous-inspecteurs, au directeur général celle de tous les autres emplois.

L'article 13 porte, que nul ne sera promu au grade de garde général, si préalablement il n'a fait partie de l'école forestière, et s'il n'a exercé pendant deux ans au moins les fonctions de garde à cheval.

L'article 15 porte que les agents forestiers correspondront avec le chef de service sous les ordres duquel ils sont placés.

L'article 16, que les agents forestiers seront tenus d'avoir des sommiers et registres, dont la direction générale déterminera le nombre et la destination, et sur lesquels ils inscriront régulièrement, par ordre de date, les ordonnances et ordres de service qui leur seront transmis, leurs diverses opérations, leurs procès-verbaux et les déclarations qui leur seront remises.

Gardes champêtres.   4

Ils feront coter et parapher ces registres par le préfet ou le sous-préfet du lieu de leur résidence, et signeront chaque enregistrement, en faisant mention, en marge de chaque pièce ou procès-verbal, de l'inscription à laquelle elle aura donné lieu sur les registres, avec indication du folio.

Les inspecteurs, sous-inspecteurs et gardes généraux tiendront, en outre, un registre spécial sur lequel ils annoteront sommairement, par ordre de réception, les procès-verbaux qui leur seront remis par les gardes, et indiqueront en regard le résultat des poursuites et la date des jugements auxquels ces procès-verbaux auront donné lieu.

17. Les agents forestiers seront responsables des titres, plans et autres actes dont ils se trouveront dépositaires en vertu de leurs fonctions.

A chaque mutation d'emploi, il en sera dressé, ainsi que des registres et sommiers, un inventaire en double, qui constituera le nouvel agent responsable, en opérant la décharge de son prédécesseur.

18. L'uniforme des agents forestiers est réglé ainsi qu'il suit :

Pour tous les agents, habit et pantalon de drap vert; l'habit boutonné sur la poitrine; le collet droit; le gilet chamois; les boutons de métal blanc, ayant un pourtour de feuilles de chêne et portant au milieu les mots : *Direction générale des Forêts*; le chapeau français avec une gance en argent et un bouton pareil à ceux de l'habit; une épée.

La broderie sera en argent, et le dessin en feuilles de chêne.

Les conservateurs porteront la broderie au collet, aux parements et au bas de la taille de l'habit.

Les inspecteurs porteront la broderie au collet et aux parements.

L'habit des sous-inspecteurs sera brodé au collet, avec une baguette unie aux parements.

Les gardes-généraux auront deux rameaux de chêne, de la longueur de dix centimètres, brodés de chaque côté du collet de l'habit (*).

---

* Le modèle déterminé par l'arrêté du 15 germinal an VII, a été modifié par le décret de 1852, qui exige plus impérieusement l'exacte exécution des costumes.

L'article 19 et les quatre suivants s'occupent des arpenteurs et de l'arpentage.

Les articles 24 à 50 parlent des gardes à pied et des gardes à cheval, ils sont ainsi conçus :

24. Les gardes à cheval et les gardes à pied sont spécialement chargés de faire des visites journalières dans les bois soumis au régime forestier, et de dresser procès-verbal de tous les délits ou contraventions qui auront été commis.

25. Les gardes forestiers résideront dans le voisinage des forêts ou triages confiés à leur surveillance. Le lieu de leur résidence sera indiqué par le conservateur.

26. Les gardes forestiers tiendront un registre d'ordre, qu'ils feront coter et parapher par le sous-préfet de l'arrondissement.

Ils y transcriront régulièrement leurs procès-verbaux par ordre de date. Ils signeront cet enregistrement, et inscriront en marge de chaque procès-verbal le folio du registre où il se trouvera transcrit.

Ils feront mention, sur le même registre, et dans le même ordre, de toutes les significations et citations dont ils auront été chargés.

Ils y feront également mention des chablis et des bois de délit qu'ils auront reconnus, et en donneront avis, sans délai, à leur supérieur immédiat.

A chaque mutation, les gardes seront tenus de remettre ce registre à celui qui leur succédera.

27. Les gardes à cheval et les gardes à pied adresseront leur rapport à leur chef immédiat, et lui remettront leurs procès-verbaux revêtus de toutes les formalités prescrites.

28. Indépendamment des fonctions communes aux gardes à cheval et aux gardes à pied, le directeur général pourra attribuer aux gardes à cheval des fonctions de surveillance immédiate sur les gardes à pied.

29. L'uniforme des gardes à cheval et des gardes à pied sera l'habit, le pantalon et le gilet de drap vert.

L'habit des gardes à cheval aura, sur le collet, une broderie semblable à celle qui sera déterminée pour les élèves de l'école forestière.

Les gardes à cheval et les gardes à pied porteront une bandoulière chamois avec des bandes de drap vert, et au milieu une plaque de métal blanc portant ces mots, *Forêts impériales*.

30. Les gardes sont autorisés à porter un fusil simple lorsqu'ils font leurs tournées et visites dans les forêts. Ce fusil est destiné à leur défense ; ce dont on peut conclure qu'ils ne peuvent avoir un fusil de chasse double , et qu'ils ne peuvent en faire usage pour atteindre le gibier.

Les articles 52 à 39 contiennent des dispositions communes aux agents et préposés qu'il est bon de ne pas perdre de vue ; ainsi » il est interdit aux agents et gardes, sous peine de révocation, de faire le commerce de bois, d'exercer aucune industrie où le bois sera employé comme matière principale , de tenir auberge ou de vendre des boissons en détail. L'interdiction de vendre des boissons doit être remarquée, car elle est souvent méconnue par les gardes.

Nul ne pourra exercer un emploi forestier dans l'étendue de la conservation où il fera ses approvisionnements de bois comme propriétaire ou fermier de forges, fourneaux , verreries et autres usines à feu, ou de scieries et autres établissements destinés au travail des bois (article 52).

Les agents forestiers ne pourront avoir sous leurs ordres leurs parents ou alliés en ligne directe, ni leurs frères ou beaux-frères, oncles ou neveux.

54. Les agents et les gardes forestiers, ainsi que les arpenteurs , seront toujours revêtus de leur uniforme ou des marques distinctives de leur grade dans l'exercice de leurs fonctions.

55. Les agents et gardes ne pourront, sous aucun prétexte, rien exiger ni recevoir des communes, des établissements publics et des particuliers, pour les opérations qu'ils auront faites à raison de leurs fonctions.

56. Le marteau forestier sera déposé chez l'agent chef de service de chaque inspection, et renfermé dans un étui fermant à deux clefs, dont l'une restera entre les mains de cet agent, et l'autre entre les mains de l'agent immédiatement inférieur.

L'agent dépositaire de ce marteau est chargé d'en entretenir l'étui et la monture en bon état , et demeure responsable de son dépôt dans l'étui, et de la remise de la seconde clé à l'agent à qui elle doit être confiée.

La direction générale déterminera, sous l'approbation du ministre des finances, les mesures propres à prévenir les abus dans l'emploi de ce marteau.

37. Les agents forestiers, les arpenteurs et les gardes seront pourvus chacun d'un marteau particulier, dont la direction générale déterminera, sous l'approbation de notre ministre des finances, la forme, l'empreinte et l'emploi, et dont chacun d'eux sera chargé de déposer l'empreinte au greffe des cours et tribunaux, conformément à l'article 7 du Code forestier.

38. Les agents et préposés ne pourront être destitués que par l'autorité même à qui appartient le droit de les nommer.

Toutefois, le directeur général pourra, dans les cas d'urgence, suspendre de leurs fonctions, et remplacer provisoirement les agents qui ne sont pas nommés par lui ; mais il devra en rendre compte immédiatement au ministre des finances.

Les conservateurs pourront, dans le même cas, suspendre provisoirement de leurs fonctions les gardes généraux et les préposés sous leurs ordres, mais à charge d'en rendre compte immédiatement au directeur général.

39. » Le directeur général, après avoir pris l'avis du conseil d'administration, pourra dénoncer aux tribunaux les gardes généraux et les préposés forestiers, ou autoriser leur mise en jugement, pour faits relatifs à leurs fonctions.

Le ministre des finances pourra de même dénoncer aux tribunaux les inspecteurs et sous-inspecteurs des forêts, ou autoriser leur mise en jugement.

Les conservateurs ne pourront être poursuivis devant les tribunaux qu'en vertu d'autorisation accordée par le gouvernement,

L'article 40 et les suivants, jusqu'à l'article 57, sont consacrés aux écoles forestières. La première est établie à Nancy; les écoles secondaires sont encore en projet.

Les articles 57 à 66 posent les règles des délimitations et du bornage ; les articles 67 et 72, celles des aménagements ; les articles 73 et 77, celles de l'assiette et de l'arpentage ; l'article 78, celles du balivage. (Voyez au dictionnaire le mot *baliveau*.)

L'article 80 porte que dans les coupes qui s'exploitent en jardinant ou par pieds d'arbres, le marteau sera appliqué aux arbres à abattre tant au corps qu'à la racine. Cet usage est particulier aux forêts d'arbres verts.

L'article 81 veut que les procès-verbaux de balivage et de martelage indiquent le nombre et les espèces d'arbres qui auront été marqués en réserve, avec distinction en baliveaux de l'àge, modernes et anciens, pieds corniers et parois.

Ces procès-verbaux, revêtus de la signature de tous les agents qui auront concouru à l'opération, seront adressés, dans le délai de huit jours, au conservateur.

L'estimation des coupes sera faite par un procès-verbal séparé, qui sera adressé au conservateur dans le même délai.

D'après l'article 82, les conditions générales des adjudications seront établies par un cahier des charges délibéré chaque année par la direction générale des forêts, et approuvé par le ministre des finances.

Les clauses particulières seront arrêtées par les conservateurs.

Les clauses et conditions, tant générales que particulières, seront toutes de rigueur, et ne pourront jamais être réputées comminatoires.

L'article 83 donne des règles de publicité de l'adjudication, qui sont complétées par les articles 84 et 85 ainsi conçus:

84. Les affiches indiqueront le lieu, le jour et l'heure où il sera procédé aux ventes ; les fonctionnaires qui devront les présider ; la situation, la nature et la contenance des coupes ; et le nombre, la classe et l'essence des arbres marqués en réserve.

Elles seront rédigées par l'agent supérieur de l'arrondissement forestier, approuvées par le conservateur, et apposées sous l'autorisation du préfet, à la diligence de l'agent forestier lequel sera tenu de rapporter les certificats d'apposition que les maires délivreront aux gardes ou autres qui les auront placardées.

Les préfets et sous-préfets emploieront au surplus les autres moyens de publication qui seront à leur disposition.

Il sera fait mention, dans les procès-verbaux d'adjudication, des mesures qui auront été prises pour donner aux ventes toute la publicité possible.

85. Il sera fait, dans les affiches et dans les actes de vente des coupes extraordinaires, mention des ordonnances spéciales qui les auront autorisées.

Les articles 86 et suivants concernent les adjudications et les attributions des conservateurs, préfets, directeurs sur cette matière.

Les articles 92 à 96 parlent des exploitations, ce qui doit fixer l'attention des gardes ; ils contiennent les dispositions suivantes.

Exploitations.

92. Le permis d'exploiter sera délivré par l'agent forestier local, chef de service, aussitôt que l'adjudicataire lui aura présenté les pièces justificatives exigées à cet effet par le cahier des charges.

93. Dans le mois qui suivra l'adjudication, pour tout délai, et avant que le permis d'exploiter soit délivré, l'adjudicataire pourra exiger qu'il soit procédé contradictoirement avec lui ou son fondé de pouvoirs, au souchetage et à la reconnaissance des délits qui auraient été commis dans la vente ou à l'ouïe de la cognée.

Cette opération sera exécutée dans l'intérêt de l'État et sans frais, par un agent forestier accompagné du garde du triage.

Le procès-verbal qui en sera dressé constatera le nombre des souches qui auront été trouvées, leur essence et leur grosseur. Il sera signé par l'adjudicataire ou son fondé de pouvoirs, ainsi que par l'agent et le garde forestier présents.

Les souches seront marquées du marteau de l'agent forestier.

94. Le facteur ou garde-vente de l'adjudicataire tiendra un registre sur papier timbré, coté et paraphé par l'agent forestier ; il y inscrira, jour par jour et sans lacune, la mesure et la quantité des bois qu'il aura débités et vendus, ainsi que les noms des personnes auxquelles il les aura livrés.

95. Tout adjudicataire de coupes dans lesquelles il y aura des arbres à abattre, sera tenu d'avoir un marteau dont la forme sera déterminée par l'administration, et d'en marquer les arbres et bois de charpente qui sortiront de la vente.

Le dépôt de l'empreinte de ce marteau au greffe du tribunal et chez l'agent forestier local, devra être effectué dans le délai de dix jours, à dater de la délivrance du permis d'exploiter, sous les peines portées par l'article 32 du Code forestier. Il sera donné acte de ce dépôt à l'adjudicataire par l'agent forestier.

96. Les prorogations de délai de coupe ou de vidange ne pourront être accordées que par la direction générale des forêts.

Il n'en sera accordé qu'autant que les adjudicataires se soumettront d'avance à payer une indemnité calculée d'après le prix de la feuille et le dommage qui résultera du retard de la coupe ou de la vidange.

Des Réarpentages et Récolements.

Ce qui concerne les réarpentages et récolements est réglé par les articles 97, 98 et 99, dont voici le texte :

97. Le réarpentage des coupes sera exécuté par un arpenteur autre que celui qui aura fait le premier mesurage , mais en présence de celui-ci, ou lui dûment appelé.

98. L'opération du récolement sera faite par deux agents au moins, et le garde du triage y sera appelé.

Les agents forestiers en dresseront un procès-verbal qui sera signé tant par eux que par l'adjudicataire ou son fondé de pouvoirs.

99. Les préfets ne délivreront aux adjudicataires les décharges d'exploitation qu'après avoir pris l'avis des conservateurs.

Des adjudications de glandée , panage et paisson, et des Ventes de chablis, de bois de délit, et autres menus marchés.

Ces adjudications sont réglées par les articles 100 à 104.

L'article 100 porte : « Le conservateur fera reconnaître, chaque année, par les agents forestiers locaux, les cantons des bois et forêts où des adjudications de glandée, panage et paisson pourront avoir lieu sans nuire au repeuplement et à la conservation des forêts. Il autorisera en conséquence ces adjudications.

L'article 101. » Les gardes constateront le nombre, l'essence et la grosseur des arbres abattus ou rompus par les vents, les orages, ou tous autres accidents. Ils en dresseront des procès-verbaux qu'ils remettront à leur chef immédiat, dans les dix jours de la rédaction.

» La reconnaissance de ces chablis sera faite sans délai par un agent forestier, qui les marquera de son marteau.

L'article 102. » Les conservateurs autoriseront et feront effectuer les adjudications des chablis, ainsi que celle des bois provenant de délits, de recépages, d'élagages ou d'essartements, et qui n'auront pas été vendus sur pied, et généralement tous autres menus marchés.

L'article 103. » Les arbres sur pied, quoique endommagés, ébranchés, morts ou dépérissants, ne pourront être abattus et vendus, même comme menus marchés, sans l'autorisation spéciale du ministre des finances.

Et l'article 104. » Les adjudications mentionnées dans les articles 100, 102 et 103 ci-dessus seront effectuées avec les mêmes formalités que les adjudications des coupes ordinaires de bois.

Les articles 107 à 109 s'occupent des concessions à charge de repeuplement.

Les articles 109 à 111, des affectations à titre particulier dans les bois de l'État.

Les articles 112 à 117, des droits d'usage dans les bois de l'État et spécialement du droit de cantonnement ayant pour objet d'en restreindre l'exercice.

L'article 118 prescrit les mesures à prendre pour jouir des droits de pâturage et de pacage.

Les articles 119 à 124 contiennent le complément de ces mesures que nous devons consigner ici, art. 119 :

Chaque année, les agents forestiers locaux constateront par des procès-verbaux, d'après la nature, l'âge et la situation des bois, l'état des cantons qui pourront être délivrés pour le pâturage, la glandée et le panage dans les forêts soumises à ces droits; ils indiqueront le nombre des animaux qui pourront y être admis, et les époques où l'exercice de ces droits d'usage pourra commencer et devra finir.

Les propositions des agents forestiers seront soumises à l'approbation du conservateur avant le 1er février pour le pâturage, et avant le 1er août pour le panage et la glandée.

120. Les pâtres des communes usagères seront choisis par le maire, et agréés par le conseil municipal.

121. Le dépôt du fer servant à la marque des animaux, et de l'empreinte de ce fer, devra être effectué par l'usager ainsi que le prescrit l'article 74 du Code forestier, avant l'époque fixée pour l'ouverture du pâturage ou du panage, sous les peines portées par cet article.

L'agent forestier local donnera acte de ce dépôt à l'usager.

122. Les bois de chauffage qui se délivrent par stères seront mis en charges sur les coupes adjugées, et fournis aux usagers par les adjudicataires, aux époques fixées par le cahier des charges.

Pour les communes usagères, la délivrance des bois de chauffage sera faite au maire, qui en fera effectuer le partage entre les habitants.

Lorsque les bois de chauffage se délivreront par coupes, l'entrepreneur de l'exploitation sera agréé par l'agent forestier local.

123. Aucune délivrance de bois pour constructions ou réparations, ne sera faite aux usagers que sur la présentation des devis dressés par des gens de l'art et constatant les besoins.

Ces devis seront remis, avant le 1er février de chaque année, à l'agent forestier local, qui en donnera reçu; et le conservateur, après avoir fait effectuer les vérifications qu'il jugera nécessaires, adressera l'état de toutes les demandes de cette nature au directeur général, en même temps que l'état général des coupes ordinaires, pour être revêtus de son approbation.

La délivrance de ces bois sera mise en charge sur les coupes en adjudication, et sera faite à l'usager par l'adjudicataire à l'époque fixée par le cahier des charges.

Dans le cas d'urgence constaté par le maire de la commune, la délivrance pourra être faite en vertu d'un arrêté du préfet, rendu sur l'avis du conservateur. L'abattage et le façonnage des arbres auront lieu aux frais de l'usager, et les branchages seront vendus comme menus marchés.

L'article 124 décide que toutes les dispositions de l'ordonnance concernant les forêts de l'État seront applicables aux bois et forêts de la couronne, sauf les exceptions qui résultent du titre IV du code forestier.

Les articles 125 à 128 traitent des apanages.

Les articles 128 à 147, des bois des communes et des établissements publics, et les articles 147 à 150, des bois indivis soumis au régime forestier.

Ce qui a rapport aux bois des particuliers se trouve dans les articles 150 et 151, qui sont ainsi conçus :

150. Les gardes des bois des particuliers ne seront admis à prêter serment qu'après que leurs commissions auront été visées par le sous-préfet de l'arrondissement.

Si le sous-préfet croit devoir refuser son visa, il en rendra compte au préfet, en lui indiquant les motifs de son refus.

Ces commissions seront inscrites dans les sous-préfectures.

151. Lorsque les propriétaires ou les usagers seront dans le cas de requérir l'intervention d'un agent forestier pour visiter les bois des particuliers, à l'effet d'en constater l'état et la possibilité ou de déclarer s'ils sont défensables, ils en adresseront la demande au conservateur, qui désignera un agent forestier pour procéder à cette visite.

L'agent forestier ainsi désigné dressera procès-verbal de ses opérations, en énonçant toutes les circonstances sur lesquelles sa déclaration sera fondée.

Il déposera ce procès-verbal à la sous-préfecture, où les parties pourront en réclamer des expéditions.

Le titre 8, qui se compose des articles 152 à 161, est relatif aux affectations spéciales de bois à des services publics, et notamment à celui de la marine. Les articles suivants du même titre disposent des bois destinés au service des ponts-et-chaussées et pour le fascinage du Rhin.

Les articles 169 à 180 déterminent les moyens de police et de conservation des bois et forêts par rapport à l'extraction des productions du sol, à l'élagage des arbres de lisière ; à l'établissement des fours, briqueteries, tuileries, fermes ou scieries.

L'article 181 et les suivants s'occupent des poursuites à exercer contre les délinquants ; c'est un point du plus haut intérêt pour les gardes ; ces articles sont ainsi conçus :

181. Les agents et les gardes dresseront, jour par jour, des procès-verbaux des délits et contraventions qu'ils auront reconnus.

Ils se conformeront, pour la rédaction et la remise de ces procès-verbaux aux articles 16 et 18 du code d'instruction criminelle.

182. Dans le cas où les officiers de police judiciaire désignés dans l'article 161 du Code forestier refuseraient, après avoir été légalement requis, d'accompagner les gardes dans leurs visites et perquisitions, les gardes rédigeront procès-verbal du refus, et adresseront sur-le-champ ce procès-verbal à l'agent forestier, qui en rendra compte au procureur impérial près le tribunal de première instance.

Il en sera de même dans le cas où l'un des fonctionnaires dénommés dans l'article 165 du même Code aurait négligé ou refusé de recevoir l'affirmation des procès-verbaux dans le délai prescrit par la loi.

183. Lorsque les procès-verbaux porteront saisie, l'expédition qui, aux termes de l'article 167 du Code forestier, doit en être déposée au greffe de la justice de paix dans les vingt quatre heures après l'affirmation, sera signée et remise par l'agent ou le garde qui aura dressé le procès-verbal.

184. Lorsque le juge de paix aura accordé la mainlevée provisoire des objets saisis, il en donnera avis à l'agent forestier.

185. Aux audiences tenues dans nos cours et tribunaux pour le jugement des délits et contraventions poursuivis à la requête de la direction générale des forêts, l'agent chargé de la poursuite aura une place particulière à la suite du parquet de nos procureurs et de leurs substituts. Il y assistera en uniforme, et se tiendra découvert pendant l'audience.

186. Les agents forestiers dresseront, pour le ressort de chaque tribunal de police correctionnelle et au commencement de chaque trimestre, un mémoire en triple expédition, des citations et significations faites par les gardes pendant le trimestre précédent : cet état sera rendu exécutoire, visé et ordonnancé conformément au réglement du 18 juin 1811.

187. A la fin de chaque trimestre, les conservateurs adresseront au directeur général des forêts un état des jugements et arrêts rendus à la requête de l'administration forestière, avec une indication sommaire de la situation des poursuites intentées et sur lesquelles il n'aura pas encore été statué.

Vient enfin le titre de l'exécution des jugements, qui contient depuis l'article 188 jusques et compris l'article 191, que nous devons également rapporter.

Exécution des Jugements rendus à la requête de l'Administration forestière ou du Ministère public.

188. Les extraits des jugements par défaut seront remis par les greffiers de nos cours et tribunaux aux agents forestiers dans les trois jours après celui où les jugements auront été prononcés.

L'agent forestier supérieur de l'arrondissement les fera signifier immédiatement aux condamnés, et remettra en même temps au receveur des domaines un état indiquant les noms des condamnés, la date de la signification des jugements, et le montant des condamnations en amendes, dommages-intérêts et frais.

Quinze jours après la signification du jugement, l'agent forestier remettra les originaux des exploits de signification au receveur des domaines, qui procédera alors contre les condamnés conformément aux dispositions de l'article 211 du Code forestier.

Si, durant ce délai, le condamné interjette appel ou forme opposition, l'agent forestier en donnera avis au receveur.

189. Quant aux jugements contradictoires, lorsqu'il n'aura été fait par les condamnés aucune déclaration d'appel, les greffiers en remettront l'extrait directement aux receveurs des domaines, dix jours après celui où le jugement aura été prononcé, et les receveurs procéderont contre les condamnés conformément aux dispositions de l'article 211 du Code forestier.

L'extrait des arrêts ou jugements rendus sur appel sera remis directement aux receveurs des domaines par les

greffiers de nos cours et tribunaux d'appel, quatre jours
après celui où le jugement aura été prononcé, si le condamné ne s'est point pourvu en cassation.

190. A la fin de chaque trimestre, les directeurs des
domaines remettront au directeur général de l'enregistrement et des domaines, un état indiquant les recouvrements
effectués en exécution des jugements correctionnels en matière forestière, et les condamnations pécuniaires tombées
en non-valeur par suite de l'insolvabilité des condamnés.

191. Les condamnés qui, en raison de leur insolvabilité, invoqueront l'application de l'article 213 du Code forestier, présenteront leur requête, accompagnée des pièces
justificatives prescrites par l'article 420 du Code d'Instruction criminelle, à nos procureurs, qui ordonneront, s'il y a
lieu, que les condamnés soient mis en liberté à l'expiration
des délais fixés par l'article 213 du Code forestier, et en
donneront avis aux receveurs des domaines.

SECTION III.

Des Gardes-Pêche.

Tout ce qu'on a dit, section Iʳᵉ, sur les gardes champêtres, et section II sur les gardes forestiers, des conditions
de nomination et des causes de révocation, de la responsabilité, des procès-verbaux, et en général de l'exercice de
leurs fonctions, s'applique aux gardes-pêche.

Nous rapporterons ci-après les lois du 15 avril 1829 et
du 31 mai 1865 sur la pêche fluviale ; c'est le véritable
Code du garde-pêche, il doit les connaître parfaitement et
les bien comprendre. Pour faciliter l'intelligence de ces lois,
il faut exposer les principes généraux sur lesquels elles
reposent. (On trouvera dans le *Dictionnaire des Gardes* ce
qui est relatif aux poissons, filets, engins permis ou prohibés.)

§ 1ᵉʳ. Le premier de ces principes, c'est qu'il est défendu
de placer dans les rivières, canaux ou ruisseaux, aucun barrage, appareil ou engin ayant pour objet d'empêcher entièrement le passage du poisson, et que le seul établissement
dans une rivière d'un instrument de pêche prohibé, consti-

tue une contravention, quand bien même on n'en aurait pas fait usage. (*Arrêt du 5 juillet* 1828.)

Il a été jugé, le 20 septembre même année, que le fait de tendre dans une rivière des pièges, ou d'établir des pieux, est un délit de pêche, dont la connaissance appartient aux tribunaux, et non une contravention ressortissant de l'autorité administrative.

§ 2. Les cahiers de charges de l'administration consacrent tous cette règle, que la chasse des oiseaux aquatiques fait partie de la location de la pêche. Le locataire a, en conséquence, le droit de chasser les canards et autres oiseaux dans toute l'étendue de son cantonnement, sans pouvoir rétrocéder ce droit, ni l'exercer avec des engins prohibés.

§ 3. Le locataire des pêches ne peut user de ce droit avant de s'être muni d'un permis de port d'armes, et s'il chassait, sans ce permis, avec fusil, dans son cantonnement, on devrait dresser procès-verbal contre lui comme contre tout autre.

Les adjudicataires ne peuvent avoir plus de huit associés, ils ne peuvent ni céder leur bail, ni morceler leurs cantonnements, ni délivrer de permission qu'à des personnes agréées par l'agent forestier local, et ils en sont responsables.

Le nombre des permissions ne peut excéder cinq par cinq kilomètres d'étendue de rivière.

§ 4. Chaque fermier de la pêche et chacun de ses associés ne peut avoir plus de deux bateaux ou bachots, de manière que le nombre n'excède jamais celui de seize par cantonnement.

Ces bateaux doivent être munis d'une plaque sur laquelle sont inscrits le nom de l'adjudicataire, celui du port auquel il est attaché, et le n° du cantonnement. Lesquels noms et numéro doivent avoir au moins 5 centimètres de haut.

A toute réquisition des agents forestiers, les pêcheurs sont tenus d'amener leurs bateaux pour recevoir lesdits agents et leur procurer les moyens de visiter et inspecter les poissons qui sont dans leurs boutiques.

§ 5. Les gardes-pêche peuvent être établis par les fermiers ou porteurs de licences, mais ils ne peuvent remplir leurs fonctions qu'après avoir été agréés par le conservateur et après avoir prêté serment devant le tribunal civil.

Ils remettent, sans délai, à l'agent forestier, les procès-verbaux, dûment affirmés et enregistrés, des délits ou contraventions qu'ils auront constatés.

§ 6. On entend par *licence*, la concession de pêcher sur une partie de fleuve ou rivière, moyennant une taxe annuelle. La durée est de trois années pour la concession de l'administration forestière ; les communes et les particuliers peuvent en faire à plus long ou plus court délai. Ils ont aussi le droit de poursuivre les délits de pêche dans les eaux qui leur appartiennent, et les tribunaux prononcent les mêmes peines que pour les délits dans les eaux soumises à la surveillance de l'administration des forêts. (*Arrêt du 5 mars* 1829.)

La pêche ne peut jamais avoir lieu dans le temps du frai.

§ 7. On ne peut employer pour la pêche du poisson ordinaire que les filets ainsi que les bires, nasses et autres engins de pêche indiqués dans des décrets déterminant le mode de la vérification de la dimension des mailles des filets autorisés pour la pêche de chaque espèce de poisson. Ces décrets rendus en exécution de l'article 26 de la loi du 15 avril 1829, et de l'article 9 de la loi du 31 mai 1865.

L'article 32 de la loi du 15 avril 1829 est abrogé en ce qui concerne la marque ou le plombage des filets. Un arrêt de la cour de cassation du 15 juillet 1865 a décidé que l'arrêté préfectoral qui interdit la pêche du poisson *en plongeant*, est applicable à la pêche des écrevisses à la main ; le mot générique poisson comprenant les crustacés, et le plongeon dont parle l'arrêté devant s'entendre aussi bien de la main et du bras que de tout le corps.

Les pêcheurs doivent rejeter à l'eau les poissons qui sont interdits par le réglement local, mais cela ne s'applique point aux poissons voyageurs, tels que saumons, aloses, lamproies, éperlans et mulets, quelle que soit leur dimension.

§ 8. Les gardes-pêche nommés par l'administration étant assimilés aux gardes forestiers, peuvent faire tous les actes analogues à leurs fonctions que les autres font dans les leurs, tels que procès-verbaux, saisies de poissons ou d'engins ; ils ont aussi le droit de requérir directement la force publique pour la répression des délits de pêche, la saisie de filets prohibés et celle de poisson de délit.

Ceux nommés par les communes ou les particuliers ont les mêmes droits et sont tenus des mêmes devoirs ; il faut seulement faire observer que leurs procès-verbaux ne font foi que jusqu'à preuve contraire, tandis que ceux des gardes-pêche de l'administration font foi jusqu'à inscription de faux.

§ 9. Enfin, les procès-verbaux des gardes-pêche doivent décrire, autant que possible, les filets, engins, dragues employés par les délinquants ; s'ils saisissent du poisson, il faut qu'ils en désignent la quantité, et s'ils le peuvent, l'espèce, ce qui est fort important puisque c'est un moyen de faire apprécier le délit avec plus de facilité , et de donner au procès-verbal un plus grand degré de véracité. (Voyez au *Dictionnaire* la description de tous les poissons de rivière, lac ou étang, tels que *carpe, brochet, saumon, tanche,* etc., etc.)

En un mot, l'exercice de la pêche dans les étangs, ruisseaux et rivières qui se trouvent dans les forêts et sur les rivières navigables ; l'emploi des filets, engins, appâts, et de tous autres moyens prohibés ; l'exercice de la pêche aux jours et heures défendus ; l'inhibition de jeter des immondices dans les rivières et étangs, et toutes les dispositions conservatrices de la pêche : voilà ce qui constitue les attributions spéciales des gardes-pêche ; voilà les objets sur lesquels doivent porter leur active surveillance.

Nous terminerons ces notions succinctes par une analyse du cahier des charges déterminé par l'administration forestière, et qui sert de base à toutes les adjudications qui se font en France. On y remarque ce qui suit :

Exploitation de la pêche.

§ 10. Les fermiers de la pêche ne pourront pêcher, en quelque jour et saison que ce puisse être, à autre heure que depuis le lever du soleil jusqu'à son coucher, sinon aux arches des ponts, aux moulins et aux gords où se tendent des dideaux, auxquels lieux ils pourront pêcher tant de nuit que de jour.

La pêche, autre que celle des saumons, aloses et lamproies, ne pourra avoir lieu pendant le temps du frai, savoir : aux rivières où la truite abonde sur tous les autres poissons, depuis le 1er février jusqu'au 15 mars, et aux autres depuis le 1er jusqu'au 30 avril.

Les fermiers ne pourront aussi mettre bires ou nasses d'osier à bout des dideaux pendant le temps de frai.

Il leur est permis d'y mettre des chausses ou sacs de moule de 4 centimètres en carré ; mais après le temps de frai passé, ils y pourront mettre des bires ou nasses d'osier, dont les verges seront éloignées les unes des autres de 3 centimètres au moins.

Il est expressément défendu aux fermiers de se servir d'aucuns engins et harnais prohibés par les ordonnances, et, en outre, de ceux appelés giles, épervier, chaslon et sabre, et de tous autres qui pourraient être inventés comme devant concourir au dépeuplement des rivières ; comme aussi d'aller au barandage et mettre des bacs en rivières.

Il leur est défendu enfin de bouiller aux bouilles ou rabots, tant sous les chevrins, racines, saules et osiers, terriers et arches, qu'en autres lieux ; ou de mettre lignes avec eschet et amorces vives, comme aussi de porter chaînes et clairons en leurs batelets, et d'aller à la fare ou de pêcher dans les noues avec filets, et d'y bouiller pour prendre le poisson et le frai qui a pu y être porté par le débordement des rivières ; le tout sous peine d'une amende de 50 à 200 fr. (*Loi du* 15 *avril* 1829, *art.* 27 ; *cahier des charges, art.* 26, 27, 28 et 29.)

PÊCHE FLUVIALE.

(Voyez 3ᵉ partie.)

DISPOSITIONS GÉNÉRALES.

La pêche est le moyen d'acquérir, par l'emploi de divers modes en usage, le poisson qui n'appartient à personne.

De cette définition il résulte, que le fait de pêche existe indépendamment de la prise du poisson, et que la loi doit être appliquée au fait. — Que les poissons, qui d'après le droit naturel appartiennent au premier occupant, sont d'après le droit civil susceptibles de devenir une propriété privée, selon les conditions dans lesquelles ils se trouvent placés.

Sous l'ancienne législation des ordonnances de 1515, 1517 et 1669 s'occupaient de la pêche : ces dispositions législatives sont devenues inapplicables dans la plupart de leurs dispositions par suite des principes nouveaux que la Révolution a apportés à l'ordre social. Nous n'avons donc pas à nous en occuper.

La loi du 15 avril 1827 est venue réglementer la pêche fluviale : elle a emprunté ses principales dispositions au code forestier : c'est cette loi qui est encore en vigueur. Elle est divisée en huit titres : le premier s'occupe du droit de pêche ; les deux suivants de l'administration, de la régie et des adjudications ; le quatrième de la conservation et de la police de la pêche ; les derniers de la poursuite en réparation des délits, des peines et jugements. Dans ce cadre qui paraît très complet, il existait cependant une lacune, c'était de rechercher quels sont les sacrifices et les obligations que la loi peut imposer, non plus au premier pêcheur venu, mais à la propriété, dans l'intérêt commun de la conservation du poisson. C'est cette lacune que la loi du 31 mai 1865 est venue remplir. Il n'entre pas dans les limites d'un manuel d'étudier les principes généraux du droit sur lesquels repose cette loi, nous devons seulement la prendre telle qu'elle a été votée et étudier son application.

La loi du 31 mai 1865 renferme seulement douze articles ; les deux derniers se réfèrent entièrement à la loi de 1829 et au décret du 9 janvier 1852. Nous n'avons donc à nous préoccuper que des dix premiers.

Art. 1er. Des décrets rendus au conseil d'État, après avis des conseils généraux de département, détermineront 1° les parties des fleuves, rivières, canaux et cours d'eau réservées pour la reproduction et dans lesquelles la pêche des diverses espèces de poisson sera absolument interdite pendant l'année entière ; 2° les parties des fleuves, rivières, canaux et cours d'eau dans les barrages desquels il pourra être établi, après enquête, un passage appelé échelle, destiné à assurer la libre circulation du poisson.

La défense de pêche pendant l'année entière doit donc être prononcée seulement pour une partie des fleuves, rivières, etc., elle ne peut comprendre la totalité du cours d'eau, mais comme la partie non défendue peut être aussi minime que possible, il est juste de considérer que l'administration a un droit entier de défense non sur partie seulement mais sur l'ensemble des fleuves, rivières, canaux, etc., d'après l'avis des conseils généraux.

L'établissement des échelles destinées à assurer la libre circulation du poisson à travers les barrages des fleuves, rivières, canaux, etc., ne pourra avoir lieu qu'après enquête *de commodo et incommodo*, avis du conseil général, et décret rendu en conseil d'État, et sous réserve des indemnités dues au propriétaire, lesquelles sont réglées selon le mode déterminé par l'article 3 de la loi.

ART. 2. L'interdiction de la pêche pendant l'année entière ne pourra être prononcée pour une période de plus de cinq ans ; cette interdiction pourra être renouvelée.

Il paraît évident que le renouvellement de l'interdiction doit être précédé de l'accomplissement des mêmes formalités qui ont déterminé la première défense. En cas d'inobservation des formalités ci-dessus spécifiées, les parties intéressées peuvent se pourvoir devant le conseil d'État pour obtenir la nullité des dispositions qui leur font grief.

ART. 3. Les indemnités auxquelles auront droit les propriétaires riverains qui seront privés du droit de pêche par application de l'article précédent, seront réglées par le conseil de Préfecture, après expertise, conformément à la loi du 16 septembre 1807. Les indemnités auxquelles pourra donner lieu l'établissement d'échelles dans les barrages existants seront réglées dans les mêmes formes.

La question de règlement de l'indemnité est très simplement établie, quant à la forme ; la partie lésée nomme un expert, l'administration désigne le sien, chaque expert rédige son avis, et en cas de désaccord un tiers expert est légalement désigné, qui, lui aussi, fait un rapport. C'est sur l'ensemble de cette procédure que l'on plaide devant le conseil de préfecture et que ce tribunal statue. Mais le fonds, c'est-à-dire la quotité de l'indemnité, paraît bien plus difficile à fixer équitablement : pour un propriétaire riverain la pêche est souvent un plaisir, auquel selon le goût il attache plus ou moins d'importance ; elle est aussi pour l'alimentation une ressource précieuse instantanée ou périodique dont l'importance varie selon les conditions de la personne ou de la famille du riverain : comment évaluer tout ceci ? quel prix, argent, compensera un plaisir très vif chez celui-ci, inapprécié chez un autre? Quel est le préjudice causé à l'alimentation de la famille? De quelle dépréciation sera frappée une propriété rurale à laquelle on enlèvera un droit de pêche? Voilà les très graves questions qu'auront à apprécier les experts et les conseils de préfecture. Ils le feront avec conscience, avec toutes les lumières possibles, mais malheureusement, par la force des choses, avis et décisions seront arbitraires. Ce sont ces considérations qui nous effrayent, qui au moins nous préoccupent chaque fois que le pouvoir législatif porte une restriction au droit suprême, celui de propriété.

Art. 4. A partir du 1er janvier 1866, les décrets rendus sur la proposition du ministre de la marine et de l'agriculture, du commerce et des travanx publics, régleront d'une manière uniforme, pour la pêche fluviale et pour la pêche maritime, dans les fleuves, rivières, canaux affluant à la mer, 1° Les époques pendant lesquelles la pêche des diverses espèces de poissons sera interdite ; 2° les dimensions au-dessous desquelles certaines espèces ne pourront être pêchées.

Afin de ne pas scinder l'examen de la loi du 31 mai 1865, nous allons en continuer le commentaire : nos lecteurs voudront bien reconnaître avec nous que les autres articles de cette loi présentent aussi des dispositions générales, conformément au titre que nous avons donné à ce chapitre.

Art. 5. Dans chaque département il est interdit de mettre en vente, de vendre, d'acheter, de transporter, de colporter, d'exporter ou d'importer les diverses espèces de poissons pendant le temps où la pêche en est interdite, en exécution de l'article 26 de la loi du 15 avril 1829. Cette disposition n'est pas applicable aux poissons provenant des étangs ou réservoirs définis en l'article 50 de la loi précitée.

Voici cette définition : sont considérés comme des étangs ou réservoirs les fossés ou canaux appartenant à des particuliers, dès que leurs eaux cessent naturellement de communiquer avec des rivières.

L'article 5 est la sanction indispensable des premières dispositions de la loi. La défense de pêcher serait presque illusoire, si l'on permettait le transport et la vente du poisson ; en défendant le principe il faut interdire la conséquence. Il faut ajouter en outre que la surveillance s'opère bien plus facilement sur les marchés, halles, aux entrées dans les villes que le long des cours d'eau. Cette défense de transport et de vente en temps de prohibition de la pêche est empruntée à la législation sur la chasse ; nous croyons que l'on en a recueilli de bons résultats, encore bien que la loi sur la chasse paraisse à certains esprits être insuffisante pour assurer la conservation du gibier.

Art. 6. L'administration pourra donner l'autorisation de prendre et transporter, pendant le temps de la prohibition, le poisson destiné à la reproduction.

Cette faculté d'autorisation de transport du poisson par l'administration en temps prohibé doit être sévèrement restreinte au cas de reproduction ; elle ne peut donc par cela même être délivrée que pour le transport du poisson vivant. La loi sur la chasse ne contient pas de disposition analogue, mais la jurisprudence a comblé cette lacune, elle permet le transport en temps prohibé du gibier vivant ayant pour destination le repeuplement.

Art. 7. L'infraction aux dispositions de l'article premier et du premier paragraphe de l'article 5 de la présente loi sera punie des peines portées par l'art. 27 de la loi du 15 avril 1829, et en outre le poisson sera saisi et vendu sans délai dans les formes prescrites par l'article 42 de la dite loi. La peine (art. 27) est une amende de 30 francs à 200 francs.

La saisie et la vente présentent des formalités très-compliquées, eu égard à la nature des objets à vendre et de leur prompte corruption: voici ces formalités (art. 42). Le poisson saisi sera vendu sans délai dans la commune la plus voisine du lieu de la saisie, à son de trompe et aux enchères publiques, en vertu d'ordonnance du juge de paix ou de ses suppléants, si la vente a lieu dans un chef-lieu de canton, ou, dans le cas contraire, d'après l'autorisation du maire de la commune : ces ordonnances ou autorisations seront délivrées sur la requête des agents ou gardes qui auront opéré la saisie, et sur la présentation du procès-verbal régulièrement dressé et affirmé par eux. Dans tous les cas, la vente aura lieu en présence du receveur des domaines et à défaut, du maire, ou adjoint de commune, ou du commissaire de police.

Les agents ou gardes désignés en cet article sont ceux dénommés en l'article 10 de la loi.

Art. 7 (suite). L'amende sera double et les délinquants pourront être condamnés à un emprisonnement de dix jours à un mois :

1° Dans les cas prévus par les articles 69 et 70 de la loi du 15 avril 1829.

2° Lorsqu'il sera constaté que le poisson a été enivré ou empoisonné.

3° Lorsque le transport aura lieu par bateaux, voitures ou bêtes de somme.

La recherche du poisson pourra être faite en temps prohibé, à domicile chez les aubergistes, chez les marchands de denrées, comestibles et dans les lieux ouverts au public.

D'après ce que nous venons d'énumérer sous la première partie de cet article, on voit que l'amende devant être portée au double, son minimum sera de soixante francs, sans qu'il soit possible au juge, dans les trois cas ci-dessus, de modérer cette partie de la peine ; quant à l'emprisonnement *il est facultatif* aux tribunaux de le prononcer puisque la loi dit que les délinquants *pourront* être condamnés. Les articles 69 et 70 de la loi du 15 avril 1829 prévoient le cas de récidive et de pêche de nuit. Il y a récidive lorsque dans les douze mois précédents, il a été rendu contre les délinquants un premier jugement pour un délit en matière de pêche.

L'autorisation donnée aux agents de l'administration de rechercher les poissons transportés en contravention est la même et limitée aux mêmes conditions que la recherche du gibier enlevé en temps prohibé par l'article 4 de la loi du 3 mai 1844.

Art. 8. Les dispositions relatives à la pêche ou au transport du poisson, s'appliquent au frai du poisson et à l'alevin.

On ne peut donc transporter le frai ou l'alevin en temps prohibé qu'avec l'autorisation de l'administration. Mais quel est le fonctionnaire qu'il faut entendre sous cette dénomination, *l'administration* ; évidemment le Préfet du département si le transport a lieu dans un seul département, et si le transport a lieu dans des départements différents les préfets de ces départements. Il y a là des difficultés d'autorisation que la pratique devra simplifier.

Art. 9. L'article 32 de la loi du 15 avril 1829 est abrogé en ce qui concerne la marque ou le plombage des filets.

Des décrets détermineront le mode de la vérification de la dimension des mailles des filets autorisés pour la pêche de chaque espèce de poisson, en exécution de l'article 26 de la loi du 15 avril 1829.

Aux termes de l'article 32 de la loi de 1829 aucun filet ou engin quelconque ne pouvait être employé à la pêche par aucun pêcheur, fût-il porteur de licence, associé, etc., sans avoir été préalablement soumis à la vérification de l'administration, vérification dont l'existence était constatée par le plombage du filet ou engin. Cette obligation du plombage est abrogée, mais non le fait de la vérification de la dimension des mailles des filets. Puisque la loi maintenait l'obligation de la vérification, on comprend difficilement pourquoi elle n'a pas aussi maintenu le plombage qui est une garantie pour tout le monde, pour le pêcheur surtout qui, par la représentation du plomb, fait toutes les justifications désirables vis-à-vis des agents de surveillance.

Art. 10. Les infractions concernant la pêche, la vente, l'achat, le transport, le colportage, l'exportation ou l'importation du poisson, seront recherchées et constatées par les agents des douanes, les employés des contributions indirectes et des octrois, ainsi que par les autres agents autorisés par la loi du 15 avril 1829, et par le décret du 9 janvier 1852.

Des décrets détermineront la gratification qui sera accordée aux rédacteurs des procès-verbaux ayant pour objet de constater les délits. Cette gratification sera prélevée sur le produit des amendes.

Art. 11. La poursuite des délits et contraventions et l'exécution des jugements pour infraction à la présente loi, auront lieu conformément à la loi du 15 avril 1829 et au décret du 9 janvier 1852.

Art. 12. Les dispositions législatives antérieures sont abrogées en ce qu'elles peuvent avoir de contraire à la présente loi.

Après avoir présenté les principes généraux posés dans

la loi de 1865, nous allons examiner la législation complète qui existe dans la combinaison des deux lois spéciales. (1865 et 1829.)

TEXTE ET COMMENTAIRE DE LA LOI DU 15 AVRIL 1829.

Art. 1er. Le droit de pêche sera exercé au profit de l'État :

1° Dans tous les fleuves, rivières, canaux et contre-fossés navigables ou flottables, avec bateaux, trains ou radeaux, et dont l'entretien est à la charge de l'État ou de ses ayant-cause ;

2° Dans les bras, noues, boires et fossés qui tirent leurs eaux des fleuves et rivières navigables et flottables, dans lesquels on peut en tous temps passer ou pénétrer librement en bateau de pêcheur, et dont l'entretien est également à la charge de l'État.

Sont toutefois exceptés les canaux et fossés existants, ou qui seraient creusés dans des propriétés particulières, et entretenus aux frais des propriétaires.

Art. 2. Dans toutes les rivières et canaux autres que ceux qui sont désignés dans l'article précédent les propriétaires riverains auront, chacun de son côté, le droit de pêche jusqu'au milieu du cours de l'eau, sans préjudice des droits contraires établis par possessions ou titres.

Art. 5. Tout individu qui se livrera à la pêche sur les fleuves et rivières navigables ou flottables, canaux, ruisseaux ou cours d'eau quelconques, sans la permission de celui à qui le droit de pêche appartient, sera condamné à une amende de 20 francs au moins, et de 100 francs au plus, indépendamment des dommages-intérêts (*Voyez* l'article 56, qui donne le droit de verbaliser aux agents et gardes de l'administration, gardes champêtres, éclusiers et officiers de police judiciaire.) Section 3 de la 3e partie.

Il y aura lieu, en outre, à la restitution du prix du poisson qui aura été pêché en délit, et la confiscation des filets et engins de pêche pourra être prononcée.

Néanmoins il est permis à tout individu de pêcher à la ligne flottante *tenue à la main*, dans les fleuves, rivières et canaux désignés dans les deux paragraphes de l'article 1er de la présente loi, le temps du frai excepté.

Gardes champêtres. 6

ADMINISTRATION ET RÉGIE DE LA PÊCHE.

ART. 6. Nul ne peut exercer l'emploi de garde-pêche, s'il n'est âgé de vingt-cinq ans accomplis, (*Code forestier, art. 3.*)

ART. 7. Les préposés chargés de la surveillance de la pêche ne pourront entrer en fonctions qu'après avoir prêté serment devant le tribunal de première instance de leur résidence, et avoir fait enregistrer leur commission et l'acte de prestation de leur serment au greffe des tribunaux dans le ressort desquels ils devront exercer leurs fonctions. (*)

Dans le cas d'un changement de résidence qui les placerait dans un autre ressort en la même qualité, il n'y aura pas lieu à une prestation de serment. (*Code forestier, art 5.*)

Art. 8. Les gardes-pêche pourront être déclarés responsables des délits commis dans leurs cantonnements, et passibles des amendes et indemnités encourues par les délinquants, lorsqu'ils n'auront pas dûment constaté les délits (**).

Art. 9. L'empreinte des fers dont les gardes-pêche font usage pour la marque des filets sera déposée au greffe des tribunaux de première instance.

ADJUDICATION DES CANTONNEMENTS DE PÊCHE.

ART. 10. La pêche au profit de l'État sera exploitée, soit par voie d'adjudication publique, aux enchères et à l'extinction des feux, conformément aux dispositions du présent titre, soit par concession de licence à prix d'argent.

Le mode de concession par licence ne pourra être employé qu'à défaut d'offres suffisantes.

En conséquence, il sera fait mention, dans les procès-verbaux d'adjudication, des mesures qui auront été prises pour leur donner toute la publicité possible, et des offres qui auront été faites.

---

* C'est au ministère public qu'ils doivent s'adresser, sans le ministère d'avoué. Ainsi jugé par la Cour de cassation, le 20 septembre 1823, et cette règle est toujours suivie depuis la loi de 1829.

** Ils ne peuvent dresser de procès-verbaux que dans le cantonnement pour lequel ils sont assermentés (*Arrêt du 6 août 1817.*)

Art 12. Toute *location* faite autrement que par adjudication publique sera considérée comme clandestine et déclarée nulle. Les fonctionnaires et agents qui l'auraient ordonnée ou effectuée, seront condamnés solidairement à une amende *égale au double* du fermage annuel du cantonnement de pêche. (*Code forestier, art.* 18.)

Sont exceptées les concessions par voie de licences.

Art. 15. Ne pourront prendre part aux adjudications, ni par eux-mêmes, ni par personnes interposées, directement ou indirectement, soit comme parties principales, soit comme associés ou cautions :

1° Les agents et gardes forestiers et les gardes-pêche dans toute l'étendue du royaume ; les fonctionnaires chargés de présider ou de concourir aux adjudications, et les receveurs du produit de la pêche, dans toute l'étendue du territoire où ils exercent leurs fonctions ;

En cas de contravention, ils seront punis d'une amende qui ne pourra excéder le quart ni être moindre du douzième du montant de l'adjudication ; et ils seront, en outre, passibles de l'emprisonnement et de l'interdiction qui sont prononcés par l'art. 175 du Code pénal ;

2° Les parents et alliés en ligne directe, les frères et beaux-frères, oncles et neveux des agents et gardes forestiers, et gardes-pêche, dans toute l'étendue du territoire pour lequel ces agents ou gardes sont commissionnés ;

En cas de contravention, ils seront punis d'une amende égale à celle qui est prononcée par le paragraphe précédent.

Art. 16. Toute association secrète ou manœuvre entre les pêcheurs et autres, tendant à nuire aux enchères, à les troubler ou à obtenir *les cantonnements de pêche* à plus bas prix, donnera lieu à l'application des peines portées par l'article 412 du Code pénal, indépendamment de tous dommages-intérêts ; et si l'adjudication a été faite au profit de l'association secrète ou des auteurs desdites manœuvres, elle sera déclarée nulle. (*Code forestier, art.* 22.)

Art. 19. Toute personne capable et reconnue solvable, sera admise jusqu'à l'heure de midi du lendemain de l'adjudication, à faire une offre de surenchère, qui ne pourra être moindre du cinquième du montant de l'adjudication.

Dès qu'une pareille offre aura été faite, l'adjudicataire et les surenchérisseurs pourront faire de semblables déclarations de simple surenchère, jusqu'à l'heure de midi du surlendemain de l'adjudication, heure à laquelle le plus offrant restera définitivement adjudicataire.

Le secrétaire commis à l'effet de recevoir ces déclarations, sera tenu de les consigner immédiatement sur un registre à ce destiné, d'y faire mention expresse du jour et de l'heure précise où il les aura reçues, et d'en donner communication à l'adjudicataire et aux surenchérisseurs, dès qu'il en sera requis ; le tout sous peine de 300 fr. d'amende, sans préjudice de plus fortes peines, en cas de collusion.

En conséquence il n'y aura lieu à aucune signification des déclarations de surenchère, soit par l'administration, soit par les adjudicataires et surenchérisseurs. (*Code forestier, art.* 25.)

Art. 22. Tout procès-verbal d'adjudication emporte exécution parée et contrainte par corps contre les adjudicataires, leurs associés et cautions, tant pour le paiement du prix principal de l'adjudication que pour accessoires et frais.

Les cautions sont en outre contraignables solidairement, et par les mêmes voies, au paiement des dommages, restitutions et amendes qu'aurait encourus l'adjudicataire. (*Code forestier, art.* 28.)

CONSERVATION ET POLICE DE LA PÊCHE.

Art. 23. Nul ne pourra exercer le droit de pêche dans les fleuves et rivières navigables ou flottables, les canaux, ruisseaux ou cours d'eau quelconques, qu'en se conformant aux dispositions suivantes :

Art. 24. Il est interdit de placer dans les rivières navigables ou flottables, canaux et ruisseaux, aucun barrage, appareil ou établissement quelconque de pêcherie, ayant pour objet d'empêcher entièrement le passage du poisson. [*]

---

[*] Cela ne s'applique pas aux réservoirs qui peuvent avoisiner une rivière. On peut alors faire des barrages sans encourir l'amende, ainsi que l'a déclaré le ministre de l'intérieur à la Chambre des députés ; mais le barrage ne peut être fait dans une rivière qui parcourt un clos ou parc, parce qu'autrement on priverait les propriétaires supérieurs de la reproduction du poisson. (*Direction générale des forêts.*) Il a été bien entendu aux Chambres, que ces

Les délinquants seront condamnés à une amende de cinquante francs et en outre aux dommages-intérêts; et les appareils ou établissements de pêche seront saisis ou détruits.

Art. 25. Quiconque aura jeté dans les eaux des drogues ou appâts qui sont de nature à enivrer le poisson ou à le détruire, sera puni d'une amende de 50 à 300 fr., et d'un emprisonnement d'un mois à trois mois. Cela ne s'applique qu'aux eaux courantes; s'il s'agissait de viviers, réservoirs ou étangs, la peine serait bien plus grave; elle est déterminée par l'article 452 du Code pénal, qui pour ce fait prononce la peine d'un an à cinq ans de prison, et une amende de 16 fr. à 300 fr. Le procès-verbal du garde-pêche, dans ce cas, doit être immédiatement transmis au procureur du Roi, avec tous les renseignements qui peuvent le mettre sur la trace du coupable, qu'on ne connaît pas toujours.

Art. 26. Des décrets impériaux détermineront,

1° Les temps, saison et heures pendant lesquels la pêche sera interdite dans les rivières et cours d'eau quelconques;

2° Les procédés et modes de pêche qui, étant de nature à nuire au repeuplement des rivières, devront être prohibés;

3° Les filets, engins et instruments de pêche qui seront défendus comme étant aussi de nature à nuire au repeuplement des rivières;

4° Les dimensions de ceux dont l'usage sera permis dans les divers départements pour la pêche des différentes espèces de poissons;

5° Les dimensions au-dessous desquelles les poissons de certaines espèces qui seront désignées ne pourront être pêchés, et devront être rejetés en rivière;

6° Les espèces de poissons avec lesquels il sera défendu

---

barrages ne s'entendaient que de ceux faits pour la pêche en temps de frai, et pour empêcher la remonte du poisson.

La Cour de cassation a jugé, le 5 juillet 1828, que l'établissement d'un barrage sans autorisation, considéré sous le rapport des entraves qu'il peut apporter à la navigation, rend son auteur justiciable de l'autorité administrative; mais que, considéré comme moyen de pêche prohibé, il constitue un délit dont la répression appartient aux tribunaux correctionnels qui, par suite, peuvent ordonner la destruction du barrage comme l'autorité administrative le pourrait dans le premier cas.

d'appâter les hameçons, nasses, filets ou autres engins. (*Voyez* l'ordonnance du 19 novembre 1830, à la suite de cette loi.

Art. 27. Quiconque se livrera à la pêche pendant les temps, saisons et heures prohibés par les ordonnances, sera puni d'une amende de 50 à 200 fr.

Art. 28. Une amende de 50 à 100 fr. sera prononcée contre ceux qui feront usage, en quelque temps et en quelque fleuve, rivière, canal ou ruisseau que ce soit, de l'un des procédés ou modes de pêche ou de l'un des instruments ou engins de pêche prohibés par les ordonnances.

Si le délit a eu lieu pendant le temps du frai, l'amende sera de 60 à 200 fr.

Il peut être interdit d'établir des barrages ayant pour but d'intercepter à volonté et même momentanément la libre circulation du poisson, pour le forcer à passer par l'issue où sont placés les piéges, et toute contravention à cette interdiction doit être réprimée. (Arrêt de Paris du 21 juin 1865).

Art. 29. Les mêmes peines sont prononcées contre ceux qui se serviront, pour une autre pêche, de filets permis seulement pour celle du poisson de petite espèce.

Ceux qui seront trouvés porteurs ou munis, hors de leur domicile, d'engins ou instruments de pêche prohibés, pourront être condamnés à une amende qui n'excédera pas 200 fr., et à la confiscation des engins ou instruments de pêche, à moins que ces engins ou instruments ne soient destinés à la pêche dans des étangs ou réservoirs. Un arrêt du 5 juillet 1828 décide qu'il n'est pas nécessaire que les contrevenants soient trouvés faisant usage de ces instruments, et qu'il suffit qu'ils les aient en leur possession.

Art. 30. Quiconque pêchera, colportera ou débitera des poissons qui n'auront point les dimensions déterminées par les ordonnances, sera puni d'une amende de 20 à 50 francs, et à la confiscation desdits poissons. Sont néanmoins exceptées de cette disposition les ventes de poissons provenant des étangs ou réservoirs.

Sont considérés comme des étangs ou réservoirs, les fossés et canaux appartenant à des particuliers, dès que leurs eaux cessent naturellement de communiquer avec les rivières.

Art. 31. La même peine sera prononcée contre les pêcheurs qui appâteront leurs hameçons, nasses, filets ou autres engins, avec des poissons des espèces prohibées, qui seront désignées par les ordonnances.

Art. 32. Abrogé par la loi du 31 mai 1865.

Art. 33. Les contre-maîtres, les employés du balisage et les mariniers qui fréquentent les fleuves, rivières ou canaux navigables ou flottables, ne pourront avoir dans leurs bateaux ou équipages aucun filet, ou engin de pêche même non prohibé, sous peine d'une amende de 50 francs et de la confiscation des filets.

A cet effet, ils seront tenus de souffrir la visite sur les bateaux et équipages, des agents de police de la pêche, aux lieux où ils aborderont.

La même amende sera prononcée contre ceux qui s'opposeront à cette visite.

Art. 34. Les fermiers de la pêche et les porteurs de licences, et tous les pêcheurs en général dans les rivières et canaux désignés par les paragraphes de l'article 1er de la présente loi, seront tenus d'amener leurs bateaux, et de faire l'ouverture de leurs loges et hangars, bannetons, huches et autres réservoirs ou boutiques à poisson, sur leurs cantonnements, à toute réquisition des agents et préposés de l'administration de la pêche, à l'effet de constater les contraventions qui pourraient être par eux commises aux dispositions de la présente loi.

Ceux qui s'opposeront à la visite ou refuseront l'ouverture de leurs boutiques à poisson, seront, pour ce seul fait, punis d'une amende de 50 francs.

Art. 35. Les fermiers et porteurs de licence ne pourront user, sur les fleuves, rivières et canaux navigables, que du chemin de halage ; sur les rivières et cours d'eau flottables, que du marche-pied. Ils traiteront de gré à gré avec les propriétaires riverains pour l'usage des terrains dont ils auront besoin pour retirer et asséner leurs filets.

POURSUITES EN RÉPARATION DE DÉLIT.

Des poursuites exercées au nom de l'Administration.

Art. 37. Les gardes-pêche nommés par l'administration sont assimilés aux gardes forestiers. (*Voy.* art. 58.)

Art. 38. Ils recherchent et constatent par procès-verbaux les délits de l'arrondissement du tribunal près duquel ils sont assermentés.

Art. 39. Ils sont autorisés à saisir les filets et autres instruments de pêche prohibés, ainsi que le poisson pêché en délit. (*Art. 161 du code forestier.*)

Art. 40. Les gardes-pêche ne pourront, sous aucun prétexte, s'introduire dans les maisons et enclos y attenant, pour la recherche des filets prohibés; mais ils le peuvent pour constater les délits ou contraventions prévus par les art. 27, 28, 29 : cela résulte de la discussion de la loi.

Art. 41. Les filets et engins de pêche qui auront été saisis comme prohibés, ne pourront, dans aucun cas, être remis sous caution : ils seront déposés au greffe et y demeureront jusqu'après le jugement, pour être ensuite détruits.

Les filets non prohibés dont la confiscation aurait été prononcée en exécution de l'art. 5, seront vendus au profit du trésor.

En cas de refus de la part des délinquants, de remettre immédiatement le filet déclaré prohibé, après la sommation du garde-pêche, il seront condamnés à une amende de 50 francs.

Art. 42. Quant au poisson saisi pour cause de délit, il sera vendu dans la commune la plus voisine du lieu de la saisie, à son de trompe et aux enchères publiques, en vertu d'ordonnance du juge de paix ou de ses suppléants, si la vente a lieu dans un chef-lieu de canton, ou, dans le cas contraire, d'après l'autorisation du maire de la commune; ces ordonnances ou autorisations seront délivrées sur requête des agents ou gardes qui auront opéré la saisie, et sur la présentation du procès-verbal, régulièrement dressé et affirmé par eux.

Dans tous les cas, la vente aura lieu en présence du receveur des domaines, et à défaut, du maire ou adjoint de la commune, ou du commissaire de police.

Art. 43. Les gardes-pêche ont le droit de requérir directement la force publique pour la répression des délits en matière de pêche ainsi que pour la saisie des filets prohibés et du poisson pêché en délit.

Art. 44. Ils écriront eux-mêmes leurs procès-verbaux, ils

les signeront et les affirmeront au plus tard, le lendemain de la clôture desdits procès-verbaux, par-devant le juge de paix du canton, ou l'un de ses suppléants, ou par-devant le maire ou l'adjoint, soit de la commune de leur résidence, soit de celle où le délit a été commis ou constaté ; le tout sous peine de nullité.

Toutefois, si par suite d'un empêchement quelconque, le procès-verbal est seulement signé par le garde-pêche, mais non écrit en entier de sa main, l'officier public qui en recevra l'affirmation devra lui en donner préalablement lecture, et faire ensuite mention de cette formalité ; le tout sous peine de nullité du procès-verbal. (*Art.* 165 *du Code forestier.*)

Art. 45. Les procès-verbaux dressés par les agents forestiers, les gardes généraux et les gardes à cheval, soit isolément, soit avec le concours des gardes-pêche royaux et des gardes champêtres, ne seront point soumis à l'affirmation. (*Art.* 166 *du Code forestier.*)

Art. 46. Dans le cas où le procès-verbal portera saisie, il en sera fait une expédition qui sera déposée, dans les vingt-quatre heures, au greffe de la justice de paix, pour qu'il en puisse être donné communication à ceux qui réclameraient les objets saisis.

Le délai ne courra que du moment de l'affirmation pour les procès-verbaux qui sont soumis à cette formalité.

Art. 47. Les procès-verbaux seront, sous peine de nullité, enregistrés dans les quatre jours qui suivront celui de l'affirmation, ou celui de la clôture du procès-verbal, s'il n'est pas sujet à l'affirmation.

L'enregistrement s'en fera en *debet*. (*Art.* 170 *du Code forestier.*)

Art. 50. Les gardes de l'administration, chargés de la surveillance de la pêche, pourront, dans les actions et les poursuites exercées en son nom, faire toutes citations et significations d'exploits, sans pouvoir procéder aux saisies exécutions.

Leurs rétributions pour les actes de ce genre seront taxées comme pour les actes faits par les huissiers des juges de paix.

Le directeur général, consulté sur la question de savoir sur quelles bases devaient être réglées les rétributions des gardes, a répondu qu'il fallait suivre les décrets du 18 juin 1815 et 7 avril 1813, et non le tarif en matière civile. L'art. 61 du tarif de 1811 alloue aux huissiers de juges de paix 50 centimes pour l'original, et 50 centimes pour chaque copie, non compris les déboursés, s'il y en a. (*Art. 175 du Code forestier.*)

Il faut que pour faire foi en justice, les procès-verbaux constatent les faits d'une manière affirmative. (*Arrêt du 22 février* 1812.)

Les mots *ils ne font foi que des faits matériels* n'empêchent pas d'y consigner les aveux des délinquants, et les procès-verbaux font foi de ce qu'ils contiennent à cet égard, sauf l'inscription de faux. (*Legraverend*, tome 1, chapitre 5, section 2, § 5.)

Il ne sera en conséquence admis aucune preuve outre ou contre le contenu de ces procès-verbaux, à moins qu'il n'existe une cause légale de récusation contre l'un des signataires.

Art. 54. Les procès-verbaux revêtus de toutes les formalités prescrites, mais qui ne seront dressés et signés que par un seul agent ou garde-pêche, feront de même preuve suffisante jusqu'à inscription de faux, mais seulement lorsque le délit n'entraînera pas une condamnation de plus de 50 fr., tant pour amende que pour dommages-intérêts.

Art. 55. Les procès-verbaux qui, d'après les dispositions qui précèdent, ne font point foi et preuve suffisante jusqu'à inscription de faux, peuvent être corroborés et combattus par toutes les preuves légales, conformément à l'article 145 du Code d'Instruction criminelle. (*Art. 178 du Code forestier.*)

Art. 59. Si dans une instance en réparation de délit, le prévenu excipe d'un droit de propriété ou tout autre droit réel, le tribunal saisi de la plainte statuera sur l'incident.

L'exception préjudicielle ne sera admise qu'autant qu'elle sera fondée, soit sur un titre apparent, soit sur des faits de possession équivalents, articulés avec précision, et si le titre produit ou les faits articulés sont de nature, dans le cas où ils seraient reconnus par l'autorité compétente, à ôter au fait qui sert de base aux poursuites le caractère de délit.

Dans le cas de renvoi à fins civiles, le jugement fixera un bref délai dans lequel la partie qui aura élevé la question préjudicielle devra saisir les juges compétents de la connaissance du litige et justifier de ces diligences, sinon il sera passé outre. Toutefois, en cas de condamnation, il sera sursis à l'exécution du jugement, sous le rapport de l'emprisonnement, s'il était prononcé : et le montant des amendes, restitutions et dommages-intérêts sera versé à la caisse des dépôts et consignations, pour être remis à qui il sera ordonné par le tribunal, qui statuera sur le fond de droit.

Art. 60. Les agents de l'administration chargés de la surveillance de la pêche, peuvent, en son nom, interjeter appel des jugements et se pourvoir contre les arrêts et jugement en dernier ressort; mais ils ne peuvent se désister de leurs appels sans son autorisation spéciale. (*Art. 183 du Code forestier.*)

Art. 61. Le droit attribué à l'administration et à ses agents de se pourvoir contre les jugements et arrêts par appel ou par recours en cassation, est indépendant de la même faculté qui est accordée par la loi au ministère public, lequel peut toujours en user, même lorsque l'administration ou ses agents auraient acquiescé aux jugements et arrêts. (*Art. 184 du Code forestier.*)

Art. 62. Les actions en réparation de délits en matière de pêche se prescrivent par un mois, à compter du jour où les délits ont été constatés, lorsque les prévenus sont désignés dans les procès-verbaux. Dans le cas contraire le délai de prescription est de trois mois, à compter du même jour.

Art. 63. Les dispositions de l'article précédent ne sont pas applicables aux délits et malversations commis par les agents, préposés ou gardes de l'administration, dans l'exercice de leurs fonctions ; les délais de prescription à l'égard de ces préposés et de leurs complices seront les mêmes que ceux qui sont déterminés par le Code d'instruction criminel le

DES POURSUITES EXERCÉES AU NOM ET DANS L'INTÉRÊT DES FERMIERS DE LA PÊCHE ET DES PARTICULIERS.

Art. 65. Les délits qui portent préjudice aux fermiers de la pêche, aux porteurs de licence et aux propriétaires riverains, seront constatés par leurs gardes, lesquels seront assimilés aux gardes-bois des particuliers *.

Art. 66. Les procès-verbaux dressés par ces gardes feront foi jusqu'à preuve contraire. (*Art. 188 du Code forestier.*)

Art. 67. Les poursuites et actions seront exercées au nom et à la diligence des parties intéressées **.

Art. 68. Les dispositions contenues aux articles 38, 39, 40, 41, 42, 43, 44, 45, 46, 47 du paragraphe premier, 49, 52, 59, 62 et 64 de la présente loi, sont applicables aux poursuites exercées au nom et dans l'intérêt des particuliers et des fermiers de la pêche, pour les délits commis à leur préjudice.

PEINES ET CONDAMNATIONS.

Il y a récidive lorsque dans les douze mois précédents, il a été rendu contre le délinquant un premier jugement pour délit en nature de pêche.

Art. 70. Les peines seront également doublées, lorsque les délits auront été commis la nuit.

Art. 71. Dans tous les cas où il y aura lieu à adjuger des dommages-intérêts, ils ne pourront être inférieurs à l'amende simple prononcée par le jugement. (*Art. 202 du Code forestier.*) Voyez 3e partie.

Art. 74. Les maris, pères, mères, tuteurs, fermiers et porteurs de licences, ainsi que tous propriétaires, maîtres et commettants, seront civilement responsables des délits en matière de pêche commis par leurs femmes, enfants mineurs, pupiles, bateliers et compagnons, et tous autres subordonnés, sauf tout recours de droit.

Cette responsabilité sera réglée conformément à l'article 1384 du Code Nap.

---

* Un garde-pêche, même pour un simple particulier, est un officier de police judiciaire, tout comme un garde champêtre. (*Duvergier.*)

** Le fait de pêche avec des engins prohibés intéresse essentiellement l'ordre public ; il peut être poursuivi indépendamment de toute plainte de la partie privée. (*Arrêt du 21 février 1812.*)

EXÉCUTION DES JUGEMENTS.

De l'exécution des Jugements rendus à la requête de l'administration ou du ministère public.

Art. 75. Les jugements rendus à la requête de l'administration chargée de la police de la pêche, ou sur la poursuite du ministère public, seront signifiés par simple extrait qui contiendra le nom des parties et le dispositif du jugement.

Cette signification fera courir les délais de l'opposition et de l'appel des jugements par défaut. (*Art.* 209 *du Code forestier.*)

Art. 78. Les individus contre lesquels la contrainte par corps aura été prononcée par raison des amendes et autres condamnations et réparations pécuniaires, subiront l'effet de cette contrainte jusqu'à ce qu'ils aient payé le montant desdites condamnations, ou fourni une caution admise par le receveur des domaines, ou, en cas de contestation de sa part, déclarée bonne et valable par le tribunal d'arrondissement. (*Art.* 212 *du Code forestier.*)

Art. 79. Néanmoins, les condamnés qui justifieront de leur insolvabilité, suivant le mode prescrit par l'article 420 du Code d'Instruction criminelle, seront mis en liberté après avoir subi quinze jours de détention, lorsque l'amende et les autres condamnations pécuniaires n'excèderont pas quinze francs.

La détention ne cessera qu'au bout d'un mois, lorsque les condamnations s'élèveront ensemble de quinze à cinquante francs.

Elle ne durera que deux mois, quelle que soit la quotité desdites condamnations.

En cas de récidive, la durée de la détention sera double de ce qu'elle eût été sans cette circonstance.

Art. 80. Dans tous les cas, la détention employée comme moyen de contrainte est indépendante de la peine d'emprisonnement prononcée contre les condamnés pour tous les cas où la loi l'inflige.

DE L'EXÉCUTION DES JUGEMENTS RENDUS DANS L'INTÉRÊT DES FERMIERS DE LA PÊCHE ET DES PARTICULIERS.

Art. 81. Les jugements contenant des condamnations en

faveur des fermiers de la pêche, des porteurs de licence et des particuliers, pour réparations des délits commis à leur préjudice, sont signifiés et exécutés suivant les mêmes formes et voie de contrainte que les jugements rendus à la requête de l'administration chargée de la surveillance de la pêche.

Art. 82. La mise en liberté des condamnés détenus par voie de contrainte par corps, à la requête et dans l'intérêt des particuliers, ne pourra être accordée, en vertu des articles 78 et 79, qu'autant que la validité des cautions ou la solvabilité des condamnés aura été, en cas de contestation de la part desdits propriétaires, jugée contradictoirement entre eux.

Art. 83. Sont et demeurent abrogés, toutes les lois, ordonnances, édits et déclarations, arrêts du conseil, arrêtés et décrets et tous règlements intervenus, à quelque époque que ce soit, sur les matières réglées par la présente loi, en tout ce qui concerne la pêche.

Mais les droits acquis antérieurement à la présente loi seront jugés, en cas de contestation, d'après les lois existant avant sa promulgation.

DISPOSITIONS TRANSITOIRES.

Art. 84. Les prohibitions portées par les articles 6, 8, 10, et la prohibition de pêcher à autre heure que depuis le lever du soleil jusqu'à son coucher, portée par l'article 5 du titre XXXI de l'ordonnance de 1669, continueront à être exécutées jusqu'à la promulgation des ordonnances qui, aux termes de l'article 26 de la présente loi, détermineront les temps où la pêche sera interdite dans tous les cours d'eau, ainsi que les filets et instruments de pêche dont l'usage sera prohibé. L'ordonnance du 15 novembre 1830 ayant, comme on peut le voir ci-dessous, statué à cet égard, articles 5, 6 et 7, cet article, § 4, est inapplicable dans tous les départements où les préfets ont fait les réglements prescrits par cet ordonnance.

Toutefois, les contraventions aux articles ci-dessus énoncés de l'ordonnance de 1669 seront punies conformément aux dispositions de la présente loi.

§ 1. Cette loi ayant prescrit que des ordonnances règleraient ce qui tient au moyen d'exécution, une ordonnance du 15 novembre 1850 a prohibé sous les peines de l'article 28 ci-dessus : 1° les filets traînants ; 2° ceux dont les mailles carrées sont accrues et non tendues ni tirées en losange, auraient moins de 30 millimètres de chaque côté après que le filet a séjourné dans l'eau ; 3° les bires, nasses et autres engins dont les verges en osier seraient écartées entre elles de moins de 30 millimètres.

§ 2. Néanmoins, cette ordonnance autorise pour la pêche des goujons, ablettes, loches, vérons, vandoises et autres poissons de petite espèce, les filets dont les mailles auront 15 millimètres de largeur, et les nasses d'osier ou autres engins dont les baguettes seront écartées de 15 millimètres. Elle a accordé aussi la faculté de se servir de toute espèce de nasses en jonc à jour, quel que soit l'écartement de leurs verges.

§ 3. L'article 5 porte que quiconque se servira pour autre pêche que celle indiquée, de filets spécialement affectés à cet usage, sera puni des peines portées en l'article 28.

§ 4. Les préfets sont autorisés par l'article 5 à déterminer, sur l'avis du conseil général, et après avoir consulté les agents forestiers, les temps, saisons et heures pendant lesquels la pêche sera interdite dans les rivières et cours d'eau. Ils doivent également faire des réglements dans lesquels ils détermineront et diviseront les filets et engins qui, d'après les règles ci-dessus, devront être interdits.

§ 5. L'article 7 porte en outre que, sur l'avis du conseil général, et après avoir consulté les agents forestiers, le préfet pourra prohiber les procédés et modes de pêche qui sembleront de nature à nuire au repeuplement des rivières; mais ces règlements doivent être homologués par ordonnance impériale.

Il résulte de plus de la discussion de la loi et de l'article 7 de cette ordonnance, que les préfets peuvent prohiber la pêche à la main.

La pêche dans les eaux qui ne sont ni flottables ni navigables, s'exerce comme il convient au propriétaire, sans aucune intervention administrative, et avec toute la liberté et toutes les modifications dont la propriété est en général

susceptible; nous n'avons donc aucune règle à donner à cet
égard et nous renvoyons au droit commun. Nous faisons cependant remarquer que lorsque le vendeur d'un étang s'est
réservé le droit de pêche dans cet étang, à perpétuité, pour
lui, ses héritiers et ayant cause, le juge du fait peut décider,
sans encourir la censure de la cour de cassation, que ce
droit constitue un droit d'usage personnel, ayant pour but
l'agrément plutôt que le profit, et par conséquent limité à
la vie du vendeur, et non un droit de propriété *in parte quâ*,
sur le poisson renfermé dans l'étang. (*Cas. 26 juillet 1865.*)

SECTION IV.

DES GARDES-CHASSE.

**§ 1er. DEVOIRS SPÉCIAUX DES GARDES PARTICULIERS, PLUS ORDI-
NAIREMENT NOMMÉS GARDES-CHASSE.**

(Voyez 3e partie, Section Ire, Loi sur la Chasse.)

La première chose dont ils doivent s'occuper aussitôt
leur nomination, c'est de se faire expliquer par leurs maîtres les lois et règlements sur la chasse, et de faire préciser
les instructions auxquelles ils devront se conformer dans
l'exercice de leurs fonctions. Tout propriétaire qui veut
utiliser un garde-chasse, ferait même très bien de lui donner une instruction écrite ; ce serait un moyen de ne jamais
avoir de procès-verbaux inutiles, et de réussir presque toujours devant les tribunaux. Mais, il faut le dire, il est presque
autant de propriétaires insouciants des formes que de gardes
ignorants. Nous allons, pour venir au secours des uns et
des autres, rechercher en peu de mots les devoirs des gardes-
chasse.

§ 2. Ils doivent d'abord prendre la ferme résolution de ne
faire aucune acception de personnes, de surveiller tout délinquant quel qu'il soit, et de verbaliser chaque fois que les
délits de chasse, de pêche, ou des délits champêtres seront
par eux découverts. Cela est indispensable, puisque le garde
particulier réunit tous les caractères des autres gardes,
quant à la propriété qui lui est confiée ; puisque le Code
d'instruction criminelle lui-même les assimile aux autres
gardes quand il s'agit de la constatation des contraventions

qui intéressent le public ; et puisqu'enfin la jurisprudence a décidé que les dispositions de l'article 16 du Code d'instruction criminelle, sur les fonctions des gardes champêtres des communes sont applicables aux gardes des particuliers, et que les violences exercées contre ces derniers rentrent dans l'application des articles 230 et 231 du Code pénal. (*Arrêt du 19 juin* 1818.) *Voyez* OUTRAGE. *Voyez aussi* Sect. Ire, § 16, *pages* 16 *et* 17.

§ 3. Il tient un registre sur lequel il note chaque soir ce qui a frappé son attention dans la journée. S'il s'est commis quelque délit dont il ne connaisse pas l'auteur, il fait, à des heures différentes, de jour et de nuit, des tournées qui peuvent faire découvrir le délinquant, ou du moins le déconcerter, de manière que le délit ne se renouvelle plus.

S'il connaît l'auteur il doit lui déclarer procès-verbal et faire perquisition en présence du maire, afin de saisir le bois, le blé, le foin, le gibier, le poisson enlevé clandestinement.

§ 4. S'il saisit, il faut désigner avec soin l'objet par sa nature, sa qualité, sa dimension, sa quantité, etc., etc. (Voir le *Dictionnaire des Gardes*, aux mots *Chasse, Procès-verbaux* et autres qui s'y réfèrent.)

Que la chasse ou la pêche ait lieu avec armes permises ou avec engins permis ou prohibés, peu importe, il y a toujours délit ; mais le délit est plus grave dans le dernier cas, et il y a nécessité de faire mention des engins prohibés, avec tous les détails qui peuvent les faire apprécier.

Il doit constater également les bris de clôture, les délits de bestiaux, les divagations d'animaux. (Voyez *Clôture, Fossé*.)

Il doit désigner avec soin les bois, la prairie, les rivières ou les champs où le délit a été commis. (Voir le *Dictionnaire des Gardes*, aux mots *Forêt, Souche, Taillis*, etc.)

S'il s'agit d'arbres, il faut, autant que possible, déterminer le nombre, la circonférence, l'essence, l'âge, distinguer si c'était un baliveau, un pied cornier, un arbre de lisière ou de parois, ou autre arbre, la longueur et largeur au pied ; le tour pris à 162 millimètres de terre, si on l'a déshonoré en coupant les branches, ou si l'on n'a coupé que du taillis ; de quel âge et combien de charge ou de somme, et les ferrements ou moyens dont on s'est servi pour commettre le délit. (Voir le *Dictionnaire des Gardes*, aux mots *Arbre, Baliveau, Chêne, Orme*, etc.)

S'il s'agit d'un délit en fait de pacage ou de pâturage, il faut que le garde spécifie le bétail, comme chevaux, juments, poulains, bœufs, vaches, chèvres, moutons ; qu'il les désigne autant qu'il est possible, par la différence de leur poil, par leur nombre ; si c'est dans les forêts, l'âge du taillis, et s'il est défensable. (Voyez *Défensable*.)

§ 5. En fait de bois, il faut que le garde désigne s'il y a des chevaux ou autres bêtes tirantes, harnais, chariots, charrettes, le poil des bêtes et leur nombre, ainsi que le bois chargé ou sur place, qu'il reconnaîtra être en délit, et saisir le tout.

Dans le cas où il ne pourrait conduire en fourrière les choses saisies, par la résistance des délinquants, il doit en charger les conducteurs et leur déclarer, par le même procès-verbal, qu'il les en établit gardien. Il doit en user ainsi à l'égard des bestiaux pris en pâture. (Voyez *Fourrière*.)

§ 6. Lorsqu'un garde dresse procès-verbal, il doit avoir soin d'avertir le délinquant qu'il assigne verbalement à comparaître devant l'autorité locale, au premier jour d'audience qu'il indiquera dans son rapport. S'il saisit quelque chose et le met en séquestre chez un tiers, il doit laisser au gardien copie de son rapport et procès-verbal de saisie avec assignation au premier jour d'audience, pour voir ordonner ce que de raison.

Tout garde qui composerait avec les délinquants, et prendrait de l'argent pour supprimer ses rapports, doit s'attendre à être poursuivi extraordinairement, et puni comme prévaricateur et concussionnaire. (Voyez les mots CORRUPTION, CONCUSSION : tout ce qu'on y dit s'applique aussi bien au garde-chasse qu'aux garde champêtre et forestier ; voyez aussi les mots OFFICIERS DE POLICE JUDICIAIRE, OUTRAGE.)

Terminons en faisant observer à tous les gardes que l'impulsion donnée aux affaires par le décret de décentralisation leur impose un redoublement d'activité et que la création de commissariats de police cantonaux est à la fois un moyen de protection et de surveillance.

DEUXIÈME PARTIE.

DICTIONNAIRE DES GARDES.

A

ABANDON. La sécurité publique veut que l'on interdise l'abandon sur les chemins ou dans les champs de coutres, ferrements, leviers, échelles, qui peuvent faciliter les crimes ou délits. Les gardes champêtres doivent y veiller avec attention et signaler les contraventions.

ABROUTISSEMENT. État d'un bois détruit ou endommagé par la dent des bestiaux.

ABUS D'AUTORITÉ. Le garde qui excède ses pouvoirs ou en use pour vexer ses concitoyens, commet un abus d'autorité qui l'expose à la suspension, à la destitution et même à des poursuites judiciaires, selon la gravité du cas. Si l'abus d'autorité a lieu en refusant d'exécuter les lois et règlements, il est puni de la suspension ou de la destitution ; si c'est en violant les droits des citoyens, il peut l'être d'une amende de 16 à 200 francs. S'il y a eu violence envers les personnes, la peine est d'un degré plus forte envers les fonctionnaires qu'envers les simples citoyens. Voyez les articles 184, 185, 186 et 198 du code pénal, et remarquez que, d'après l'article 10 du même Code, la condamnation aux peines établies par la loi est toujours prononcée sans préjudice des restitutions et dommages-intérêts qui peuvent être dus aux parties. Les gardes champêtres, forestiers et autres, doivent donc apporter la plus grande modération dans l'exercice de leurs fonctions. Ils sont responsables de tout acte despotique. Mais, il faut le dire, si l'abus d'autorité est une atteinte répréhensible aux droits individuels, l'oubli d'en user, les concessions, les complaisances, les moyens termes que peut suggérer la faiblesse, ne sont pas moins féconds en inconvénients, et souvent même le fonctionnaire, quel que soit son rang, cela s'applique à tout, fait plus de mal par son incurie que par ses actes répréhensibles. On évite ces deux écueils également dangereux en se renfermant dans ce que prescrivent les lois, règles uniques, et seules infaillibles que doivent suivre tous les fonctionnaires.

Nous ne parlons point ici des complaisances à prix d'argent ou de présents quelconques; elles constituent le crime de *corruption* ou de *concussion*. (Voyez ces mots. Voyez aussi Section 1re, § 10.)

ACACIA. Arbre dont la tige s'élève haut et rapidement: sa racine est grosse, longue, traçante et jaunâtre; ses branches sont garnies d'épines; ses feuilles sont composées de 19 à 21 folioles oblongues, rangées par paire sur un pédicule commun; ce pédicule ne porte à son extrémité qu'une seule foliole, ce qui rend impair le nombre de ces petites feuilles.

Les fleurs de l'acacia sont blanches, légumineuses, disposées en épis ou en grappes pendantes, d'une odeur ressemblant à celle de la fleur d'oranger. A ces fleurs succèdent des gousses aplaties contenant des semences qui deviennent noirâtres en mûrissant.

ACCIDENTS. § 1er. Les accidents peuvent quelquefois présenter le caractère d'un délit, et dans ce cas les maires et commissaires de police doivent les constater par des procès-verbaux qu'ils transmettent au procureur impérial; tels sont les cas prévus par les articles 319 et 320 du Code pénal.

Mieux vaut encore empêcher les accidents que d'en assurer la punition. Le meilleur moyen de les prévenir consiste à faire exécuter les lois, ordonnances et règlements.

Voici les principales dispositions que contiennent les règlements. Il est défendu aux voituriers ou charretiers de quitter leurs chevaux. Les gardes champêtres qui rencontrent des voitures sans conducteur doivent en dresser procès-verbal, en ayant soin de prendre sur la plaque le nom du propriétaire.

Aux propriétaires ou entrepreneurs, d'encombrer la voie publique, soit avec des matériaux de construction, soit avec des débris de démolition, des terres ou des bois, ou tous objets. (Voyez à cet égard les articles 471, 475 et 479 du Code pénal, au mot CONTRAVENTION.)

§ 2. Il doit être défendu aux propriétaires et maquignons d'exercer des chevaux dans les rues, chemins et autres lieux publics passagers, et généralement de faire dans ces lieux aucun exercice qui puisse nuire aux passants. Ainsi, les règlements du maire de chaque commune doivent prohiber les jeux d'arc, de fronde, de tir, de quilles, de paume et autres semblables dans l'intérieur des communes, et assigner les emplacements où ils peuvent être établis. Les gardes champêtres, après un avertissement préalable, doivent, en cas de résistance, dresser procès-verbal de la contravention.

Les puits publics doivent toujours être fermés.

Les chiens errants doivent être tués.

Les animaux atteints de maladies contagieuses doivent être abattus et enfouis loin des habitations, etc. etc.

Les fous furieux doivent être séquestrés.

Il suffit d'indiquer ici quelques espèces pour que tout officier municipal, soigneux des intérêts de la commune, puisse apercevoir de suite quelles mesures de précaution il doit prendre.

Les contraventions à ces règlements sont également constatées par des procès-verbaux.

Si le fait est assez grave pour constituer un délit, copie du procès-verbal qui le constate est également adressée au procureur impérial.

§ 3. S'il résulte de l'accident un incendie, une inondation, le renversement d'une maison, ou de tout autre édifice, les maires ont le droit de requérir les secours et services de tous les citoyens ; et s'ils s'y refusent, le tribunal de police devant lequel ils sont traduits prononce une amende, en exécution de l'article 475, n° 12 du Code pénal, qui est maintenant seul applicable.

§ 4. Les accidents arrivés à la chasse par l'imprudence ou la maladresse des chasseurs doivent aussi être constatés parce qu'ils peuvent devenir la cause de poursuites en vertu des articles 319 et 320 du Code pénal, ou bien en vertu des articles 1382, 1383 et 1384 du Code Nap.; mais cette constatation est moins le fait du garde-chasse que d'hommes de l'art capables de bien préciser la nature ou la gravité des blessures. Le tribunal de Dieppe a rendu, le 4 février 1835, un jugement qui peut être un avertissement salutaire pour les gardes, pour les jeunes gens et pour leurs parents civilement responsables. Voici le texte de ce jugement :

« Attendu, en droit, que tout fait quelconque de l'homme qui cause à autrui du dommage, oblige celui par la faute duquel il est arrivé, à le réparer, et que le père est civilement responsable du tort causé par son fils mineur ;

« Attendu, en fait, que le 20 septembre 1833, Daniel Rasp, atteint d'un coup de fusil parti à bout portant dans les mains d'Édouard de Médine, est tombé frappé à mort, et n'a survécu que quelques instants ;

» Attendu qu'Édouard de Médine, par la faute duquel ce malheur est arrivé, en doit la réparation, et que comme il est mineur, son père est civilement responsable de la condamnation :

» Attendu d'ailleurs que de Médine père a à se reprocher d'avoir imprudemment confié une arme à feu à un jeune homme de 15 ans, d'un caractère violent et emporté, et de ne pas l'avoir fait surveiller non plus que le jeune Rasp, qui était confié à sa sollicitude, et que sous ce rapport la condamnation doit être prononcée personnellement contre lui ;

» Attendu que dans ces sortes d'affaires, les tribunaux, pour réparer, autant qu'il est en eux, le préjudice éprouvé, doivent prendre en considération et la position de ceux qui se trouvent lésés dans leurs affections et leurs intérêts, et la position de ceux qui doivent la réparation ;

» Attendu que le jeune Rasp qui, bien qu'appartenant à des parents peu aisés, avait reçu une éducation soignée, et qui, après avoir terminé ses études classiques, se livrait à des études spéciales pour entrer à l'école polytechnique, était, pour sa mère et pour sa sœur, un sujet de justes espérances ; que toutes deux devaient envisager, dans un avenir assez rapproché, le fruit et la récompense des sacrifices faits pour une éducation coûteuse ;

» Attendu qu'on ne peut évaluer à moins de 8000 francs, les sommes dépensées pour l'éducation de Rasp ;

Mais que ce n'est pas cette somme seulement qui doit être touchée par madame Levaillant ;

Qu'elle doit encore, et sa fille comme elle, être indemnisée des ressources présumables que l'éducation de Rasp, et la profession qu'elle l'aurait mis à même d'embrasser, leur eussent procurées ;

» Attendu qu'on doit aussi, dans l'arbitration des dommages-intérêts en semblable matière, apprécier, autant que possible, la perte morale d'affection ;

« Que s'il est impossible de combler le vide que laissera toujours, dans le cœur d'une mère et dans celui d'une sœur, le cruel évènement qu'Édouard de Médine aura sans cesse à déplorer, au moins ne doit-on pas, dans l'évaluation du tort causé, perdre de vue ces liens d'amour maternel et de tendresse fraternelle qui se trouvent à jamais brisés ;

» Que, sous ce double rapport d'intérêts matériels (autres que ceux d'éducation déjà évalués) et d'intérêts moraux, une somme de 15000 francs n'est pas excessive, surtout si, en pesant les fatales circonstances de l'affaire, on prend en considération la fortune personnelle dont jouit en ce moment Édouard de Médine, celle qui lui reviendra du chef de sa mère, et la fortune non moins considérable de son père ;

» Le tribunal condamne le vicomte de Médine, tant comme tuteur d'Édouard de Médine, qu'en son nom personnel, et comme civilement responsable des faits de son fils mineur, en 25,000 francs de dommages-intérêts envers les demandeurs, avec les intérêts de droit, et aux dépens.

AFFICHES. § 1er. Elles ne peuvent être apposées qu'avec autorisation de l'autorité locale. Elles doivent être timbrées, porter le nom et la demeure de l'imprimeur ; celles à la main, les noms et demeure de leur auteur. La contravention à cette disposition est punie d'emprisonnement d'après la *loi du* 24 *germinal an* IV, articles 1 et 2. (*Voyez* plus bas § 2, article 2.)

§ 2. Le décret du 23 août 1852 complète les règles de l'affichage de la manière suivante :

Vu l'article 30 de la loi du 8 juillet 1852, ainsi conçu :

A partir du 1er août 1852, toute affiche inscrite dans un lieu public, sur les murs, sur une construction quelconque, et même sur une toile au moyen de la peinture ou de tout autre procédé, donnera lieu à un droit d'affichage fixé à 50 centimes pour les affiches d'un mètre carré et au-dessous, et à 1 franc pour celles d'une dimension supérieure.

Un règlement d'administration publique déterminera le mode d'exécution du présent article.

Toute infraction à la présente disposition et toute contravention au règlement à intervenir pourront être punies d'une amende de 100 francs à 500 francs, ainsi que des peines portées à l'article 464 du Code pénal. »

Décrète :

Art. 1er. Tout individu qui voudra, au moyen de la peinture ou de tout autre procédé, inscrire des affiches dans un lieu public, sur les murs, sur une construction quelconque, ou même sur une toile, sera tenu préalablement de payer le droit d'affichage établi par l'article 30 de la loi du 8 juillet 1852, d'obtenir de l'autorité municipale dans les départements, et à Paris, du préfet de police, l'autorisation ou permis d'afficher.

Le paiement du droit se fera au bureau de l'enregistrement dans l'arrondissement duquel se trouvent les communes où les affiches devront être placées.

Dans le département de la Seine, il se fera à un ou plusieurs bureaux d'enregistrement désignés à cet effet.

Art. 2. Le droit sera perçu sur la présentation, pour chaque commune, d'une déclaration en double minute, datée et signée, contenant :

1° Le texte de l'affiche ;

2° Les noms, prénoms, professions et domicile de ceux dans l'intérêt desquels l'affiche doit être inscrite, et de l'entrepreneur de l'affichage ;

3° La dimension de l'affiche ;

4° Le nombre total des exemplaires à inscrire ;

5° La désignation précise des rues et places où chaque exemplaire devra être inscrit ;

6° Et le nombre des exemplaires à inscrire dans chacun de ces emplacements.

Un double de la déclaration restera au bureau pour servir de contrôle à la perception ; l'autre, revêtu de la quittance du receveur de l'enregistrement, sera rendu au déclarant.

Les droits régulièrement perçus ne seront point restituables, lors même que, par le fait des tiers, l'affichage ne pourrait avoir lieu.

Mais ces droits seront restitués si l'autorisation d'afficher est refusée par l'administration.

§ 3. L'autorité municipale ou le préfet de police ne délivrera le *permis d'affichage* qu'au vu et sur le dépôt de la déclaration portant quittance, dont il est parlé dans l'article précédent, par ordre de date et de numéro.

Chaque permis sera enregistré sur un registre spécial et sans préjudice des droits des tiers.

Le numéro du permis devra être lisiblement indiqué au bas de chaque exemplaire de l'affiche, qui devra porter, en outre, son numéro d'ordre. (Art. 3.)

Art. 4. Aucun exemplaire de l'affiche ne pourra être d'une dimension supérieure à celle pour laquelle le droit aura été payé.

Art. 5. Les contraventions à l'article 30 de la loi du 8 juillet 1852, et aux dispositions du présent règlement, seront constatées par des procès-verbaux rapportés, soit par des préposés de l'administration de l'enregistrement et des domaines, soit par les commissaires, gendarmes, gardes champêtres et tous autres agents de la force publique.

Art. 6. Il sera accordé, à titre d'indemnité, aux gendarmes, gardes champêtres et autres agents de la force publique qui auront constaté les contraventions, un quart des amendes payées par les contrevenants.

Art. 7. Les poursuites seront faites à la requête du ministère public et portées devant le tribunal de police correctionnelle dans l'arrondissement duquel la contravention aura été commise.

Art. 8. Les contraventions à l'article 1er, au dernier alinéa de l'article 3 et à l'article 4 du présent règlement seront passibles des peines portées par l'article 30 de la loi du 8 juillet 1852.

Il sera dû une amende pour chaque exemplaire d'affiches inscrit sans paiement du droit ou d'une dimension supérieure à celle pour laquelle le droit aura été payé, et pour chaque exemplaire posé dans un emplacement autre que celui indiqué par la déclaration.

Dans tous les cas, les contrevenants devront rembourser les droits dont le trésor aura été frustré.

Art. 9. Ces droits, amendes et frais seront recouvrés par l'administration de l'enregistrement et des domaines.

Art. 10. Les individus qui auront fait inscrire des affiches sur les murs antérieurement au 1er août 1852, auront un délai de deux mois, à compter de la même époque, pour acquitter le droit d'affichage et se faire délivrer un permis, en se conformant aux dispositions du présent réglément.

Ce délai expiré, l'administration aura la faculté de faire supprimer lesdites affiches.

AFFIRMATION. § 1er. Les procès-verbaux sur papier visé pour timbre en *débet*, quand il s'agit du gouvernement, des communes ou des établissements publics, et sur papier timbré quand il s'agit des intérêts particuliers, doivent être affirmés par les gardes rédacteurs, sous peine de nullité, au plus tard le lendemain de leur clôture.

S'il s'agissait d'une contravention de grande voirie, le délai serait de trois jours, aux termes d'une ordonnance du 8 novembre 1838, que rapporte la loi sur laquelle cette décision est fondée.

Toute affirmation a le caractère d'un serment ; elle doit être reçue par le juge de paix du canton, ou l'un des suppléants.

§ 2. Les maires ou leurs adjoints reçoivent aussi l'affirmation, mais seulement pour les délits commis sur leur territoire, lorsqu'ils n'habitent pas la commune où réside le juge de paix ou son suppléant.

§ 3. Il est des cas où le premier conseiller municipal d'une commune peut suppléer le maire ou l'adjoint, lorsqu'il s'agit de perquisitions, par exemple, mais il ne le peut pas quand il s'agit d'affirmation. (Ainsi jugé le 18 novembre 1808.)

§ 4. L'acte d'affirmation reçu par un maire pour le juge de paix absent ou empêché, doit faire mention de cette circonstance : mais celui d'un adjoint remplaçant le maire, n'a pas besoin d'en contenir mention; il y a présomption d'absence ou d'empêchement, par cela seul que c'est l'adjoint qui agit.

§ 5. L'affirmation doit être signée du garde et de celui qui la reçoit, à peine de nullité. (*Arrêt du 3 juillet* 1824 *et* 1er *avril* 1830).

§ 6. Si c'est le juge de paix qui la reçoit, et si le procès-verbal est écrit par le garde, l'affirmation peut être ainsi conçue :

Par-devant nous, juge de paix du canton de.... demeurant à... s'est présenté le Sr.., garde champêtre de la commune de...., lequel, sur l'heure de... nous a exhibé le présent procès-verbal entièrement écrit de sa main, et l'a affirmé sincère et véritable, et a signé avec nous.

Fait à... le... etc.

§ 7. Si le procès-verbal n'est pas écrit par le garde affirmant, il faut le dire, et ajouter après les mots : *le présent procès-verbal*, ceux-ci : *dont nous lui avons donné lecture.*

§ 8. Si le procès-verbal est présenté au maire à défaut du juge de paix et de ses suppléants, il faut qu'il porte :

Par-devant nous, maire de la commune de... pour l'absence du juge de paix du canton de..... résidant en cette commune, et pour celle de ses suppléants, s'est présenté, etc. Il faut encore, dans ce cas, faire la distinction établie aux § 6 et 7.

L'affirmation d'un procès-verbal devant un fonctionnaire qui n'a pas qualité pour la recevoir, est nulle. et ce seul fait suffit pour faire renvoyer le prévenu des poursuites. (*Arrêt du 24 décembre* 1824.)

Il y aurait également nullité si l'affirmation n'était pas faite sous forme de serment. (*Arrêt du 16 avril* 1828).

AFFOUAGE. C'est le droit que possède une commune de couper dans un bois les portions destinées au chauffage des habitants et aux constructions qui intéressent la commune ou des particuliers. Les affouagers sont assimilés aux adjudicataires de ventes. (*Arrêt du 25 août* 1808.) Ils ne peuvent, quelque soit le titre justificatif de leurs droits, couper les bois sans en avoir obtenu la délivrance par un arrêté de l'administration forestière. (*Arrêt du 3 septembre* 1808.) (Voyez *Usage*, où cette matière est traitée selon la nouvelle loi forestière.) Le partage de ces bois doit être réglé par délibération du conseil municipal. Les règlements faits à cet égard ont le caractère de règlement de police, et donnent lieu à condamnation en cas de contravention. (*Arrêt du 26 mars* 1819.)

Les droits d'affouage des communes sont incessibles. La prohibition de vendre des bois qui en proviennent s'applique non-seulement aux ventes faites par les communes, mais encore à celles faites de particulier à particulier. (*Cour de cassation, arrêt du 13 octobre* 1809.) (Voyez *Parcours*.)

Afin d'acquitter la redevance fixée par l'art. 109 du Code forestier en faveur du trésor public, l'ordonnance d'exécution avait statué, art. 86, que les adjudications des coupes affouagères auraient lieu par-devant les préfets et sous-préfets, dans les chefs-lieux d'arrondissement ; que toutefois les préfets pourraient permettre que les coupes, dont l'évaluation *n'excéderait pas* 500 *fr., fussent adjugées au chef-lieu des communes*, sous la présidence des maires. Une ordonnance du 29 octobre 1834 a autorisé le ministre des finances à permettre cette vente même au-dessus de 500 fr.

Cela ne s'applique qu'à la portion qui doit être distraite, aux termes de l'article 109 du Code forestier, pour faire face aux dépenses d'administration, mais ce n'est pas moins une mesure très avantageuse pour les habitants, puisqu'elle leur donne une sorte de préférence sur des acquéreurs étrangers.

AGARIC DE CHÊNE, espèce de champignon, gros, arrondi, dur et fort pesant, qui croît attaché par les côtés sur les troncs des vieux chênes.

ALIBOUFIER. Arbre de la grandeur d'un olivier et qui croît dans les forêts de Provence ; il ressemble au cognassier par son tronc, son écorce et ses feuilles, lesquelles sont vertes en dessus, blanches et cotonneuses en dessous ; ses fleurs, qui paraissent dans le printemps, sont d'une seule pièce, semblables à celles de l'oranger, blanches et odorantes. Son fruit est une baie à peau blanchâtre, cotonneuse, peu charnue, qui contient deux noyaux.

ALISIER. Arbre de forêt, de moyenne grandeur ; ses fleurs sont en roses rassemblées en bouquet ; son fruit est une baie charnue et arrondie, terminée par un ombilic ; elle renferme deux semences oblongues et cartilagineuses.

ALOSE. Les aloses, remarquables par l'exiguité de leur tête, appartiennent au genre clupé. Elles quittent la mer à l'époque du frai, et remontent dans les fleuves et rivières. Elles forment alors des troupes nombreuses que les pêcheurs du Rhin, de l'Elbe, de la Garonne, de la Seine, etc., voient arriver avec une grande satisfaction. Les écailles sont grandes et sont sur les bords comme tachetées de gouttes noires, le dos est de couleur noirâtre, les côtés et le ventre sont argentins, la queue est profondément échancrée.

ALOUETTE (L') est un oiseau trop connu en France pour que nous donnions sa description : à Paris seulement on lui donne le nom de *Mauviette*. Pendant la belle saison, les alouettes vivent dispersées dans la campagne ; mais aussitôt que les froids se font sentir, elles se réunissent en grandes bandes, et voyagent pour quitter les montagnes et se jeter dans la plaine, où elles trouvent plus aisément leur nourriture. Dès les premiers beaux jours, elles se dispersent de nouveau dans les blés verts et les prés, où la femelle construit son nid entre deux mottes de terre ; elle y dépose quatre ou cinq œufs grisâtres, tachés de brun.

C'est depuis le mois de septembre jusqu'à la fin de l'hiver que la chasse aux alouettes est vraiment avantageuse, surtout au filet pendant les gelées blanches, et au fusil quand la terre est couverte de neige.

ALEVIN, nom donné à tout menu poisson qui sert à peupler les étangs et pièces d'eau.

AMENDES. Elles sont prononcées au profit de l'État ; les dommages-intérêts appartiennent au propriétaire ; elles emportent contrainte par corps ; elles sont doubles lorsque les délits ont été commis de nuit, avec scie ou feu, ou par des préposés de l'administration. Les remises d'amendes ne peuvent être accordées que par le ministre des finances, le conservateur entendu ; c'est à ce fonctionnaire qu'il faut d'abord adresser la demande.

Si le condamné à l'amende ne peut payer pour cause d'indigence, il doit le faire certifier par le garde général ; ce certificat est visé par le maire, et l'administration peut lui faire remise de l'amende.

Cela ne s'applique, bien entendu, qu'aux amendes forestières. Les autres amendes, celles de chasse, par exemple, se remettent aux délinquants sans que le conservateur soit consulté, lors même que les délits auraient été commis dans des forêts. La Cour de cassation a jugé, le 23 février 1859, que l'amende pour délit de chasse et l'indemnité du propriétaire devaient être prononcées lors même que le propriétaire n'aurait éprouvé aucun préjudice, et que le procureur impérial aurait refusé ou négligé de requérir.

AMPHIBIE. On désigne par ce nom les animaux qui ont la double faculté de vivre sous l'eau et sur terre, et qui peuvent alternativement passer de l'un à l'autre élément. Telle est la *loutre*. (*Voyez* ce mot.)

ANGUILLE. L'anguille appartient au genre murène ; elle a les nageoires pectorales assez petites et les autres nageoires assez étroites, pour qu'on puisse la confondre, de loin, avec un véritable serpent ; elle a de même le corps très allongé et presque cylindrique. Sa tête est menue, son museau un peu pointu et sa mâchoire inférieure plus avancée que la supérieure. Ses lèvres sont garnies d'un grand nombre de petits orifices par lesquels se répand une liqueur onctueuse ; c'est de cette manière que sa peau est, sur tous les points de son corps, enduite de cette humeur gluante qui la fait paraître comme vernie, rend ses mouvements si souples et lui permet d'échapper à la main qui la presse.

L'anguille est couverte d'écailles, mais si petites que plusieurs naturalistes en ont nié l'existence, qu'il est impossible de les reconnaître au toucher, et que l'œil même le plus perçant ne les découvre que lorsque ce poisson est mort.

Les nageoires du dos et de l'anus sont très basses ; elles sont d'ailleurs réunies à celles de la queue, de manière qu'on a bien de la peine à déterminer la fin de l'une et le commencement de l'autre.

Les couleurs que l'anguille présente varient fréquemment, et il paraît que leurs nuances dépendent beaucoup de l'âge de l'animal, et de la qualité de l'eau au milieu de laquelle il vit.

ANIMAUX DOMESTIQUES. La loi du 2 juillet 1850 punit d'une amende de 5 à 15 francs ceux qui exercent *publiquement* et abusivement de mauvais traitements contre eux, soit dans les rues, soit sur les routes, soit dans les champs : ce qui impose aux gardes champêtres de nouveaux devoirs.

APPATS. Il en est de permis, et d'autres sévèrement défendus, parce que ce sont de véritables poisons. La loi du 15 avril 1829 porte, art. 25 : « Quiconque aura jeté dans les eaux des drogues ou appâts qui sont de nature à énivrer le poisson ou à le détruire, sera puni d'une amende de trente francs à trois cents francs, et d'un emprisonnement d'un mois à trois mois. De là, la nécessité pour le garde-pêche de mentionner dans son procès-verbal ce qu'il a pu vérifier touchant la quantité de poisson enivré ou empoisonné, afin que le juge puisse, en connaissance de cause, faire l'application de la loi d'après la latitude qui lui est accordée entre le *minimum* et le *maximum*.

Quant aux appâts naturels, la saisie n'en peut être faite qu'autant que le pêcheur n'a pas le droit de pêcher, soit parce qu'on est en temps prohibé, soit parce qu'il n'a pas la permission du propriétaire.

Les vers de toute espèce sont regardés comme les meilleurs appâts, particulièrement ceux qui se forment dans la viande corrompue, et qu'on nomme vulgairement *asticots*. Les vers de terre, appelés *achées*, sont également employés avec succès. Les vers blancs ou jaunes qui se trouvent dans les racines de l'iris aquatique, et ceux qui rongent les fruits sont un excellent appât pour la truite, la tanche, la brême et la carpe.

Pour se procurer des vers de terre, on les cherche dans les jardins, sous les pots à fleurs où il y a de l'humidité, ou bien on se transporte dans un pré un peu frais : on enfonce en terre un piquet et on le tourne de manière à faire décrire un cercle au bout que l'on tient dans la main. La pression que ce piquet exerce ainsi sur la terre, en fait sortir les vers. On obtient encore un meilleur résultat en frappant fortement la terre ou en la foulant avec les pieds. Mais le moyen le plus productif est de répandre de l'eau salée ou une décoction de feuilles de noyer dans les endroits où l'on voit de petits trous qui indiquent la présence des vers. On en trouve ordinairement une grande quantité après une pluie, ou pendant la nuit, parce qu'alors ils quittent leurs trous pour venir à la surface de la terre. Dans ce dernier cas on se munit d'une lanterne et on peut en ramasser beaucoup en peu de temps.

On se procure facilement des *asticots* en faisant pourrir de la viande qu'on expose en plein air afin que les mouches y viennent déposer leurs œufs. On en obtient encore en jetant dans un trou du foie ou du sang de quelque quadrupède. On le recouvre de terre et quelques jours après on vient faire sa provision.

Les vers de terre ou de viande ne sont pas le seul appât dont les pêcheurs fassent usage. Ils emploient aussi avec succès différentes espèces de scarabées, des mouches, des fourmis ailées, des papillons, des chenilles, des limaçons et des moules de rivière tirées de leurs écailles, des sauterelles, des grenouilles, des rats, des canards nouvellement éclos et des petits poissons de toute espèce que l'on nomme *blanchaille*. Néanmoins, on préfère parmi les petits poissons, pour les rivières, les loches, goujons et ablettes, et les plus petits gardons pour les étangs.

On se sert pour l'anguille, le brochet et la lote, d'un appât connu sous le nom de *chatouille*. C'est une espèce de petite lamproie, grosse à peine comme un tuyau de plume que l'on trouve dans la vase.

Dans les grandes chaleurs on amorce avec du fromage de Gruyère pour prendre des barbillons.

On a imaginé un grand nombre d'appâts composés pour attirer le poisson sur un point et le prendre au filet, et d'appâts artificiels pour la ligne volante ; cela ne rentre pas dans notre cadre, et nous renvoyons le lecteur qui voudrait les connaître au *Manuel du Pêcheur*, faisant partie de *l'Ency-clopédie-Roret*.

APPEAU. Il y a des appeaux naturels, et il y en a d'artificiels.

On appelle naturels, les appeaux qui se font sans le secours d'aucune machine artificielle. Les hommes ne naissent pas avec l'art d'appeler toutes sortes d'oiseaux ; mais seulement avec les dispositions que l'exercice développe, et que l'expérience perfectionne. Nous voyons tous les jours qu'avec la bouche et les doigts, on peut mieux, même qu'avec les machines les plus artistement construites, appeler les becfigues, pinsons, moineaux, chardonnerets, linotes, verdiers, rouges-gorges, gros-becs, mésanges, grives, merles, étourneaux, cailles, perdrix, canards, tourterelles, coucous, etc.: c'est pour un oiseleur un talent heureux, qu'il doit toujours cultiver avec soin.

ARBRE. Les arbres sont les plus élevés et les plus gros des végétaux. Ils sont aussi les plus beaux et les plus utiles. On remarque dans un arbre coupé transversalement, le *bois*, l'*aubier*, l'*écorce*.

On distingue facilement, en coupant un arbre en travers, ses divers accroissements annuels, parce qu'il se forme tous les ans une couche ligneuse. Il ne faut compter que le demi-diamètre, ou bien on donnerait à l'arbre le double des années qu'il a réellement.

L'espèce d'un arbre se reconnaît à sa taille, à sa couleur, à sa feuille, à son écorce. Il est essentiel que les gardes champêtres et forestiers et les gardes particuliers étudient toutes les espèces forestières, afin de pouvoir les désigner en cas de délit. C'est un moyen de constatation plus sûr encore que la mesure du diamètre ou de la circonférence. Nous leur en donnons le moyen à chaque espèce d'arbre. (Voyez les mots *Aulne*, *Chêne*, *Charme*, etc.)

ARBRE de lisière. Ce sont ceux qui servent de bornes aux forêts. L'élagage n'en est pas permis, et tout contrevenant serait puni comme s'il les avait abattus. (*Art.* 150 *et* 192 *du Code forestier.*) Si ces arbres ont été abattus par le propriétaire, ceux qui les remplacent peuvent être élagués conformément à l'art. 672 du Code Napoléon ; mais seulement lorsque le propriétaire riverain le demande.

ARRESTATIONS. Les gardes ont le droit de conduire devant le maire, le juge de paix ou le procureur impérial, les individus pris en flagrant délit de faits qualifiés crimes ou délits, sauf les délits de chasse ; mais ils ne doivent effectuer d'arrestation qu'avec la plus grande circonspection. (Voyez *Chasse*, § 1er.)

Il a été jugé, le 22 novembre 1839, que la résistance opposée à une arrestation illégale ne constitue pas le délit de rébellion aux agents de la force publique, prévu par l'art. 209 du Code pénal.

ATTRIBUTIONS. Celles de tous les gardes sont soigneusement spécifiées dans la 1re partie et sous les mots divers qui forment le dictionnaire ; quant aux gardes champêtres elles ont récemment été étendues d'une manière notable. (Voyez *Service d'ordre public*.)

ATTROUPEMENTS. — RESPONSABILITÉ. Chaque commune est responsable des délits commis à force ouverte, ou par violence, sur son territoire, par des attroupements ou rassemblements armés ou non armés, soit envers les personnes, soit contre les propriétés nationales ou privées, ainsi que des dommages-intérêts auxquels ils donneront lieu. (Loi du 10 vendémiaire an IV. Titre IV, art. 1er.)

Dans le cas où les habitants de la commune auraient pris part aux délits commis sur le territoire par des attroupements et rassemblements, cette commune sera tenue de payer à l'État une amende égale au montant de la réparation principale. (Art. 2.)

Si les attroupements ou rassemblements ont été formés d'habitants de plusieurs communes, toutes seront responsables des délits qu'ils auront commis, et contribuables, tant à la réparation et dommages-intérêts, qu'au paiement de l'amende. (Art. 3.)

Les habitants de la commune ou des communes qui prétendraient n'avoir pris aucune part aux délits, et contre lesquels il ne s'élèverait aucune preuve de complicité ou participation aux attroupements, pourront exercer leur recours contre les auteurs et complices des délits. (Art. 4.)

Dans les cas où les rassemblements auraient été formés

d'individus étrangers à la commune sur le territoire de laquelle les délits ont été commis, elle demeurera déchargée de toute responsabilité. (Art. 5.)

Lorsque dans une commune les cultivateurs tiendront leurs voitures démontées, ou n'exécuteront pas les réquisitions qui seront faites légalement pour transports ou charrois, les habitants de la commune seront responsables des dommages-intérêts en résultant. (Art. 9.)

Les attroupements même sans armes sont interdits lorsqu'ils portent trouble à la tranquillité publique. (Décret du 7 juin 1848).

AULNE ou Vergne. Grand arbre. Ses branches redressées lui donnent une forme pyramidale : sa racine est rameuse, son bois rougeâtre quand il vient d'être coupé ; il tache la cognée d'une couleur de sang ; son écorce est grise, brunâtre en dehors, jaunâtre en dedans, amère, astringente et désagréable. Ses feuilles sont presque rondes, alternes, dentées et visqueuses ; ses fruits sont des cônes écailleux semblables à de petites pommes de pin. Il se plaît dans les lieux humides et marécageux. Il se multiplie de marcottes.

B

BAIE. Petits fruits qui, dans leur maturité, sont mous, pulpeux, succulents, plus ou moins arrondis ou ovales.

BALIVEAU. Arbre qu'on réserve à chaque coupe de taillis pour croître en futaie. Il y en a trois espèces : baliveaux de l'âge de la coupe, baliveaux modernes, baliveaux anciens.

Les premiers sont ceux de la coupe en exploitation, les modernes ceux de l'exploitation précédente, et les anciens ceux qu'on a réservés antérieurement à l'avant-dernière coupe. Les premiers ont conséquemment de 20 à 25 ans, les seconds de 40 à 50 ans, les autres de 60 à 80 ans. Dans les coupes de taillis on doit réserver 50 baliveaux de l'âge par hectare.

Les baliveaux anciens ou modernes ne peuvent être abattus que quand ils dépérissent.

Quand il faut procéder au balivage, les agents du triage et les gardes doivent être présents à l'opération.

La marque doit être frappée à la patte et le plus près de terre qu'il est possible.

Les procès-verbaux de balivage font mention du nombre
et des espèces d'arbres marqués en réserve, en désignant
ceux de l'âge, les modernes et les anciens ; le tout en exécution des articles 77, 78 et 79 de l'ordonnance forestière.

BAN DE VENDANGE. Le maire, avant de le publier, fait
examiner l'état des vignes ; c'est sur le rapport que font les
examinateurs sur la maturité, l'avancement ou le retard de
la vigne, selon la saison, que le maire prend un arrêté qui
fixe l'ouverture des vendanges.

Si le vignoble est considérable, on peut nommer des gardes auxiliaires qui concourent, avec les gardes champêtres,
à assurer la conservation du raisin. Les procès-verbaux des
uns et des autres sont faits dans la même forme, ont même
valeur devant le tribunal de police et peuvent donner lieu à
des condamnations à une amende de 6 à 10 francs, conformément à l'art. 475 n° 1er du Code pénal, qui porte : « Seront punis d'amende depuis 6 francs jusqu'à 10 francs inclusivement, ceux qui auront contrevenu aux bans de vendanges
ou autres bans autorisés par les règlements. »

Cet arrêté peut interdire l'entrée dans les vignes à partir
de telle époque, et fixer celle où le grapillage sera permis.
Toute vendange partielle opérée hors du terme fixé est une
contravention qui doit être constatée et punie.

Elle se constate soit par un rapport, soit par un procès-
verbal qui doit être fait dans les trois jours, y compris celui
où ils ont reconnu le fait.

BARBEAU. La partie supérieure du corps du barbeau est
olivâtre ; sa nageoire dorsale est armée d'une forte épine ;
cette nageoire est courte, ainsi que l'anale ; elle a douze
rayons et l'anale huit ; le ventre et la gorge sont blancs ; la
lèvre supérieure est rouge, forte, épaisse et conformée de
manière que l'animal peut l'étendre et la retirer facilement ;
elle porte quatre antennules ou barbillons, dont deux longs
à la base, et deux moins longs près de son extrémité ; les
écailles sont striées, dentelées et attachées fortement à la
peau. Il fait bouillonner l'eau en la respirant et la rejetant ;
et il peut vivre quatre ou cinq heures hors de l'eau.

Le barbeau se plait dans les eaux rapides qui coulent sur
un fond caillouteux. Il aime à se cacher parmi les pierres

et sous les rives avancées. Il se nourrit de limaçons, de vers et de toutes sortes de petits insectes; on l'a vu même rechercher les cadavres. Il a ordinairement 325 ou 487 millimètres.

BARRAGE. Le barrage des rivières, à l'effet de pêcher, ayant pour résultat de les dépeupler complètement, est interdit par la loi, et ceux qui en pratiquent doivent être poursuivis sur les rapports ou les procès-verbaux des gardes-pêche.

La cour de Limoges a décidé, le 4 décembre 1838, qu'il y a excès de pouvoir dans le règlement d'un préfet qui pose en principe qu'il y aura présomption de délit de pêche contre un propriétaire riverain, dans le fait seul de l'existence d'un barrage; en conséquence, le propriétaire ne peut être condamné à l'amende, si l'on ne trouve pas que le barrage a été construit par son ordre et dans son intérêt.

BARTAVELLE (Perdrix grecque). Elle ressemble beaucoup à la perdrix rouge, mais elle est plus grosse du double et elle a un cercle noir qui part du front, passe au-dessus des yeux et descend sur le devant du cou. La femelle est un peu plus petite que le mâle; sa couleur cendrée est moins pure, le blanc de sa gorge moins large, et les bandes noires des flancs plus étroites.

Elle habite constamment les lieux élevés, mais elle descend cependant en plaine pour y faire ses petits. Elle pond de huit à seize œufs, de la grosseur d'un petit œuf de poule, marqués de petits points rougeâtres sur un fond blanc, qu'elle dépose, sans construire de nid, sur de l'herbe ou des feuilles négligemment arrangées; du reste, ses habitudes sont à peu près les mêmes que celles de la perdrix rouge, et on la chasse de la même manière.

BATELEURS. Ce sont ces hommes que l'on voit sur les places publiques, sur les foires et marchés, se livrant à des tours de force ou d'adresse pour attirer et amuser le peuple.

La police ne saurait les surveiller de trop près; elle sait que la plupart de ces fainéants éhontés sont des repris de justice. Elle peut, elle doit leur interdire tous costumes, toutes attitudes contraires à la pudeur, et tous discours contraires aux mœurs, à la religion, aux autorités publiques. Elle peut également faire saisir, en vertu de l'article 481 du Code pénal, les instruments, ustensiles et costumes servant à leurs exercices. (*Voyez* aussi l'article 479, n° 7, du Code pénal.)

BATIMENTS. Il doit être ici question de ceux qu'il s'agit d'élever ou de ceux qui tombent en ruine. Quant aux premiers, le maire doit donner l'alignement ; il peut charger le garde champêtre de surveiller la construction, et s'il voit qu'on ne se conforme pas à l'alignement, il doit en dresser procès-verbal.

Quant aux autres, la loi du 22 juillet 1791 et une jurisprudence constante ont donné aux maires le droit de faire réparer par le propriétaire ou de faire démolir tout bâtiment qui pourrait compromettre la sûreté publique. Les gardes champêtres n'ont pas besoin d'ordres particuliers pour signaler ceux qui se trouvent en cet état; ils doivent le faire aussitôt qu'ils s'en aperçoivent. Les contraventions à cet égard sont prévues et punies par l'article 471, n° 5, d'une amende de 1 franc à 5 francs et des frais. S'il en est résulté du dommage, il y a lieu, d'après l'article 479, n° 4, à une amende de 11 à 15 francs, indépendamment des dommages-intérêts, et même à la prison s'il y a récidive. (Art. 482.)

BÉCASSE. La bécasse est un oiseau connu dans toute l'Europe; il habite principalement les contrées montagneuses et les bois. Il a 352 à 379 millimètres de longueur, et son bec 68 millimètres.

Dès les premiers frimas, la bécasse quitte ses montagnes pour venir habiter nos bois, où elle arrive, la nuit, une à une, tout au plus deux ensemble, vers le milieu du mois d'octobre ; elle recherche de préférence les bois des collines basses, et descend quelquefois jusque dans nos plaines ; elle repart au mois de mars. Cependant, quelques-unes restent dans les bois marécageux, et l'on en tue assez communément en Poitou à la fin d'avril et au commencement d'août.

Comme elle se nourrit de vers, elle recherche les terrains marécageux, mous, les pâquis humides et les haies touffues, près des ruisseaux et des petites mares, où elle va pour se laver le bec et les pattes. On reconnaît les lieux qu'elle hante à ses fientes larges, blanches et sans odeur. Retournée dans ses montagnes, la bécasse se fixe dans les endroits les plus solitaires et les plus élevés, où elle se niche. Elle fait son nid

par terre, elle le compose de feuilles et d'herbes sèches, en-
tremêlées de petits brins de bois, le tout rassemblé sans art
et amoncelé contre un tronc d'arbre ou sous une grosse racine ; elle y dépose quatre ou cinq œufs oblongs, un peu
plus gros que ceux d'un pigeon, d'un gris roussâtre et marqués d'ondes plus foncées et noirâtres : les petits courent
aussitôt qu'ils sont éclos.

On chasse la bécasse de plusieurs manières. La plus usitée
est celle du chien d'arrêt dans les taillis. On a un chien
muni d'un grelot bruyant afin de savoir toujours où il est,
et l'on suit le bord des clairières pendant que le chien bat
les fourrés des environs. La bécasse ne part que sous le
nez du chien et quelquefois aux pieds du chasseur, elle bat
bruyamment des ailes en pointant, et plonge en se jetant
dans les gaulis et faisant le crochet avant de filer ; elle
tombe lourdement à la remise, piète avec vitesse et souvent
fort loin. Son vol, quoique rapide, n'est ni élevé, ni longtemps soutenu. Il est de principe de la tirer au cul levé, et,
quand on fait cette chasse, il faut se munir d'un fusil court,
afin de n'être pas gêné dans son coup par les broussailles et
branches du fourré où l'on se trouve le plus ordinairement.

En mars et avril, lorsque la bécasse part, on va à l'affût
au crépuscule, pour la tirer à la *passe*. On se place dans un
chemin, vis-à-vis une clairière, et bientôt l'on entend les
cri des bécasses, *pidi*, *pidi*, *pidi*, qui passent deux à deux,
à une très petite hauteur, et que l'on peut tirer à l'aise.

On distingue plusieurs variétés de bécasses, que l'on
chasse toutes de la même manière : 1° la *bécasse ordinaire* ; 2° la *petite bécasse* ou *bécasse martinet* : elle arrive
plus tard que les autres ; outre qu'elle en diffère par sa taille
plus petite, elle a le bec plus long, le plumage roussâtre et
les pattes bleues ; 3° la *grosse bécasse*, dont le plumage est
plus rembruni que celui de la bécasse ordinaire, et la taille
plus grande d'un tiers : elle habite les bois, et se tient de
préférence dans les grosses haies doubles des pays couverts.
Ces trois premières variétés paraissent constantes ; 4° la *bécasse blanche*, dont le bec et les pieds sont jaunes ; 5° la *bécasse rousse*, à plumage ondé de roux clair sur un fond roux;
6° la *bécasse isabelle* à plumage d'un jaune léger ; 7° la *bécasse à tête rousse*, à corps blanchâtre, ailes brunes et tête
roussâtre ; 8° enfin la *bécasse aux ailes blanches* en tout

semblable à la commune, si ce n'est par ses ailes qui sont blanches.

BÉCASSINE. La bécassine a les pieds et le bec de la bécasse, mais elle est beaucoup plus petite ; sa longueur est d'environ 23 millimètres, y compris le bec, qui en a 7 environ ; sa tête est divisée par deux raies longitudinales noires et trois rougeâtres : le menton est blanc ; le cou varié de brun et de rougeâtre ; la poitrine et le ventre sont blancs ; le dessus du corps est varié de brun, de rouge pâle et de noir.

Ces oiseaux habitent les prairies marécageuses, la queue des étangs et les marais. Ils arrivent en France au printemps, et, pour la plupart, nichent dans les marais de nos contrées montagneuses ; la femelle fait son nid par terre, sous quelque grosse racine d'orme ou de saule, dans les endroits où le bétail ne peut pas parvenir ; elle y pond quatre ou cinq œufs d'un verdâtre très clair, tacheté de cendré et de brun.

La bécassine vole avec beaucoup de rapidité ; en partant elle file droit l'espace de 4 mètres à 6 mètres, puis elle fait trois crochets qui la portent à peu près à 30 pas, après quoi elle file droit. Lorsqu'elle est très élevée, elle fait entendre, surtout la nuit, un cri *mèe, mèe, mèe*, tremblotant et ayant une grande analogie avec celui de la chèvre, ce qui lui a fait donner, dans quelques pays, les noms de *chèvre volante* et *chèvre de la Saint-Jean*.

En été, la bécassine quitte nos contrées pour y revenir en automne et disparaître encore en hiver. Néanmoins, dans les marais boisés de l'Auvergne, du Charollais et du Beaujolais, on en trouve toute l'année, excepté lorsque les eaux sont entièrement gelées, et encore dans cette circonstance, beaucoup de ces oiseaux se retirent autour des fontaines chaudes, dans les bois et les bruyères, et ne quittent pas le pays.

BELETTE. Petit quadrupède de forme alongée, très bas de pattes ; son dos et les côtés du corps sont de couleur rousse, la gorge et le ventre blancs, la tête allongée, les oreilles courtes formant une sorte de poche dont l'entrée est au bord de la conque.

BÉTAIL. Mot qui désigne toutes les espèces de quadrupèdes dont l'homme se sert soit pour sa nourriture, soit pour la culture des terres. On distingue les bestiaux en bêtes à cornes, tels que bœufs et vaches, et en bêtes à laine, tels que moutons, brebis, boucs, chèvres. Il y a ensuite les porcs, les ânes, les chevaux. Lorsqu'un garde dresse un procès-verbal pour délits faits par des bestiaux, il ne doit pas se borner à déclarer qu'il a pris tant de têtes de bétail, il faut dire tant de vaches, tant de bœufs, de porcs, de moutons, etc. S'il n'y a qu'une seule bête et même plusieurs sans conducteur, il faut encore dire sous quel poil, et désigner le propriétaire s'il est connu.

Les personnes qui laissent à l'abandon des bestiaux, s'exposent à les voir saisir par le propriétaire sur le terrain duquel ils pénètrent ; il peut les garder pendant vingt-quatre heures, et si le dommage n'est pas payé dans ce délai, il est permis de les vendre jusqu'à concurrence de la valeur du préjudice causé.

BICHE. Femelle du cerf et plus petite que lui ; elle n'a point de bois. On distingue la trace de la biche en ce qu'elle a le pied moins bien fait que le cerf, les allures plus courtes, et que le pied de derrière ne pose pas régulièrement dans la trace de celui de devant, comme fait le cerf.

Dès le mois de décembre les biches et les cerfs de tout âge demeurent ensemble. Ils se mettent en troupe, et pendant les grands froids, ils cherchent l'abri des côtes ou les fourrés où ils se tiennent serrés les uns contre les autres. A la fin de l'hiver ils gagnent le bord des forêts et vont dans les champs chercher leur nourriture.

BLAIREAU. Sa grosseur est à peu près celle du renard, mais ses jambes sont beaucoup plus courtes, ce qui rend sa marche rampante ; son museau est gros et un peu allongé, ses yeux petits, sa queue courte, son poil rude, grisâtre en dessus, noir en dessous, il a une bande noirâtre de chaque côté de la tête. Enfin, pour le peindre d'un trait, il ressemble beaucoup à un petit ours. On le distingue aisément de tous les mammifères de la France à une poche glanduleuse qu'il a sous la queue, et d'où suinte continuellement une humeur grasse et fétide. Ses pieds de devant sont armés d'ongles forts et très allongés, qui lui donnent une grande facilité pour creuser la terre et y établir un terrier tortueux et oblique dont il sort de nuit et peu le jour. On trouve rarement le mâle avec la femelle, qui met bas en été trois ou quatre petits.

Il habite sur la lisière des bois, à proximité des champs et des vignobles où il va la nuit chercher sa nourriture. Dans les pays abondants en gibier, il mange les lapereaux, les perdrix et leurs œufs, la volaille quand il peut l'atteindre, et, faute de mieux, il mange les mulots, les lézards et même les couleuvres.

BLÉ. Les dégâts causés dans les blés en vert par les animaux, dans les blés en épis par les hommes, doivent être constatés avec la plus grande exactitude. C'est surtout à l'époque de la maturité des blés que les gardes doivent multiplier leurs tournées de jour et de nuit.

BOIS. Indépendamment de ce que nous avons dit au mot Arbre, il faut ajouter que les bois durs, tels que le chêne, le poirier sauvage, le frêne, l'alisier, ont une partie nommée aubier qui est celle voisine de l'écorce, mais que les bois tendres, tels que le tilleul, le bouleau, l'aulne, le charme, n'ont pas d'aubier. (Voyez *Arbre*, *Baliveau*.)

BOIS DE DÉLIT. Bois abattus en contravention aux lois.

BOULEAU. C'est un arbre qui vient très droit ; il a plusieurs écorces ; l'extérieure est épaisse, raboteuse, très blanche ; la seconde est mince, lisse, luisante, satinée, blanchâtre. Les branches sont menues, les feuilles petites ; il en est qui tombent comme celles du saule pleureur, d'autres qui se tiennent très bien malgré leur faiblesse apparente. Les voleurs de plants font la guerre à celui du bouleau, parce qu'il est ordinairement très abondant et facile à arracher dans les bois. (Voyez *Plant*.)

BRÊME. On dirait que la tête de ce poisson a été tronquée. Sa bouche est petite, son dos noirâtre. Cinquante points noirs ou environ, sont disposés le long de la ligne latérale. Du jaune, du blanc et du noir sont mêlés sur les côtés. Ce poisson appartient au genre cyprin. Il n'a pas de barbillons et ses nageoires sont sans épines ; la dorsale a douze rayons et l'anale vingt-neuf. La forme de son corps est très aplatie.

A l'époque du frai, les brêmes cherchent des rivages unis ou les fonds de rivière garnis d'herbages. Chaque femelle est souvent suivie de trois ou quatre mâles. Elles font beaucoup de bruit lorsqu'elles nagent en troupes nombreuses ; et cependant elles distinguent le son des cloches, celui du tambour, ou autre son analogue qui, quelquefois les effraie, les éloigne, les disperse ou les pousse dans les filets du pêcheur.

BROCHET. L'ouverture de sa gueule s'étend jusqu'à ses yeux. Les dents qui garnissent ses mâchoires sont fortes, acérées et inégales : les unes sont immobiles, fixes, plantées dans les alvéoles ; les autres mobiles et seulement attachées à la peau. On a compté sur le palais sept cents dents de différentes grandeurs, indépendamment de celles qui entourent le gosier. Le corps et la queue, très-allongés, très-souples et très-vigoureux, ont, depuis la nuque jusqu'à la dorsale, la forme d'un prisme à quatre faces dont les arêtes seraient effacées.

Pendant la première année sa couleur est verte, elle devient dans la seconde année grise et diversifiée par des taches pâles, qui, l'année suivante, présentent une nuance d'un beau jaune. Ces taches acquièrent souvent l'éclat de l'or pendant le temps du frai. Au reste, parvenu à une certaine grosseur, il a presque toujours le dos noirâtre et le ventre blanc, avec des raies noires.

BRUITS NOCTURNES. Les articles 479, n° 3, et 480, n° 5, du Code pénal punissent les auteurs des bruits ou tapages injurieux et nocturnes d'une amende de 11 à 15 fr., et même, selon les circonstances, d'un emprisonnement de cinq jours au plus.

Doit-on considérer les charivaris, les sérénades et autres choses semblables comme des tapages injurieux dans le sens de la loi ? Cela dépend des circonstances ; on pourrait toujours en poursuivre les auteurs si la réunion avait quelque chose d'hostile, et qu'elle participât de l'attroupement : mais en général les sérénades et charivaris ne peuvent être punis d'office des peines de police qu'autant qu'ils ont eu lieu par violation des réglements ; ils doivent toujours l'être s'il y a plainte et qu'elle soit fondée sur des injures, des vexations, outrages par gestes, chansons et autres moyens indirects d'indiquer du mépris pour les personnes en raison de leurs actions.

BUTOR. Le butor est plus épais de corps que le héron, moins haut sur jambes ; son cou est plus court et si garni de plumes, qu'il paraît très gros en comparaison. Son plumage moucheté est d'un brun fauve sur le dos, blanchâtre au-devant du cou, à la poitrine et au ventre.

Moins stupide et plus sauvage encore que le héron, il n'habite que les marais d'une certaine étendue, les grands étangs environnés de bois, et il se tient dans les roseaux.

C

CABARETS. D'après la loi du 24 août 1790, les gardes champêtres sont chargés de maintenir l'ordre dans les endroits où se font des rassemblements d'hommes, tels que spectacles, cafés, cabarets, etc., et celle du 22 juillet 1791 leur permet en conséquence d'entrer en tout temps dans les lieux publics, afin de vérifier s'il ne s'y passe rien de contraire aux lois et réglements ; et comme les cabarets sont les lieux de rassemblements où se commettent le plus de délits, le décret du 29 décembre 1851 contient des dispositions fort sévères contre ceux qui en ouvrent sans la permission du préfet ou malgré sa défense.

CAFES, BILLARDS. Ce qu'on vient de dire des cabarets s'applique aux cafés et aux billards.

CAILLE. Semblable à la perdrix grise, ne se perdant jamais, se nourrissant, s'accouplant, construisant son nid, couvant ses œufs, nourrissant ses petits à peu près comme elle, la caille en diffère parce qu'elle est constamment plus petite, qu'elle n'a pas derrière les yeux cet espace nu et sans plumes qu'ont les perdrix, ni le fer à cheval du mâle. Elle en diffère encore davantage par ses habitudes. Elle vit solitairement ou avec ses petits, mais jamais ces oiseaux ne se réunissent en compagnie. Ils préfèrent les pays plats aux montagnes, et jamais on ne les trouve dans les bois ou les bruyères. Ils n'habitent que les champs cultivés et les prairies.

Cette espèce se trouve dans toute l'Europe. Le mâle a le dessus de la tête varié de noir et de roussâtre, avec trois bandes longitudinales étroites et blanchâtres : l'une sur le sommet de la tête, les deux autres sur les côtés, et passant au-dessus des yeux. La gorge est rousse et porte deux bandelettes d'un brun roussâtre, le cou, le dos, le croupion et les épaules offrent un mélange de jaunâtre, de noir, de roux et de gris ; la femelle a la gorge blanche, la poitrine blanchâtre, et parsemée de taches noires, presque rondes.

Les cailles arrivent dans nos climats au mois de mai, et se répandent dans nos champs et nos prairies, où elles s'accouplent et font leur ponte, ordinairement de dix à dix-huit œufs d'un blanc roussâtre, avec des taches rouges et brunes.

Aussitôt que la femelle commence à couver le mâle l'abandonne. En automne, elles quittent le nord dès le mois d'août, et le midi au mois de septembre. Elles vont en Afrique passer l'hiver ; cependant quelques-unes restent par accident, dans nos climats, et l'on en a trouvé quelquefois au mois de janvier.

La caille grasse habite les récoltes de chanvre, de sarrasin, les trèfles, les luzernes, et même, quand elle a été souvent pourchassée ou que la plaine est entièrement nue, les buissons. On la chasse, ainsi que la caille verte, avec le chien d'arrêt et le fusil, et de la même manière que la perdrix, mais il faut bien se donner de garde d'employer pour cela un jeune chien, sous peine de le voir se gâter en contractant l'habitude de nasiller : ceci résulte de ce que les mâles ne tiennent pas à l'arrêt et piètent continuellement en faisant mille tours et détours devant le nez du chien, ce qui arrive surtout pendant la chaleur du jour, c'est-à-dire depuis onze heures du matin jusqu'à quatre heures du soir.

Pour attirer les cailles dans le piège qu'on leur a tendu, on se sert d'un *appeau;* c'est une petite bourse de cuir, large de deux doigts, longue de quatre et en forme de poire, au petit bout de laquelle on adapte un sifflet fait de l'os d'un jarret de chat, de lièvre, ou mieux encore du grand os de l'aile d'un vieux héron. Cet os doit être long de trois doigts et fait en flûte, par le moyen d'un peu de cire molle ; on bouche de même le bout extérieur, qu'on perce avec une épingle pour lui donner un son plus clair ; on lie ce sifflet avec la bourse, par le moyen d'un gros fil de cordonnier ou d'une petite ficelle ; pour faire jouer ce sifflet et lui faire imiter le chant de la caille, on le tient dans la paume de la main gauche, et, tenant un des doigts sur le haut du cuir, on frappe dessus le doigt avec le dos du pouce de la main droite, et on contrefait ainsi le chant de la femelle.

CANARD SAUVAGE. Le canard sauvage ressemble beaucoup à notre canard domestique, mais le plumage du mâle est beaucoup plus brillant.

Cet oiseau n'est que de passage dans nos pays : il arrive vers la fin de l'automne et repart au printemps. Cependant il en reste quelques couples qui nichent dans les mares des taillis les plus fourrés, ou à la queue des étangs environnés de bois. La femelle plie et coupe des joncs, en forme un nid, dans lequel elle pond seize œufs fort obtus, sphéroïdes, à coquille dure et blanchâtre. Dès que les petits sont éclos, le père et la mère les conduisent dans l'eau, et ils ne retournent plus dans le nid ; les canetons acquièrent presque toute leur grosseur avant de pouvoir voler, et sont nommés, pendant ce temps-là, *halbrans.*

Les canards sauvages ont le vol très élevé, et ils ne s'abattent jamais sans avoir fait plusieurs circonvolutions sur le lieu où ils veulent se poser. Ils sont très-défiants, et fort difficiles à approcher de toute autre manière qu'avec le nageret. Ils vivent en société et voyagent en troupes nombreuses. Comme leur chair est très estimée, on a imaginé un grand nombre de moyens pour les prendre.

CANTONNEMENT. L'attribution en toute propriété, aux usagers, d'une portion de la forêt soumise à l'usage, en compensation du droit d'usage dont ils sont privés.

CARPE. La carpe a la tête grosse, les lèvres épaisses, le front large, et quatre barbillons attachés à la mâchoire supérieure ; ses écailles sont grandes et striées ; son corps forme un ovale allongé. On compte vingt-quatre rayons à la nageoire dorsale et neuf à l'anale. Le front et les joues sont ordinairement d'un bleu foncé ; le dos est d'un bleu verdâtre, la ligne latérale est garnie de petits points noirs, on voit sur les côtés un jaune mêlé de bleu et de noir ; un jaune plus clair sur les lèvres, ainsi que sur la queue ; une nuance blanchâtre sur le ventre ; un rouge brun sur la nageoire anale ; une teinte violette sur les ventrales et sur la caudale, qui, de plus, est bordée de noir.

Les carpes fraient en mai et en avril, quand le printemps

est chaud. Elles cherchent alors les lieux couverts de verdure pour y déposer ou leur laite ou leurs œufs. On dit que deux ou trois mâles suivent chaque femelle pour féconder la ponte. A cette même époque, les carpes qui habitent dans les fleuves ou dans les rivières s'empressent de remonter vers des eaux plus tranquilles. Si, dans cette sorte de voyage annuel, elles rencontrent des obstacles, elles s'efforcent de les franchir. Elles peuvent, pour les surmonter, s'élancer à une hauteur de 2 mètres.

On pêche la carpe dans les étangs avec la ligne dormante, après avoir, si l'on veut pêcher le matin, amorcé le soir, et si l'on veut pêcher le soir, amorcé le matin, avec un appât composé de blé, d'orge, de chenevis et de fèves cuits ensemble. L'hameçon doit traîner au fond ; on l'amorce avec de gros vers de terre ou avec des fèves. Cette sorte de pêche n'est praticable dans les rivières qu'autant que l'eau est parfaitement calme et sans le moindre courant.

CARRELET ou CARRÉ. Le filet auquel on donne ces différents noms est une nappe simple et carrée, qui a de 1 mètre 299 mill. à 1 mètre 949 mill. de côté ; elle est toujours bordée d'une corde de moyenne grosseur, mais qui doit être forte et bien travaillée. On fait ordinairement les mailles du milieu plus serrées que celles des bords ; pour prendre des ables, ainsi que pour la menuise qui sert à amorcer les hameçons, on les fait très serrées pour que les petits poissons ne passent pas au travers ; mais quand on veut prendre des poissons un peu gros, il convient de faire les mailles un peu plus larges ; car il est important pour cette pêche de pouvoir tirer promptement le filet hors de l'eau ; et plus les mailles sont larges, moins on éprouve de résistance de la part de ce fluide.

CARRIÈRE. L'article 81 de la loi du 21 avril 1810 soumet l'exploitation des carrières à la surveillance de la police locale. L'article 95 de la même loi veut que les contraventions soient constatées comme celles en matière de voirie et de police, où, les gardes champêtres étant compétents pour ces dernières, doivent l'être également pour les autres. Ils doivent donc, dans l'intérêt particulier comme dans l'intérêt public, signaler tout ce qu'ils jugent contraire aux

lois et réglements, décrire les excavations par leur largeur
et profondeur, noter le défaut de barrières, d'étais, ou de
toutes autres précautions prescrites par la prudence et par
les réglements.

CERF. De tous les animaux que les hommes sacrifient à
leurs barbares plaisirs, il n'en est pas de plus beau, de plus
noble que le cerf; aussi tous les grands propriétaires tien-
nent-ils à ce que leurs gardes empêchent de tirer sur le roi
de nos forêts. Un garde doit donc bien connaître et pouvoir
décrire un cerf. Il doit être en état de juger l'âge et le sexe
sans avoir vu l'animal. Il doit, dit Buffon, distinguer précisément si le cerf poursuivi est un daguet, un jeune cerf, un
dix-cors jeunement, un cerf dix-cors ou un vieux cerf, et
les principaux indices sont le pied et les *fumées*. Le pied du
cerf est mieux fait que celui de la biche, sa *jambe* est plus
grosse et plus près du talon, ses voies sont mieux tournées
et ses allures plus grandes; il marche plus régulièrement;
il porte le pied de derrière dans celui de devant; au lieu que
la biche a le pied plus mal fait, les allures plus courtes et
ne pose pas le pied de derrière dans la trace de celui de
devant. Dès que le cerf est à sa quatrième tête, il est assez
reconnaissable pour ne pas s'y méprendre, mais il faut de
l'habitude pour distinguer le pied du jeune cerf de celui de
la biche, et pour être sûr, on doit y regarder de près et en
revoir souvent.

Les cerfs dix-cors *jeunement*, dix-cors, etc., sont encore
plus aisés à reconnaître; ils ont le pied de devant beaucoup
plus gros que celui de derrière; et plus ils sont vieux, plus
les côtés des pieds sont gros et usés, ce qui se juge aisément
par les allures qui sont aussi plus régulières que celles des
jeunes cerfs, le pied de derrière posant toujours assez exactement sur le pied de devant, à moins qu'ils n'aient mis bas
leurs têtes; car alors les vieux cerfs se méjugent presque
autant que les jeunes, mais d'une manière différente et avec
une sorte de régularité que n'ont ni les jeunes cerfs ni les
biches; ils posent le pied de derrière à côté de celui de devant, et jamais au-delà ni en deçà.

CHABLIS. On donne ce nom aux arbres que les ouragans,
la neige, les pluies ont déracinés ou renversés, et qui ne

peuvent plus se relever. Les gardes en doivent constater la reconnaissance et envoyer copie du procès-verbal à l'agent forestier, dans les dix jours. (*Ordonn. art.* 26 *et* 101.)

CHARME. Cet arbre, très-commun dans les forêts et les taillis, a l'écorce grisâtre, tachée de blanc, le tronc ordinairement peu élevé, son bois blanc et dur ; ses feuilles sont alternes, pétiolées, ovales, dentelées et d'un beau vert.

CHASSE. (*Voyez la troisième partie de ce Manuel.*)

CHATAIGNIER. Nous ne parlons que de celui des forêts. Sa tige est ordinairement très-droite et bien proportionnée ; son bois est solide, nerveux et presque incorruptible ; son écorce lisse et tachetée tire sur le gris ; sa cime est ample, un peu étalée ; sa feuille longue de 108 à 162 millimètres, marquée de nervures latérales et parallèles ; elle est dentelée sur les bords, et si sèche que les insectes ne l'attaquent presque jamais.

CHEMINS. C'est surtout en matières de chemins vicinaux que la surveillance des gardes champêtres doit être de tous les instants. S'agit-il de les créer ou les réparer, ils doivent veiller à ce que les ouvriers travaillant à la prestation suivent l'alignement fixé. Tenir note de l'arrivée et du départ de ceux qui sont requis ou payés. Signaler au maire et aux commissaires du corps municipal les abus qu'ils découvrent ; veiller à la conservation des matériaux, et verbaliser contre ceux qui les détourneraient.

§ 1er. S'agit-il de chemins construits, ils sont chargés de constater les empiétements des voisins ; la praticabilité des chemins ; de verbaliser contre les voyageurs qui, quand les chemins sont praticables, passent dans les terres sans une nécessité absolue.

§ 2 Quant aux empiétements ou anticipations, si elles sont nouvelles, il n'y a pas de difficultés ; il suffit de se reporter à l'état de classement des chemins de la commune, de voir si celui sur lequel on a anticipé est de 1re, 2e ou 3e classe. S'il est de 1re classe, il doit avoir 6 mètres de largeur ; s'il est de seconde classe, il lui faut 5 mètres ; s'il est de troisième classe, on doit lui laisser 4 mètres, sauf toutefois les accidents du sol ou des circonstances de force majeure qui ont pu le réduire; sauf aussi la qualité du chemin ; ceux de grande communication pouvant, d'après la législation nouvelle, être d'une largeur supérieure aux chemins ordinaires communaux de première classe. (*Voyez ci-après*, § 6.)

§ 3. Si le chemin n'a plus la largeur voulue, le garde champêtre doit en informer le maire qui vérifie le fait et prend un arrêté tendant à ce que, en vertu de l'article 479, n° 11 du Code pénal, le contrevenant soit cité au tribunal de police. Cet article est ainsi conçu : « Seront punis d'une » amende de 11 à 15 francs ceux qui auront dégradé ou » détérioré de quelque manière que ce soit les chemins pu- » blics, ou usurpé sur leur largeur. »

Pour mieux assurer l'exécution de cet article, les maires qui comprennent bien l'étendue de leurs devoirs doivent prendre un arrêté général annonçant l'application de cet article, et quinze jours après, faire citer tous les contrevenants qui n'auraient pas présenté de motifs ou d'excuses de leur inexécution de l'arrêté.

§ 4. Un arrêté du 23 messidor an v portait que l'emplacement des chemins vicinaux reconnus inutiles serait rendu à l'agriculture.

Dans les communes où l'on a négligé cet objet, lorsque les maires trouvent qu'il existe sur leur territoire des chemins auxquels cette disposition est applicable, ils peuvent demander au sous-préfet une convocation extraordinaire du corps municipal, qui entend les personnes intéressées au maintien des chemins de cette nature. Lorsque la suppression a été autorisée, les propriétaires riverains peuvent acheter l'emplacement, qui, en cas de refus de leur part, est adjugé dans la forme prescrite pour l'aliénation des biens communaux.

Les préfets sont compétents pour déclarer la vicinalité d'un chemin ; et lorsque la partie croit avoir à se plaindre de la décision, elle peut recourir au Conseil d'État.

S'il s'agissait de statuer des contraventions commises sur un chemin vicinal, le conseil de préfecture serait seul compétent ; mais s'il s'agissait de contestation sur la propriété du sol, les tribunaux devraient en connaître. (*Ord. du 20 février 1822*).

S'il s'agit de remplacer un chemin vicinal, c'est au préfet qu'il appartient d'apprécier l'utilité communale, sauf les droits des tiers à l'indemnité préalable qui doivent être réservés. (*Ord. du 1er mai* 1822.)

§ 5. Lorsqu'une commune et un particulier soutiennent dans une contestation judiciaire, l'un qu'un chemin est vicinal, l'autre qu'il n'est qu'un simple sentier, les tribunaux doivent, en se réservant, s'il y a lieu, le jugement du fond, renvoyer à l'autorité administrative, pour y faire statuer sur la question préjudicielle de l'existence et de la vicinalité du chemin. (*Ord. du 18 juillet* 1821.)

Les contraventions en matière de petite voirie sont de la compétence des tribunaux de police, à l'exclusion de l'administration. (*Arrêté du 22 mars* 1822.)

Le tribunal de police qui condamne à exécuter un réglement en matière de petite voirie, est aussi compétent pour ordonner la démolition de ce qui a été fait en contravention à ce réglement. (*Arrêt du 12 avril* 1822).

Les tribunaux civils doivent juger si, par suite d'un alignement donné par l'administration, un propriétaire doit abandonner une portion de son héritage, et quelles sont la superficie et la valeur de la portion de terrain cédée à la voie publique. (*Ord. du 8 mai* 1822.)

§ 6. Des plaintes aussi nombreuses que fondées s'étant élevées sur le mauvais état des chemins communaux et sur l'insuffisance de la législation, le ministère de 1824 essaya de satisfaire à tant de réclamations, et présenta aux Chambres une loi puisée dans celle du 14 octobre 1791. On partit de ce principe, que les chemins communaux sont des propriétés des communes ; que tous les habitants ont un droit égal à s'en servir ; que tous les détériorent plus ou moins ; qu'ainsi la charge doit être en principe une obligation de tous.

On a tenté de s'attribuer et d'accréditer un système de prestation en nature en usage en Angleterre, et s'apercevant que cette prestation pouvait s'appeler l'ancienne corvée, on a fait voir qu'il n'y avait aucune ressemblance entre la corvée nouvelle et l'ancienne corvée. Cette loi fut décrétée : elle reconnaît en principe l'utilité de la prestation ; elle en trace les règles propres à écarter l'arbitraire ; elle prévoit l'insuffisance de ce moyen, et permet la perception de centimes additionnels au principal des contributions directes, après délibération des conseils municipaux augmentés d'autant de contribuables les plus imposés que chaque conseil compte de membres.

La loi du 28 juillet 1824 consacre enfin les principes suivants.

Les chemins reconnus par un arrêté du préfet, sur une délibération du conseil municipal, pour être nécessaires à la communication des communes, sont à la charge de celles sur le territoire desquelles ils sont établis, sauf le cas prévu par l'article 9. (Art. 1er.)

Lorsque les revenus des communes ne suffisent point aux dépenses ordinaires de ces chemins, il y est pourvu par des prestations en argent ou en nature, à la volonté des contribuables. (Art. 2.)

Lorsqu'un même chemin intéresse plusieurs communes, et en cas de discord entre elles sur la proportion de cet intérêt, et des charges à supporter, ou en cas de refus de subvenir auxdites charges, le préfet prononce en conseil de préfecture sur la délibération des conseils municipaux, assistés des plus imposés. (Art. 9.)

Les acquisitions, aliénations et échanges, ayant pour objet les chemins communaux, seront autorisés par arrêté des préfets en conseil de préfecture, après délibération des conseils municipaux intéressés ; et après enquête de *commodo* et *incommodo*, lorsque la valeur des terrains à acquérir ou à échanger n'excédera pas 3000 francs. (Art. 10.)

La loi du 28 juillet 1824 contient encore des dispositions réglementaires, mais elles sont insuffisantes. Elles ont été complétées par celles du 21 mai 1836, qui contient les dispositions suivantes :

LOI SUR LES CHEMINS VICINAUX.

(21 mai 1836.)

Chemins vicinaux en général.

Art. 1er. Les chemins vicinaux légalement reconnus sont à la charge des communes, sauf les dispositions de l'article 7 ci-après.

Art. 2. En cas d'insuffisance des ressources ordinaires des communes, il sera pourvu à l'entretien des chemins vicinaux à l'aide soit de prestations en nature, dont le maximum est fixé à trois journées de travail, soit de centimes spéciaux en addition au principal des quatre contributions directes, et dont le maximum est fixé à cinq.

Le conseil municipal pourra voter l'une ou l'autre de ces ressources, ou toutes les deux concurremment.

Le concours des plus imposés ne sera pas nécessaire dans les délibérations prises pour l'exécution du présent article.

Art. 3. Tout habitant, chef de famille ou d'établissement, à titre de propriétaire, de régisseur, de fermier ou de colon partiaire, porté au rôle des contributions directes, pourra être appelé à fournir, chaque année, une prestation de trois jours :

1° Pour sa personne et pour chaque individu mâle, valide, âgé de dix-huit ans au moins et de soixante ans au plus, membre ou serviteur de la famille et résidant dans la commune ;

2° Pour chacune des charrettes ou voitures attelées, et, en outre, pour chacune des bêtes de somme, de trait, de selle, au service de la famille ou de l'établissement dans la commune.

Art. 4. La prestation sera appréciée en argent, conformément à la valeur qui aura été attribuée annuellement pour la commune à chaque espèce de journée par le conseil général, sur les propositions des conseils d'arrondissement.

La prestation pourra être acquittée en nature ou en argent, au gré du contribuable. Toutes les fois que le contribuable n'aura pas opté dans les délais prescrits, la prestation sera de droit exigible en argent.

La prestation non rachetée en argent pourra être convertie en tâches, d'après les bases et évaluations de travaux préalablement fixés par le conseil municipal.

Art. 5. Si le conseil municipal, mis en demeure, n'a pas voté, dans la cession désignée à cet effet, les prestations et centimes nécessaires, ou si la commune n'en a pas fait emploi dans les délais prescrits, le préfet pourra, d'office, soit imposer la commune dans les limites du maximum, soit faire exécuter les travaux.

Chaque année, le préfet communiquera au conseil général l'état des impositions établies d'office en vertu du présent article.

Art. 6. Lorsqu'un chemin vicinal intéressera plusieurs communes, le préfet, sur l'avis des conseils municipaux, désignera les communes qui devront concourir à sa construction ou à son entretien, et fixera la proportion dans laquelle chacune d'elles y contribuera.

Chemins vicinaux de grande communication.

Art. 7. Les chemins vicinaux peuvent, selon leur importance, être déclarés chemins vicinaux de grande communication par le conseil général, sur l'avis des conseils municipaux, des conseils d'arrondissement, et sur la proposition du préfet.

Sur les mêmes avis et proposition, le conseil général détermine la direction de chaque chemin vicinal de grande communication, et désigne les communes qui doivent contribuer à sa construction ou à son entretien.

Le préfet fixe la largeur et les limites du chemin, et détermine annuellement la proportion dans laquelle chaque commune doit concourir à l'entretien de la ligne vicinale dont elle dépend ; il statue sur les offres faites par les particuliers, associations de particuliers ou de communes.

Art. 8. Les chemins vicinaux de grande communication, et, *dans des cas extraordinaires*, les autres chemins vicinaux, pourront recevoir des subventions sur les fonds départementaux.

Il sera pourvu à ces subventions au moyen des centimes facultatifs ordinaires du département, et de centimes spéciaux votés annuellement par le conseil général.

La distribution des subventions sera faite, en ayant égard aux ressources, *aux sacrifices et aux besoins des communes*, par le préfet, qui en rendra compte, chaque année, au conseil général.

Les communes acquitteront la portion des dépenses mise à leur charge au moyen de leurs revenus ordinaires, et, en cas d'insuffisance, au moyen de deux journées de prestations sur les trois journées autorisées par l'article 2, et des deux tiers des centimes votés par le conseil municipal en vertu du même article.

Art. 9. Les chemins vicinaux de grande communication sont placés sous l'autorité du préfet. Les dispositions des articles 4 et 5 de la présente loi leur sont applicables.

Dispositions générales.

Art. 10. Les chemins vicinaux reconnus et maintenus comme tels sont imprescriptibles.

Art. 11. Le préfet pourra nommer des agents-voyers.

Leur traitement sera fixé par le conseil général.

Ce traitement sera prélevé sur les fonds affectés aux travaux.

Les agents-voyers prêteront serment : ils auront le droit de constater les contraventions et délits, et d'en dresser des procès-verbaux.

Art. 12. Le maximum des centimes spéciaux qui pourront être votés par les conseils généraux, en vertu de la présente loi, sera déterminé annuellement par la loi de finances.

Art. 13. Les propriétés de l'État, productives des revenus, contribueront aux dépenses des chemins vicinaux dans les mêmes proportions que les propriétés privées, et d'après un rôle spécial dressé par le préfet.

Les propriétés de la couronne contribueront aux mêmes dépenses, conformément à l'article 13 de la loi du 2 mars 1832.

Art. 14. Toutes les fois qu'un chemin vicinal, entretenu à l'état de viabilité par une commune, sera habituellement ou temporairement dégradé par des exploitations de mines, de carrières, de forêts, ou de toute entreprise industrielle appartenant à des particuliers, à des établissements publics, à la couronne ou à l'État, il pourra y avoir lieu à imposer aux entrepreneurs ou propriétaires, suivant que l'exploitation ou les transports auront eu lieu pour les uns ou les autres, des subventions spéciales, dont la quotité sera proportionnée à la dégradation extraordinaire qui devra être attribuée aux exploitations.

Ces subventions pourront, aux choix des subventionnaires,

être acquittées en argent ou en prestations en nature, et seront exclusivement affectées à ceux des chemins qui y auront donné lieu.

Elles seront réglées annuellement , sur la demande des communes, par les conseils de préfecture, après des expertises contradictoires, et recouvrées comme en matière de contributions directes.

Les experts seront nommés suivant le mode déterminé par l'article 17 ci-après.

Ces subventions pourront être aussi déterminées par abonnement : elles seront réglées, dans ce cas, par le préfet en conseil de préfecture.

Art. 15. Les arrêtés du préfet portant reconnaissance et fixation de la largeur d'un chemin vicinal, attribuent définitivement au chemin le sol compris dans les limites qu'ils déterminent.

Le droit des propriétaires riverains se résout en une indemnité qui sera réglée à l'amiable ou par le juge de paix du canton sur le rapport d'experts nommés conformément à l'article 17.

Art. 16. Les travaux d'ouverture et de redressement des chemins vicinaux seront autorisés par arrêté du préfet.

Lorsque pour l'exécution du présent article, il y aura lieu de recourir à l'expropriation, le jury spécial chargé de régler les indemnités ne sera composé que de quatre jurés. Le tribunal d'arrondissement, en prononçant l'expropriation, désignera, pour présider et diriger le jury, l'un de ses membres ou le juge de paix du canton. Ce magistrat aura voix délibérative en cas de partage.

Le tribunal choisira sur la liste générale prescrite par l'article 29 de la loi du 7 juillet 1833, quatre personnes pour former le jury spécial et trois jurés supplémentaires. L'administration et la partie intéressée auront respectivement le droit d'exercer une récusation péremptoire.

Le juge recevra les acquiescements des parties.

Son procès-verbal emportera translation définitive de propriété.

Le recours en cassation , soit contre le jugement qui prononcera l'expropriation, soit contre la déclaration du jury qui réglera l'indemnité, n'aura lieu que dans les cas prévus et selon les formes déterminées par la loi du 7 juillet 1833.

Art. 17. Les extractions de matériaux, les dépôts ou enlèvements de terre, les occupations temporaires de terrains, seront autorisés par arrêté du préfet, lequel désignera les lieux ; cet arrêté sera notifié aux parties intéressées au moins dix jours avant que son exécution puisse être commencée.

Si l'indemnité ne peut être fixée à l'amiable, elle sera réglée par le conseil de préfecture, sur le rapport d'experts nommés l'un par le sous-préfet, et l'autre par le propriétaire.

En cas de désaccord, le tiers-expert sera nommé par le conseil de préfecture.

Art. 18. L'action en indemnité des propriétaires pour les terrains qui auront servi à la confection des chemins vicinaux et pour extraction de matériaux, sera prescrite par le laps de deux ans.

Art. 19. En cas de changement de direction ou d'abandon d'un chemin vicinal, en tout ou partie, les propriétaires riverains de la partie de ce chemin qui cessera de servir de voie de communication, pourront faire leur soumission de s'en rendre acquéreurs, et d'en payer la valeur qui sera fixée par des experts nommés dans la forme déterminée par l'article 17.

Art. 20. Les plans, procès-verbaux, certificats, significations, jugements, contrats, marchés, adjudications de travaux, quittances et autres actes ayant pour objet exclusif la construction, l'entretien et la réparation des chemins vicinaux, seront enregistrés moyennant le droit fixe de 1 fr.

Les actions civiles intentées par les communes ou dirigées contre elles, relativement à leurs chemins, seront jugées comme affaires sommaires et urgentes, conformément à l'article 405 du Code de procédure civile.

Art. 21. Dans l'année qui suivra la promulgation de la présente loi, chaque préfet fera, pour en assurer l'exécution, un règlement qui sera communiqué au conseil général et transmis, avec ses observations, au ministre de l'intérieur, pour être approuvé, s'il y a lieu.

Ce règlement fixera, dans chaque département, le maximum de la largeur des chemins vicinaux ; il fixera, en outre, les délais nécessaires à l'exécution de chaque mesure, les époques auxquelles les prestations en nature devront être faites, le mode de leur emploi ou de leur conversion en tâches, et statuera, en même temps, sur tout ce qui est relatif à la confection des rôles, à la comptabilité, aux adjudications et à leur forme, aux alignements, aux autorisations de construire le long des chemins, à l'écoulement des eaux, aux plantations, à l'élagage, aux fossés, à leur curage, et à tous autres détails de surveillance et de conservation.

Art. 22. Toutes les dispositions de lois antérieures demeurent abrogées en ce qu'elles auraient de contraire à la présente loi.

CHEMINÉES. Le garde champêtre peut dans beaucoup de communes, suppléer le maire dans la visite des cheminées; si, avant cette visite, il aperçoit quelques dangers d'incendie par vice de construction ou pour toute autre cause, il en avertit le maire. S'il y a des règlements empêchant certaines pratiques dangereuses, telle que celle de sécher dans les fours ou cheminées des récoltes de chanvre, de blé, de pois, et autres denrées combustibles, il doit dresser procès-verbal contre les contrevenants, après les avoir avertis officieusement.

CHÊNE. C'est le plus grand, le plus beau, le plus durable et le plus utile des végétaux de nos forêts. Son tronc est couvert d'une écorce épaisse, raboteuse, rude et crevassée quand il est vieux, ses feuilles sont d'un beau vert, glabres des deux côtés, plus larges à leur extrémité, découpées dans leurs bords par des sinuosités arrondies, et attachées à de courts pédicules.

CHENILLES. Ces inconcevables insectes qui paraissent au printemps, font de tels ravages, que si on ne les détruisait pas, ils rendraient superflus tous les soins que prend l'homme pour cultiver les plantes et les arbres. Il faut donc écheniller tous les ans les arbres et les haies qui avoisinent les jardins. La loi en fait un devoir. L'intérêt de l'homme le lui conseille impérieusement, et les gardes champêtres doivent verbaliser contre ceux qui, par négligence, exposent les propriétés voisines. Il faut aussi veiller à ce que les bourses ou coques dans lesquelles la chenille enveloppe ses chrysalides ou ses œufs, soient brûlées, autrement, il en échapperait beaucoup. Ceux qui les jettent à l'eau n'en détruisent qu'un petit nombre ; la coque étant couverte d'une matière glutineuse, l'eau n'y pénètre pas ; elle vogue et s'attache aux bords des ruisseaux, et quand vient le moment d'éclore, le papillon sort vainqueur de l'incurie de l'homme, et se propage comme si on eût laissé la coque dans la haie ou sur l'arbre fruitier; il en est de même des œufs qui éclosent partout quand ils ne sont pas brûlés ou écrasés.

CHEVREUIL. Le chevreuil a quelque ressemblance avec le cerf, et, s'il a moins de noblesse, moins de force et beaucoup moins de hauteur de taille, il a plus de grâce, plus de vivacité et même plus de courage; il est plus gai, plus leste, plus éveillé, sa forme plus arrondie, plus élégante, ses membres sont plus souples, ses mouvements plus prestes, et il bondit sans effort avec autant de force que de légèreté.

CHIEN. Celui qui tue ou blesse un chien de garde, commet un délit qui doit être constaté par procès-verbal, soit d'office, soit sur la plainte du propriétaire.

Les chiens enragés et ceux qui ont été mordus par des chiens inconnus, peuvent être tués par toute personne sur les propriétés de laquelle ils vaguent.

Ils peuvent aussi l'être sur la voie publique ; ils doivent l'être quand l'autorité administrative le prescrit pour sûreté publique.

Mais un chien qui s'introduirait dans une maison ne peut être tué par le propriétaire de cette maison, qu'autant qu'il commet des dégâts, ou que l'on a des raisons de craindre qu'il ne soit malade. La Cour de cassation a jugé, le 21 avril 1840, que la responsabilité dont parle l'art. 1382 du Code Napoléon ne s'étend pas au propriétaire dont le garde aurait tué un chien étranger dans un parc où il s'était introduit; qu'il faut, pour qu'il y ait responsabilité, *une faute* de la part de celui qui a tué.

La loi qui a mis un impôt sur les chiens, impose aux gardes champêtres le devoir d'avertir le maire ou le commissaire cantonal des fraudes qui parviennent à leur connaissance.

CIGOGNE. Il y a la noire et la blanche : la blanche est celle qu'on connaît le plus, et qui est pour ainsi dire privée. La noire est plus rare que la blanche et n'est que de passage en France. Elle a 895 à 920 millimètres de longueur. Beaucoup plus farouche que la première, elle vit solitairement dans les marais boisés, où elle se nourrit de grenouilles, de petits poissons, de mollusques et d'insectes. Elle niche dans le fond des forêts humides, sur les pins et les sapins les plus élevés. Elle est beaucoup plus difficile à surprendre à la chasse que la première, aussi va-t-on l'attendre à l'affût dans les lieux qu'elle fréquente ; ou bien on cherche à l'approcher au moyen de la hutte ambulante.

Le Cygne sauvage diffère du cygne domestique par la couleur de son bec qui manque de caroncule ; par sa taille un peu plus petite, et par d'autres caractères anatomiques plus tranchés.

Cet oiseau vole avec légèreté et entreprend de longs voyages, il nage avec grâce et vitesse ; il vit en troupes plus ou moins nombreuses, et se nourrit de plantes aquatiques, de graines et d'insectes, sans jamais attaquer le poisson. Il passe l'été dans les contrées les plus septentrionales de l'Europe et il ne les quitte pour venir dans nos provinces que lorsque le froid de l'hiver a toute son intensité.

CITATION. C'est un des actes les plus importants des attributions des gardes. L'article 173 du Code forestier les assimile à cet égard aux huissiers des justices de paix. L'administration pouvant les rendre responsables des nullités qui se trouveraient dans ses actes, il est de leur intérêt de ne rien négliger pour en assurer la régularité. Il leur suffit pour cela, de suivre à la lettre les modèles que leur donnent les agents forestiers et de remettre eux-mêmes à personne ou à domicile, et après avoir rempli le parlant à..... la citation avec copie de leur procès-verbal et de l'affirmation, autrement la citation serait nulle, aux termes de l'art. 172 du Code forestier.

Il faut que la copie soit parfaitement conforme à l'original, et que la copie du procès-verbal mentionne la signature du garde qui l'a dressé. Si l'on ne trouve pas le prévenu à domicile, ni aucun serviteur ou parent, il faut remettre la copie à un voisin qui voudra signer l'original sinon au maire ou à l'adjoint de sa commune, qui visera l'original. Le garde doit en faire mention tant sur l'original que sur la copie. Le garde doit aussi mentionner le coût de la citation, pour ne pas s'exposer à l'amende lors de l'enregistrement.

CLAMEUR PUBLIQUE. On doit entendre par là, non pas des cris vagues et dénués de toute espèce de preuve, mais une sorte d'accusation populaire portée contre un individu comme coupable d'un crime ou d'un délit.

Toute personne doit secours et main-forte à l'autorité agissant dans le cas de clameur publique, sous peine d'amende (Art. 475, n° 12 du C. P.)

Toute personne poursuivie par la clameur publique doit être arrêtée par la gendarmerie. (*Loi du* 26 *germinal an* VI, *et Ordonnance du* 29 *octobre* 1820).

La garde nationale n'a pas besoin de réquisition particulière pour saisir les individus qui troublent l'ordre et la paix publique.

CLAVEAU. Une instruction du 6 thermidor an X fait connaître aux maires les précautions qui peuvent écarter le claveau de leurs communes; elle leur trace en même temps la marche qu'ils auraient à suivre si cette maladie, la plus meurtrière de toutes celles des bêtes à laine, venait à se manifester dans quelque troupeau. Un maire attentif diminuera le danger en ne laissant introduire dans les foires de sa commune aucune espèce de bestiaux sans les avoir fait inspecter par un vétérinaire digne de confiance. (*Voyez* les art. 459, 460 et 461 du C. P.)

CLOTURES. On entend en général par clôture les murs qui entourent une maison, un parc, une cour; les haies vives ou sèches, les fossés et les palissades dont un terrain, un bois, une ferme, sont environnés. Ceux qui auraient comblé des fossés, détruit des clôtures, sont punis par l'art. 456 du Code pénal.

L'enlèvement de tout ou partie d'une clôture dépendant d'une maison d'habitation pour y commettre un vol, constitue une effraction, aux termes de l'article 373 du Code

Gardes champêtres.   11

pénal, et doit être constaté par un procès-verbal circonstancié.

Si le vol n'a pas été commis, et qu'il n'y ait d'autre fait que le bris de la clôture, ce fait ne suffit pas pour donner lieu à une action criminelle. (*Arrêts des* 24 *octobre* 1806, 29 *octobre* 1813 *et* 31 *janvier* 1822.)

Voilà des principes qu'un garde champêtre ne peut pas ignorer s'il veut être au niveau de ses fonctions et faire respecter son autorité. Mais, indépendamment de ces clôtures, il en est d'autres qui ne méritent pas moins son attention et qui appellent une plus grande surveillance : ce sont les fossés, les levées, les haies de fagotins ou de bourrées, les simples défenses attachées aux bords des champs pour en interdire l'entrée. Plus ces clôtures, qui méritent à peine ce nom, sont fragiles et faciles à franchir, plus les gardes champêtres doivent s'attacher à ce qu'elles ne soient méconnues ni par les hommes, ni par les animaux.

COLPORTEUR. Cette classe de petits commerçants est utile en ce qu'elle étend les moyens de consommation ; mais elle est souvent nuisible en ce qu'elle colporte des marchandises de contrebande, des effets volés, ou en ce qu'elle trompe souvent les gens des campagnes. Les colporteurs sont partout l'objet d'une surveillance active.

Ils doivent représenter aux maires des lieux où ils passent, la patente à laquelle ils sont sujets.

COLPORTAGE. Deux circulaires du ministre de la police générale, sous la date des 28 juillet et 12 septembre 1852, complètent ces règlements sur le colportage. Celle du 28 juillet impose aux colporteurs l'obligation de ne vendre que des volumes revêtus de l'estampille de la direction de la librairie ou celle des préfectures pour les départements. Les maires ont le droit de demander aux colporteurs leur autorisation spéciale, et de vérifier si tous les volumes sont estampillés.

Les maires et les commissaires de police et gardes champêtres ont aussi le droit de se faire représenter les marchandises d'or, d'argent ou de plaqué qu'ils vendent, afin d'en vérifier ou faire vérifier la marque.

COMESTIBLES. Les maires peuvent faire à l'égard des comestibles exposés en vente dans leur commune, tous les règlements que leur suggère leur zèle pour leurs administrés ; ils doivent être exécutés à peine d'amende, de saisie et de destruction des objets nuisibles.

Les commissaires de police et gardes champêtres ont la faculté de faire constater l'insalubrité des comestibles, de dresser des procès-verbaux en cas de contestation, et de citer les contrevenants au tribunal de police, pour être condamnés à une amende, soit en vertu de règlements locaux maintenus par l'art. 484 du Code pénal, soit conformément aux art. 475, n° 6, et 318 du même Code.

COMMISSAIRES CANTONAUX. Ces fonctionnaires créés par le décret du 28 mars 1852 ont la surveillance des gardes champêtres, et ceux-ci leur sont subordonnés pour tout ce qui touche la police du canton.

CONCUSSION. Elle existe chaque fois qu'un fonctionnaire abusant de l'autorité dont il est revêtu, exige ou reçoit ce qu'il sait n'être pas dû, pour droits, taxes, contributions, deniers, revenus, salaires ou traitements.

Tout fonctionnaire, officier public, commis ou préposé, tout percepteur des droits, taxes, contributions, deniers, revenus publics ou communaux, et leurs préposés, qui se seraient rendus coupables de ce crime, sont punis, savoir : les fonctionnaires ou officiers publics, de la peine de la réclusion, et leurs commis ou préposés d'un emprisonnement de deux ans au moins, et de cinq ans au plus. Les coupables sont, de plus, condamnés à une amende dont le *maximum* est le quart des restitutions et des dommages-intérêts, et le *minimum* le douzième. (V. Section 1re, § 10, pages 8 et 9.

CONDAMNÉS. Si les individus condamnés, soit à la réclusion, soit aux travaux forcés, s'évadent et sont repris, les maires délivrent au capteur un certificat d'après lequel celui-ci reçoit, sur l'ordonnance du préfet, une gratification de 100 fr. ou de 50 fr., selon que le condamné est pris dans la ville ou hors la ville où il était détenu, et ce, conformément à l'arrêté du 18 ventôse an XII.

Les maires doivent veiller à ce que les affiches prescrites par l'article 36 du Code pénal soient apposées. C'est un frein utile pour ceux qui seraient tentés de se livrer au crime, et un avertissement important pour ceux qui pourraient avoir des intérêts à discuter avec les condamnés.

CONDUCTEURS DE BESTIAUX. Le Code rural du 28 septembre 1791, titre II, art. 25 et suivants, défend aux conducteurs de bestiaux de les laisser paître sur les terres des particuliers, sous peine d'amende et de réparation du dommage. Les gardes champêtres doivent dresser, pour ces délits, des procès-verbaux qu'ils sont tenus d'affirmer, dans les vingt-quatre heures, devant le maire ou le juge-de-paix. (Voyez l'article 475, N° 7, du Code pénal, et *Procès-verbaux*).

CONFISCATION. Celle des biens est abolie; mais celle des objets qui servent à commettre des crimes ou délits ne l'est pas, non plus que celle qui résulte des lois sur les impôts indirects.

D'après l'art. 47 de la loi du 22 juillet 1791, les objets confisqués par jugement du tribunal de police doivent rester au greffe et être vendus, au plus tard, dans la quinzaine, au plus offrant et dernier enchérisseur, suivant les formes ordinaires; et le prix en doit être employé au paiement des menus frais du tribunal de police, des frais de bureaux de paix, ainsi qu'au soulagement des pauvres de la commune.

Tout garde champêtre, greffier, employé, concierge, qui se pemettrait d'en disposer, commettrait un véritable vol.

CONSERVATION DES BOIS. Les communes et établissements publics entretiendront, pour la conservation de leurs bois, le nombre de gardes particuliers qui sera déterminé par le maire et les administrateurs des établissements, sauf l'approbation du préfet, sur l'avis de l'administration forestière. (Art. 94, voyez *Gardes forestiers*).

L'ordonnance d'exécution du Code forestier contient une foule de dispositions qu'il importe de consulter. (Voyez les art. 128 à 135.)

CONTRAVENTION. C'est l'infraction que la loi punit de peines de simple police ; on donne aussi ce nom à des faits qui emportent des peines correctionnelles , mais c'est par exception en matière de douanes , d'octrois, de contributions indirectes , etc., etc. Nous nous occupons ici de celles qui sont prévues par le Code pénal , et qui doivent plus particulièrement fixer l'attention des gardes champêtres.

Les art. 464 à 471 de ce Code s'occupent des peines, qui sont : l'emprisonnement, l'amende et la confiscation de certains objets saisis ; mais l'art 471 s'occupe des contraventions de 1re classe; l'art. 475 de celles de 2e classe, et l'art. 479 de celles de 3e classe. Il est intéressant de mettre sous les yeux des gardes champêtres celles des contraventions qu'ils ont à surveiller.

Première classe.

471. Seront punis d'amende, depuis un franc jusqu'à cinq francs inclusivement :

1° Ceux qui auront négligé d'entretenir , réparer ou nettoyer les fours, cheminées ou usines où l'on fait usage du feu.

2° Ceux qui auront violé la défense de tirer , en certains lieux, des pièces d'artifice ;

3° Les aubergistes et autres qui, obligés à l'éclairage, l'auront négligé ; ceux qui auront négligé de nettoyer les rues ou passages, dans les communes où ce soin est laissé à la charge des habitants ;

4° Ceux qui auront embarrassé la voie publique, en y déposant ou y laissant sans nécessité des matériaux ou des choses quelconques qui empêchent ou diminuent la liberté ou la sûreté du passage ; ceux qui, en contravention aux lois et règlements, auront négligé d'éclairer les matériaux par eux entreposés ou les excavations par eux faites dans les rues et places ;

5° Ceux qui auront négligé ou refusé d'exécuter les réglements ou arrêtés concernant la petite voirie, ou d'obéir à la sommation émanée de l'autorité administrative, de réparer ou démolir les édifices menaçant ruine ;

6° Ceux qui auront jeté ou exposé, au-devant de leurs édifices, des choses de nature à nuire par leur chute ou par des exhalaisons insalubres ;

7° Ceux qui auront laissé dans les rues, chemins, places, lieux publics, ou dans les champs, des coutres de charrue, pinces, barres, barreaux ou autres machines, ou instruments ou armes dont puissent abuser les voleurs et autres malfaiteurs ;

8° Ceux qui auront négligé d'écheniller dans les campagnes ou jardins où ce soin est prescrit par la loi ou les règlements ;

9° Ceux qui, sans autre circonstance prévue par les lois, auront cueilli ou mangé, sur le lieu même, des fruits appartenant à autrui ;

10° Ceux qui, sans autre circonstance, auront glané, râtelé ou grapillé dans les champs non encore entièrement dépouillés et vidés de leurs récoltes, ou avant le moment du lever ou après celui du coucher du soleil ;

11° Ceux qui, sans avoir été provoqués, auront proféré contre quelqu'un des injures, autres que celles prévues depuis l'article 367 jusque et y compris l'article 378 ;

12° Ceux qui, imprudemment, auront jeté des immondices sur quelque personne ;

13° Ceux qui, n'étant ni propriétaires, ni usufruitiers, ni locataires, ni fermiers, ni jouissant d'un terrain ou d'un droit de passage, ou qui, n'étant agents ni préposés d'aucune de ces personnes, seront entrés et auront passé sur ce terrain ou sur une partie de ce terrain, s'il est préparé ou ensemencé ;

14° Ceux qui auront laissé passer leurs bestiaux ou leurs bêtes de trait, de charge ou de monture, sur le terrain d'autrui, avant l'enlèvement de la récolte ;

15° Ceux qui auront contrevenu aux réglements légalement faits par les autorités administratives, et ceux qui ne se seront pas conformés aux réglements ou arrêtés publiés par l'autorité municipale en vertu des art. 3 et 4, titre xi de la loi du 16-24 avril 1790 et de l'art. 46 du titre 1er de la loi du 22 juillet 1791.

472. Seront, en outre, confisqués, les pièces d'artifice saisies dans le cas du N° 2 de l'art. 471, les coutres, les instruments et les armes mentionnés dans le N° 7 du même article.

473. La peine d'emprisonnement, pendant trois jours au

plus, pourra de plus être prononcée, selon les circonstances, contre ceux qui auront tiré des pièces d'artifice, contre ceux qui auront glané , râtelé ou grapillé en contravention au N° 10 de l'article 471.

474. La peine d'emprisonnement contre toutes personnes mentionnées en l'art. 471, aura toujours lieu, en cas de récidive, pendant trois jours au plus..

Deuxième classe.

475. Seront punis d'amende, depuis six francs jusqu'à dix francs inclusivement ;

1° Ceux qui auront contrevenu aux bans de vendanges ou autres bans autorisés par les règlements ;

2° Les aubergistes, hôteliers , logeurs ou loueurs de maisons garnies , qui auront négligé d'inscrire de suite et sans aucun blanc, sur un registre tenu régulièrement, les noms, qualités, domicile habituel , dates d'entrée et de sortie de toute personne qui aurait couché ou passé une nuit dans leurs maisons ; ceux d'entre eux qui auraient manqué à représenter ce registre aux époques déterminées par les règlements, ou lorsqu'ils en auraient été requis, aux maires, adjoints, officiers ou commissaires de police, ou aux citoyens commis à cet effet ; le tout sans préjudice des cas de responsabilité mentionnés à l'article 73 du présent Code, relativement aux crimes ou aux délits de ceux qui, ayant logé ou séjourné chez eux, n'auraient pas été régulièrement inscrits ;

3° Les rouliers, charretiers, conducteurs de voitures quelconques ou de bêtes de charge, qui auraient contrevenu aux règlements par lesquels ils sont obligés de se tenir constamment à portée de leurs chevaux, bêtes de trait ou de charge et de leurs voitures , et en état de les guider et conduire ; d'occuper un seul côté des rues, chemins ou voies publiques; de se détourner ou ranger devant toutes autres voitures, et, à leur approche, de leur laisser libre au moins la moitié des rues, chaussées, routes et chemins ;

4° Ceux qui auront fait ou laissé courir des chevaux, bêtes de trait, de charge ou de monture, dans l'intérieur d'un lieu habité, ou violé les règlements contre le chargement, la rapidité ou la mauvaise direction des voitures ;

5° Ceux qui contreviendront aux dispositions des ordonnances et règlements ayant pour objet :

La solidité des voitures publiques ,

Leur poids ,

Le mode de leur chargement ,

Le nombre et la sûreté des voyageurs ,

L'indication dans l'intérieur des voitures , des places qu'elles contiennent et du prix des places ;

L'indication à l'extérieur du nom du propriétaire ;

6° Ceux qui auront établi ou tenu dans les rues, chemins, places ou lieux publics, des jeux de loterie ou d'autres jeux de hasard ;

7° Ceux qui auront vendu ou débité des boissons falsifiées; sans préjudice des peines plus sévères qui seront prononcées par les tribunaux de police correctionnelle, dans le cas où elles contiendraient des mixtions nuisibles à la santé ;

8° Ceux qui auraient laissé divaguer des fous ou des furieux étant sous leur garde, ou des animaux malfaisants ou féroces ; ceux qui auront excité ou n'auront pas retenu leurs chiens lorsqu'ils attaquent ou poursuivent les passants, quand même il n'en serait résulté aucun mal ni dommage ;

9° Ceux qui auraient jeté des pierres ou d'autres corps durs ou des immondices contre les maisons, édifices et clôtures d'autrui, ou dans les jardins ou enclos , et ceux aussi qui auraient volontairement jeté des corps durs ou des immondices sur quelqu'un ;

10° Ceux qui, n'étant propriétaires, usufruitiers, ni jouissant d'un terrain ou d'un droit de passage, y sont entrés et y ont passé dans le temps où ce terrain était chargé de grains en tuyau, de raisins ou autres fruits mûrs ou voisins de la maturité ;

11° Ceux qui auraient fait ou laissé passer des bestiaux, animaux de trait, de charge ou de monture, sur le terrain d'autrui, ensemencé ou chargé d'une récolte, en quelque saison que ce soit, ou dans un bois taillis appartenant à autrui ;

12° Ceux qui auraient refusé de recevoir les espèces et

monnaies nationales non fausses ni altérées, selon la valeur
pour laquelle elles ont cours;

13° Ceux qui, le pouvant, auront refusé ou négligé de
faire les travaux, le service ou de prêter le secours dont ils
auront été requis, dans les circonstances d'accidents, tu-
multes, naufrage, inondation, incendies ou autres calamités,
ainsi que dans le cas de brigandages, pillages, flagrant délit,
clameur publique ou d'exécution judiciaire;

14° Les personnes désignées aux articles 284 et 288 du
présent Code ;

15° Ceux qui exposent en vente des comestibles gâtés,
corrompus ou nuisibles ;

16° Ceux qui dérobent, sans aucune des circonstances
prévues par l'art. 388, des récoltes ou autres productions
utiles de la terre, qui, avant d'être soustraites, n'étaient pas
encore détachées du sol.

476. Pourra, suivant les circonstances, être prononcé,
outre l'amende portée en l'article précédent, l'emprisonnement pendant trois jours au plus, contre les rouliers, charretiers, voituriers ou conducteurs en contravention ; contre
ceux qui auront contrevenu aux règlements ayant pour objet soit la rapidité, la mauvaise direction ou le chargement
des voitures ou des animaux, soit la solidité des voitures publiques, leur poids, le mode de leur chargement, le nombre et la sûreté des voyageurs ; contre les vendeurs et dé-
bitants de boissons falsifiées ; contre ceux qui auraient jeté
des corps durs ou des immondices.

477. Seront saisis et confisqués, 1° les tables, instruments,
appareils des jeux ou des loteries établis dans les rues, chemins et voies publiques, ainsi que les enjeux, les fonds, denrées, objets ou lots proposés aux joueurs, dans le cas de
l'art. 476 ; 2° les boissons falsifiées, trouvées appartenir au
vendeur et débitant : ces boissons seront répandues ; 3° les
écrits ou gravures contraires aux mœurs : ces objets seront
mis sous le pilon ; 4° les comestibles gâtés, corrompus ou
nuisibles : ces comestibles seront détruits.

478. La peine de l'emprisonnement pendant cinq jours au
plus sera toujours prononcée, en cas de récidive, contre
toutes les personnes mentionnées dans l'art. 475. Les individus mentionnés au n° 5 du même article qui seraient re-

pris pour le même fait en état de récidive, seront traduits devant le tribunal de police correctionnelle, et punis d'un emprisonnement de six jours à un mois, et d'une amende de 16 à 200 francs.

Troisième classe.

479. Seront punis d'une amende de onze à quinze francs inclusivement :

1° Ceux qui, hors les cas prévus depuis l'art. 434 jusques et compris l'art. 462, auront volontairement causé du dommage aux propriétés mobilières d'autrui ;

2° Ceux qui auraient occasionné la mort ou la blessure des animaux ou bestiaux appartenant à autrui, par l'effet de la divagation des fous ou furieux, ou d'animaux malfaisants ou féroces, ou par la rapidité ou la mauvaise direction ou le chargement excessif des voitures, chevaux, bêtes de trait, de charge ou de monture.

3° Ceux qui auront occasionné les mêmes dommages par l'emploi ou l'usage d'armes sans précaution ou avec maladresse, ou par jet de pierres ou d'autres corps durs ;

4° Ceux qui auront causé les mêmes accidents par la vétusté, la dégradation, le défaut de réparation ou d'entretien des maisons ou édifices, ou par l'encombrement ou l'excavation, ou telles autres œuvres, dans ou près les rues, chemins, places ou voies publiques, sans les précautions ou signaux ordonnés ou d'usage ;

5° Ceux qui auront de faux poids ou de fausses mesures dans leurs magasins, boutiques, ateliers ou maison de commerce ou dans les halles, foires ou marchés, sans préjudice des peines qui seront prononcées par les tribunaux de police correctionnelle, contre ceux qui auraient fait usage de ces faux poids ou ces fausses mesures ;

6° Ceux qui emploieront des poids ou des mesures différents de ceux qui sont établis par les lois en vigueur ; les boulangers et bouchers qui vendront le pain et la viande au-delà du prix fixé par la taxe légalement faite et publiée ;

7° Les gens qui font le métier de deviner et de pronostiquer, ou d'expliquer les songes ;

8° Les auteurs ou complices de bruits ou tapages injurieux ou nocturnes, troublant la tranquillité des habitants ;

9° Ceux qui auront incessamment enlevé ou déchiré les affiches apposées par l'ordre de l'administration ;

10° Ceux qui mèneraient sur les terrains d'autrui les bestiaux de quelque nature qu'ils soient, et notamment dans les prairies artificielles, dans les vignes, oseraies, dans les plants de capriers, dans ceux d'oliviers, de mûriers, de grenadiers, d'orangers et d'arbres du même genre ; dans tous les plants ou pépinières d'arbres fruitiers ou autres, faits de main d'hommes.

Cette disposition abroge l'art. 24 de la loi du 6 octobre 1791, qui prononçait une amende indéterminée, et ce n'est plus à la police correctionnelle que doivent être cités les délinquants. (*Arrêt du 30 août 1834.*)

11° Ceux qui auront dégradé ou détérioré, de quelque manière que ce soit, les chemins publics, ou usurpé sur leur largeur ;

12° Ceux qui, sans être autorisés, auront enlevé des chemins publics, du gazon, terre ou pierres, ou qui, dans les lieux appartenant aux communes, auraient enlevé des terres ou matériaux, à moins qu'il n'existe un usage général qui l'autorise.

480. Pourra, selon les circonstances, être prononcée la peine d'emprisonnement pendant cinq jours au plus :

1° Contre ceux qui auront occasionné la mort ou la blessure des animaux ou bestiaux appartenant à autrui, dans les cas prévus par le n° 3 du précédent article ; 2° contre les possesseurs de faux poids et de fausses mesures ; 3° contre ceux qui emploient des poids ou des mesures différents de ceux que la loi en vigueur a établis ; 4° contre les bouchers et boulangers, dans les cas prévus par le paragraphe 6 de l'article précédent ; 5° contre les interprètes de songes ; 6° contre les auteurs ou complices de bruits ou tapages injurieux ou nocturnes.

481. Seront, de plus, saisis et confisqués, 1° les faux poids, les fausses mesures, ainsi que les poids et mesures différents de ceux que la loi a établis ; 2° les instruments, ustensiles et costumes servant ou destinés à l'exercice du métier de devin, pronostiqueur ou interprète des songes.

482. La peine d'emprisonnement pendant cinq jours aura toujours lieu, pour récidive, contre les personnes et dans les cas mentionnés en l'art. 479.

Disposition commune aux trois Sections ci-dessus.

483. Il y a récidive dans tous les cas prévus par le présent livre, lorsqu'il a été rendu contre le contrevenant, dans les douze mois précédents, un premier jugement pour contravention de police commise dans le ressort du même tribunal. L'art. 463 du présent Code sera applicable à toutes les contraventions ci-dessus indiquées.

Dispositions générales.

484. Dans toutes les matières qui n'ont pas été réglées par le présent Code, et qui sont régies par des lois et règlements particuliers, les cours et les tribunaux continueront de les observer.

CORMIER. Arbre forestier d'une belle forme ; son tronc est droit, uni, long ; son écorce a des gerçures qui la déchirent et la font tomber en filandres ; ses branches se soutiennent et se rassemblent lorsqu'elles ont 27 millimètres de diamètre ; elles sont marquetées de taches blanchâtres, qui s'étendent et couvrent le bois lorsqu'il devient de la grosseur du bras ; ses feuilles sont oblongues, dentées, blanchâtres ou un peu velues en dessous, rangées par paires sur une côte, et garnies de stipules à leurs insertions sur les branches. Tout le monde connaît le petit fruit que cet arbre produit. Il en est de plusieurs formes, tous doivent être mangés quand ils sont mous.

CORNOUILLER. Arbre ou arbrisseau. Il y en a deux espèces, mal à propos désignées sous les noms de mâle et de femelle, puisque chacune est à la fois *mâle* et *femelle.* Linnée les nomme autrement : selon lui, le *cornouiller* proprement dit est un arbre commun dans les haies ; sa tige est tortue, courte, noueuse, chargée de beaucoup de rameaux ; son écorce, d'un gris roussâtre, se détache lorsque l'âge la fait gercer ; les feuilles qui ne paraissent que dans l'intervalle des fleurs aux fruits, sont d'un vert foncé, un peu velues, ovales, opposées, relevées en dessous de nervures très-sail-

lantes qui partent de la nervure du milieu et vont parallèle-
ment, mais circulairement se joindre à la pointe. Il fleurit
au commencement du printemps ; son fruit a la forme de
l'olive, mais il est d'un beau rouge, mou, charnu et d'une
saveur douce mais aigrelette.

Le *Cornouiller sanguin* est un arbrisseau très-commun
dans les bois et les haies ; l'écorce de ses jeunes rameaux est
souvent d'un rouge vif et foncé ; ses fruits sont noirâtres,
huileux et amers : il y a aussi un cornouiller sanguin à
feuilles panachées et à feuilles blanches.

CORRUPTION. C'est le crime que commet tout fonctionnaire ou tout agent de l'autorité publique qui agrée des
offres ou promesses, ou reçoit des dons ou présents pour faire
un acte de ses fonctions non sujet à salaire, ou pour ne pas
faire un acte qui entre dans l'ordre de ses devoirs.

La peine est celle de la dégradation civique et d'une amende
double de la valeur de la promesse agréée ou des choses reçues, laquelle ne peut être moindre de 200 francs. (*Code
pénal*, art. 177.

Le garde champêtre qui a menacé un individu de l'arrêter,
sous le faux prétexte que son passe-port n'est pas en règle,
et s'est abstenu de l'arrêter moyennant une somme d'argent,
est coupable de corruption. (*Arrêt du* 1er *octobre* 1813.)

Le garde forestier qui a dissimulé, moyennant argent ou
présent, des délits qu'il était de son devoir de constater, doit
être poursuivi criminellement. (*Arrêt du* 12 *novembre* 1812.)

Le fait d'un garde qui reçoit du bois de chauffage abattu
en délit dans une forêt confiée à sa garde, pour s'abstenir
de faire un procès-verbal, constitue le crime de corruption.
(*Arrêt du* 16 *janvier* 1812).

Il en est de même pour tous les autres gardes dans des
cas analogues. (*Voyez* Section Ire, § 10, pages 10 et 11.)

COUDRIER ou NOISETIER. Arbrisseau dont la racine est
longue, grosse, robuste, poussant des tiges droites sans
nœuds et flexibles, dont le bois est blanc et tendre. Les jeunes pousses sont chargées de duvet ; ses feuilles sont pétiolées, larges, arrondies, un peu ridées et dentelées, d'une
couleur verte et pâle, ou légèrement velues en dessous. Il a
pour fleurs des chatons grêles, oblongs, cylindriques, qui

portent les fleurs mâles, et des houppes de filets rouges qui sont les pistils des fleurs femelles. Les fruits naissent en des endroits séparés des fleurs, et plusieurs unis à la même queue; ce sont les noisettes que tout le monde connaît.

COUPES DE BOIS. Elles sont à *tire* et *aire*, ou *jardinatoires*. Voyez ce mot, page 178.)

COURLIS. Oiseau de rivage. Il a quatre doigts, trois devant, un derrière : les trois antérieurs sont unis par une membrane jusqu'à la première articulation. La moitié inférieure de la cuisse est dépourvue de plumes. Son plumage est varié de brun, de fauve et de blanc sale.

COURS D'EAU. La surveillance des cours d'eau exige de fréquentes visites pour constater les empiétements, les obstacles, les contraventions de toute nature.

CRIEURS PUBLICS. Ils ne peuvent exercer sans l'autorisation, par écrit, de l'autorité municipale (loi du 16 janvier 1834.) Leur apparition dans les rues ou les cabarets doit être signalée aux maires et commissaires de police.

D

DÉFENSABLE (Bois). Quel que soit l'âge des bois, les usagers ne peuvent y mener leurs troupeaux en pâturage ou panage, que dans les cantons qui ont été déclarés défensables, c'est-à-dire capables de se défendre contre la dent des bestiaux. (*Art. 67, Code forestier.*)

Ainsi, le seul fait d'introduction de bestiaux dans un canton non déclaré défensable, constitue une contravention, quand bien même elle serait le fait d'un usager. (*Arrêts des 5 avril et 8 mai 1830.*)

Lorsque des habitants se fondent sur des concessions faites à la commune, ils sont sans qualités pour réclamer contre ces arrêtés de défends, publiés par l'administration forestière, et la circonstance que le pâturage était permis ou toléré les années précédentes, ne peut excuser les délinquants. (*Ordonnance du 10 janvier 1827. Arrêt du 7 avril même année. Arrêt du 27 février 1834.*)

Il faut avoir soin d'interdire aux porcs l'entrée des parties sur lesquelles doivent être assises les coupes de l'année et de l'année suivante, pour ne pas les priver des moyens de reproduction, à moins que les glands ou faînes ne soient en très grande abondance. (*Circulaire de l'administration forestière.*)

DÉFENSE. Se dit des armes offensives ou défensives que portent plusieurs animaux, et spécialement le sanglier.

DÉGRADATIONS. Les dégradations d'édifices et de monuments, les usurpations sur les rues et chemins publics, les mutilations d'arbres, destructions de greffes, sont constatées par les gardes champêtres et forestiers, les commissaires de police ou les employés des ponts-et-chaussées, chacun dans le cercle de ses attributions. (Voy. ar. 434, 437, 444, 445 *du Code pénal.*)

Si les délits entraînent une peine au-dessus de trois jours d'emprisonnement, les procès-verbaux sont remis au procureur impérial du tribunal de l'arrondissement ; dans le cas contraire, l'adjoint poursuit les délinquants devant le tribunal de simple police.

Toute dégradation, destruction ou mutilation de monuments, statues, ou d'autres objets destinés à l'utilité ou à la décoration publique, sera punie d'un emprisonnement d'un mois à deux ans, et d'une amende de 100 à 500 fr. (*Art. 257 du Code pénal.*)

DÉLITS. Les infractions aux lois se nomment *délits*, quand elles sont punies de peines correctionnelles. Il en est cependant qui ont des caractères bien différents : les délits forestiers, ceux de pêche, de chasse, les coups, les vols, etc.

Les délits sont de la compétence des tribunaux de première instance ; l'appel est porté aux cours impériales, et dans certains cas aux tribunaux de chefs-lieux judiciaires.

Les maires, les procureurs impériaux, leurs substituts, les officiers de gendarmerie ont le droit de faire arrêter et de faire traduire devant le juge d'instruction toute personne indiquée par la clameur publique comme coupable ou complice d'un délit.

Tous les délits peuvent être dénoncés aux maires, aux juges de paix, aux commissaires de police, aux gardes champêtres, et peuvent donner lieu à la rédaction de procès-verbaux, à des visites domiciliaires, même à l'arrestation provisoire des individus signalés comme auteurs.

Les cafés, les billards, les jeux de hasard, les maisons de débauche, sont presque partout les causes premières des délits ; et c'est surtout lorsqu'on y reste, malgré les réglements, qu'on s'y prépare plus ou moins directement à de mauvaises actions.

Si les mendiants et gens sans aveu, les colporteurs, étaient soumis à une surveillance active, on tarirait aussi par là plusieurs sources de délits.

Les délits de toute nature semblent prévus par le Code pénal et par la loi du 6 octobre 1791 ; mais ce serait une grande erreur que de le croire ; il en est beaucoup d'autres prévus par les lois spéciales. Occupons-nous d'abord des délits prévus par le Code pénal, qui tous peuvent être constatés par les gardes champêtres ; viendront ensuite les délits ruraux, qui sont plus particulièrement de leur ressort, puisqu'ils sont les seuls agents qui puissent les poursuivre.

Art. 444. Quiconque aura dévasté des récoltes sur pied, ou des plants venus naturellement ou faits de mains d'homme, sera puni d'un emprisonnement de deux ans au moins, de cinq ans au plus.

Les coupables pourront de plus être mis, par l'arrêt ou le jugement, sous la surveillance de la haute police pendant cinq ans au moins et dix ans au plus.

445. Quiconque aura abattu un ou plusieurs arbres qu'il savait appartenir à autrui, sera puni d'un emprisonnement qui ne sera pas au-dessous de six jours, ni au-dessus de six mois, à raison de chaque arbre, sans que la totalité puisse excéder cinq ans.

446. Les peines seront les mêmes à raison de chaque arbre mutilé, coupé ou écorcé de manière à le faire périr.

447. S'il y a eu destruction d'une ou de plusieurs greffes, l'emprisonnement sera de six jours à deux mois, à raison de chaque greffe, sans que la totalité puisse excéder deux ans.

448. Le *minimum* de la peine sera de vingt jours dans les cas prévus par les articles 445 et 446, et de dix jours

dans le cas prévu par l'article 447, si les arbres étaient plantés sur les places, routes, chemins, rues ou voies publiques ou vicinales, ou de traverse.

449. Quiconque aura coupé des grains ou des fourrages qu'il savait appartenir à autrui, sera puni d'un emprisonnement qui ne sera pas au-dessous de six jours, ni au-dessus de deux mois.

450. L'emprisonnement sera de vingt jours au moins et de quatre mois au plus, s'il a été coupé du grain en vert.

Dans les cas prévus par le présent article et les six précédents, si le fait a été commis en haine d'un fonctionnaire public et en raison de ses fonctions, le coupable sera puni du *maximum* de la peine établie par l'article auquel le cas se référera.

Il en sera de même, quoique cette circonstance n'existe point, si le fait a été commis pendant la nuit.

451. Toute rupture, toute destruction d'instruments d'agriculture, de parcs, de bestiaux, de cabanes de gardiens, sera puni d'un emprisonnement d'un mois au moins, d'un an au plus.

452. Quiconque aura empoisonné des chevaux ou autres bêtes de voiture, de monture ou de charge, des bestiaux à cornes, des moutons, chèvres ou porcs, ou des poissons dans les étangs, viviers ou réservoirs, sera puni d'un emprisonnement d'un an à cinq ans, et d'une amende de 16 fr. à 300 f. Les coupables pourront être mis, par l'arrêt ou le jugement, sous la surveillance de la haute police pendant deux ans au moins et cinq ans au plus.

453. Ceux qui, sans nécessité, auront tué l'un des animaux mentionnés au précédent article, seront punis ainsi qu'il suit :

Si le délit a été commis dans les bâtiments, enclos et dépendances, ou sur les terres dont le maître de l'animal tué était propriétaire, locataire, colon ou fermier, la peine sera un emprisonnement de deux mois à six mois ;

S'il a été commis dans les lieux dont le coupable était propriétaire, locataire, colon ou fermier, l'emprisonnement sera de six jours à un mois ;

S'il a été commis dans tout autre lieu, l'emprisonnement sera de quinze jours à six semaines.

Le *maximum* de la peine sera toujours prononcé en cas de violation de clôture.

454. Quiconque aura, sans nécessité, tué un animal domestique dans un lieu dont celui à qui cet animal appartient est propriétaire, locataire, colon ou fermier, sera puni d'un emprisonnement de six jours au moins et de six mois au plus.

S'il y a eu violation de clôture, le *maximum* de la peine sera prononcé.

455. Dans les cas prévus par les articles 444 et suivants, jusqu'au précédent article inclusivement, il sera prononcé une amende qui ne pourrra excéder le quart des restitutions et dommages-intérêts, ni être au-dessous de 16 fr.

456. Quiconque aura, en tout ou en partie, comblé des fossés, détruit des clôtures, de quelques matériaux qu'elles soient faites, coupé ou arraché des haies vives ou sèches; quiconque aura déplacé ou supprimé des bornes, ou pieds corniers, ou autres arbres plantés ou reconnus pour établir les limites entre différents héritages, sera puni d'un emprisonnement qui ne pourra être au-dessous d'un mois ni excéder une année, et d'une amende égale au quart des restitutions et des dommages-intérêts, qui, dans aucun cas, ne pourra être au-dessous de 50 fr.

457. Seront punis d'une amende qui ne pourra excéder le quart des restitutions et des dommages-intérêts, ni être au-dessous de 50 fr., les propriétaires ou fermiers, ou toute personne jouissant de moulins, usines ou étangs, qui, par l'élévation du déversoir de leurs eaux au-dessus de la hauteur déterminée par l'autorité compétente, auront inondé les chemins ou les propriétés d'autrui.

S'il est résulté du fait quelques dégradations, la peine sera, outre l'amende, un emprisonnement de six jours à un mois.

458. L'incendie des propriétés mobilières ou immobilières d'autrui, qui aura été causé par la vétusté ou le défaut, soit de réparation, soit de nettoyage des fours, cheminées, forges, maisons ou usines prochaines, ou par des feux allumés dans les champs, à moins de 100 mètres des maisons, édifices, forêts, bruyères, bois, vergers, plantations, haies, meules, tas de grains, pailles, foins, fourrages, ou de

tout autre dépôt de matières combustibles, ou par des feux ou lumières portés ou laissés sans précaution suffisante, ou par des pièces d'artifice allumées ou tirées par négligence ou imprudence, sera punie d'une amende de 50 f. au moins, et de 500 fr. au plus.

459. Tout détenteur ou gardien d'animaux ou de bestiaux soupçonnés d'être infecfés de maladie contagieuse, qui n'aura pas averti sur le champ le maire de la commune où ils se trouvent, et qui même, avant que le maire ait répondu à l'avertissement, ne les aura pas tenus renfermés, sera puni d'un emprisonnement de six jours à deux mois , et d'une amende de seize francs à deux cents francs.

460. Seront également punis d'un emprisonnement de deux mois à six mois, et d'une amende de cent francs à cinq cents francs, ceux qui, au mépris des défenses de l'administration, auront laissé leurs animaux ou bestiaux infectés communiquer avec d'autres.

461. Si, de la communication mentionnée au précédent article, il est résulté une contagion parmi les autres animaux, ceux qui auront contrevenu aux défenses de l'autorité administrative seront punis d'un emprisonnement de deux ans à cinq ans, et d'une amende de cent francs à mille francs ; le tout sans préjudice de l'exécution des lois et règlements relatifs aux maladies épizootiques, et de l'application des peines y portées.

462. Si les délits de police correctionnelle dont il est parlé au présent chapitre ont été commis par des gardes champêtres ou forestiers, ou des officiers de police, à quelque titre que ce soit, la peine d'emprisonnement sera d'un mois au moins et d'un tiers au plus en sus de la peine la plus forte qui serait appliquée à un autre coupable du même délit.

Dispositions principales du titre II de la loi du 6 octobre.

§ 1er. La police des compagnes est spécialement sous la juridiction des juges de paix et des officiers municipaux, et sous la surveillance des gardes champêtres et de la gendarmerie impériale. (Art. 1er.)

Il a été jugé par la Cour de cassation, le 8 septembre 1857, que le délit résultant de ce que des bestiaux ont été trouvés dans une pièce de terre ensemencée, sans y avoir été introduits par ceux à qui ils appartenaient ni par leurs préposés, n'étant pas prévu par le Code pénal, tombe sous l'application de la loi de 1791. C'est maintenant un point de doctrine constant ; nous ne citons que le dernier arrêt, mais il y en a plusieurs autres rapportés par Dalloz.

Il a aussi été décidé par la même Cour, que le fait d'avoir été trouvé gardant à vue un troupeau dans un champ chargé de récoltes qui ont été mangées en partie, constitue une contravention passible d'une amende indéterminée, et qui par cela seul est de la compétence des tribunaux correctionnels et non de ceux de simple police. Cet arrêt se fonde particulièrement sur ce que l'art. 479 du Code pénal n'a pas dérogé en ce point à la loi de 1791.

Les moindres amendes seront de la valeur d'une journée de travail au taux du pays, déterminé par le directoire de département. Toutes les amendes ordinaires, qui n'excéderont pas la somme de trois journées de travail, seront doublées en cas de récidive dans l'espace d'une année, ou si le délit a été commis avant le lever ou après le coucher du soleil ; elles seront triplées quand les deux circonstances précédentes se trouveront réunies ; elles seront versées dans la caisse de la municipalité du lieu. (Art. 4.)

§ 2. Les maris, pères, mères, tuteurs, maîtres, entrepreneurs de toute espèce, seront civilement responsables des délits commis par leurs femmes et enfants, pupilles, mineurs n'ayant pas plus de vingt ans et non mariés, domestiques, ouvriers, voituriers et autres subordonnés. L'estimation du dommage sera toujours faite par le juge de paix et ses assesseurs, ou par des experts par eux nommés. (Article 7.)

Les domestiques, ouvriers, ou voituriers, ou autres subordonnés, seront à leur tour, responsables de leurs délits envers ceux qui les emploient. (Art. 8.)

§ 3. Les officiers municipaux veilleront généralement à la tranquillité, à la salubrité et à la sûreté des campagnes ; ils seront tenus particulièrement de faire, au moins une fois par an, la visite des fours et cheminées de toutes maisons et de tous bâtiments éloignés de moins de 200 mètres d'autres habitations ; ces visites seront préalablement annoncées huit jours d'avance.

Après la visite ils ordonneront la réparation ou la démolition des fours et des cheminées qui se trouveront dans un état de délabrement qui pourrait occasionner un incendie ou d'autres accidents : il pourra y avoir lieu à une amende au moins de 6 fr., et au plus de 24 fr. (Art. 9.)

§ 4. Toute personne qui aura allumé du feu dans les champs, plus près que 100 mètres des maisons, bois, bruyères, vergers, haies, meules de grain, de paille ou de foin, sera condamnée à une amende égale à la valeur de douze journées de travail, et paiera en outre le dommage que le feu aurait occasionné. Le délinquant pourra de plus, suivant les circonstances, être condamné à la détention de police municipale. (Art. 10.)

§ 5. Celui qui achètera des bestiaux hors des foires et marchés, sera tenu de les restituer gratuitement au propriétaire en l'état où ils se trouveront, dans le cas où ils auraient été volés. (Art. 11.)

Les dégâts que les bestiaux de toute espèce laissés à l'abandon feront sur les propriétés d'autrui, soit dans l'enceinte des habitations, soit dans un enclos rural, soit dans les champs ouverts, seront payés par les personnes qui ont la jouissance des bestiaux ; si elles sont insolvables, ces dégâts seront payés par celles qui en ont la propriété. Le propriétaire qui éprouvera les dommages aura le droit de saisir les bestiaux, sous l'obligation de les faire conduire dans les vingt-quatre heures au lieu de dépôt qui sera désigné à cet effet par la municipalité.

Il sera satisfait aux dégâts par la vente des bestiaux, s'ils ne sont pas réclamés, ou si le dommage n'a point été payé dans la huitaine du jour du délit.

Si ce sont des volailles, de quelque espèce que ce soit, qui causent le dommage, le propriétaire, le détenteur ou le fermier qui l'éprouvera pourra les tuer, mais seulement sur le lieu, au moment du dégât. (Art. 12.)

§ 6. Les bestiaux morts seront enfouis dans la journée à 1 mètre 299 millimètres de profondeur par le propriétaire, et dans son terrain, ou voiturés à l'endroit désigné par la municipalité, pour y être également enfouis, sous peine par le délinquant de payer une amende de la valeur d'une journée de travail, et les frais de transport et d'enfouissement.

§ 7. Ceux qui détruiront les greffes des arbres fruitiers ou autres, et ceux qui écorceront ou couperont en tout ou en partie des arbres sur pied qui ne leur appartiendront pas, seront condamnés à une amende double du dédommagement dû au propriétaire, et à une détention de police correctionnelle qui ne pourra excéder six mois.

La cour de cassation a décidé, le 22 février 1839, que le fait d'avoir enlevé une grande partie de branches vertes de saules plantées sur le terrain d'un particulier, est de la compétence du tribunal correctionnel, comme constituant un délit rural punissable d'amende et même d'emprisonnement.

§ 8. Personne ne pourra inonder l'héritage de son voisin, ni lui transmettre volontairement les eaux d'une manière nuisible, sous peine de payer le dommage et une amende qui ne pourra excéder la somme du dédommagement. (Art. 15.)

Les propriétaires ou fermiers des moulins et usines construits ou à construire, seront garants de tous dommages que les eaux pourraient causer aux chemins ou aux propriétés voisines, par la trop grande élévation du déversoir ou autrement. Ils seront forcés de tenir les eaux à une hauteur qui ne nuise à personne, et qui sera fixée par le directoire de département, d'après l'avis du directoire de district. En cas de contravention, la peine sera une amende qui ne pourra excéder la somme du dédommagement. (Art. 16).

Il est défendu à toute personne de recombler les fossés, de dégrader les clôtures, de couper des branches de haies vives, d'enlever des bois secs des haies, sous peine d'une amende de la valeur de trois journées de travail. Le dédommagement sera payé au propriétaire; et suivant la gravité des circonstances, la détention pourra avoir lieu, mais au plus pour un mois. (Art. 17.)

§ 9. Dans les lieux qui ne sont sujets ni au parcours, ni à la vaine pâture, pour toute chèvre qui sera trouvée sur l'héritage d'autrui contre le gré du propriétaire de l'héritage, il sera payé une amende de la valeur d'une journée de travail par le propriétaire de la chèvre. (Art. 18.)

Dans les pays de parcours et de vaine pâture, où les chèvres ne sont pas rassemblées et conduites en troupeau commun, celui qui aura des animaux de cette espèce ne pourra les mener aux champs qu'attachés, sous peine d'une amende de la valeur d'une journée de travail par tête d'animal.

En quelque circonstance que ce soit, lorsqu'elles auront fait du dommage aux arbres fruitiers ou autres, haies, vignes, jardins, l'amende sera double, sans préjudice du dédommagement dû au propriétaire. (*Ibid.*)

§ 10. Les propriétaires ou les fermiers d'un même canton ne pourront se coaliser pour faire baisser ou fixer à vil prix la journée des ouvriers ou les gages des domestiques, sous peine d'une amende du quart de la contribution mobilière des délinquants, et même de la détention de police municipale, s'il y a lieu. (Art. 19.)

Les moissonneurs, les domestiques et ouvriers de campagne, ne pourront se liguer entre eux pour faire hausser et déterminer le prix des gages ou des salaires, sous peine d'une amende qui ne pourra excéder la valeur de douze journées de travail, et en outre de la détention de police municipale. (Art. 20.)

§ 11. Les glaneurs, les râteleurs et les grapilleurs, dans les lieux où les usages de glaner, de râteler ou de grapiller sont reçus, n'entreront dans les champs, prés et vignes récoltés et ouverts, qu'après l'enlèvement entier des fruits. En cas de contravention, les produits du glanage, du râtelage et du grapillage, seront confisqués, et suivant les circonstances, il pourra y avoir lieu à la détention de police municipale. Le glanage, le râtelage et le grapillage sont interdits dans tout enclos rural, tel qu'il est défini à l'article 6 de la quatrième section du premier titre du présent décret. (Art. 21.)

Dans les lieux de parcours ou de vaine pâture, comme dans ceux où ces usages ne sont point établis, les pâtres et les bergers ne pourront mener les troupeaux d'aucune espèce dans les champs moissonnés et ouverts, que deux jours après la récolte entière, sous peine d'une amende de la valeur d'une journée de travail : l'amende sera double si les bestiaux d'autrui ont pénétré dans un enclos rural. (Art. 22.)

§ 12. Un troupeau atteint de maladie contagieuse, qui sera rencontré au pâturage sur les terres du parcours ou de la vaine pâture, autres que celles qui auront été désignées pour lui seul, pourra être saisi par les gardes champêtres, et même par toute personne ; il sera ensuite mené au lieu de dépôt qui sera indiqué à cet effet par la municipalité.

Le maître de ce troupeau sera condamné à un amende de la valeur d'une journée de travail par tête de bête à laine, et à une amende triple par tête d'autre bétail.

Il pourra, en outre, suivant la gravité des circonstances, être responsable du dommage que son troupeau aura occasionné, sans que cette responsabilité puisse s'étendre au-delà des limites de la municipalité.

A plus forte raison, cette amende et cette responsabilité auront lieu si ce troupeau a été saisi sur les terres qui ne sont pas sujettes au parcours et à la vaine pâture. (Art. 23.)

Il est défendu de mener sur le terrain d'autrui des bestiaux d'aucune espèce, et en aucun temps, dans les prairies artificielles, dans les vignes, oseraies, dans les plants de câpriers, dans ceux d'oliviers, de mûriers, de grenadiers, d'orangers et arbres du même genre ; dans tous les plants ou pépinières d'arbres fruitiers ou autres, faits de main d'homme.

L'amende encourue pour le délit sera une somme de la valeur du dédommagement dû au propriétaire ; l'amende sera double si le dommage a été fait dans un enclos rural ; et, suivant les circonstances, il pourra y avoir lieu à la détention de police municipale. (Art. 24.)

§ 13. Les conducteurs des bestiaux revenant des foires, ou les menant d'un lieu à un autre, même dans les pays de parcours ou de vaine pâture, ne pourront les laisser pacager sur les terres des particuliers, ni sur les communaux, sous peine d'une amende de la valeur de deux journées de travail, en outre du dédommagement : l'amende sera égale à la somme du dédommagement, si le dommage est fait sur un terrain ensemencé, ou qui n'a pas été dépouillé de sa récolte, ou dans un enclos rural.

A défaut de paiement, les bestiaux pourront être saisis et vendus jusqu'à concurrence de ce qui sera dû pour l'indemnité, l'amende et autres frais relatifs ; il pourra même y avoir lieu, envers les conducteurs, à la détention de police municipale, suivant les circonstances. (Art. 25.)

§ 14. Quiconque sera trouvé gardant à vue ses bestiaux dans les récoltes d'autrui, sera condamné, en outre du paiement du dommage, à une amende égale à la somme du dédommagement, et pourra l'être, suivant les circonstances, à une détention qui n'excédera pas une année. (Art. 26.)

Celui qui entrera à cheval dans les champs ensemencés, si ce n'est le propriétaire ou ses agents, paiera le dommage et une amende de la valeur d'une journée de travail ; l'amende sera double si le délinquant y entre en voiture. Si les blés sont en tuyau, et que quelqu'un y entre même à pied, ainsi que dans tonte autre récolte pendante, l'amende sera au moins de la valeur de trois journées de travail, et pourra être d'une somme égale à celle due pour dédommagement au propriétaire. (Art. 27.)

Ces prescriptions, quoique justes, souffrent cependant quelques exceptions ; ainsi, le droit conféré à l'adjudicataire de l'entretien d'une route, de ramasser des cailloux sur les champs voisins, emporte nécessairement le droit de passer sur les champs même ensemencés, et avec des voitures, pour opérer l'extraction ou l'enlèvement des cailloux, sans que ce fait constitue une contravention. (*Arrêt du 27 janvier 1858.*)

§ 15. Si quelqu'un, avant leur maturité, coupe ou détruit de petites parties de blé en vert, ou d'autres productions de la terre, sans intention manifeste de les voler, il paiera en dédommagement, au propriétaire une somme égale à la valeur que l'objet aurait dans sa maturité ; il sera condamné à une amende égale à la somme du dédommagement, et il pourra l'être à la détention de police municipale. (Art. 28.)

Quiconque sera convaincu d'avoir dévasté les récoltes sur pied, ou abattu les plants venus naturellement ou faits de main d'homme, sera puni d'une amende double du dédommagement dû au propriétaire, et d'une détention qui ne pourra excéder deux années. (Art. 29.)

§ 16. Toute personne convaincue d'avoir, de dessein prémédité, méchamment, sur le territoire d'autrui, blessé ou tué des bestiaux ou chiens de garde, sera condamné à une amende de la somme du dédommagement. Le délinquant pourra être détenu un mois si l'animal n'a été que blessé, et six mois si l'animal est mort de sa blessure, ou en est resté estropié : la détention pourra être du double si le délit a été commis la nuit, ou dans une étable, ou dans un enclos rural. (Art. 30.)

§ 17. Toute rupture ou destruction d'instrument de l'exploitation des terres qui aura été commise dans les champs ouverts, sera punie d'une amende égale à la somme du dédommagement dû au cultivateur, et d'une détention qui ne sera jamais de moins d'un mois, et qui pourra être prolongée jusqu'à six suivant la gravité des circonstances.

§ 18. Quiconque aura déplacé ou supprimé des bornes, ou pieds corniers, ou autres arbres plantés ou reconnus pour établir les limites entre les différents héritages, pourra, en outre du paiement du dommage et des frais de replacement des bornes, être condamné à une amende de la valeur de douze journées de travail, et sera puni par une détention dont la durée, proportionnée à la gravité des circonstances, n'excédera pas une année : la détention cependant pourra être de deux années, s'il y a transposition de bornes à fin d'usurpation. (Art. 32.)

Celui qui, sans la permission du propriétaire ou fermier, enlèvera des fumiers, de la marne ou tous autres engrais portés sur les terres, sera condamné à une amende qui n'excédera pas six journées de travail, en outre du dédommagement, et pourra l'être à la détention de police municipale.

L'amende sera de douze journées, et la détention pourra être de trois mois, si le délinquant a fait tourner à son profit lesdits engrais.

§ 19. Quiconque maraudera, dérobera des productions de la terre qui peuvent servir à la nourriture des hommes, ou d'autres productions utiles, sera condamné à une amende égale au dédommagement dû au propriétaire ou fermier ; il pourra aussi, suivant les circonstances du délit, être condamné à la détention de police municipale. (Art. 34.)

Pour tout vol de récolte fait avec des paniers ou des sacs,

ou à l'aide des animaux de charge, l'amende sera du double du dédommagement ; et la détention, qui aura toujours lieu, pourra être de trois mois, suivant la gravité des circonstances. (Art. 35.)

Le maraudage ou enlèvement de bois, fait à dos d'homme dans les bois taillis ou futaies, ou autres plantations d'arbres des particuliers ou communautés, sera puni d'une amende double du dédommagement dû au propriétaire. La peine de la détention pourra être la même que celle portée en l'article précédent. (Art. 36.)

Le vol dans les bois taillis, futaies et autres plantations d'arbres des particuliers ou communautés, exécuté à charge de bête de somme ou de charrette, sera puni par une détention qui ne pourra être de moins de trois jours, ni excéder six mois ; le coupable paiera en outre une amende triple de la valeur du dédommagement dû au propriétaire. (Art. 37).

§ 20. Les dégâts faits dans les bois taillis des particuliers ou des communautés, par des bestiaux ou troupeaux, seront punis de la manière suivante :

Il sera payé d'amende pour une bête à laine, 1 fr. ; pour un cochon, 1 fr. ; pour une chèvre, 2 fr. ; pour un cheval, ou autre bête de somme, 2 fr. ; pour un bœuf, une vache, un veau, 3 fr.

Si les bois taillis sont dans les six premières années de leur croissance, l'amende sera du double.

Si les dégâts sont commis en présence du pâtre, et dans les bois taillis de moins de six années, l'amende sera triple.

S'il y a récidive dans l'année l'amende sera double ; et, s'il y a réunion des deux circonstances précédentes, ou récidive avec une des deux circonstances, l'amende sera quadruple.

Le dédommagement dû au propriétaire sera estimé de gré à gré ou à dire d'experts. (Art. 38.)

Conformément au décret sur les fonctions de la gendarmerie, tout dévastateur des bois, des récoltes, ou chasseur masqué, pris sur le fait, pourra être saisi par tout gendarme, sans aucune réquisition d'officier civil. (Art. 39.)

§ 21. Les cultivateurs ou tous autres qui auront dégradé ou détérioré, de quelque manière que ce soit, des chemins publics, ou usurpé sur leur largeur, seront condamnés à la réparation ou à la restitution, et à une amende qui ne pourra être moindre de 3 fr., ni excéder 24 fr. (Art. 40.)

Tout voyageur qui déclora un champ pour se faire un passage dans sa route, paiera le dommage fait au propriétaire ; de plus, une amende de la valeur de trois journées de travail, à moins que le juge de paix du canton ne décide que le chemin public était impraticable ; et alors les dommages et les frais de clôture seront à la charge de la communauté. (Art. 41.)

Le voyageur qui, par la rapidité de sa voiture ou de sa monture, tuera ou blessera des bestiaux sur les chemins, sera condamné à une amende égale à la somme du dédommagement dû au propriétaire des bestiaux. (Art. 42.)

DÉSERTEURS. Ce sont les soldats qui abandonnent leurs drapeaux, ou qui refusent de s'y rendre quand la loi du recrutement les y appelle. Les maires sont tenus, sous leur responsabilité personnelle, de coopérer de tout leur pouvoir à assurer l'effet des mesures que prend la gendarmerie pour l'arrestation des militaires, déserteurs et prisonniers de guerre évadés. (*Arrêté du 3 fructidor an VI.*)

DIMANCHE. *Dies Domini*, jour du Seigneur. Cette journée est employée au repos de tous les fonctionnaires : beaucoup d'actes publics faits le dimanche ou le jour de Noël, de l'Ascension, de l'Assomption, de la Toussaint, seraient déclarés nuls, parce que la loi de germinal an X et l'arrêté du 29 du même mois ont assimilé ces fêtes au dimanche.

DISPUTES. Si elles prennent quelque gravité, et que la police ait lieu de craindre qu'on en vienne aux coups ou violences, elle doit interposer son autorité pour les faire cesser ; cela est d'autant plus important, que les rixes, n'ayant ordinairement lieu qu'entre des personnes ivres ou grossières, se terminent presque toujours par des excès qui troublent la tranquillité publique, et quelquefois même par des meurtres ou des assassinats.

Si l'autorité publique était méconnue, elle devrait employer la force, et si elle était outragée, elle pourrait ordonner l'arrestation des coupables.

E

ECHENILLAGE. L'échenillage des arbres est prescrit

par une loi du 16 mars 1796 et par l'article 471, n° 8, du Code pénal.

Les gardes champêtres sont tenus de surveiller l'exécution de la loi dans leurs arrondissements respectifs ; ils sont responsables des négligences qui y sont découvertes.

L'échenillage doit être fait, sous les peines portées par l'article ci-dessus du Code pénal, avant le 20 février de chaque année.

Dans le cas où quelques propriétaires ou fermiers auraient négligé de le faire pour cette époque, les maires ou adjoints le font faire à leurs frais ; l'exécutoire des dépenses qu'aura occasionnées cette opération, leur sera délivré par le juge de paix, sur les quittances des ouvriers, contre les contrevenants, et le paiement de ces frais ne les dispense pas de l'amende prononcée par le Code pénal.

Le Code pénal ne permet pas de douter que le tribunal de simple police ne soit seul compétent pour statuer sur les délits de ceux qui n'auront pas échenillé. Il résulte de la combinaison de l'article 8 de la loi avec l'article 471 du Code pénal, que, pour que la loi sur l'échenillage soit obligatoire dans une commune, il faut, ou que l'exécution en soit ordonnée par un arrêté du maire, ou que la publication en soit faite chaque année comme le veut le dernier article de la loi. Les gardes champêtres sont chargés de constater par procès-verbaux les contraventions à cet arrêté.

Il résulte aussi des articles 1 et 7, que l'échenillage est une charge de la jouissance des héritages, et que dès lors le propriétaire n'en est pas tenu, mais le fermier.

ÉCHOPES. La surveillance des échopes appartient à la police, sous le rapport de la voirie et de la sûreté publique. Un arrêté du 26 vendémiaire an XIII défend aux boulangers forains de débiter dans les marchés sans y avoir des échopes.

Le maire peut, par un arrêté de police, prescrire la démolition d'échopes construites sans son autorisation, sur une place publique ; et les tribunaux de police doivent en assurer l'exécution. (*Arrêt du* 11 *germinal an* XI.)

ÉCLAIRAGE. Toute personne qui dépose des matériaux ou décombres dans les rues, ou sur les places publiques, celles qui creusent des fondations, les entrepreneurs de pavage, les fontainiers et autres ouvriers qui embarrassent la voie publique, sont tenus de placer le soir et pour toute la nuit, une lumière près des objets déposés, ou des excavations faites, sous peine d'amende et dommages-intérêts. (C. P., art. 471 et 479, n° 4; C. Nap., art. 1382, 1383 et 1386.)

Il en est de même des voituriers ou aubergistes qui laissent pendant la nuit des voitures sur la voie publique. Ils doivent être cités, quand ils contreviennent aux réglements de police sur cette matière, et les tribunaux de police ne peuvent suspendre ni modifier ces règlements, en décidant que l'éclairage était suppléé par une lumière intérieure, ou rendu inutile par le clair de lune. (*Trois arrêts des 11 mai 1810, 17 mai 1811, 15 juin suivant.*)

ÉCLUSES. C'est un ouvrage pratiqué sur une rivière ou un canal pour retenir les eaux, et faciliter le roulage des usines ou le passage de bois ou bateaux.

Les lois et ordonnances défendent aux particuliers de faire des écluses dans les fleuves ou rivières navigables ou flottables ; les maires et les commissaires de police doivent constater les infractions avec d'autant plus de soin, que les obstacles qu'on oppose au cours de l'eau sont souvent cause d'accidents funestes.

ÉCORCE. C'est la partie qui, dans les végétaux, enveloppe les racines, le tronc ou la tige et les branches. On dit en terme forestier, les *vieilles écorces*, pour les vieux arbres. L'écorce du chêne dont on forme le tan est la plus précieuse de toutes, aussi ne la confond-on avec le bois à brûler que lorsque le commerce ne la réclame pas pour les tanneries. Lorsqu'un taillis est vendu avec la faculté d'écorcer, les ouvriers n'y mettent la cognée qu'au moment où la sève permet d'écorcer. L'écorce du taillis et des jeunes arbres est ensuite mise en bottes et livrée au commerce.

ÉCUREUIL. Petit animal quadrupède, dont la tête et le dos sont de couleur fauve roux et le ventre blanc. Il est assez familier et seulement à demi-sauvage. Il n'est ni carnassier ni nuisible ; il se nourrit de fruits, d'amandes, de noisettes, de glands. Sa jolie petite figure se pare souvent d'une belle queue qui lui sert pour ainsi dire de panache, et qu'il relève comme pour s'en faire un parasol.

ÉGLANTIER. Rosier sauvage dont on se sert pour greffer les roses des jardins. L'églantier ne peut être considéré comme bois vif, mais bien comme *mort-bois*, et les personnes qui ont le droit de prendre en forêt le bois-mort et le mort-bois, peuvent couper les églantiers, mais elles ne peuvent les arracher qu'avec la permission du propriétaire ou des agents de l'administration forestière.

ÉMEUTES. § 1er. D'après les dispositions des lois des 25 août 1790, 3 août 1791, les maires sont chargés de dissiper les émeutes populaires, et sont autorisés à requérir, au besoin, la force armée pour maintenir ou rétablir la tranquillité publique.

§ 2. L'article 6 de la loi du 27 germinal an IV enjoint à tous ceux qui se trouveront dans des rassemblements qui prendront le caractère de la sédition, de se retirer aussitôt qu'ils en auront été sommés par le maire ou le commandant de la force armée. (Voyez l'ordonnance de *la Gendarmerie*, art. 504, dans le *Manuel des Officiers Municipaux*, ou *Guide des Maires*, faisant partie de l'*Encyclopédie-Roret*.) Cette sommation n'est pas celle légale dont nous parlerons § 4. Il est bon d'en tenter l'effet avant d'arriver à cette dernière, qui ne doit être faite que dans des cas graves et avec une sorte de solennité.

§ 3. Les articles 231 et 232 de la loi du 28 germinal an VI, et l'art. 179 de l'ordonnance sur le service de la gendarmerie, du 29 octobre 1820, prescrivent des mesures pour les cas d'émeutes populaires. Ces mesures peuvent très-bien se concilier avec la loi sur les émeutes et attroupements dont on va parler, car elle ne défend pas, elle semble même indiquer que le magistrat civil ou judiciaire qui fait la sommation qu'elle prescrit, doit être accompagné de la force armée.

§ 4. Ces dispositions n'ayant pas paru suffisantes en 1831, il fut rendu une loi qui se coordonne avec les précédentes et avec le Code pénal, et dont voici les principales dispositions :

Art. 1er. Toutes personnes qui formeront des attroupements sur les places ou sur la voie publique, seront tenues de se disperser à la première sommation des préfets, sous-préfets, maires, adjoints de maires et tous magistrats et *offi-ciers civils* chargés de la police judiciaire.

D'après cette disposition, les sommations peuvent également être faites par les commissaires de police, les procureurs impériaux et leurs substituts, les juges de paix, les commissaires généraux de police, les juges d'instruction et les officiers de gendarmerie.

L'article 1er ajoute que si l'attroupement ne se disperse pas, la première sommation sera renouvelée trois fois. Chacune de ces trois sommations sera précédée d'un roulement de tambour ou d'un son de trompette; si les sommations sont inutiles, il pourra être fait emploi de la force, conformément à la loi du 3 août 1791.

Les magistrats chargés de faire la sommation devront être décorés d'une écharpe tricolore.

Les personnes qui, après une première sommation, continueront de faire partie d'un attroupement, pourront être arrêtées, et seront traduites, *sans délai*, devant les tribunaux de police, pour y être punies des peines portées contre les contraventions au chapitre 1er du livre IV du Code pénal. (Art. 2.)

Les expressions *sans délai* laissent aux magistrats une très-grande latitude; mais il serait imprudent de procéder au jugement durant l'émeute; il faut le temps de constater le fait, d'assigner les témoins. Cet article doit d'ailleurs s'interpréter par l'article 10, qui veut une justice régulière pour les cas plus graves, et qui aurait une sorte de justice exceptionnelle pour les cas punissables de peines de simple police. (*Voyez* les art. 464 et suivants du Code pénal.)

Après la seconde sommation, la peine sera de trois mois d'emprisonnement au plus; et, après la troisième, si le rassemblement ne s'est pas dissipé, la peine pourra être élevée jusqu'à un an de prison. (Art. 3.)

La peine sera celle d'un emprisonnement de trois mois à deux ans : 1° contre les chefs et les provocateurs de l'attroupement, s'il ne s'est pas entièrement dispersé après la troisième sommation ; 2° contre tous individus porteurs d'armes apparentes ou cachées, s'ils ont continué à faire partie de l'attroupement après la première sommation.

Si les individus condamnés en vertu des deux articles précédents n'ont pas leur domicile dans le lieu où l'attroupement a été formé, le jugement ou l'arrêt qui les comdamnera, pourra les obliger, à l'expiration de leur peine, à s'éloigner de ce lieu à un rayon de dix myriamètres, pendant un temps qui n'excédera pas une année, si mieux ils n'aiment retourner à leur domicile. (Art. 4.)

Toutes personnes qui auraient continué à faire partie d'un attroupement après les trois sommations, pourront, par ce seul fait, être déclarées civilement, et solidairement, responsables des condamnations pécuniaires qui seront prononcées pour réparation des dommages causés par l'attroupement. (Art. 9.)

La connaissance des délits énoncés aux articles 3 et 4 de la présente loi est attribuée aux tribunaux de police correctionnelle, excepté le cas où l'attroupement ayant un caractère politique, les prévenus devraient être, aux termes de la Charte constitutionnelle et de la loi du 8 octobre 1830, renvoyés devant la Cour d'assises. (Art. 10.)

Les peines portées par la présente loi seront prononcées sans préjudice de celles qu'auraient encourues, aux termes du Code pénal, les auteurs et les complices des crimes et délits commis par l'attroupement. Dans le cas du concours de deux peines, la plus grave seule sera appliquée. (Art. 11.) (*Voyez*, à cet égard, les articles 209 à 221 de Code pénal, qui prononcent, suivant les distinctions qui y sont établies, la prison, la réclusion, et même les travaux forcés.)

ENGINS. C'est le nom qu'on donne aux filets, nasses, guideaux et autres instruments de pêche. On l'étend aussi à certains instruments de chasse en raison de l'analogie qu'il y a entre eux. Les engins sont permis ou prohibés selon le temps, les lieux et la nature du poisson. (*Voyez* Sect. III, § 10, pages 54 et 55.)

ENGINS PROHIBÉS. D'après une ordonnance du 15 novembre 1830, les engins prohibés sous les peines portées par l'art. 28 de la loi sur la pêche fluviale, sont : 1° les filets traînants; 2° ceux dont les mailles carrées sans accrues et non tendues ni tirées en losange ont moins de 30 millimètres de chaque côté après que le filet a séjourné dans l'eau ; 3° les bircs, nasses ou autres engins dont les verges en osier seraient écartées de moins de 50 millimètres. Cette ordonnance donnant aux préfets le droit de faire des réglements locaux, les pêcheurs doivent les observer, à peine d'amende et de confiscation.

Deux arrêts de la Cour de Nancy, du 17 avril 1859, ont décidé que les filets ou engins prohibés par l'art. 25 de la loi du 15 avril 1829, sur la pêche fluviale, ne sont pas ceux-là seulement qui barrent sur toute sa largeur le lit de la rivière sur laquelle ils sont placés, et qu'on doit considérer comme appareil prohibé un filet qui, bien que disposé de manière à laisser un certain espace libre à côté de chaque rive, a cependant pour effet d'empêcher entièrement le passage du poisson, soit parce que l'espace réservé ne renferme qu'une trop faible quantité d'eau, soit parce qu'il est obstrué par des roseaux, ou par un autre objet quelconque. (*Voyez* BARRAGE.)

Aux termes de la loi du 15 avril 1829 (art. 52 et 53), tous les engins et filets devaient être marqués au moment où l'on en faisait usage. La loi de 1865 a supprimé cette obligation. (Voir cette loi, 5e partie.)

ENREGISTREMENT. § 1er. L'enregistrement est sans doute une mesure prescrite autant dans l'intérêt du fisc que dans celui des parties intéressées. Mais il faut convenir que si elle a l'inconvénient d'être coûteuse, elle a aussi de grands avantages. Le premier de tous c'est de donner une date certaine aux actes et d'ôter à tout le monde la faculté, la velléité même de les supprimer. Une fois que l'existence d'un acte est constatée par l'enregistrement, il appartient à l'autorité publique, et la loi prononce des peines sévères contre quiconque le supprimerait ou le lacérerait.

Cependant, comme les agents de l'autorité publique sont hors d'état de faire les avances des frais d'enregistrement qui s'élèvent à 2 francs par chaque acte, on opère l'enregistrement en *débet*, sauf, en cas de condamnation, à poursuivre le recouvrement des frais d'enregistrement avec les frais de timbre et autres.

§ 2. D'après l'art. 10 de la loi du 16 juin 1824, l'enregistrement des procès-verbaux des gardes champêtres et particuliers doit être effectué dans les quatre jours de leur date, à peine de 5 fr. 50 c. d'amende ; cette disposition n'implique pas la nullité, et la Cour de cassation a consacré cette doctrine par un grand nombre d'arrêts. Le délai ne court que du lendemain de la date du procès-verbal ; ainsi un procès-verbal du 10 peut être enregistré le 15 ; mais s'il était du 10 à midi, il ne pourrait pas être enregistré le 15, à quatre heures du soir.

§ 5. Une ordonnance du 22 février 1838 décide que les procès-verbaux constatant des contraventions à la police du roulage, ne sont pas astreints à la formalité de l'enregistrement, et que la loi du 22 frimaire an VII est abrogée, sous ce rapport, par le décret du 23 juin 1806.

ÉPERLAN. Ce poisson appartient au genre osmère ; il est très-commun dans la mer et dans les lacs. Au printemps, il remonte dans les rivières, mais jamais jusqu'au point où l'eau devient douce : on le trouve alors abondamment à l'embouchure de la Seine. Il se nourrit de vers ; son corps, qui a la forme d'un fuseau, répand une odeur assez forte de violette : sa tête se termine en pointe émoussée ; ses yeux sont ronds et grands ; la mâchoire inférieure dépasse de beaucoup la supérieure ; son dos est gris brun, ses écailles sont minces, argentines et peu adhérentes. Il parvient rarement à une longueur de 162 millimètres. Sa chair est d'un goût fort agréable.

ÉPERVIER. L'épervier est un filet de forme conique ou en entonnoir. Il a une embouchure fort large, dont la dimension varie en proportion de la grandeur du filet : diminuant peu à peu d'étendue, ce filet se termine en pointe, où est attachée une corde dont la longueur varie suivant les endroits où l'on se propose de pêcher. Il a de chute une longueur proportionnée à l'étendue de son embouchure. Supposant le tour de son envergure de 19 mètres 490 millimètres, sa coiffe aura 5 mètres 898 millimètres, parce qu'elle doit avoir environ le cinquième de la circonférence de l'embouchure.

ÉPIZOOTIE. On nomme ainsi les maladies contagieuses des animaux.

Un arrêté du 27 messidor an V, pris en vertu de la loi du 6 octobre 1791, trace les règles de la matière et fait revivre d'anciens réglements, des arrêts du Conseil et des arrêts du Parlement de 1745, 1746 et 1784. Les mêmes réglements sont maintenus par une ordonnance du 27 janvier 1815 et par l'article 461 du Code pénal. Ce code contient aussi des dispositions spéciales sur les maladies des animaux.

Tout détenteur ou gardien d'animaux soupçonnés d'être infectés de maladies contagieuses, qui n'aurait pas averti sur-le-champ le maire de la commune où ils se trouvent, et qui même, avant que le maire ait répondu à l'avertissement ne les aurait pas tenus renfermés, encourrait la peine d'un emprisonnement de six jours à deux mois, et d'une amende de 16 fr. à 200 fr. (C. P., art. 459.) Mais il faut se bien persuader que les devoirs des maires ne sont pas seulement de constater les infractions à la loi, leur mission est avant tout d'employer tous les moyens préventifs. Ils peuvent même, sans qu'il existe aucun fait de maladie constatée et sur de simples appréhensions qu'il leur appartient d'apprécier, prendre des arrêtés dans la vue de prévenir ces fléaux calamiteux, et les tribunaux de police doivent les faire exécuter. (*Arrêt du* 1er *février* 1822.)

Seront punis d'un emprisonnement de deux mois à six mois, et d'une amende de 200 fr, à 500 fr., ceux qui, au mépris des défenses de l'administration, auront laissé leurs animaux infectés communiquer avec d'autres. (*Ibid.*, art. 460.)

Si de la communication il est résulté une contagion pour tous les autres animaux, la contravention ci-dessus sera punie d'un emprisonnement de deux ans à cinq ans, et d'une amende de 100 fr. à 1000 fr., le tout sans préjudice de l'exécution des lois et règlements relatifs aux maladies épizootiques, et de l'application des peines y portées. (*Ibid.* art. 461.)

Si ces délits ont été commis par des gardes champêtres ou forestiers, ou par des officiers de police, à quelque titre que ce soit, la peine d'emprisonnement sera d'un mois au moins, et d'un tiers au plus en sus de la peine la plus forte qui serait appliquée à un autre, coupable du même délit. (*Ibid.*, art. 462.

Nous avons, dans notre *Répertoire Municipal*, traité à

fond la question des épizooties ; on y parle du caractère et du traitement des maladies, des moyens de les prévenir, de la désinfection des étables, écuries et de l'exécution des ordres de l'autorité, mais tout cela est hors du sujet que nous traitons aujourd'hui.

EPUISETTE. Le garde-pêche doit saisir les épuisettes ou les décrire de manière à ce que l'on puisse s'assurer de l'usage qu'on pouvait en faire.

On donne ce nom à un petit filet en forme de poche, monté sur un cerceau et auquel est attaché un long manche en bois. On le nomme aussi trouble ou troublette ; on s'en sert pour enlever le poisson dont le poids, trop considérable pour la force de la ligne, pourrait la faire casser, au moment de tirer le poisson de l'eau ; on passe la canne dans la main gauche, et de la droite, on passe l'épuisette sous le poisson. De cette manière on n'a pas à craindre qu'il parvienne à se détacher.

L'épuisette qui ne peut servir qu'à cet usage est permise, et ne peut par elle-même être considérée comme engin de pêche ; mais il est bien des fraudeurs qui tiennent à leur portée des petits filets qui, à l'aide d'appât qu'ils jettent au poisson, les mettent à même de dévaster les rivières, les viviers et les étangs ; et c'est alors que ces instruments doivent être saisis.

ÉRABLE. Il est peu d'arbres qui aient autant de variété, d'agrément et d'utilité. Il croît avec une grande vitesse et s'accommode de toutes les expositions. Les érables ont la plupart des feuilles découpées plus ou moins profondément et plus ou moins grandes. Elles sont toutes posées deux à deux sur les branches. Ils ont l'écorce unie.

L'*érable blanc*, appelé sycomore, devient en peu de temps grand et gros ; sa tête est garnie d'un feuillage épais, ample, étalé ; sa tige s'élève droite, son écorce est unie, d'un brun roussâtre ; sa feuille large, lisse, découpée en 5 parties principales, dentelée inégalement, d'un vert brun en dessus et blanchâtre en dessous. Mais il se dépouille de très-bonne heure.

L'*érable à feuilles de platane* se distingue du précédent par son écorce qui est blanchâtre sur le vieux bois, par ses boutons rougeâtres pendant l'hiver, par ses feuilles plates, minces, amplement découpées à grandes dents aiguës. Il est préférable à l'érable blanc.

ESSIEUX. Les atteintes portées aux règlements de police sur la largeur des chargements et sur la longueur des essieux, doivent être constatées par procès-verbaux des gardes champêtres et jugées par les tribunaux de simple police, et non pas par les conseils de préfecture. (*Ordonnance du 22 février* 1838.) (Voy. MOYEUX.)

ÉTABLISSEMENTS INSALUBRES. Toute manufacture, tout atelier qui répand une odeur insalubre ou même incommode, ne peut être élevé qu'avec une autorisation de l'administration. (*Décret du* 15 *décembre* 1810.)

Quels que soient les termes de l'autorisation, les établissements de toute nature sont soumis aux règlements généraux de police sur la propreté et la salubrité ; et le maire qui jugerait convenable, dans l'intérêt général, de faire un règlement particulier sur l'écoulement des eaux, sur la direction des tuyaux de cheminées, leur élévation et autres moyens d'empêcher l'infection de l'air et l'exhalaison des miasmes ou d'odeurs nuisibles, le pourrait, sans néanmoins entraver la marche de l'établissement autorisé. Ce règlement serait exécutoire, et les contraventions passibles d'amendes, sauf au propriétaire de l'établissement d'en provoquer la réformation devant l'autorité supérieure. (*Arrêts des* 20 *pluviôse an* XII, 23 *août* 1818, 26 *janvier* 1821 *et* 2 *octobre* 1824.)

ÉTALAGE. Exposition de marchandises à vendre. Les règlements généraux de police s'opposent à ce que les étalages embarrassent la voie publique. C'est à l'autorité municipale qu'il appartient de déterminer les emplacements destinés aux marchands étalagistes les jours de foires, de marchés ou de fêtes. Chaque maire peut à cet égard faire les règlements que réclament les localités et les circonstances, et les gardes champêtres comme auxiliaires de police peuvent verbaliser contre les contraventions à ces arrêtés.

Ceux qui contreviennent aux règlements publiés à cet égard, doivent être poursuivis devant le tribunal de police et condamnés à une amende qui ne peut être ni au-dessous d'un franc ni au-dessus de cinq francs, sans préjudice de peines plus fortes en cas de tapage ou de rébellion. (*Loi du 21 juillet 1791 ; art. 471 du C. P.*)

ÉTOURNEAU. Il est à peu près de la grosseur d'un merle, d'une forme plus allongée. Son bec est aplati vers son extrémité ; son envergure est d'environ 379 millimètres, son plumage brunâtre, pointillé de gris et de blanc, quelquefois de bleu, de jaune et de rouge pourpre qui change à différents aspects. La femelle a une petite maille dans le blanc de l'œil ; son bec est entièrement brun, son plumage moins tacheté et moins brillant.

La queue de l'étourneau est courte et noire ; il a les pieds d'un rouge jaune et les ongles presque noirs. Pour construire leurs nids, ils se contentent d'assembler dans un trou de muraille ou dans un arbre creux quelques feuilles sèches, des brins d'herbe et un peu de mousse. La femelle pond 5 à 6 œufs d'une couleur cendrée verdâtre.

EXHUMATIONS. Il en est de deux espèces : les unes, ordonnées par la justice lorsqu'elle recherche les traces d'un crime, sont faites avec toutes les précautions convenables pour conserver le respect dû à la cendre des morts ; les autres, faites clandestinement, soit pour se venger, soit pour se procurer des cadavres ou des effets qu'on sait être dans les bières, sont de véritables délits, passibles de trois mois à un an d'emprisonnement, et de 16 à 200 francs d'amende, aux termes de l'article 360 du Code pénal.

D'après l'arrêté du 23 prairial (art. 17), les autorités locales sont spécialement chargées de maintenir l'exécution des lois et règlements qui prohibent les exhumations non autorisées, et d'empêcher qu'il ne se commette dans les lieux de sépultures aucun désordre, ou qu'on s'y permette aucun acte contraire au respect dû à la mémoire des morts.

F

FAGOTS. La loi n'ayant pas déterminé la grosseur des fagots et punissant l'enlèvement des bois à raison de 2 fr. par fagot, il s'en suit que l'enlèvement de deux fagots doit entraîner une amende de 4 francs, quand bien même il serait prouvé que les deux fagots ensemble n'excèdent pas le volume ou le poids d'une charge d'homme. (*Arrêts de 1828, 1832 et notamment du 18 juillet 1834.*)

FAISAN. Ce bel oiseau qui orne les tables les plus recherchées, est aussi l'objet des recherches des chasseurs. Il court longtemps devant les chiens avant de prendre sa volée. Il ne doit jamais se tirer en montant, mais quand il file; les faisandeaux partent l'un après l'autre, les perdreaux en compagnie. On distingue le grand coq de bruyère de tous les autres faisans, il a la taille d'un paon, mais il est plus gros dans toutes ses parties; pour l'ordinaire il pèse de 4 kil. 895 gram. à 5 kil. 874 gram. Il a sur les yeux une plaque nue, papilleuse, d'un rouge vif, ses pieds sont garnis en devant de plumes brunes jusqu'à l'origine des doigts; son plumage est d'un fond noir, un peu cendré vers la tête et le cou; il a quelques raies plus foncées, quelques taches blanches, et, sur le cou, des nuances d'un vert bronzé. La femelle est moins grande et son plumage est varié de roux, de noir et de cendré. Le mâle a, comme le paon et le dindon, la faculté de faire la roue avec sa queue, et de redresser les plumes de sa tête en forme d'aigrette. Sa longueur totale est de 975 millimètres.

Ces oiseaux se plaisent particulièrement dans les grandes forêts de pins et de sapins, et on ne les rencontre guère, surtout en France, que dans les pays les plus montagneux, tels que l'Auvergne, le Dauphiné, les Ardennes, les Vosges lorraines et les Pyrénées.

Le PETIT TETRAS, ou petit coq de bruyère (*tetrao tetrix* de Lathan), est encore connu sous les noms vulgaires de faisan noir, coq de bouleau, faisan de montagne, coq de bruyère à queue fourchue, coq sauvage, gelinotte, etc. Plus petit que le précédent, il ne surpasse guère un faisan en grosseur. Le devant de ses pieds est garni, jusqu'à l'origine des doigts, de plumes soyeuses : la membrane rouge du dessus des yeux affecte la forme d'un croissant ; et, ce qui le distingue parfaitement du précédent, les quatre pennes extérieures de chaque côté de sa queue sont plus longues que les huit du milieu, et se contournent en dehors par le bout, ce qui rend la queue fourchue. Le fond de son plumage est noir, avec quelques reflets violets et quelques taches blanches. La femelle est plus petite, sa queue est plus courte et moins fourchue, et son plumage est roussâtre, finement rayé de noir ; elle a des taches brunes, blanches et quelques teintes grises.

FAUCON. C'est de cet oiseau que la fauconnerie tire son nom. C'est l'oiseau de proie le plus noble de son espèce. Quand il est bien dressé il poursuit le gibier et même le lièvre et les bêtes fauves. Il est gros comme une poule ; il a 487 millimètres de longueur du bout du bec à celui de la queue ou à celui des pieds. La queue seule a un peu plus de 155 millimètres, son envergure est de 1 mètre 157 millimètres ; ses ailes étant pliées s'étendent jusqu'au bout de la queue. La base du bec en-dessus est entourée de petites plumes blanchâtres, inclinées en arrière ; le plumage est d'un brun noirâtre, les couvertures des ailes et les plumes scapulaires sont d'un gris brun ; une raie brune descend de chaque côté de la gorge et présente la forme d'une moustache. Les faucons bec-jaune sont peu propres à la chasse.

FEU. Les gardes champêtres et autres doivent, aux termes de l'article 458 du Code pénal, veiller à ce qu'il ne soit pas allumé de feu dans les champs plus près que cent mètres des maisons, bois, bruyères, vergers, haies, meules de grains, de paille ou de foin. Toute contravention à cet égard est punie des peines de police. (Voyez les articles 471, n°s 1, 2 ; 475, n° 12 ; 95 et 434 du *Code pénal*.)

FEUILLES. Elles sont divisées en *simples*, en *composées* et en *indéterminées*.

Les simples sont celles dont le pédicule n'en porte qu'une.

Les composées se forment de plusieurs sur un pédicule commun ou une même queue.

Les feuilles indéterminées sont celles qui n'ont aucun des caractères ci-dessus et qui se distinguent sans avoir égard à leur structure ni à leurs formes, mais à la direction, au lieu et à l'insertion. Les botanistes et les naturalistes entrent à cet égard dans une multitude de distinctions qui nous sont inutiles ; ils ont des feuilles *pavoisées*, *ombiliquées*, *perforées*, *palmées*, *digitées*, *caulinaires*, etc., etc.

FILETS. Les filets pour la chasse ne peuvent être employés sans le consentement du propriétaire des bois, terres, prés où on prétend en faire usage. S'ils sont employés en temps prohibé, l'usage constitue un délit qui peut être poursuivi d'office sans qu'il y ait plainte du propriétaire. (*Arrêt de Cassation du 3 novembre 1831, et circulaire administrative du 31 juillet 1832. Voyez Carrelets, Engins prohibés, Epervier, Guideau, Troubles, Verveux.*)

FLAGRANT DÉLIT. Cette expression s'applique à toute action criminelle ou correctionnelle, à toute contravention qui se commet ou qui vient de se commettre. Il existe non-seulement lorsqu'on saisit le coupable au moment de la perpétration du fait, mais encore lorsque le prévenu est poursuivi par la clameur publique, ou qu'il est saisi porteur d'effets, d'armes ou instruments faisant soupçonner qu'il est auteur ou complice; mais il faut que ce soit dans un temps voisin du crime ou du délit. Tout acte d'un maire, d'un garde champêtre ou forestier, ou d'un commissaire de police, qui aurait pour objet l'arrestation d'un citoyen sous prétexte de flagrant délit, serait un acte arbitraire s'il s'était écoulé un temps suffisant pour qu'il eut été possible d'avertir le procureur impérial, et d'obtenir un mandat de justice.

D'un autre côté, la loi n'ayant pas dit ce qu'elle entend par un *temps voisin du délit*, il ne faut pas conclure de cette expression qu'il n'y ait lieu à flagrant délit que dans l'heure ou les deux heures qui suivent l'action. Cela dépend des circonstances, de l'importance du fait, du plus ou du moins de facilité d'opérer l'arrestation, et du plus ou du moins de garantie que présente le prévenu ou celui qu'on désigne comme tel. Les maires et officiers de police mettront, dans tous les cas, leur responsabilité à couvert en faisant conduire sur-le-champ devant le procureur impérial, l'homme accusé et les preuves qu'on aura pu saisir sur lui.

Les gardes champêtres et autres gardes ne doivent jamais arrêter les personnes connues qui commettent de simples contraventions, il suffit, même en cas de flagrant délit, de leur déclarer procès-verbal.

FORÇATS LIBÉRÉS. Ce sont des individus qui, ayant été condamnés pour crimes aux travaux forcés à temps, rentrent dans la société à l'expiration de leur peine; ou ceux qui, condamnés aux travaux forcés perpétuels, ont obtenu des lettres de grâce ou de commutation. Les gardes champêtres doivent les surveiller constamment.

FORÊTS. Le soin de veiller à la conservation des forêts

impériales est confié à une administration particulière ; cependant quand les maires ont connaissance d'abus et de dilapidations, ou même de négligence de la part des préposés, ils doivent en rendre compte au sous-préfet.

Ce devoir est d'autant plus important que les forêts prennent chaque jour plus de valeur, et que leur conservation intéresse autant les particuliers que le gouvernement lui-même. Si, comme il y a lieu de le croire, la population va toujours en augmentant, et si l'on ne s'occupe pas de replanter les parties de terrain qui ont été défrichées sur les hauteurs, le bois ne tardera pas à devenir plus rare encore qu'il ne l'est à présent. L'administration municipale et départementale ne saurait donc porter ses regards sur un objet qui méritât mieux de fixer son attention.

Les communes propriétaires de bois doivent aussi les faire garder avec soin, et planter toutes les portions qui se dégarnissent : elles y ont au moins autant d'intérêt que les grands propriétaires.

Lorsqu'un maire est requis d'accompagner les gardes forestiers et autres préposés dans les perquisitions, il ne peut s'y refuser ; il doit, au contraire, les assister, leur faire prêter main-forte, mais avoir soin de se conformer aux dispositions du décret du 4 août 1806, d'après lesquelles ces perquisitions ne peuvent avoir lieu avant six heures du matin, ni après six heures du soir, depuis le 1er octobre jusqu'au 31 mars ; et avant quatre heures du matin, ni après six heures du soir, depuis le 1er avril jusqu'au 30 septembre. (*Voyez* PERQUISITION.)

Voir la section des gardes forestiers pour tout ce qui est relatif aux poursuites et aux peines en matière de délits forestiers.

FOSSÉ. On appelle ainsi la tranchée faite sur le bord d'un héritage rural ou d'une forêt pour les séparer des chemins ou des propriétés voisines, et pour en défendre l'entrée aux hommes, aux voitures et aux animaux.

L'article 456 du Code pénal prononce, contre ceux qui ont comblé des fossés en totalité, ou seulement en partie, un emprisonnement d'un mois à une année, et une amende égale aux restitutions et aux dommages-intérêts, lesquels ne peuvent dans aucun cas être au-dessous de 50 francs.

Depuis le 1ᵉʳ janvier 1827, le curage et l'entretien des fossés qui font partie de la propriété des routes impériales et départementales, sont opérés par les soins de l'administration publique et sur les fonds affectés au maintien de la viabilité desdites routes. (*Article 2 de la loi du 12 mai 1825.*) Mais cela n'affranchit pas les maires de la surveillance qui leur est recommandée par les art. 58 et 59 du décret du 16 décembre 1811. Les gardes champêtres ne doivent pas moins surveiller ceux qui combleraient ces fossés sous un prétexte quelconque.

Les gardes forestiers sont également chargés de veiller à la conservation des fossés et des chaussées destinés à la garde et à l'exploitation des bois. Ils doivent même, lorsque les adjudicataires font pratiquer les fossés qui séparent les ventes, veiller à ce que les ouvriers leur donnent l'ouverture et la profondeur indiquées au cahier des charges.

FOUINE. La fouine est de la grandeur du chat, elle a la tête petite, le corps allongé, les jambes très-courtes, une queue presque de la longueur de son corps, bien touffue, et dont le poil a 54 millimètres de longueur ; elle est d'un blanc brun, et sa gorge est blanche. Elle grimpe aisément le long des murailles, se glisse dans les poulaillers et dévore les œufs, les pigeons, les poulets ; elle prend aussi les souris, les rats, et les oiseaux dans leurs nids.

FOURRIÈRE. On met en fourrière quand on séquestre des bestiaux pris en délit. Ils sont nourris aux dépens de leur maître, et gardés, afin d'obliger le propriétaire à payer le dommage qu'ils ont causé.

Il doit être satisfait aux réclamations par la vente des bestiaux, si le dommage n'a point été payé dans la huitaine du jour du délit.

Si ce sont des volailles qui causent le dommage, celui qui l'éprouvera pourra les tuer sur le lieu au moment du dégât.

Les séquestres et gardiens des animaux en fourrière en sont responsables par corps, conformément à l'article 3 de la loi du 15 germinal an VI.

FRÊNE. Grand arbre de futaie, son tronc forme une tige droite couverte d'une écorce unie et cendrée. Le bois en est blanc ; ses branches sont opposées. Ses folioles , au nombre de 11 ou 13, sont oblongues, rangées par paires le long d'une côte qui est terminée par une seule feuille plus grande et dentelée.

FURET. Naturellement ennemi mortel du lapin, il l'attaque avec fureur aussitôt qu'il le voit, le prend par le cou, par le nez, et lui suce le sang ; il a les mouvements très-souples, et il est en même temps si vigoureux, qu'il vient aisément à bout d'un lapin, qui est au moins quatre fois plus gros que lui.

La couleur ordinaire des furets est le jaune de buis, avec des teintes de blanc ; cependant, on en trouve beaucoup qui ont du blanc, du noir et du fauve plus ou moins foncé : on les nomme *furets-putois*. La femelle est sensiblement plus petite que le mâle. On les élève dans des tonneaux ou dans des caisses, où on leur fait un lit d'étoupes. Ils dorment presque continuellement, ce qui ne les empêche pas de chercher à manger dès qu'ils s'éveillent. On les nourrit de son, de pain, de lait, et ils produisent deux fois par an ; les femelles portent six semaines, et produisent cinq ou six, quelquefois sept, huit et même neuf petits. Il leur arrive quelquefois de dévorer leur progéniture au moment du part ; mais, dans ce cas, elles entrent de suite en chaleur, et alors elles font trois portées dans l'année.

Pour chasser sûrement au furet, il faut commencer par lâcher quelques bassets dans la garenne, pour obliger les lapins à se terrer. On garnit alors toutes les issues du terrier avec des poches. On sort le furet du sac garni d'étoupes dans lequel on l'a apporté ; on lui met le grelot, et après lui avoir donné à manger ou l'avoir garni d'une muselière, ce qui vaut mieux quand il y est habitué, pour qu'il ne s'acharne pas trop sur le premier lapin qu'il rencontrera , on le fait entrer dans un terrier, et on garde le silence. Dès que le lapin est dans la poche on l'en retire avant que le furet n'arrive ; car alors il retourne plus volontiers pour faire sortir les autres.

Souvent on se sert du furet sans placer de poche à l'entrée du trou, mais seulement pour se donner le plaisir de tirer le lapin au déboulé.

Si, malgré son grelot, le furet s'endort après avoir sucé le sang d'un lapin, on tire quelques coups de fusil pour le réveiller, ou on le fume dans le terrier pour le forcer à en sortir. Si l'on ne peut parvenir à le reprendre de suite, il faut laisser les poches à toutes les issues jusqu'au lendemain.

On croit généralement que le furet perdu meurt de faim ou devient la proie d'autres animaux ; mais j'inclinerais plutôt à penser qu'il redevient promptement sauvage et sait pourvoir à sa subsistance. Voici un fait que je puis attester : après avoir pris 12 à 15 lapins au printemps de 1833, le furet s'endormit ; je l'attendis longtemps et finis par l'abandonner ; il fut perdu : on me le rapporta trois mois plus tard, on n'avait pu le prendre dans une meule de foin où il s'était caché qu'en lui donnant un coup de râteau : il avait fort bien vécu pendant sa liberté.

FUTAIE. C'est le nom qu'on donne à un bois qu'on a laissé croître au-delà de 40 ans. Un bois de 40 à 60 ans se nomme futaie sans taillis. Entre 60 et 120 ans, c'est une haute futaie ; au-dessus, c'est une vieille futaie.

Bien des *boitiers* ou maraudeurs des bois s'imaginent qu'en coupant un ou deux brins d'un taillis, ils ne font aucun tort à la future futaie, parce que, disent-ils, la sève de celui qu'ils enlèvent se porte sur les autres ; c'est une mauvaise excuse, car on ne peut pas prévoir dans l'état du taillis, ce que pourra devenir telle ou telle partie de la souche. Les gardes doivent donc poursuivre avec vigueur ces délinquants, quelle que soit la grosseur du bois coupé.

G

GARDES DES BOIS COMMUNAUX. Ils sont aux frais des communes ; c'est de leur fidélité, de leur intelligence que dépend souvent la conservation des forêts communales, d'autant plus exposées que chacun s'imagine avoir le droit d'y prendre. Voir la section II, première partie, des GARDES FORESTIERS.

GARDON. Le gardon est remarquable par ses nageoires rouges, ce qui lui a valu le nom de cyprin rose, gardon rose. Il a douze rayons à la nageoire anale et treize à la dorsale, celle de la queue est fourchue. Sa plus grande longueur est ordinairement de 271 millimètres ; son poids, de 489 à 735 grammes ; son dos est rond et d'un brun verdâtre, son ventre est blanc argenté, ses écailles sont larges ; il aime les eaux limpides et frais à la mi-mai; il multiplie considérablement ; sa chair est de bon goût, mais traversée par des arêtes nombreuses.

GEAI. Cet oiseau, incommode à raison de son cri et de son caquetage insipide, a le derrière de la tête composé de roux, le dos plus pâle tirant sur le cendré, les plumes voisines du croupion sont blanchâtres, sa queue tiquetée de blanc est beaucoup plus courte que celle de la pie ; il a la poitrine et le ventre d'un cendré pâle ainsi que les pieds et les doigts. Sur l'aile se voient des taches bleu clair et bleu foncé. Les ongles sont noirs et peu crochus, le bec de même couleur est fort et robuste. Le mâle est un peu plus gros que la femelle : les plumes de sa tête sont plus noirâtres et forment une espèce de huppe ; celles de ses ailes sont d'un plus beau bleu.

GELINOTTE. Elle a les jambes garnies de plumes effilées et grisâtres, et les pieds faits comme ceux de la perdrix grise ; les plumes du dos sont comme celles de la bécasse (*voyez* ce mot) ; celles du ventre et de l'estomac sont noires tiquetées de blanc ; c'est en un mot une espèce de métis entre la perdrix rouge et la perdrix grise. La gorge du mâle est noire, celle de la femelle est grisâtre ; le bec est noir.

GLABRE. Se dit d'un feuille lisse et sans poil.

GLANAGE. Le glanage est une servitude sur la propriété ouverte, en faveur de l'indigence. Il ne peut avoir lieu dans les enclos. C'est un droit qui s'exerce d'une manière souvent abusive. Aussi dans les communes bien administrées, ce droit est-il réglementé, et les gardes champêtres doivent veiller scrupuleusement à ce que les réglements soient bien exécutés.

GLANDÉE. V. Panage.

GLUAUX. Petits rameaux de bouleau, ou, à leur défaut, d'osiers bien unis, minces, droits et de la longueur d'environ 486 ou 487 millimètres ; on les enduit de *glu,* excepté par le gros bout, pour y faire prendre les oiseaux à la pipée. Les meilleurs sont ceux que l'on cueille au mois de septembre, et lorsque les pointes ne se cassent point. Dèsqu'on les a cueillis, on doit les laisser au soleil quelques heures, puis ôter les feuilles, en commençant par la cime, leur laisser le gros bout en forme de coin pour qu'ils entrent dans les entailles faites aux branches de l'arbre, et qu'ils y tiennent par le haut; puis on prend de la *glu* avec la cime du *gluau*, et ou les frotte les uns contre les autres pour les *engluer*. Il est bon pour procéder à cette opération, de s'humecter les doigts avec un peu d'huile qui empêche la glu de s'y attacher.

GOUJON. Il passe l'hiver dans les lacs et au printemps il remonte dans les rivières, où il dépose sur les pierres sa laite et ses œufs, dont la couleur est bleuâtre et le volume très-petit. Il ne se débarrasse de ce poids incommode que peu à peu, et en employant souvent près d'un mois à cette opération laborieuse. Vers l'automne les goujons regagnent les lacs. Ils vivent de plantes, de petits œufs, de vers, de débris de corps organisés. Leur longueur ordinaire est de 54 à 108 millimètres; ils sont vivaces, et quoiqu'ils aient beaucoup d'ennemis, ils multiplient prodigieusement. Leur caractère distinctif est d'avoir la mâchoire supérieure plus avancée que celle de dessous, et les écailles grandes à proportion de leur dimension. Leur principale couleur varie avec leur âge, leur nourriture et la nature de l'eau qu'ils habitent; mais le plus souvent un bleu noirâtre règne sur leur dos.

GRAPILLAGE. C'est pour les vignes ce que le *glanage* est pour les champs. (*Voyez* ce mot.)

GRATIFICATION. Les lois fiscales en accordent quelquefois aux gardes champêtres et forestiers, notamment pour la saisie des tabacs vendus en fraude et pour la constatation de délit de chasse; mais tout don, ou promesse d'argent ou d'effets, denrées, faits par des particuliers, sont interdits; et lorsqu'ils ont pour objet de porter ces agents à ne pas remplir leurs devoirs, ils constituent le crime de corruption ou de concussion. Il y a lieu à poursuivre, lors même que le maire aurait autorisé l'acceptation du don. (*Arrêt de la Cour d'Orléans, du 5 mai 1840. Voyez 3° partie, loi sur la chasse.*)

GRIVE. La grive commune a 217 millimètres de longueur, elle a le dessus de la tête et du corps, les plumes scapulaires, les couvertures supérieures, les pennes des ailes et de la queue, d'un gris brun; quelques taches roussâtres à l'extrémité des moyennes couvertures, celles du dessous des ailes de la dernière teinte, la queue d'un gris roux en dessous ; les joues, la gorge, le devant du cou et la poitrine sont d'un blanc roussâtre, avec des taches noirâtres plus petites et moins nombreuses sur le fond blanc du ventre ; les jambes d'un gris tirant sur le roux, les couvertures inférieures de la queue d'un blanc sale, varié de gris et de roux ; le bec et les pieds conformés comme les merles, auxquels la grive ressemble beaucoup sous le rapport des habitudes et des aliments.

Le plus ordinairement elle arrive en assez grande quantité dans les pays vignobles, dès que le raisin commence à mûrir ; elle part après les vendanges. Au printemps, on la trouve dans les bois, où elle niche, soit dans un buisson, soit sur une grosse branche d'arbre. Elle pond de quatre à six œufs, d'un bleu pâle glacé de vert, avec quelques taches rougeâtres et noires.

La grive de gui est la plus grande de toutes les espèces d'Europe ; car sa longueur est de 298 millimètres. Elle a le dessus de la tête, du cou et de tout le corps d'un gris brun, tirant un peu sur le jaunâtre, et semé de quelques petites taches brunes et longitudinales ; les côtés de la tête, le devant du cou et tout le dessous du corps d'un blanc jaunâtre moucheté de noir ; les pennes des ailes et de la queue d'un brun qui s'éclaircit sur leur bord extérieur ; les trois premières pennes de la queue, blanches à leur extrémité ; le bec jaune à sa base et à ses angles, brun dans le reste ; les pieds jaunâtres et les ongles noirs.

Elle est en partie voyageuse et en partie sédentaire ; son caractère est plus farouche et plus rusé que celui de la grive commune.

GRUE. La grue est un des plus gros oiseaux aquatiques de l'Europe, parmi ceux dont les doigts ne sont pas réunis par une membrane. Sa hauteur, quand elle lève la tête, est de près de 1 mètre 299 milli. à 1 mètre 624 mill. ; son bec droit, pointu, d'un noir verdâtre, est long de près de 108 millimètres. Elle a le cou long et les jambes hautes ; son plumage est d'un beau cendré clair, ondé, qui devient plus foncé quand l'oiseau vieillit ; les grandes pennes de l'aile sont noires. La femelle se distingue du mâle en ce qu'elle n'a pas la tête rouge comme lui ; elle ne pond que deux œufs, et ses petits sont à peine élevés qu'arrive le temps du départ, et qu'ils suivent leurs parents dans leur voyage.

Les grues passent en France en automne, et y repassent au printemps : granivores, et se nourrissant néanmoins de vers, de petits reptiles et d'insectes, elles fréquentent les plaines marécageuses et les terres ensemencées, où elles font un grand dégât lorsqu'elles s'y abattent en grandes troupes.

Cet oiseau est quelquefois rangé parmi les cigognes, mais d'autres auteurs le placent entre les hérons et les outardes.

GUI. Plante parasite, vivace et ligneuse, qui ne végète pas en terre, mais seulement dans l'écorce des branches d'une quantité d'arbres où ses racines sont implantées. Il forme une espèce d'arbrisseau sphérique, dont les tiges sont grosses comme le petit doigt ; d'un vert brun en dehors et d'un blanc jaunâtre en dedans. Ses feuilles très-épaisses, opposées deux à deux, sont oblongues, obtuses, dures et charnues sans être succulentes. Elle demeure toujours verte et ses feuilles ne tombent jamais.

GUIDEAU. Ce petit filet a la forme d'une chausse plus ou moins longue. Il est large à son embouchure, et va toujours en diminuant jusqu'à son extrémité, qui est fermée de différentes façons.

GUIGNARD. Cet oiseau a 251 millimètres de longeur totale. On le trouve abondamment dans l'Orléanais, dans la Beauce, et sur les bords de la Saône et du Rhône, où il passe deux fois par an, en avril et en août. C'est à cette dernière époque qu'il est le plus recherché pour la qualité de sa chair, qui est délicate et beaucoup plus estimée que celle du pluvier doré. Il habite particulièrement les lieux écartés et marécageux, où sa stupidité le fait aisément donner dans tous les pièges qu'on lui tend. Souvent on le trouve avec les vanneaux et on le chasse de la même manière en août et en septembre. On a remarqué qu'il est plus facile à approcher à la portée du fusil lorsque le temps est lourd et très-chaud.

H

HAIE. Clôture de biens ruraux ou de jardins, faite soit en épine, charmille, ormeau, etc., ce qu'on appelle haie vive ;

soit en échalas, fagots, bourrées, et alors elles sont appelées haies sèches. Qu'elles soient vives ou sèches, c'est une clôture qu'on ne peut violer impunément, et un vol commis par-dessus une haie est considéré comme un vol à l'aide d'escalade.

Les haies doivent être échenillées tous les ans au mois de février, et les gardes doivent verbaliser contre ceux qui sur ce point ne se conforment pas aux arrêtés de l'autorité municipale.

Les maires doivent, d'un autre côté, enjoindre aux propriétaires de boucher les trous, d'élaguer et d'écheniller les haies ou les tocs ou têtards qui s'y trouvent; ils doivent aussi veiller à ce que les propriétaires voisins de chemins vicinaux ou de rues dans les villages, laissent entre les haies la distance voulue par les réglements.

L'article 456 du Code pénal punit la dégradation ou l'enlèvement des haies, d'amende et de prison; ainsi, c'est un délit qui doit être constaté par des procès-verbaux comme tous les autres délits.

Les haies établies en faveur de la propriété sont souvent un obstacle à la fréquentation des chemins qui en sont bordés. Les maires doivent, tous les ans, les faire élaguer, et les gardes champêtres doivent verbaliser contre ceux qui ne se conforment pas aux règlements à cet égard.

HALAGE. Les chemins de halage ne sont pas moins nécessaires que les routes et les chemins vicinaux; ils réclament la même protection, la même surveillance. Tous les propriétaires d'héritages aboutissant aux rivières navigables, doivent laisser le long des bords 7 mètres 796 millimètres pour le trait des chevaux, et ceux aboutissant sur les rivières flottables 1 mètre 299 millimètres pour le passage des flotteurs. En cas de contravention, les arbres doivent être arrachés, les fossés comblés, les ouvrages détruits, et les localités réparées aux frais des contrevenants, sans préjudice des dommages-intérêts qui peuvent être demandés devant les tribunaux, s'il en est résulté des pertes ou accidents pour les mariniers ou flotteurs, ou pour les propriétaires des flottes ou bateaux. (*Art.* 7 *du titre* XXVIII *de l'ordonnance de* 1669, *et décret du* 22 *janvier* 1808.)

Les chemins de halage sont les servitudes établies pour l'utilité publique ou communale, aux termes de l'art. 650 du Code civil ; et tout ce qui concerne cette espèce de servitude est déterminé par des lois ou des règlements particuliers.

HALLIER (FILET.) On appelle ainsi de longs filets composés de trois rets posés les uns devant les autres. Le rets placé au milieu se nomme *toile*, *nappe* ou *flue*, les deux extérieurs, qui sont à grandes mailles, se nomment *aumées*. Les halliers servent à prendre un grand nombre d'oiseaux marcheurs, mais ils ne diffèrent néanmoins les uns des autres que dans les dimensions. Dans tous, les *aumées* sont à mailles carrées, et la *toile* à mailles en losange : cette dernière doit également avoir dans tous, deux fois et demie la longueur des aumées, et trois fois leur hauteur, afin de former parfaitement la bourse qui retient les oiseaux qui s'y sont engagés.

HÉRON. Le héron a 1 mètre 29 millim. de longueur du bout du bec à celui de la queue ; son cou, ses jambes et son bec sont très-longs ; son plumage est d'un cendré bleuâtre ; il a une huppe noire à l'occiput ; le devant de son cou est blanc, parsemé de larmes noires.

Cet oiseau se nourrit de poissons, de reptiles, de coquillages, de vers ; il ne quitte jamais le bord des eaux, où on le voit rester des heures entières, des journées même, sans changer de place et dans une immobilité parfaite. Quelquefois il se perche sur un arbre des environs. Il est très-craintif ; sa vue est perçante et son oreille très-fine, ce qui le rend très-difficile à approcher à la portée du fusil.

Les traits particuliers de la famille du héron, dit Buffon, sont le cou excessivement long, très-grêle et garni au bas de plumes pendantes et effilées ; le corps étroit, efflanqué, et dans la plupart des espèces, élevé sur de hautes échasses.

HÊTRE. C'est un des plus grands et des plus beaux arbres de nos forêts. Il porte deux sortes de fleurs, puis un fruit épineux, dur, dans l'intérieur duquel sont quatre semences triangulaires appelées *faines*. Les feuilles du hêtre sont pétiolées et ovales, d'un beau vert très-luisant, minces, douces au toucher, légèrement ondées sur les bords et rangées alternativement sur les branches. L'arbre en général a une très-belle forme, une tige droite, l'écorce unie, cendrée, blanchâtre. Les feuilles prennent en automne, avant de tomber, une couleur rouge pittoresque.

HIBOU. Oiseau nocturne nommé chat-huant, parce qu'il se nourrit de souris comme les chats.

HOUX. Arbrisseau toujours vert qui croît naturellement aux lieux incultes. Le tronc et les branches sont couverts de deux écorces ; celle intérieure des branches est verte ; celle du tronc est pâle et à l'extérieur cendrée ; l'un et l'autre répandent une odeur désagréable lorsqu'on les enlève. Le bois est dur, solide, blanchâtre et pesant. Ses feuilles sont ovales, très-lisses, d'un beau vert, et hérissées de pointes. Le houx produit de petits fruits rouges qui restent aux branches presque tout l'hiver.

HUMUS. Couche de terre végétale qui couvre les champs et les forêts. C'est elle qui produit les fruits de toute nature. Les gardes doivent veiller à ce qu'on ne l'enlève pas pour la transporter dans d'autres propriétés qu'on veut fertiliser. Les gardes forestiers, surtout, doivent s'y opposer parce que l'enlèvement de cette terre entraîne celui des plants et des graines destinés à la reproduction des arbres.

I

INCENDIE. § 1er. Les gardes champêtres doivent signaler tout ce qui peut faire redouter l'incendie. S'il éclate, ils doivent courir pour préserver les objets sauvés, arrêter les voleurs, qui ne manquent pas d'accourir et de profiter de la circonstance : les maires peuvent prendre des arrêtés pour défendre de reconstruire ou réparer les toits des maisons situées dans les bourgs ou villages avec de la paille ou des roseaux et autres matières combustibles, et les tribunaux de police condamner les contrevenants, et même ordonner la démolition des ouvrages faits en contravention. (*Arrêts des 23 avril 1819 et 29 décembre 1820.*)

Les maires ont le droit de faire faire des rondes de nuit par les citoyens imposés, ou par la garde nationale dans les communes où elle est organisée, afin de prévenir les tentatives des incendiaires ; et les tribunaux de police doivent punir les contrevenants, même lorsqu'ils prétendraient être dans des cas d'exception, l'autorité administrative étant seule compétente pour apprécier leurs excuses. (*Arrêt du 22 juillet* 1819.)

Si, malgré toutes les précautions, un incendie éclate, ils peuvent même violer le droit de propriété en faisant abattre des maisons ou parties de maisons, des bois, des champs de blé, pour empêcher le feu de s'étendre.

C'est donc pour un maire ou un adjoint un devoir impérieux de sa charge de prendre toutes les précautions qui peuvent garantir sa commune des incendies, qui sont souvent le résultat de la négligence ; ils doivent surveiller les pompes, réservoirs, les seaux à incendies et les machines destinées à arrêter l'action du feu. Ils doivent surtout veiller à ce que ceux des habitants qui, par état, sont obligés de serrer chez eux des matières combustibles, tiennent ces marchandises en des lieux écartés des cheminées, fours, fourneaux.

Défendre d'entrer dans les écuries, bergeries, granges, greniers à fourrages, bûchers et autres bâtiments où se trouvent des pailles et du bois, avec des lumières qui ne seraient pas dans des lanternes bien closes.

Ils doivent défendre aussi aux fermiers, aubergistes, d'avoir dans leurs écuries, remises et autres bâtiments où sont des fourrages, des lanternes à claire-voie, des lampes ou chandelles, de quelque manière qu'elles soient placées.

§ 2. Le maire fait, tous les ans, la visite des fours et cheminées de toutes les maisons et bâtiments éloignés de moins de 195 mètres des autres habitations ; il empêche qu'il soit allumé du feu dans les champs, à moins de 100 mètres des bois, bruyères, haies, *meules de grains, de paille ou de foin.*

Il ordonne aux maçons, couvreurs, charpentiers, plombiers et autres ouvriers, de se transporter, sur la réquisition des officiers de police, aux lieux où il y aurait incendie, sous peine d'amende.

Si l'incendie des propriétés mobilières ou immobilières d'autrui a eu pour cause la vétusté ou le défaut de réparation et de nettoyage des fours, cheminées, forges, maisons, ou usines prochaines, ou des feux allumés dans les champs, à moins de 100 mètres des maisons, édifices, forêts, bruyères, bois, haies, meules, etc., ou des feux et lumières portés ou laissés sans précaution suffisante, ou des pièces d'artifice allumées et tirées par imprudence, la peine est d'une amende de 50 francs au moins et 500 francs au plus. (*Code pénal, art.* 458.)

L'art. 475, n° 12 du même Code, porte que ceux qui, le pouvant, auront refusé ou négligé de faire les travaux, de servir ou de prêter le secours dont ils auront été requis en cas d'incendie, seront punis d'une amende de 6 fr. à 10 fr.; et l'art. 478 prononce, en cas de récidive, une peine de cinq jours d'emprisonnement.

L'arrêté d'un préfet, qui, pour prévenir les incendies, défend de placer des meules de grains et de fourrages à moins de 100 mètres des bâtiments d'habitation et d'exploitation, est obligatoire pour les tribunaux de police, qui ne peuvent en suspendre l'exécution, et qui doivent condamner les contrevenants. (*Arrêt du* 20 *septembre* 1822.)

INDEMNITÉ. § 1er. La nécessité de stimuler le zèle des gardes champêtres, et celle de reconnaître les services qu'ils peuvent rendre à l'autorité publique, ont porté le gouvernement à allouer des gratifications pour services extraordinaires. Ainsi, tout garde champêtre, qui arrête un réfractaire, un déserteur, des repris de justice évadés, ou constate un délit de chasse, obtient la même gratification que la gendarmerie, laquelle s'élève à 5, 25, 50, 100 fr., selon les circonstances. Il en est de même pour celui qui constate les contraventions sur les grandes routes, soit relativement aux arbres, aux fossés, soit relativement à la largeur des jantes ; il a, aux termes des instructions et décrets du 16 décembre 1811 et 10 mai 1812, un tiers de l'amende prononcée par le conseil de préfecture. (*Voyez* 5e *partie,* Chasse.)

§ 2. Il est cependant des choses qui doivent frapper les regards des gardes champêtres, et relativement auxquelles ils ne doivent éprouver aucun embarras. L'article 23 du décret du 23 juin 1806 les charge de constater les contraventions sur la longueur des essieux, sur l'emploi des clous à tête de diamant pour le ferrement des roues, et sur les plaques dont les voitures doivent être pourvues. Leurs procès-verbaux doivent être remis au maire, et s'il y a condamnation, le garde champêtre a droit au quart des amendes prononcées, (*Art. 52 du même décret.*)

§ 3. Le décret de 1806, en ce qui concerne la longueur des essieux, est abrogé par l'ordonnance du 29 octobre 1828, qui l'est elle-même par la loi sur le roulage. (V. Rou-LAGE.)

INONDATION. Elle est, comme l'incendie, un cas de force majeure qui autorise les maires, adjoints et la force publique à entrer dans les maisons qui se trouvent submergées ou sur le point de l'être, sans réquisition de l'intérieur, et même pendant la nuit.

Toute personne qui refuse de donner du secours en cas d'inondation, doit être poursuivie en vertu de l'art. 475, n° 12, du Code pénal. Ce refus doit être constaté par un procès-verbal.

§ 1. Si une inondation est le résultat d'une manœuvre frauduleuse, ou de quelque imprudence de la part d'un propriétaire voisin, ce n'est point à l'administration qu'il appartient de statuer sur les dommages-intérêts qui peuvent être dus. Le tribunal de police ne serait compétent qu'autant que le mal serait arrivé par désobéissance aux règlements ; dans tout autre cas, la réparation devrait être suivie devant les tribunaux civils, correctionnels ou criminels, suivant les conséquences qu'aurait eues l'inondation. (*Arrêt du 18 juillet* 1806.)

L'art. 457 du Code pénal ne s'applique qu'aux propriétaires ou fermiers d'usines ou moulins qui, par l'élévation du déversoir de leurs eaux, ont inondé les chemins ou les propriétés d'autrui ; il prononce une amende de 50 francs au moins, et, en cas de dégradation, un emprisonnement de six jours à un mois outre cette amende ; mais s'il s'agissait d'individus qui auraient méchamment percé des digues, levé des vannes ou causé des inondations de toute autre manière, ils se trouveraient passibles des peines portées en l'article 437, qui prononce la réclusion, les travaux forcés et même la peine de mort selon la gravité du cas. (*Voyez* cet article et deux arrêts des 2 février 1816 et 23 janvier 1819.)

Les gardes champêtres doivent prévenir l'autorité locale de tout ce qu'ils découvrent près des moulins, des étangs, des usines qui pourrait faire redouter une inondation ; ils doivent aussi avertir les personnes suspectes d'entreprises telles qu'il peut en résulter des accidents, et rédiger des procès-verbaux si elles résistent aux avis donnés ou aux arrêtés de l'administration.

Les rédacteurs du Code civil ont senti qu'il était très-difficile de donner des règles générales sur les irrigations ; c'est pour cela que, par l'art. 645, ils ont prescrit l'observation des règlements particuliers, et que, du reste, ils s'en sont rapportés à l'équité du juge pour concilier les intérêts de l'agriculture avec le droit de propriété. Dans tous les cas, dit cet article, *les réglements locaux doivent être observés.*

Or, ces règlements locaux ne peuvent être faits que d'un commun accord, entre tous les intéressés, ou par l'autorité locale, sauf le droit qu'aurait tout propriétaire de les contester, et même d'y résister, s'ils étaient contraires à des droits acquis par titres ou par prescription, et s'ils n'étaient pas fondés sur une loi.

§ 2. La ligne de démarcation entre ce qui est du ressort des tribunaux et ce qui dépend du pouvoir administratif est assez difficile à saisir ; grand nombre d'arrêts le prouvent. Mais si les plaideurs ont de la peine à s'entendre à cet égard, les administrateurs impassibles peuvent, avec un peu d'attention, reconnaître les limites de leurs attributions. Ils peuvent consulter l'arrêté du 9 ventôse an VI, et notamment la loi du 9 floréal an X, qui porte :

Art. 1er Que les contraventions relatives aux canaux, fleuves et rivières navigables, seront réprimées par voie administrative.

Art. 2. Les contraventions seront constatées concurremment par les maires et adjoints, les ingénieurs, etc.

§ 3. Ces lois ne décident rien relativement aux rivières *non navigables,* mais par cela même elles laissent anx autorités locales le droit de faire des règlements, et la jurisprudence du Conseil d'État respecte constamment ces règlements : elle a décidé que les tribunaux pouvaient les prendre pour base de leurs décisions, et que les préfets étaient incompétents pour élever le conflit dans les contestations d'intérêt privé sur l'application des règlements administratifs au cours d'une rivière non navigable ni flottable. (*Voyez* l'ordonnance du 20 février 1822, rapportée par M. Macarel dans sa jurisprudence du Conseil d'État. (*Voyez* aussi un décret du 12 avril 1812, mentionnant un avis du Conseil d'État qui n'est point au bulletin des lois, et qui porte que «les contraventions aux règlements de police sur les rivières non navigables, canaux et autres petits cours d'eaux, doivent être portées suivant leur nature, devant les tribunaux de police municipale ou correctionnelle; et les contestations qui intéressent les propriétaires, devant les tribunaux civils.»

Il suit de ce qu'on vient de lire, que les gardes-pêche, les gardes champêtres et les gardes particuliers doivent constater les faits par des procès-verbaux, soit d'office, quand il s'agit de voies de fait, de violence constitutives de délits, soit sur la plainte des particuliers dont les intérêts ont été lésés.

INSIGNES DES GARDES. Le garde champêtre et le garde particulier, présentés, acceptés, assermentés doivent être munis d'une plaque en métal indiquant leur qualité.

Les gardes forestiers portent une bandoulière et une plaque de métal blanc avec les mots *forêts impériales.*

Tous les gardes sans exception ne peuvent verbaliser qu'autant qu'il sont revêtus de leurs insignes.

J

JARDINATOIRE (Coupe). On appelle ainsi celle qui se fait dans les bois résineux, où l'exploitation se fait par pieds d'arbres au lieu de s'opérer par contenance et par lots mesurés sur le sol; il faut dans les coupes jardinatoires, que le martelage soit appliqué aux arbres qui doivent être abattus, tant au corps qu'à la racine, de manière que la dernière serve de contrôle. Il a été jugé par la Cour de cassation, le 17 mai 1854, qu'il y a même délit de la part d'un adjudicataire, quand dans une coupe ordinaire, dite à *tire* et *aire*, il abat des arbres frappés du marteau; et quand dans une coupe *jardinatoire*, il en abat qui n'ont pas été frappés. Ce délit donne lieu à l'application des articles 33 et 34 du Code forestier; ainsi les gardes doivent le constater avec soin.

L

LAMPROIE. La lamproie, qu'on nomme aussi *pibale* dans quelques départements méridionaux de la France, est du genre des pétromysons ; son corps est long et cylindrique ; sa tête étroite et allongée. L'ouverture de la bouche n'étant contenue par aucune partie dure et solide, ne présente pas toujours le même contour ; sa conformation se prête aux divers besoins de l'animal ; mais, le plus souvent, sa forme est ovale, et c'est un peu au-dessous de l'extrémité du museau qu'elle est placée ; ses dents, au nombre de cent ou cent vingt, au lieu d'être attachées à des mâchoires osseuses, sont maintenues dans de simples cellules charnues.

Auprès de chaque œil, sont deux rangées de petits trous, l'une de quatre l'autre de cinq.

La peau qui recouvre le corps ainsi que la queue qui est très-courte, ne présente aucune écaille visible pendant la vie de la lamproie, et est toujours enduite d'une mucosité abondante qui augmente la facilité avec laquelle l'animal échappe à la main qui le presse et veut le retenir.

La lamproie manque de nageoires pectorales et de nageoires ventrales ; elle a deux nageoires sur le dos, une au-delà de l'anus, et une quatrième arrondie à l'extrémité de la queue ; mais ces quatre nageoires sont courtes et peu élevées, et ce n'est presque que par la force des muscles de sa queue et de la partie postérieure de son corps, ainsi que par la facilité qu'elle a de se plier dans tous les sens, qu'elle nage avec constance et avec vitesse.

La couleur générale de la lamproie est verdâtre, quelquefois marbrée de nuances plus ou moins vives ; la nuque présente souvent une tache ronde et blanche ; les nageoires du dos sont orangées, et celle de la queue bleuâtre.

LANDES. Les terres incultes auxquelles on donne ce nom, sont de dangereux voisins pour les forêts, en ce que les délinquants, sous prétexte d'aller y chercher des genêts, des genevriers et autres menus bois, se glissent dans les grands bois pour y commettre des délits dont ils enlèvent le fruit pendant la nuit ; en ce que le feu qu'on met aux landes pour améliorer la terre, peut se communiquer aux forêts ; et en ce que les moutons et les chèvres passent souvent les limites des landes malgré toutes les défenses de la loi et toute la surveillance des gardes.

L'ordonnance de 1669 et le nouveau Code forestier ont proscrit tous ces moyens d'arriver aux délits, et le devoir des gardes forestiers, champêtres ou particuliers, les oblige à dresser des procès-verbaux des contraventions de cette nature.

LAPIN. La femelle du lapin se nomme *hase*, et les petits, *lapereaux*. La fourrure du lapin est d'un gris moins fauve que celle du lièvre.

Le lapin sauvage se distingue du lapin domestique par sa taille généralement plus petite, surtout par sa tête courte et presque ronde, tandis que celle du lapin domestique est allongée. Le poil est aussi d'un fauve plus foncé sous le pied du lapin sauvage.

La chasse du lapin se fait avec des bassets, et ressemble beaucoup à celle du renard. Dans les beaux jours, le lapin, qui rentre tard du gagnage, se relaisse volontiers dans les buissons voisins de sa retraite. On se poste sur les terriers, qu'on a eu le soin de fermer; le lapin, dès que les chiens l'ont lancé, court à sa retraite; et s'il y échappe au coup de fusil, au lieu de gagner la plaine, il tournoie dans le plus fourré du bois, et cherche par mille ruses à dérouter les chiens.

La chasse la plus destructive du lapin est celle au furet; on est souvent obligé d'y recourir pour obvier aux dégâts que font les lapins dans les blés et les jardins du voisinage. Tout le monde connaît la manière de chasser au furet; le furet, en lui-même, est moins connu et mérite de l'être. (*Voyez* FURET. *Voyez* aussi la Loi sur la chasse.)

LÉVRIER. Race de chiens qui tient son nom de l'usage où l'on est de les employer à chasser le lièvre. Il est haut monté sur jambes; il a la tête longue et petite, et le corps fort délié, ce qui le rend propre à la course. (*Voyez* Loi sur la chasse.)

LICE. Les chasseurs appellent ainsi une chienne courante dont on tire race.

LICENCE. *Voyez* PÊCHE.

LIÈVRE. Il est assez connu pour qu'il soit superflu de le décrire, mais il est bon d'indiquer les moyens de le tirer autres que ceux usités en plaine.

Le mâle s'appelle *bouquin*, la femelle *hase*, et les petits, *levreaux*. Il dort presque toute la journée et trotte toute la nuit.

On connaît, dit l'auteur du *Traité de la Vénerie*, le liè-

vre mâle en le voyant partir du gîte, parce qu'il a le derrière blanchâtre, les épaules communément rouges ; les
oreilles courtes, larges, blanchâtres et serrées, tandis que la
femelle a la tête longue et étroite, les oreilles grandes, le
poil de dessus le dos d'un gris brun tirant sur le noir, la
queue étroite, un peu blanche.

On tue beaucoup de lièvres à l'*affût*. Le soir, après le soleil couché, on se poste au bord d'un bois, assis dans un
fossé sec ou dans un buisson, et l'on attend ; le lièvre quitte
les bois pour passer la nuit dans les champs et y paître.
Alors on le tue fort aisément d'un coup de fusil. On va encore à l'affût au moment de la *rentrée*, c'est-à-dire le matin,
depuis la pointe du jour jusqu'au soleil levant. Au mois de
mai, le meilleur poste d'affût est près d'une pièce de blé ;
dans le fort de l'été c'est près d'un champ d'avoine, de pois
ou autres menus grains. Cette chasse ne se fait guère
avec avantage que depuis la mi-avril jusqu'à la fin de septembre, parce que, cette saison passée, il ne sort du bois
que pendant la nuit et y rentre avant le jour.

Pour augmenter les chances de succès, à l'affût, on emploie un moyen bien facile. On part le soir, à la nuit tom-
bante, et on longe la lisière du bois tenant un bon chien en
laisse. L'animal reconnaît la passée du lièvre qui vient de
sortir. Dans cet endroit on fait une remarque ou une brisée
pour reconnaître la place, et le lendemain, un peu avant la
pointe du jour, on vient s'y mettre à l'affût. On est à peu
près sûr d'y voir le lièvre, parce qu'il rentre toujours au
bois par le même chemin qu'il en est sorti. Si on veut aller
à l'affût le soir, on fait le matin, un peu après le soleil levé,
la même tournée avec le chien en laisse, et on vient le soir
attendre le lièvre dans le même lieu où il est rentré.

L'hiver, lorsque la terre est couverte de neige, on suit
les lièvres à la trace de leurs pieds, et, si l'on y met de la
persévérance, on est sûr de les trouver au gîte, où on les
tue fort à son aise d'un coup de fusil. Mais cette chasse
n'est pas aussi aisée qu'on pourrait se l'imaginer. Cet animal a assez de finesse pour prévoir que l'on suivra sa trace,
et, avant de se gîter, il a soin de l'embrouiller le plus possible en décrivant mille tours et détours et en revenant cent

fois sur ses mêmes pas. Lorsqu'il croit l'avoir suffisamment
embrouillée il s'élance d'un des endroits les plus battus, et
d'un seul bond va se gîter à sept ou huit pas de distance.

Quand un lièvre part du gîte, s'il lève une oreille et couche
l'autre sans fuir de vitesse, retroussant la queue sur l'échine,
on peut tirer : c'est un bouquin. Cette connaissance importe
surtout aux gardes qui ont intérêt de tirer le moins de femelles possible, afin de ne pas dépeupler leur canton.

Les lièvres se trouvent au printemps, dans les blés verts ;
en été, dans les chaumes ; en automne, dans les vignes, dans
les terres fraîchement labourées ; en hiver, dans les buissons,
au fourré, toujours à l'abri du vent et de l'humidité. Ils se
nourrissent d'herbes, de feuilles, de fruits, et préfèrent
par-dessus tout les plantes dont le suc est laiteux, tel que le
laitron. La qualité qu'acquiert la chair du lièvre dépend
beaucoup de sa nourriture et des lieux qu'il habite. Cet animal est excellent quand il réside sur des montagnes où le
serpolet et d'autres plantes aromatiques croissent en abondance. Les lièvres de plaine, quoique bons, sont beaucoup
moins estimés.

LITRE. *Voyez* POIDS ET MESURES.

Toutes les boissons doivent être vendues au litre, à ses
multiples ou ses divisions : hectolitre, décalitre, décilitre, etc.

LOCHE. Ce poisson a la couleur du goujon de rivière,
mais il n'a ordinairement que 95 millimètres de grandeur.

La loche franche a la mâchoire supérieure plus avancée que
l'inférieure ; l'ouverture de la bouche petite ; la nageoire du
dos très-courte et placée à peu près au-dessus des ventrales ;
le corps et la queue marbrés de gris et de blanc. Sa chair
est d'un goût très agréable, surtout vers la fin de l'automne
et pendant le printemps. A ces deux époques on la préfère
à presque tous les autres habitants des eaux.

Elle fraie en avril parmi les herbes marécageuses, et c'est
après cette époque seulement qu'il faut la pêcher, non-seulement pour n'en pas détruire l'espèce, mais encore parce
qu'elle a bien moins de qualité avant et pendant le frai que
quelque temps après.

LORIOT. Il est le plus bel oiseau de nos contrées par la
justesse des proportions, l'élégance de la forme, l'aisance

des mouvements et les couleurs brillantes de son plumage,
lequel est d'un jaune brillant, en opposition au noir foncé
des ailes, d'une partie de la queue et de quelques traits ré-
pandus sur différentes parties ; il a de chaque côté une tache
noire entre l'œil et le bec ; l'iris est rouge, le bec marron,
les pieds gris bleu et les ongles noirs.

La femelle a le plumage supérieur d'un vert olive, l'inférieur d'un blanc gris, les côtés sont d'un jaune pâle, les couvertures du dessous des ailes et de la queue d'un beau jaune.
C'est un oiseau de passage qui arrive au printemps et part
vers la fin du mois d'août.

LOTTE. Ce poisson est du genre des gades ; il est jaunâtre, tacheté de noir ou de brun en dessus et blanc en dessous, également avec des taches. Son corps est serpentiforme
comme celui de l'anguille ; il est recouvert aussi d'une matière visqueuse, mais ses écailles sont plus visibles que celles
de ce dernier poisson. Sa mâchoire inférieure est garnie de
barbillons.

LOUP. Le loup paraît être modelé sur la forme du chien ;
mais le naturel est si différent, qu'ils sont antipathiques par
nature et ennemis par instinct. Cet animal a été rangé par
nos naturalistes modernes dans la classe des mammifères
carnassiers, genre du chien. Il diffère de ce dernier par plusieurs caractères : l'aspect de sa tête est différent ; le loup a le
regard oblique, les yeux étincelants et brillants pendant la
nuit ; le museau allongé et obtus ; les oreilles courtes et droites ;
la queue droite, grosse, couverte de longs poils grisâtres. Le
mâle ne reste pas lié avec sa femelle dans l'accouplement ;
enfin il hurle au lieu d'aboyer. Son pelage est d'un gris fauve,
plus ou moins jaunâtre ou blanchâtre, selon les climats, avec
une raie noire sur les jambes du devant quand il est adulte.
Sa taille atteint assez ordinairement celle du plus grand
mâtin. L'antipathie entre le chien et le loup est si forte, dit
Valmont-Bomard, qu'un jeune chien frissonne au premier
aspect du loup, qu'il en fuit l'odeur ; que quoique nouvelle
et inconnue, elle lui répugne si fort, qu'il vient en tremblant
se ranger dans les jambes de son maître.

Cet animal est d'une constitution très-vigoureuse ; il peut
faire 20 myriamètres dans une seule nuit et rester plusieurs
jours sans manger. Sa force est prodigieuse et ne peut nul-

lement se comparer à celle de nos chiens de plus forte race.
Heureusement que son courage ne répond pas à cette ex-
trême vigueur, ni à la férocité de son caractère. Les loups,
quoique vivant plus longtemps que les chiens, s'accouplent
de même et sont en état d'engendrer à l'âge d'environ deux
ans. La chaleur des femelles a lieu ordinairement vers la fin
de décembre, commence par les plus vieilles, et ne dure que
douze à quinze jours. Les mâles n'ont point de rut marqué ;
ils s'accouplent d'abord avec les vieilles louves, en décembre,
et finissent par les jeunes, au mois de février et au commencement de mars. La gestation dure environ trois mois et demi,
et les portées sont de cinq ou six petits, quelquefois de sept,
huit et même neuf, et jamais moins de trois ; ils naissent
les yeux fermés, et la mère les allaite pendant quelques semaines.

On distingue les loups d'après leur pied, en *louveteaux*,
jusqu'à six mois ; *louvarts*, jusqu'à un an ; *jeunes loups*,
jusqu'à deux ; *vieux loups, grands vieux loups*. Plus le loup
est âgé, plus il a le pied gros : la louve l'a plus long et plus
étroit ; elle a aussi le talon plus petit et les ongles plus minces.
On les distingue mieux sur les terres un peu fermes que sur
celles qui sont trop molles.

Lorsqu'on fait une battue aux loups, on doit ne s'entourer que de personnes hardies et prudentes. Lorsque toutes
les dispositions sont faites, les traqueurs s'avancent en masse
et en silence ; les hommes et les enfants se sont munis d'outils et d'instruments les plus bruyants, de pistolets chargés
à poudre, etc. ; mais il leur est strictement défendu d'en faire
usage avant le signal convenu. Le chef de la battue les place
sur une ligne circulaire, commençant à droite à vingt pas du
premier tireur, s'étendant sur tout le tour de la forêt ou de
l'enceinte qu'on a résolu de battre, et venant finir à trente
pas du dernier tireur, à gauche. Plus les traqueurs sont nombreux et près les uns des autres, plus l'on est certain du
succès ; dans tous les cas, ils ne doivent jamais être éloignés
de plus de quinze pas en commençant, et de plus de quatre
ou cinq lorsque la ligne s'est resserrée en avançant.

Le signal de s'ébranler est un coup de pistolet tiré par
le chef, derrière la ligne des batteurs, ou le son d'un cor de
chasse. Alors s'élèvent, sur toute la ligne à la fois, des *hourra*

répétés ; un charivari étourdissant se fait entendre sur tous les points, les uns crient, les autres battent de la caisse, d'autres frappent avec un morceau de fer sur une lame do faux ; les coups de pistolet, les cornemuses, les fifres, font retentir la forêt. Les batteurs avancent lentement et en ordre, en frappant sur les buissons, contre les gaulis, et en se rapprochant les uns des autres à mesure que leur ligne se raccourcit.

Les loups épouvantés d'un pareil tintamarre, cherchent à gagner du pays, et c'est alors que les tireurs doivent se tenir immobiles à leur poste et viser juste. Il arrive quelquefois qu'un loup, qui les a reconnus, s'avance sur le bord du bois et retourne aussitôt sur ses pas en faisant mine de vouloir percer sur les batteurs, ce qu'il fait en effet s'il trouve un passage ouvert dans leur ligne, ne fût-il que de trente pas de largeur. Ces animaux rusés devinent aussitôt que le danger n'est pas le plus imminent là où l'on fait le plus de bruit. Mais si les traqueurs se sont avancés en bon ordre, si l'animal ne trouve pas d'issue ouverte, après avoir fait vingt fois le tour de l'enceinte qui se rétrécit à chaque instant, il se détermine enfin à percer, et tombe mort sous les coups de fusil. Il est arrivé souvent de tuer dix à douze loups dans une seule battue faite dans un pays infesté par ces animaux. Ceux qui, par quelque circonstance fortuite, parviennent à s'échapper, ne reparaissent plus dans la province, au moins pendant plusieurs années.

Le loup, dit Buffon, est un de ces animaux dont l'appétit pour la chair est le plus véhément ; et quoique avec ce goût il ait reçu de la nature les moyens de le satisfaire, qu'elle lui ait donné des armes, de la ruse, de l'agilité, de la force, tout ce qui est nécessaire en un mot pour trouver, attaquer, vaincre et saisir sa proie, cependant il meurt souvent de faim, parce que l'homme lui ayant déclaré la guerre, l'ayant même proscrit en mettant sa tête à prix, le force à fuir et à demeurer dans les bois où il trouve difficilement de quoi vivre.

LOUTRE. Elle a le corps presque aussi long que le blaireau, et les jambes plus courtes ; ses yeux sont petits ; ses oreilles très-courtes et arrondies ; des moustaches rudes et longues ; sa tête arrondie, plate ; son corps gros et court ; sa queue grosse à son origine, pointue à l'extrémité ; son pelage est d'un brun luisant en dessus et d'un blanchâtre lustré en dessous ; ses pieds sont palmés, c'est-à-dire que les doigts sont réunis par une membrane comme ceux d'un canard.

La loutre habite constamment le bord des lacs, des étangs, des rivières, où elle chasse aux poissons et aux écrevisses, dont elle se nourrit ; souvent elle nage entre deux eaux et y demeure assez longtemps, mais elle est toujours obligée de venir respirer de temps à autre à la surface. Elle entre en chaleur en hiver, et met bas au mois de mars. On la chasse rarement pour la manger, parce que sa chair huileuse est généralement peu estimée, mais pour sa fourrure, et quelquefois dans le but seulement de la détruire, à cause du dégât de poisson qu'elle fait dans les rivières et les étangs. Elle agit comme la fouine et les autres animaux carnassiers ; elle tue beaucoup plus de poissons qu'elle n'en peut manger, et en emporte ensuite dans sa gueule. Elle ne se creuse point de domicile, mais elle se gîte dans le premier trou qu'elle rencontre, sous les racines des peupliers, des saules, dans les fentes des rochers, et même dans les piles de bois à flotter. On la trouve dans toute l'Europe, principalement dans les pays très-arrosés.

Quand elle est dans un lieu solitaire, elle s'y complaît et dévaste l'étang ou la rivière ; elle ne craint pas de fréquenter les lieux voisins des habitations, mais on lui fait une guerre active et bientôt elle part, sauf à revenir. A la voir, on ne la croirait pas susceptible de faire de longues courses, cependant on a des exemples de loutres suivies à la trace sur la neige, pendant plus de dix kilomètres, sans pouvoir les atteindre.

La loutre se tue assez aisément à l'*affût* : on suit le bord de la rivière en regardant sur le sable pour reconnaître ses traces, qui ressemblent beaucoup à celles d'un chat ; on reconnaît ainsi les lieux qu'elle a coutume de parcourir. Une habitude singulière de cet animal, c'est de faire toujours ses ordures dans le même endroit, et ordinairement auprès d'une pierre blanche que le hasard a placé sur le sable, et que les chasseurs pourraient placer eux-mêmes afin d'y dresser des pièges. On reconnaît ses fumées aux débris d'arêtes de poisson et de coquilles d'écrevisses qu'elles contiennent. Si l'on est assez heureux pour trouver cette place ayant des excréments frais, on peut être assuré de tirer la loutre le même soir. Lorsque la nuit est venue, on se rend sans bruit sur le bord de l'eau, et l'on se poste à quinze ou vingt pas de la pierre, avec la précaution de se masquer derrière un arbre ou un buisson. On choisit une nuit où il y ait de la lune, car la loutre sort très tard. Le chasseur aux aguets est plutôt averti de la présence de l'animal par l'oreille que par les yeux : il l'entend d'assez loin agiter l'eau en plongeant pour pêcher, ou en jouant à sa surface. C'est alors que ses yeux ne doivent pas quitter la pierre qu'il a placée sur le sable, car il est certain que l'animal y viendra. Si la loutre, seulement blessée par le coup de fusil, a encore assez de force pour se jeter dans l'eau, il est inutile de s'amuser à la chercher le lendemain matin, car il est à peu près certain qu'on ne la trouvera pas. Quand elle se sent blessée à mort, elle s'enfonce dans des racines ou sous des pierres au fond de l'eau, s'y noie et y reste accrochée.

LOUVETERIE. Deux ordonnances des 15 et 20 août 1814 ont réglé ce qui est relatif à la louveterie. Elle se compose de lieutenants de louveterie, fonctions purement honorifiques, qui sont commissionnés pour la chasse des loups et autres animaux nuisibles.

Ces commissions sont renouvelées tous les ans.

Les dispositions qui peuvent être faites par suite des différents arrêtés concernant les animaux nuisibles, appartiennent à ces attributions.

Les lieutenants de louveterie reçoivent les instructions et les ordres du grand-veneur, pour tout ce qui concerne la chasse des loups.

Ils sont tenus d'entretenir à leurs frais un équipage de chasse, composé au moins d'un piqueur, deux valets de limiers, un valet de chiens, dix chiens courants et quatre limiers.

Ils sont tenus de se procurer les pièges nécessaires pour la destruction des loups, renards et autres animaux nuisibles, dans la proportion des besoins.

Par deux ordonnances des 14 septembre 1830 et 24 juillet 1832, la surveillance et la police de la chasse dans les forêts de l'État étaient confiées à l'administration des forêts, laquelle remplissait à cet égard les fonctions qui avaient été attribuées au grand-veneur dont la charge, supprimée depuis la révolution de juillet jusqu'en 1853, vient d'être rétablie par l'Empereur.

M

MAISON. Art. 184. La maison de chaque citoyen est un asile où la gendarmerie ne peut pénétrer sans se rendre coupable d'abus de pouvoir, sauf les cas déterminés ci-après :

1° Pendant le jour, elle peut y entrer pour un objet formellement exprimé par une loi, ou en vertu d'un mandat spécial de perquisition décerné par l'autorité compétente ;

2° Pendant la nuit elle ne peut y pénétrer que dans les cas d'incendie, d'inondation ou de réclamation venant de l'intérieur de la maison. Dans tous les autres cas, elle doit prendre seulement, jusqu'à ce que le jour ait paru, les mesures indiquées à l'article 185.

Le temps de nuit est ainsi réglé :

Du 1er octobre au 31 mars, depuis six heures du soir jusqu'à six heures du matin ;

Du 1er avril au 30 septembre, depuis neuf heures du soir jusqu'à quatre heures du matin.

Art. 185. Lorsqu'il y a lieu de soupçonner qu'un individu déjà frappé d'un mandat d'arrestation, ou prévenu d'un crime ou délit pour lequel il n'y aurait pas encore de mandat décerné, s'est réfugié dans la maison d'un particulier, la gendarmerie peut seulement garder à vue cette maison ou l'investir, en attendant l'expédition des ordres nécessaires pour y pénétrer et y faire l'arrestation de l'individu réfugié.

MANDATS DE JUSTICE. Ces actes sont toujours d'une grande importance, puisque leur effet immédiat est de priver l'homme de sa liberté ; et ce qui est plus grave encore, de jeter sur lui les préventions les plus capables de compromettre son honneur et sa réputation. Ils sont de quatre espèces, d'après le Code d'Instruction criminelle, savoir : Mandats de comparution, d'amener, de dépôt et d'arrêt. Au juge d'instruction seul appartient le droit de les décerner, aux termes des articles 91 et suivants de ce Code. Ils sont exécutoires dans toute l'étendue du royaume. (Art. 98.) Lorsque le prévenu est saisi hors de l'arrondissement de l'officier qui a délivré le mandat, on le conduit devant le juge de paix ou son suppléant, et à leur défaut devant le maire ou l'adjoint, qui vise le mandat sans pouvoir en empêcher l'exécution. (Art. 98.) Si le prévenu ne peut être trouvé, le mandat sera exhibé au maire ou à son adjoint, ou au commissaire de police de la commune de la résidence du prévenu, lequel mettra son visa sur l'original de l'acte de notification. (Art. 105.) Si le prévenu ne peut être saisi, le mandat d'arrêt sera notifié à sa dernière habitation, et il sera dressé procès-verbal de perquisition en présence de deux des plus proches voisins du prévenu, qui le signeront. Le porteur du mandat fera ensuite viser son procès-verbal par le juge de paix ou son suppléant, et à son défaut, par le maire, l'adjoint ou le commissaire de police du lieu, et lui en laissera copie. (Art. 109.)

Les maires, adjoints, commissaires de police, ont en certains cas, et notamment dans celui de flagrant délit, le droit de faire arrêter l'individu soupçonné d'un crime ; mais ils n'ont jamais celui de décerner des mandats. Ils donnent un ordre de conduire le prévenu devant l'autorité judiciaire, et cet ordre, qui ne doit pas être un mandat, n'est astreint à aucune forme.

MARAUDAGE. La loi du 6 octobre 1791, titre II, article 34, punit le maraudage de la détention de police municipale. L'article 36 prévoit le maraudage dans les bois à dos d'homme, et le punit d'une amende double du dédommagement dû aux propriétaires, et d'une détention qui peut être de trois mois, suivant la gravité des circonstances.

Ces articles sont-ils abrogés par le Code pénal ? La Cour de cassation a décidé que non, par arrêt du 19 février 1813, et que les maraudages et autres délits de ce genre ne rentrent pas dans l'application de l'article 401.

Elle a décidé aussi, par plusieurs arrêts, que le vol d'épis de blé coupés sur pieds, est un maraudage puni de peines correctionnelles. C'est un des plus graves désordres recommandé à la vigilance des gardes champêtres.

Le vol de fruits cueillis à l'arbre n'est pas un simple maraudage, c'est un vol ordinaire qui doit être déféré à la police correctionnelle, à peine d'un emprisonnement de un an à cinq ans. Nécessité donc de verbaliser contre les auteurs de semblables délits.

MARRONNIER d'Inde. Grand et bel arbre qui se cultive dans toute espèce de terre ; dans la jeunesse son écorce est lisse et cendrée ; lorsqu'il est dans sa force, elle devient brune et gercée. Ses feuilles sont disposées en main ouverte 5 à 5 ou 7 à 7 sur une seule queue longue ; elles sont étroites par la base, dentelées en leurs bords, vertes et d'une saveur amère. De l'extrémité des branches naissent plusieurs rameaux qui portent chacun, dès la fin d'avril, plusieurs fleurs blanches ou purpurines à 4 ou 5 pétales, et accompagnées de 7 étamines jaunes ; à ces fleurs qui forment une belle grappe pyramidale, succèdent des fruits arrondis, épineux, que tout le monde connaît.

MARTELAGE. Application de marteaux à empreinte sur les arbres, afin d'indiquer ceux qui doivent être conservés ou abattus ; cette expression s'applique plus spécialement à l'empreinte des marteaux de l'État : l'application de l'empreinte des autres marteaux se nomme *marque*.

MARTIN-PÊCHEUR. C'est, dit Buffon, le plus bel oiseau de nos climats ; tout le milieu du dos, avec le dessus de la queue est d'un bleu clair et brillant qui, aux rayons du soleil, a le jeu des saphirs et l'œil de la turquoise ; le vert se mêle sur les ailes au bleu, et la plupart des plumes y sont terminées et ponctuées par une teinte d'aigue-marine ; le devant du cou et le dessous du corps sont marron pourpre ; le bec est noir ainsi que les ongles ; les pieds sont rouges. Sa longueur ordinaire est de 176 millimètres, et son envergure de 271.

MÉLÈZE. Arbre de forêt très-précieux, de l'espèce du sapin ; les feuilles sont cependant bien différentes des autres arbres verts ; elles sortent en grand nombre et par houppes d'une espèce de tubercule. Les fleurs mâles sont à petits chatons écailleux ; les fleurs femelles paraissent sous la forme d'une petite pomme de pin de couleur pourpre violet. Le pignon contient les semences sous ses écailles et reste sur l'arbre, même après que la graine s'en est envolée et souvent jusqu'à l'année suivante. La graine a la figure d'un cœur, elle se trouve par paire dans chaque écaille.

L'écorce est lisse ; ses feuilles sont molles, longues et non piquantes, elles ont une odeur agréable et sont d'un beau vert.

MENUS MARCHÉS, MENUS PRODUITS. C'est le prix que l'État retire de la vente du chablis, bois de délits, de recepage, d'élagage, d'essartements, des adjudications de pâturage, panage, glandée et autres revenus de cette nature.

MERISIER. C'est le plus grand cerisier des bois ; il porte de petites cerises noires, à longues queues, que l'on nomme merises. L'écorce extérieure en est brun cendré, mais l'intérieure est verdâtre. Il est à son point de perfection à 40 ans et réussit très-bien à la transplantation.

MERLE. Le merle a du bout du bec jusqu'à celui des pieds, de 244 à 271 millimètres de longueur ; son envergure est de 379 millimètres ; le bec est long de 27 millimètres, d'un beau jaune ainsi que le palais et les paupières ; il a le plumage noir ou brunâtre. Cet oiseau aime la solitude, où il vit seul ou par couple. Quoique sauvage, il s'accoutume aisément à la servitude. Il est fin, défiant, toujours inquiet et remuant, et se laisse approcher assez difficilement à la portée du fusil. Il se nourrit d'insectes, de baies, de raisins et autres fruits mous qu'il vient chercher, pendant l'hiver, jusque dans les jardins placés au milieu des grandes villes. Il entre en amour de très-bonne heure, il n'est pas rare d'en trouver de jeunes dès les premiers jours du mois de mai. Il fait deux ou trois pontes par an, de quatre à cinq œufs chacune, et place son nid dans des buissons fourrés, à une moyenne hauteur, ou sur des vieux troncs d'arbres étêtés.

Quoique rusé, le merle donne assez volontiers dans les pièges qu'on lui tend, pourvu qu'il n'aperçoive pas le chasseur.

MINIÈRES. Elles comprennent les minerais de fer dites d'alluvion, les terres pyriteuses, propres à être converties en sulfate de fer, les terres alumineuses et les tourbes. (*Loi du 21 avril 1810, art. 1ᵉʳ.*)

L'exploitation de ces substances ne peut avoir lieu dans les forêts sans une permission du propriétaire ou de l'administration forestière pour les forêts de l'État. Cette permission doit déterminer les limites et les règles de l'exploitation,

et les gardes doivent dresser procès-verbal de toute contravention aux règles tracées dans l'acte de concession.

Toute extraction faite sans autorisation donne lieu à une
amende, par chaque charretée ou tombereau, de 10 à 30 fr.
pour chaque bête attelée ; de 5 à 15 fr. pour chaque bête de
somme ; de 2 à 6 fr. pour chaque charge d'homme. (*Code
forestier, art.* 144, *Ordonn. régl.* 169.) (*Arrêt du* 24 *avril*
1828.)

Si le délit avait été commis dans une lande contiguë à une
forêt impériale et appartenant à l'État, il y aurait lieu à
poursuite comme si c'était dans la forêt même. (*Arrêt du*
15 *mai* 1850.)

MORELLE (la), foulque, macroule, est de la grosseur
d'une moyenne poule, et a 406 millimètres de longueur totale. Elle habite les étangs pendant la plus grande partie
de l'année, et quitte rarement les eaux pour gagner la
terre, où elle marche fort mal. En automne, les morelles
se réunissent en bandes nombreuses sur les étangs d'une
vaste étendue, et y restent jusqu'aux premières gelées. Alors
elles partent pour revenir au mois de février et se disperser
par couples.

MOUTONS. § 1er. D'après l'article 1er de la loi du 6 octobre 1791, section 4, tout propriétaire est libre d'avoir chez
lui telle quantité et telle espèce de troupeaux qu'il croit utile
à la culture de ses terres. Les articles suivants règlent ce
qui doit se pratiquer pour la vaine pâture, le droit de clôture des héritages ; et l'article 19 ordonne à tout propriétaire
d'un troupeau malade d'en faire la déclaration à la municipalité, qui prend aussitôt toutes les mesures sanitaires qu'indiquent les lieux et les circonstances.

En cas de maladie contagieuse, les gardes champêtres
doivent surveiller de près la marche des troupeaux et suivre
ponctuellement les ordres du maire pour éviter la rencontre
ou le passage des moutons bien portants dans des lieux
qu'auraient fréquentés des moutons malades. Ils doivent signaler au maire les infractions à ces arrêtés et dresser des
procès-verbaux contre les contrevenants.

Les gardes forestiers et les gardes-chasse doivent de leur
côté ne jamais souffrir le passage des moutons dans les prés,

les champs ensemencés et surtout dans les jeunes bois, car leur dent est meurtrière.

§ 2. D'après les articles 78, 110 et 119, il est défendu de mener les moutons dans les bois de l'État ou des établissements publics, à moins qu'il n'y ait autorisation par ordonnance impériale. (*Voyez* 3e partie.)

N

NASSES. Ce sont des espèces de paniers d'osier ou autres bois flexibles, dont les baguettes sont assez serrées pour retenir le poisson, mais de manière à laisser passer l'eau sans résistance. On tient ces baguettes plus ou moins serrées, suivant le poisson que l'on se propose de prendre.

Les nasses ne diffèrent des verveux que par la matière dont elles sont faites. On leur donne différentes formes et différents noms, suivant le pays où on en fait usage.

Presque toutes les nasses ont un ou plusieurs goulets qui permettent au poisson d'entrer, mais qui s'opposent à leur sortie.

On fait ces goulets avec des brins souples et déliés d'auffe, de canne ou d'osier très-fin, dont les bouts ne sont point assujettis, ce qui leur donne assez d'élasticité pour céder à l'impulsion du poisson, qui y entre facilement ; mais, par suite de cette même élasticité, dès que le poisson est entré, les bouts taillés en pointe se rapprochent, et il ne peut plus s'ouvrir un passage.

On ménage aux nasses une ouverture pour en retirer le poisson ; quelquefois on la pratique au bout opposé au goulet, et d'autres fois vers le milieu. Ces ouvertures sont fermées dans l'eau, au moyen d'une trappe.

On met presque toujours quelques appâts dans les nasses, pour mieux attirer le poisson ; et pour l'obliger à entrer par le goulet, on les suspend au milieu de la nasse.

Les nasses dont les verges sont séparées de moins de 30 millimètres sont prohibées dans les rivières navigables ou flottables et dans les canaux où l'on pêche de gros poissons. (*Art.* 1er *de l'ordonnance du* 19 *novembre* 1830.) Mais cette ordonnance diminue de moitié la largeur des baguettes pour la pêche du petit poisson. (Voyez *Pêche fluviale* et *Conservation et Police de la Pêche.*)

NÉFLIER. C'est un arbrisseau ou arbre de médiocre grandeur, qui se trouve souvent dans les haies; il est rameux et un peu épineux; son tronc est ordinairement tortu; son bois est doux : les feuilles sont ovales, lancéolées, légèrement dentelées, blanches en dessous; ses fleurs sont en roses blanches ou rouges. Le fruit est comme une petite pomme sauvage, presque rond, rougeâtre, et lorsqu'il est mûr il acquiert une saveur douce, vineuse et fort agréable.

NOBLE-ÉPINE ou **AUBÉPINE.** C'est un arbrisseau tortueux, rameux, armé de fortes épines. Ses feuilles sont alternes, pétiolées, lisses, découpées et incisées. Ses fleurs, très-odorantes, sont en roses ramassées en bouquets; ses fruits, ronds, rouges, remplis d'une pulpe molle, glutineuse et douce, dont les merles sont très-friands.

NOMINATION et DESTITUTION. § 1er. Lorsqu'une commune a le moyen de solder un garde champêtre, le conseil municipal prend une délibération par laquelle il vote les fonds nécessaires et charge le maire de désigner une personne qui ait les qualités requises; le maire, après avoir fait son choix, qui ne peut porter que sur une personne jouissant de tous ses droits civils et digne par sa probité de la confiance des habitants, le soumet au préfet qui nomme et délivre les commissions.

Le garde champêtre nommé se présente devant le juge de paix pour y prêter serment, et sur la représentation au maire de cet acte, il peut immédiatement entrer en fonctions.

Les arrêtés qui prescrivaient de choisir les candidats parmi les anciens militaires sont tombés en désuétude; il n'y a plus nécessité, mais en cas de concours, la préférence est assurément due au militaire connu par sa probité, sa fidélité à ses devoirs et son obéissance aux lois.

§ 2. Le garde champêtre qui remplit mal ses fonctions, qui commet des fautes graves ou des contraventions, peut être suspendu par le maire et destitué par le préfet.

Le garde champêtre destitué doit immédiatement cesser ses fonctions et remettre au maire les insignes et l'arme qui lui avaient été confiés à son entrée en fonctions.

La destitution ne peut pas seulement être prononcée pour faits résultant de ses fonctions communales, elle peut aussi être prononcée pour défaut de concours dans le cas où la loi le réclame. Ainsi, le garde champêtre qui fermerait les yeux sur les délits ou contraventions commis par des douaniers, des gardes forestiers, des gendarmes, qui s'entendrait avec eux pour chasser, pêcher en temps défendu ou sans port d'armes ou sans permission des propriétaires des lieux de chasse ou de pêche, serait suspendu par le préfet et déféré au conseil municipal, qui ne manquerait pas de proposer sa révocation. (V. TRAITEMENT.)

NOYER. C'est un arbre généralement connu par ses fruits, qu'on trouve partout, et par l'utilité de son bois. C'est un arbre de bordure, mais qui ne vient point en forêt.

NOYÉS. § 1er. Le défaut de respiration, une certaine quantité d'eau introduite dans les poumons, et le sang retenu à la tête, font périr les noyés, bien plus que l'eau qu'ils ont dans l'estomac. Rien n'est donc plus contraire à la raison que de leur mettre les pieds en haut et la tête en bas. Cette attitude porte forcément à l'apoplexie. Comment ce qui pourrait tuer un homme en santé peut-il être favorable à l'homme en danger de perdre la vie, faute de circulation du sang ?

Les premiers secours à donner aux noyés, consistent à transporter les corps dans un endroit chaud, à les dépouiller de leurs vêtements, à les tenir sur un des côtés, la tête élevée ; lorsqu'ils sont dans cette situation, il faut les frotter avec des étoffes de laine, les envelopper dans des couvertures chaudes, et leur placer sous le nez des liqueurs ou des sels d'une odeur forte. Il faut ensuite leur irriter les narines et la gorge avec une plume ou tout autre objet qui puisse produire le même effet, afin de procurer une secousse favorable par l'éternuement ou le vomissement.

Il faut encore leur souffler de l'air par la bouche en leur tenant les narines serrées ; et aussitôt que le malade peut respirer, lui faire prendre quelques cuillerées de liqueurs spiritueuses.

§ 2. C'est une erreur très-grave et très-funeste que de penser que la personne qui trouve un noyé ne doit y toucher qu'après avoir prévenu l'autorité locale ; cela ne serait vrai tout au plus que lorsqu'il s'agit d'un cadavre en putréfaction ou mort depuis quelque temps ; mais si celui qui aperçoit un noyé a la moindre espérance de le sauver en lui portant immédiatement les secours que nous venons d'indiquer, il doit, sans attendre le concours de l'autorité, s'empresser de donner ces secours.

Si le noyé porte des traces de mort violente, il y a nécessité de dresser un procès-verbal détaillé.

O

OFFICIERS DE POLICE JUDICIAIRE. § 1er. En donnant aux maires, adjoints, commissaires de police, gardes champêtres et forestiers, la recherche des crimes ou délits et des contraventions, on n'a pas manqué de leur faire connaître qu'ils devaient s'attacher, dans leurs procès-verbaux, à ne laisser échapper rien de ce qui peut constater la nature du fait, les circonstances, le temps, le lieu, les preuves, les indices à la charge du prévenu, et ceux qui peuvent le justifier ; car les officiers de police judiciaire sont les organes de la société, et ne doivent chercher que la vérité. (*Voyez* art. 8, 11 et 16 du Code d'Instruction criminelle.) Ce Code contient tout ce qui se réfère à leurs droits et à leurs devoirs ; il porte, article 23 : Tous les officiers de police judiciaire ont, dans l'exercice de leurs fonctions, le droit de requérir directement la force publique ; ils sont soumis à la surveillance du procureur impérial, *sans préjudice de leur subordination à l'égard de leurs supérieurs* dans l'administration. (Art. 17, Code d'Instruction criminelle.)

Ces mots soulignés s'appliquent surtout aux gardes champêtres et forestiers. Voyez à cet égard l'article 18, qui porte que les gardes forestiers doivent remettre leurs procès-verbaux au conservateur ou inspecteur ou sous-inspecteur, dans les trois jours au plus tard, y compris celui où ils ont reconnu le fait sur lequel ils ont procédé ; et l'article 20, qui porte une disposition semblable relativement aux gardes champêtres et particuliers, et qui la renouvelle relativement aux gardes forestiers en ce qui touche les simples contraventions.

§ 2. Les gardes-pêche étant assimilés aux gardes forestiers, il s'en suit qu'ils sont astreints aux mêmes formalités et au même délai.

Les dispositions de l'article 16 du même Code qui prescrit aux gardes d'arrêter et conduire devant le juge de paix ou devant le maire tout individu qu'ils auront surpris en flagrant délit ou qui sera dénoncé par la clameur publique, lorsque ce délit emportera la peine d'un emprisonnement ou une peine plus grave, ne doit s'entendre que d'une arrestation provisoire subordonnée à ce qu'ordonneront le juge de paix ou l'officier municipal.

Il y a exception pour les personnes prises en délit de chasse ; les gardes ne devant pas les désarmer, doivent encore moins les arrêter si elles sont connues. Si elles n'étaient pas connues et qu'elles consentissent à se rendre chez le maire ou le juge de paix, le garde devrait néanmoins les y conduire.

OIE SAUVAGE. Cet oiseau est plus petit que l'oie domestique et s'apprivoise difficilement. Le plumage supérieur est cendré-brun, mais éclairci au bout de chaque plume. Les côtes et les couvertures des ailes sont d'un brun bordé de blanchâtre. Les dix premières pennes de l'aile sont grises et terminées de noir ; les onze suivantes sont d'un brun cendré, l'iris est rougeâtre ; le bec noirâtre à sa racine et à son bout est d'un jaune de safran dans le milieu de sa longueur. Les cuisses et les jambes sont jaune-orangé dans tous les âges, et les ongles sont noirâtres.

OIES. Il faut avoir grand soin d'en proscrire l'introduction dans les prés, parce qu'elles y commettent beaucoup de dégâts. Le parcours dans les champs est même assez nuisible aux troupeaux de moutons, pour qu'il soit nécessaire de déterminer les cantons où les troupes d'oies peuvent paître. On a pris cette précaution dans beaucoup de communes qui environnent Paris, et notamment dans la Beauce ; et l'on a chaque jour des motifs de s'en applaudir.

Cela dépend des maires. Il en est qui, ne trouvant ni dans le Code rural de 1791, ni dans le Code pénal, aucune disposition prohibitive, n'osent prendre sur eux de faire des règlements contre les troupes d'oies ; il en est d'autres qui s'y croient autorisés par les lois des 24 août 1790 et 22 juillet 1791. La difficulté s'étant présentée devant la Cour de cassation, le 11 octobre 1821, elle a jugé que par cela que les officiers municipaux étaient chargés de régler le parcours, ils avaient le droit de prévenir les abus, d'empêcher les entreprises tendantes à détériorer les pâturages, et conséquemment de défendre aux propriétaires d'oies de les envoyer paître dans les champs sujets au parcours des bestiaux. Il s'ensuit que l'infraction à un arrêté sur cet objet donne lieu à l'application des peines de simple police.

Quant aux oies sauvages, elles sont considérées comme gibier, et chacun peut les tuer sur son terrain.

ORME. Grand et gros arbre de futaie. Il y en a plusieurs espèces qui diffèrent par les feuilles et par la nature de leur bois. L'*orme franc*, dont le tronc est rameux, droit, couvert, d'une écorce crevassée, rude et de couleur cendrée; ses feuilles sont alternes, ridées, veineuses, dentelées, verdâtres et nerveuses. Il vient dans toutes les terres qui ne sont pas trop chaudes. Les autres sont : l'orme champêtre, l'orme taille, l'orme de Hollande, l'orme de Virginie, l'orme tortillard, etc., etc.

ORTOLAN. Cet oiseau a 169 millimètres de longueur ; la tête et le cou sont d'un cendré olivâtre, le tour des yeux et la gorge jaunâtres ; la poitrine, le ventre, les flancs et les couvertures inférieures de la queue, roux, avec quelques mouchetures ; le dessus du corps est varié de marron brun et noirâtre ; le croupion et les couvertures supérieures de la queue sont d'un marron brun uniforme ; les pennes de l'aile noirâtres, les plus grandes bordées extérieurement de gris, les moyennes de roux ; leurs couvertures supérieures variées de brun et de roux, les inférieures d'un jaune soufre ; les pennes de la queue noirâtres et à bords roux ; les deux plus extérieures bordées de blanc ; le bec a la forme de celui d'un bruant ; il est jaunâtre, ainsi que les pieds.

La femelle a un peu plus de cendré sur la tête et sur le cou ; elle manque de taches jaunes au-dessus de l'œil, et son plumage est d'une couleur généralement moins vive.

Ces oiseaux sont de passage, et arrivent ordinairement en troupes, presque dans le même temps que les hirondelles et les cailles ; mais leurs émigrations ne sont pas régulières dans les mêmes cantons. Ils habitent les vignes, les blés et les champs, et font leur nid par terre comme l'alouette, ou quelquefois dans les ceps de vigne. Ils pondent quatre ou cinq œufs grisâtres. Les jeunes commencent à partir dès le mois d'août ; et les vieux restent jusqu'à la fin de septembre.

OUIE DE LA COGNÉE. Distance à laquelle peut être entendu, à partir de la limite d'une coupe, le bruit de la cognée abattant un arbre.

OUTRAGE. C'est une injure qui est punie plus ou moins sévèrement suivant les circonstances et la qualité des personnes.

L'outrage par paroles, gestes ou menaces, à tout officier ministériel ou agent dépositaire de la force publique, dans l'exercice ou à l'occasion de ses fonctions, est puni d'une amende de 16 à 200 fr. (Art. 224 ; *voyez* aussi les art. 225 et 226 du *Code pénal.*)

Tout individu qui, même sans armes, et sans qu'il en soit résulté de blessures, aura usé de violence contre un officier ministériel, un agent de la force publique, ou un citoyen chargé d'un ministère de service public, si elles ont eu lieu pendant qu'ils exerçaient leur ministère ou à cette occasion, est puni d'un emprisonnement d'un mois à six mois ; et s'il y a effusion de sang, blessures ou maladie, la peine est la réclusion. Si la mort s'en est suivie dans les 40 jours, la peine est celle des travaux forcés à perpétuité.

Les outrages reçus par un commissaire de police au moment où il exerce les fonctions ordinaires d'officier de police judiciaire, ou par les gardes nationaux en service, donnent lieu à l'application des peines portées aux art. 222 et 223 du Code pénal. (*Arrêts des 30 juillet 1812 et 5 août 1831.*)

P

PANAGE. Les communes qui ont le droit de panage, c'est-à-dire de mener leurs porcs dans les forêts, doivent se conformer à ce que prescrit le Code forestier, à peine d'amende, et c'est particulièrement aux gardes forestiers de surveiller les pâtres en ce qui concerne la marque au fer chaud et le temps du panage. (*Voyez* PATURAGE.)

PARCOURS. C'est une servitude en vertu de laquelle les habitants de deux communes voisines peuvent envoyer réciproquement leurs bestiaux en vaine pâture d'un territoire sur l'autre.

§ 1er. Ce droit est régi par la section 4, titre Ier de la loi du 6 octobre 1791, dont l'art. 2 est ainsi conçu : « La servitude réciproque de paroisse à paroisse, connue sous le nom de *parcours*, et qui entraîne avec elle le droit de vaine pâture, continuera d'avoir lieu avec les restrictions déterminées, *lorsque cette servitude sera fondée sur un titre ou sur une possession autorisée par la loi et la coutume*; à tout autre égard elle est abolie. »

Le droit de clore et de déclore ses héritages résulte essentiellement de celui de propriété, et ne peut être contesté à aucun propriétaire. Toute loi ou coutume contraire est abrogée. (Art. 41.) *Voyez* aussi sur le droit de clôture, les articles 5, 6, 7 et 11.

§ 2. Dans aucun cas et dans aucun temps le droit de parcours ne pourra s'exercer sur les prairies artificielles, et ne pourra avoir lieu sur aucune terre ensemencée qu'après la récolte. (Art. 9.)

§ 3. D'après la même loi, art. 13, la quantité de bétail à conduire au parcours est fixée dans chaque commune d'après les règlements et usages locaux, et à défaut des règlements, il y est pourvu par le conseil municipal ; les contrevenants sont passibles de peines de police. C'est ce que la Cour de cassation a décidé par arrêts des 26 mars 1819, 5 juillet 1821, et 14 juin 1822.

§ 4. C'est le conseil municipal aussi qui fixe le nombre de bêtes que chaque particulier peut envoyer au parcours ; sa délibération est un véritable règlement obligatoire, non-seulement pour les habitants de la commune, mais encore pour ceux d'une autre commune avec laquelle la servitude de parcours est réciproque ; lorsque cette délibération a été homologuée par le préfet, elle est obligatoire, encore bien que la commune dont le droit de compascuité a pu être altéré par cette même délibération, n'ait pas été appelée à la critiquer. (*Arrêts du 5 juillet* 1821 *et du 10 septembre* 1831.)

§ 5. Lorsque, dans la vente d'un bien communal, il n'a été fait aucune réserve, la commune peut-elle prétendre un droit de parcours après la première récolte, sur le fondement que ce droit était établi par l'usage ? Non. (*Arrêt du Conseil d'État, du 26 janvier* 1819.)

S'il y avait des réserves, la question qui pourrait s'élever sur l'interprétation de l'acte de vente ne pourrait être décidée que par les tribunaux. (*Ordonnance du* 20 *mars* 1822.)

PATURAGE. Les animaux qui sont conduits dans les forêts pour y paître quand elles sont déclarées *défensables*, (*voyez* ce mot), doivent être marqués d'un fer chaud et enregistrés de manière que les gardes puissent toujours les reconnaître et poursuivre les délits qu'ils pourraient commettre. (Voyez *Mouton*, § 2.) Les vaches, les ânes, les chevaux, les bœufs, les porcs, à l'exclusion des chèvres et des brebis, peuvent seuls être conduits au pâturage dans les forêts.

Voyez aussi les art. 55 et 57 du Code forestier, et l'article 100 de l'ordonnance du 1er août 1827. Ils sont ainsi conçus :

Art. 53. Les formalités prescrites par la section III du présent titre, pour les adjudications des coupes de bois, seront observées pour les adjudications de glandée, panage et paisson.

Toutefois, dans les cas prévus par les articles 18 et 19, l'amende infligée aux fonctionnaires et agents sera de 100 fr. au moins, et de 1,000 fr. au plus, et celle qui aura été encourue par l'acquéreur sera égale au montant du prix de la vente.

54. Les adjudicataires ne pourront introduire dans les forêts un plus grand nombre de porcs que celui qui sera déterminé par l'acte d'adjudication, sous peine d'une amende double de celle qui est prononcée par l'art. 199.

55. Les adjudicataires seront tenus de faire marquer les porcs d'un fer chaud, sous peine d'une amende de 3 fr. par chaque porc qui ne serait point marqué.

Ils devront déposer l'empreinte de cette marque au greffe du tribunal, et le fer servant à la marque au bureau de l'agent forestier local, sous peine de 50 fr. d'amende.

56. Si les porcs sont trouvés hors des cantons désignés par l'acte d'adjudication, ou des chemins indiqués pour s'y rendre, il y aura lieu contre l'adjudicataire, aux peines prononcées par l'art. 199. En cas de récidive, outre l'amende encourue par l'adjudicataire, le pâtre sera condamné à un emprisonnement de cinq à quinze jours.

57. Il est défendu aux adjudicataires d'abattre, de ramasser ou d'emporter des glands, faînes ou autres fruits, semences ou productions des forêts, sous peine d'une amende double de celle qui est prononcée par l'art. 144.

Art. 100 de l'ordonnance d'exécution :

Le conservateur fera reconnaître, chaque année, par les agents forestiers locaux, les cantons des bois et forêts où des adjudications de glandée, panage et paisson pourront avoir lieu sans nuire au repeuplement et à la conservation des forêts. Il autorisera en conséquence ces adjudications.

PÊCHE FLUVIALE. Tout ce qui est relatif à cette pêche se trouve soigneusement rapporté dans notre 3e partie, sect. 3.

PÊCHE A LA LIGNE. § 1er. La ligne se compose ordinairement d'une réunion de crins, de fils ou de fils de soie plus ou moins nombreux selon le genre de pêche auquel on veut se livrer.

Il en est qui portent un, deux, trois et jusqu'à dix hameçons attachés avec du crin, du boyau de soie ou du laiton.

Nous devons indiquer ici le moyen de se procurer des boyaux de vers à soie lorsqu'on n'est pas à portée des marchands qui en vendent. C'est fort improprement que l'on donne le nom de boyau à cette matière, que l'on connaît encore sous ceux de *poil de Florence*, *crin marin*, *licons*, *racine*, *mort à pêche*, etc. Ce n'est rien autre chose que la matière à soie, placée dans un organe particulier du ver, et qu'il fait sortir par sa bouche sous forme de liqueur gluante ; cette liqueur se dessèche rapidement à l'air et devient le fil de soie dont il construit son cocon. Voici comment on agit pour faire de cette matière le poil de Florence :

On choisit les vers à soie les plus gros et les plus transparents parmi ceux qui sont prêts à monter, et on les plonge dans du fort vinaigre blanc, où on les laisse macérer pendant vingt-quatre heures ; on les en sort, et on cherche dans leur corps la glande, ou plutôt le sac qui contient la matière à soie. On tire cette matière, qui est alors presque comme une glu un peu liquide, et on l'allonge de 325 à 406 millimètres, avec beaucoup de précaution, afin d'en former un fil aussi rond et aussi égal que possible.

Lorsqu'il est desséché on le teint de la couleur que l'on désire, et, malgré sa finesse, sa force égale celle de douze crins au moins.

La ligne flottante doit être tenue *à la main*. (Voyez page 54, *pêche fluviale*, § 8, page 205.)

§ 2. Lorsqu'un garde-pêche fait un procès-verbal contre un délinquant, il doit avoir soin de détailler la nature de la ligne avec laquelle le délinquant pêchait, sa longueur, le nombre des hameçons, la grosseur ou le poids des plombs employés. Ce sont là autant d'indices qui peuvent conduire à l'appréciation du fait. Il doit aussi mentionner la couleur ou la forme de la *flotte* pour constater l'identité de la ligne.

La flotte et le bouchon sont destinés à soutenir la ligne sur la surface de l'eau, ou à maintenir l'hameçon à la distance du fond qui est nécessaire à la pêche que l'on veut faire. Le bouchon doit être proportionné au plomb dont la ligne est garnie, et le plomb doit toujours être en raison de la force du courant, de façon que la ligne étant dans l'eau, on aperçoive toujours à sa surface l'extrémité supérieure de la flotte et du bouchon.

§ 3. Il ne suffit pas d'avoir de bons instruments, une ligne légère et solide, des hameçons bien conditionnés et appropriés à la grosseur ou à la force des poissons que l'on veut prendre, il faut savoir encore leur tendre adroitement le piége. En vain l'appât aura toutes les qualités requises pour flatter et attirer le poisson, s'il est mal placé, s'il laisse apercevoir l'acier meurtrier, le poisson s'en emparera sans être pris, ou bien il s'éloignera et passera vingt fois devant cet appât maladroit, sans être tenté d'y mordre. Il n'est donc pas inutile d'indiquer ici la manière de s'y prendre pour cacher aux poissons les ruses qu'on emploie contre eux, et leur ôter tout moyen de salut.

Quand on amorce avec de petits insectes, il faut les traverser dans toute la longueur, jusqu'à ce qu'ils aient passé le dard. S'ils sont trop petits, on en met plusieurs ensemble, et on les pique par le milieu du corps. Il en est de même si on amorce avec des boulettes préparées, ou avec du blé cuit. Il faut toujours faire en sorte, quel que soit l'appât, que le dard soit entièrement recouvert.

Si on se sert de vers de viande ou de fumier, on fait entrer la pointe de l'hameçon du côté de la queue de l'insecte, de manière que le dard se trouve engagé sous la peau et qu'il ne s'aperçoive pas.

Il faut une amorce plus apparente quand on veut pêcher pendant la nuit. Il convient dans ce cas d'employer des vers de terre ou *achées* que l'on pique par le travers du corps, et qui, en s'agitant en sens divers, sont aperçus de plus loin et à la moindre clarté.

§ 4. Quand on emploie de petits poissons pour amorcer, il faut que celui dont on se sert soit proportionné à la grosseur de l'hameçon. Si l'hameçon est double, comme ceux à brochets, on introduit la tête de l'hameçon dans la bouche du poisson, et on la fait sortir au-dessous des ouïes ; on attache ensuite l'hameçon à la ligne, sur laquelle on lie la queue du poisson, en observant que les deux crochets de l'hameçon soient près de la bouche. L'hameçon simple s'amorce de la même manière, mais avec des poissons plus petits, et en ayant soin, dans l'un et l'autre cas, de blesser le moins possible le poisson qui sert d'amorce, parce qu'autrement il mourrait beaucoup plus tôt ; et les poissons refusent de mordre ceux qui sont morts. Un poisson bien attaché à l'hameçon peut vivre une journée entière.

§ 5. Le choix du lieu où l'on doit pêcher est une des premières conditions d'un résultat avantageux. Les pêcheurs expérimentés l'observent avec le plus grand soin. Ils choisissent, autant que possible, un fond uni, sans herbes ni pieux. Il n'est pas moins essentiel de mesurer la profondeur de l'eau, ce que l'on fait très-facilement avec la sonde. Quand on a trouvé un fond bien uni, et qu'on en connaît la profondeur, on attache à la ligne la flotte ou le bouchon de manière que l'hameçon du bas ne soit qu'à 54 millimètres de terre, c'est-à-dire qu'en supposant la profondeur du fond de 1 mètre 949 mill., il doit y avoir 1 mètre 895 mill. entre l'hameçon et la flotte ou bouchon. Si le courant est doux, il suffit d'une flotte et de peu de plomb ; s'il est rapide, on se sert d'un bouchon et on augmente le plomb.

§ 6. On a remarqué que certains poissons se tenaient habituellement entre deux eaux ; et pour les prendre, on a imaginé une pêche particulière qui se pratique avec la ligue à la volée. Cette ligne est longue de 7 mètres 796 mill., et garnie de huit flottes, dont la première n'est qu'à 162 millimètres de l'hameçon ; on n'y met pas de plomb, et on choisit un fond rocailleux qui n'ait pas plus de 650 millimètres de profondeur. Cette pêche se fait ordinairement d'un rivage un peu élevé. On amorce les hameçons avec des mouches, des chenilles et autres insectes ; on jette la ligne le plus loin possible , et on change de place quand on veut.

La ligne à fouetter s'emploie aussi avec succès pour prendre les petits poissons qui viennent à la surface de l'eau. Cette ligne porte cinq hameçons sans plomb ni flotte. Le fond où l'on veut pêcher doit être peu profond, l'eau claire et vive. On amorce les hameçons avec des vers de viande , et on en jette de temps en temps à l'endroit où l'on pêche, pour attirer le poisson. Cette pêche, à laquelle on prend surtout beaucoup d'ablettes , est fort amusante. Comme la ligne dont on se sert n'a ni plomb, ni flotte, le courant l'entraîne ; il faut la ramener à chaque instant, et tirer avec une grande vivacité à la moindre attaque que fait le poisson sur les amorces.

§ 7. Indépendamment des pêches dont on vient de parler, on pêche encore à la ligne de fond , à la traînée et au grelot, à l'effet de prendre de gros poissons ; cela n'est permis qu'aux adjudicataires ou aux propriétaires , et l'on ne peut se livrer à cette pêche en aucun lieu sans le consentement du propriétaire de l'eau , sous peine d'amende prononcée par l'art. 5 de la loi du 15 avril 1829. (*Voyez* cette loi , au mot *pêche fluviale*, pages 54 et suivantes.)

§ 8. Une question intéressante pour les pêcheurs s'est présentée devant la Cour de Bourges, le 12 octobre 1839 : celle de savoir si la personne qui pose sur le bord d'un canal une ligne flottante et se tient aux environs , doit être punie de la peine portée par la loi fluviale. Le tribunal de Sancerre avait constaté qu'il s'agissait de ligne flottante , et que la circonstance qu'elle n'était pas tenue à la main ne pouvait donner à la ligne la qualification de ligne dormante, etc., etc. Mais, sur cet appel, la Cour, considérant que la loi veut que la ligne flottante soit *tenue à la main* , que les prévenus ayant déposé leur ligne sur le bord du canal, ne peuvent jouir de l'exception que contient l'art. 5, a déclaré qu'il y avait contravention, et a condamné les prévenus à l'amende.

Cela paraît rigoureux au premier abord ; mais en réfléchissant aux inconvénients qu'il y aurait de laisser pêcher sans tenir la ligne à la main, on reconnaît bientôt que l'arrêt est parfaitement conforme à l'esprit de la loi. C'est en effet en raison du peu de préjudice que cause le pêcheur à la ligne volante, que la loi permet cette pêche ; mais si au lieu d'une ligne tenue à la main, un pêcheur pouvait poser sur le bord dix, vingt, trente lignes flottantes, il détruirait une quantité considérable de poissons destinés à devenir gros ou à servir de nourriture aux gros. Ce serait aussi un moyen d'échapper à la surveillance des gardes et de les tromper, ou de rendre cette surveillance plus difficile. Sous tous les rapports donc l'arrêt a sagement arrêté une tentative abusive, et les gardes ne doivent pas hésiter à dresser des procès-verbaux contre des contraventions de cette nature.

§ 9. Il a été aussi jugé, le 20 janvier 1840, par la Cour impériale de Nancy, que lorsqu'un procès-verbal constate que plusieurs individus ont pêché ensemble, la nuit, au moyen du feu et avec des filets prohibés, le fait constitue un délit distinct à l'égard de chacun des prévenus, et par suite, il y a lieu d'annuler le jugement qui les aurait condamnés collectivement.

Cet arrêt impose aux gardes l'obligation de bien désigner les individus contre lesquels ils verbalisent, et de vérifier la part que chacun prenait à la contravention, car les amendes devant être distinctes, elles peuvent être plus ou moins fortes, selon la position des contrevenants et selon la part qu'ils ont prise à la contravention.

PÉDICULE ou PÉDONCULE. Petite queue qui porte et soutient la fleur. Les feuilles ont aussi un pédicule que quelques auteurs nomment *pétiole* pour le distinguer de celui des fleurs.

PERCHE. La perche est du genre des persèques. Elle a deux nageoires dorsales, dont la première a quinze rayons piquants, et la seconde quatorze. Ses mâchoires sont égales, et garnies de dents très-pointues ; le palais et le gosier en

sont armés. Ses écailles sont dures et fortement adhérentes. Sa queue a la forme d'un croissant.

Ses couleurs sont très-vives ; l'or y brille mêlé de jaune
et de vert ; les nageoires, excepté celle du dos, sont nuan-
cées de rouge et quelquefois piquées de noir.

La perche aime les eaux tranquilles, et les contrées septentrionales paraissent favorables à son développement. En
France, elle parvient rarement à plus de 487 millimètres
de longueur, et ne pèse jamais au-delà de 979 grammes à
un kilog. 468 grammes, tandis qu'en Angleterre on en
pêche qui pèsent depuis 3 kilog. 916 grammes jusqu'à 4
kilog. 895 grammes. Block dit que l'on conserve dans une
église de la Laponie une tête de perche qui a près de 325
millimètres de longueur.

PERDRIX GRISE. On distingue le mâle à son chant
plus fort et plus traînant, à l'éperon obtus qu'il a à chaque
pied, et à la marque d'un marron foncé , ayant la forme
d'un fer à cheval, qu'il porte sur la poitrine. Les perdreaux
se distinguent des vieilles perdrix par la dernière plume de
l'aile, qui est pointue au lieu d'être arrondie ; par leurs
pattes jaunes, qui, en blanchissant la seconde année, conser-
vent encore du jaune sous la patte. La vieille perdrix a les
pattes noires et le dessous du pied brunâtre. Les chasseurs
connaissent, sous le nom de *roquettes*, une espèce dont
nous parlerons à la suite de cet article.

Les perdrix , hors le temps des amours , vivent en fa-
milles composées du père , de la mère et des enfants, auxquels viennent se joindre, pendant l'hiver, quelques vieux
individus étrangers dont les couvées ont manqué. Ces fa-
milles portent le nom de *compagnies*; elles habitent de
préférence les plaines cultivées, les champs , les vignes , et
elles se réfugient dans les taillis lorsqu'elles sont pourchas-
sées.

Lorsqu'il y a peu de perdrix dans une contrée , et que l'on
serait exposé à beaucoup se fatiguer si on les cherchait au
hasard, il y a un moyen de s'assurer des lieux qu'elles fréquentent par préférence. La veille de la chasse, depuis la
chute du jour jusqu'à la nuit , on se rend au milieu d'une
plaine, on s'y arrête au pied d'un arbre ou d'une haie, et
l'on attend, immobile, l'heure à laquelle ces oiseaux font

retentir la campagne de leur chant, ce qu'ils font toujours à cette époque de la journée, afin de se rassembler et de prendre tous ensemble leur vol pour aller se remiser où ils doivent passer la nuit. Le lendemain, à la pointe du jour, le chasseur revient au même lieu ; il entend les perdrix, les voit prendre leur vol et s'abattre dans le lieu où il pourra être sûr de les trouver quand le grand jour sera venu.

Les braconniers profitent du temps où la terre est couverte de neige pour chasser aux perdrix, avec ou sans chien : ils les aperçoivent aisément, les tirent par terre, et en tuent plusieurs d'un coup, parce qu'alors ces animaux se réunissent en groupes serrés. C'est surtout pendant la nuit, s'il fait clair de lune, qu'ils sont certains d'en beaucoup détruire. Ils mettent une chemise sur leurs habits, ils se couvrent la tête d'un bonnet blanc, approchent le gibier qui est serré en pelotons et endormi, et rarement ils manquent de tuer la moitié d'une compagnie d'un seul coup de fusil.

La chasse à la *chanterelle* se fait au printemps, lorsque les perdrix sont en amour et commencent à s'accoupler. Cette méthode n'a rien de nuisible à la conservation du gibier ; elle est même utile, parce qu'elle détruit les mâles surabondants et vagabonds, qui dérangent ordinairement les couvées, comme nous l'avons dit. Voici comment on fait : on a en cage une femelle de perdrix, que l'on nomme *chanterelle*. Une perdrix couvée par une poule et élevée en esclavage peut faire une chanterelle passable, mais les meilleures sont celles qui, l'année précédente, ont été prises sur leurs œufs, comme cela arrive assez souvent. On a une cage en planches, de 10 décimètres 55 cent. carrés, **217** à **244** millimètres de hauteur, et recouverte avec de la toile, afin que la perdrix, en sautant, ne se brise pas le crâne. Dans la toile du dessus est un trou arrondi, par lequel elle peut aisément passer la tête et une partie du cou.

Le matin, une demi-heure avant l'aurore, ou le soir avant la nuit, on se place dans un buisson ou autre endroit couvert, et l'on dépose la cage à **20** ou **30** pas de l'endroit où l'on est caché ; aussitôt la perdrix se fait entendre : les mâles arrivent, tantôt en courant, tantôt en voltigeant, et l'on peut tirer presque à coup sûr ; ceux qu'on n'atteint pas s'enfuient d'abord, mais reviennent bientôt.

PERDRIX ROUGE. La perdrix rouge, un peu plus grosse que la perdrix grise, l'est moins que la bartavelle ; son bec, l'iris de ses yeux et ses pieds sont rouges ; elle a le front d'un gris brun, la tête d'un brun roux ; une bande blanche au-dessus des yeux, qui descend jusqu'au bas de l'occiput ; une autre qui part du bec, passe à travers l'œil et encadre le blanc qui couvre la gorge ; les côtés et le devant du cou parsemés de taches noires plus ou moins petites ; la poitrine d'un gris bleuâtre, et le fond du plumage d'un roux plus ou moins rouge ou jaune, selon les places. Le mâle se distingue de la femelle par un tubercule sur chaque pied, et l'on reconnaît les jeunes de l'année à la forme pointue de la première penne de l'aile et à la teinte blanchâtre de son extrémité.

Cette belle espèce est répandue dans les pays montagneux de presque toute l'Europe ; elle se plaît sur les terrains élevés, sur le penchant rocailleux des collines, dans les jeunes taillis, les bois et les broussailles. Elle se nourrit de grains, d'herbes, de limaces, d'œufs de fourmis et d'autres insectes. Les femelles construisent leur nid dans les bruyères, les taillis courts et épineux, et quelquefois, mais rarement, dans les blés et les avoines qui sont à proximité des bois ; elles y pondent de quinze à vingt œufs blancs, semblables à ceux de pigeon ; lorsqu'elles commencent à couver, les mâles les abandonnent et se réunissent en compagnies nombreuses.

Les perdrix rouges sont d'un naturel plus farouche que les perdrix grises ; aussi s'accoutument-elles très-difficilement à la captivité. On les chasse de même avec le chien d'arrêt, mais elles sont ordinairement plus difficiles à tirer, parce que, habitant des lieux escarpés, en partant elles piquent en haut presque verticalement, pour gagner le sommet de la montagne, ou, si on les fait lever de ce sommet, elles se précipitent en bas, presque perpendiculairement, et avec une rapidité de vol qui déconcerte le meilleur tireur quand il n'est pas habitué à ce genre de chasse. Cependant, comme elles ne partent que les unes après les autres, si l'on est deux armés de fusils doubles, il n'est pas rare d'en abattre trois ou quatre au premier abord.

La chasse à la chanterelle ne réussit point avec la perdrix rouge ; il faut, pour appeler les mâles, se servir des appeaux. (*Voyez ce mot.*)

PERMIS DE CHASSE. Le grand-veneur seul peut donner des permis de chasse dans les bois et forêts de la couronne.

Ces permissions ne seront accordées que pour la saison des chasses, et seront renouvelées chaque année, s'il y a lieu.

Il sera accordé deux espèces de permissions de chasse : celle de chasse à tir, et celle de chasse à courre.

Tous les individus qui auront obtenu des permissions de chasse, sont invités à employer ces permissions à la destruction des animaux nuisibles, comme loups, renards, blaireaux, etc. Ils feront connaître au conservateur des forêts le nombre de ces animaux qu'ils auront détruits, en lui envoyant la patte droite. Par là ils acquerront des droits à de nouvelles permissions, l'intention du grand-veneur étant de faire contribuer le plaisir de la chasse à la prospérité de l'agriculture et à l'avantage général.

Les conservateurs et inspecteurs forestiers veilleront à ce que les lois et les règlements sur la police des chasses, et notamment les lettres-patentes du 30 avril 1790, soient ponctuellement exécutés. Ceux qui chasseront sans permission, seront poursuivis conformément aux dispositions de ces lettres-patentes.

Les permissions de chasse à tir commenceront, pour les forêts de l'Etat, le 15 septembre, et seront fermées le 1er mars.

Ces permissions ne pourront s'étendre à d'autre gibier qu'à celui dont elles contiendront la désignation.

L'individu qui aura obtenu une permission de chasse, ne doit se servir que de chiens couchants et de fusil.

Les battues ou traques, les chiens courants, les lévriers, les furets, les lacets, les panneaux, les pièges de toute espèce, et enfin tout ce qui tendrait à détruire le gibier par d'autres moyens que celui du fusil, est défendu.

Les permissions de chasse à courre seront données de préférence aux individus que leur goût et leur fortune peuvent mettre à même d'avoir des équipages, et de contribuer à la destruction des loups, des renards et des blaireaux, en remplissant l'objet de leurs plaisirs.

Les chasses à courre, dans les forêts et dans les bois de l'Etat, seront ouvertes le 15 septembre, et seront fermées le 15 mars.

Les individus auxquels il aura été accordé des permissions pour la chasse à courre, obtiendront des droits au renouvellement de ces permissions, en prouvant qu'ils ont travaillé à la destruction des renards, loups, blaireaux et autres animaux nuisibles, ce qu'ils feront constater par les conservateurs forestiers. *

PERQUISITIONS. § 1ᵉʳ. Les gardes champêtres, forestiers et gardes-pêche sont autorisés par la loi à faire des perquisitions pour découvrir les preuves d'un délit, mais elle ne laisse rien à l'arbitraire.

Ainsi, un garde forestier est tenu de suivre les bois enlevés où ils sont transportés, et de les mettre en séquestre ; cependant, il ne peut s'introduire dans les maisons, ateliers, bâtiments, cours, enclos, sans l'assistance du juge de paix, du maire ou du commissaire de police.

L'officier public ne peut se refuser à accompagner le garde, sous peine de responsabilité du dommage souffert. En l'absence de l'un de ceux indiqués ci-dessus, le garde pourrait valablement se faire assister d'un membre du conseil municipal. (*Arrêts des 22 janvier et 12 juin 1829.*)

La perquisition serait même à l'abri de tout reproche si l'introduction dans la maison avait été permise sans difficulté. (*Arrêts des 1ᵉʳ février 1822, 12 juin 1829 et 4 mars 1834.*)

§ 2. Les gardes-pêche sont aussi autorisés à suivre les filets et engins prohibés ; mais ils ne peuvent sous aucun prétexte pénétrer dans les maisons, cours ou bâtiments. Ils ne le pourraient que pour constater une contravention telle que celle de barrage ou d'empoisonnement ou autre de même nature. (*Voyez 3ᵉ partie.*)

§ 3. Quant aux perquisitions ayant pour objet la découverte des malfaiteurs, tous les gardes peuvent y procéder en cas de flagrant délit : ils le peuvent également avec l'assistance de l'autorité judiciaire ou de l'autorité municipale.

* Voyez le *Manuel du Chasseur*, faisant partie de l'*Encyclopédie Roret.*

Ils le peuvent aussi quand ils assistent la force publique agissant pour l'exécution d'un mandat ou d'un jugement, et alors ils n'ont pas besoin d'être accompagnés par le juge de paix ou le maire. (*Arrêt du 12 juin 1834.*)

Voici à cet égard les dispositions de l'ordonnance du 29 octobre 1820 sur le service de la gendarmerie, qui s'applique à toute force publique :

Art. 184. La maison de chaque citoyen est un asile où la gendarmerie ne peut pénétrer sans se rendre coupable d'abus de pouvoir, sauf les cas déterminés ci-après.

1° Pendant le jour, elle peut y entrer pour un objet formellement exprimé par une loi, en vertu d'un mandat spécial de perquisition décerné par l'autorité compétente ;

2° Pendant la nuit, elle ne peut y pénétrer que dans les cas d'incendie, d'inondation ou de réclamation venant de l'intérieur de la maison. Dans tous les autres cas, elle doit prendre seulement, jusqu'à ce que le jour ait paru, les mesures indiquées à l'art. 185.

Le temps de nuit est ainsi réglé :

Du 1er octobre au 31 mars, depuis six heures du soir jusqu'à six heures du matin.

Du 1er avril au 30 septembre, depuis neuf heures du soir jusqu'à quatre heures du matin.

Art. 185. Lorsqu'il y a lieu de soupçonner qu'un individu, déjà frappé d'un mandat d'arrestation ou prévenu d'un crime ou délit pour lequel il n'y aurait pas encore de mandat décerné, s'est réfugié dans la maison d'un particulier, la gendarmerie peut seulement garder à vue cette maison ou l'investir, en attendant l'expédition des ordres nécessaires pour y pénétrer et y faire l'arrestation de l'individu réfugié. (*Voyez* FORÊTS, § 1er.)

PÉTIOLE. Petite queue qui soutient les feuilles ; des auteurs l'appellent aussi *pédicule*.

PIÈGES. § 1er. Pour assurer la destruction des animaux nuisibles, porte l'ordonnance du 24 juillet 1832, la chasse en est permise en tout temps, au moyen de pièges tendus avec les précautions convenables pour la sûreté des personnes.

Les lapins, sans être classés parmi les animaux nuisibles, sont cependant proscrits des bois bien gardés, et une circulaire du 31 juillet 1832 prescrit de les détruire, par quelque moyen que ce soit.

§ 2. Les fermiers des chasses dans les bois soumis au régime forestier, sont autorisés à se servir de toute sorte de pièges pour détruire les animaux nuisibles. Les instructions de l'administration forestière les rendent responsables des dommages que pourraient causer aux propriétés riveraines des forêts affermées, les animaux sédentaires tels que sangliers, cerfs, biches, chevreuils ou lapins.

PIGEONS. Le Code Nap. les déclare immeubles par destination quand ils occupent un colombier. (Art. 524.)

§ 1er. Tant que ces oiseaux restent dans le lieu qui leur est affecté, ils appartiennent au propriétaire du lieu, mais s'ils le quittent et vont s'établir dans un autre colombier, la loi suppose que l'ancien propriétaire a renoncé à la jouissance de ces oiseaux, et ils deviennent, par droit d'accession, la propriété du nouveau possesseur. (Art. 564.)

§ 2. La Cour de cassation a décidé que les pigeons n'étaient assimilés au gibier que pendant le temps où ils doivent être renfermés, et que celui qui les tue, quand ils peuvent être en liberté, attente à la propriété d'autrui, et commet, en s'en emparant, une soustraction frauduleuse, passible des peines de l'art. 401 du Code pénal.

§ 3. Pour déterminer le temps où les pigeons doivent être libres et respectés des chasseurs, et celui où ils doivent être renfermés ou considérés comme gibier, voici ce qui se pratique, en exécution de l'art. 2 de la loi du 4 août 1789. Le conseil municipal, dans sa séance annuelle, détermine les époques où les pigeons doivent être enfermés. Les maires font connaître cette délibération à leurs administrés, et à partir de l'époque fixée, chacun a le droit de tuer sur son terrain les pigeons qui s'y abattent.

S'il arrivait que les pigeons eussent commis des dégâts appréciables, et que le propriétaire en fût connu, il pourrait, sans doute, être actionné civilement en vertu des art. 1382 et 1383 du Code Nap.; mais quelle que soit la délibération du conseil municipal, les infractions qui y seraient faites ne pourraient être punies de peines de police, parce que la loi n'en prononce aucune, et que les arrêtés des administrations ne peuvent créer des peines.

La répression qui sort de la loi du 11 août 1789, c'est la mort des pigeons si l'on peut les tuer en flagrant délit, et la réparation civile s'il y a lieu ; mais toute citation devant le tribunal de police devrait être annulée. (*Arrêts des 13 août 1813, 27 juillet 1820, 27 septembre et 5 octobre* 1821.)

PIGEON BISET ou SAUVAGE. Il ne diffère du pigeon de colombier que par sa taille un peu plus petite, sa couleur plus bise et son croupion constamment d'un bleu cendré. Il arrive dans nos contrées en février et mars, vole en troupes, s'abat avec précaution et en tournant longtemps avant de se percher sur les futaies les plus touffues. Il niche sur les arbres, dans leur tronc, dans les trous de rochers, de bâtiments abandonnés, etc. Il repart en novembre, mais il en reste beaucoup pendant l'hiver dans nos départements méridionaux.

Ces oiseaux sont très-fins et fort difficiles à approcher ; mais comme ils préfèrent de certaines positions, ils viennent se percher presque toujours sur les mêmes arbres ; ou peut les y attendre à l'affût et les tuer à coups de fusils.

Il est un autre pigeon sauvage nommé *ramier*, à peu près de la grosseur d'un pigeon romain. Il arrive plus tôt que le biset et repart plus tard. Quelques-uns restent pendant l'hiver dans nos forêts, mais le plus grand nombre a disparu à la fin d'octobre ou au commencement de novembre. Cet oiseau est très-sauvage, extrêmement défiant, et encore plus difficile à approcher à portée du fusil. Il s'établit dans les forêts, les bois de haute futaie, et niche sur les arbres les plus élevés. Il se nourrit de glands, de faînes, de fraises, qu'il aime beaucoup, et, à leur défaut, de grains. On ne peut guère surprendre les ramiers qu'à l'affût.

PIN. Voyez SAPIN.

PISTIL. C'est l'organe femelle des fleurs, qui en occupe ordinairement le centre. C'est là où se trouve la graine.

PIVOT. C'est une racine qui s'enfonce perpendiculairement sous l'arbre au lieu de tracer horizontalement.

PLANT. On appelle ainsi les jeunes arbres qui poussent de graine dans les bois, tels que le chêne, le hêtre, le bouleau, les poiriers et pommiers sauvages et autres. L'enlèvement du plant est un délit puni par l'art. 195 du Code forestier, d'une amende de 10 fr. au moins, et de 300 fr. au plus. Si le délit a été commis dans un semis ou plantation de main d'homme, il doit être puni en outre d'un emprisonnement de 15 jours à un mois.

PLAQUE. Tout voiturier qui parcourt une route impériale ou départementale, est obligé d'avoir à sa voiture une plaque indiquant son nom et sa demeure. Il suffit qu'il soit constaté par un procès-verbal que le contrevenant a circulé sans plaque, pour que le conseil de préfecture ne puisse se dispenser d'appliquer la peine prévue par le décret du 25 juin 1806. Ainsi jugé par le conseil d'État, le 6 mai 1856. (*Voyez* Roulage.)

On ne doit pas considérer comme voiture d'agriculture celle qui transporte des denrées d'une ferme à une commune voisine. Mais il n'en est pas de même de celle qui transporterait chez le propriétaire, dans une commune voisine, du bois provenant de sa ferme. Le défaut de plaque dans le premier cas est une contravention ; dans le second, la plaque n'est pas nécessaire. Il n'est pas douteux que la décision ne fût la même en cas de transport de blé, avoine, paille, foin, portés de la ferme à l'habitation du propriétaire dans une commune voisine.

Il suffit qu'un propriétaire de voitures de roulage ait fait transporter des objets destinés au commerce sur une voiture sans plaque, pour qu'il soit passible des peines prévues par l'art. 34 du décret du 23 juin 1806. (*Ordonnance du 31 janvier 1838*).

L'enregistrement des procès-verbaux n'est pas nécessaire. (*Ordonnance de 1836, et du 22 février 1838.*)

PLATANE. On en connaît deux espèces, celui du Levant et celui de Virginie ; l'un et l'autre ont cela de singulier qu'ils se dépouillent de leur écorce ; elle se détache par plaques, cela suffit pour les distinguer de tous les autres arbres. Les platanes, au surplus, sont de beaux et grands arbres qui ne viennent pas encore dans nos forêts ; on les élève en pépinière pour en faire des avenues ou pour les placer dans des groupes de jardins.

PLIE. Poisson plat qui monte de la mer dans la Loire. La pêche en est toujours permise.

PLONGEON. Les plongeons en général sont d'excellents nageurs et plongent avec une vivacité surprenante, mais ils marchent très-mal, et volent avec pesanteur. Ils se nourrissent d'insectes aquatiques, de coquillages et de petits poissons. On en trouve plusieurs espèces sur nos côtes, nos rivières et nos étangs, mais toutes fort difficiles à chasser.

Le caractère générique de ces oiseaux aquatiques est d'avoir quatre doigts, dont les trois de devant sont palmés et celui de derrière séparé.

On divise les plongeons en grands et petits. Le grand a 853 millimètres du bec à l'extrémité des doigts ; le petit n'a guère que 677 millimètres.

PLUVIER. Oiseau de passage : il a trois doigts par devant dénués de membrane, et n'en a pas par derrière ; la partie inférieure des jambes ou des cuisses est garnie de plumes ; le bec est droit, court et renflé vers le bout. Il arrive en automne à l'époque des pluies, d'où lui vient son nom. Sa longueur est d'environ 271 millimètres. Il n'a pas d'aigrette ; le dessus de son corps est d'un brun noirâtre tacheté de jaune et de gris blanc ; il a le tour des yeux et le menton blancs ; les côtés de la tête, le cou et les flancs pareils au dessus du corps, mais d'une nuance plus pâle ; le milieu du ventre d'un blanc sale ; les grandes pennes des ailes noirâtres ; la queue rayée de jaune sombre et de noirâtre ; le bec et les pieds noirs.

Le grand pluvier, vulgairement appelé *courlis de terre*, est l'oiseau qu'on entend le soir à la campagne répéter incessamment le mot *courlis* ; il est de la grosseur d'un poulet parvenu à la moitié de sa crue ; il a 433 millimètres de longueur et 704 d'envergure ; les yeux sont gros et saillants, l'iris et la paupière jaunes ; au-dessous de l'œil est un espace nu d'un jaune verdâtre ; c'est aussi la couleur du bec dans les deux tiers de sa longueur.

PLUVIER DORÉ. Il est à peu près de la grosseur d'une tourterelle ; son envergure est d'environ 487 millimètres ; sa longueur, du bec au bout de la queue, 271 millimètres. L'iris est d'un rouge obscur ; le plumage supérieur est plus ou moins parsemé de taches rondes couleur d'or ; le tour des yeux est blanc ; la gorge est blanchâtre, tachetée de gris-brun et de jaunâtre, le ventre et le haut des cuisses blancs. Il y en a de couleurs très-vives, d'autres qui le sont moins, d'autres qui ont le ventre presque noir. Ces différences paraissent provenir de l'âge.

POIDS ET MESURES. Les gardes champêtres, les fonctionnaires publics et les marchands ne peuvent, depuis le 1er janvier 1840, faire usage, ou énoncer dans les actes que les poids et mesures reconnus par la loi. Mais il leur est loisible de les énoncer comme ils l'entendent, c'est-à-dire qu'ils peuvent prendre, pour calculer les distances, le mètre aussi bien que les autres dénominations. On dirait aussi bien : dix mille mètres, mille mètres, cent mètres, dix mètres, qu'un myriamètre, un kilomètre, un hectomètre, un décamètre. Voyez la loi du 8 juillet 1837, qui remet en vigueur celle du 18 germinal an III ; elle porte entre autres dispositions.

Art. 4. Ceux qui auront des poids et mesures autres que ceux légalement reconnus, dans leurs magasins, boutiques, ateliers ou maisons de commerce, ou dans les halles, foires ou marchés, seront punis, comme ceux qui les emploieront, conformément à l'art. 479 du Code pénal.

Art. 5. A compter de la même époque, toutes dénominations de poids et mesures autres que celles portées dans le tableau annexé à la présente loi, et établies par la loi du 18 germinal an III, sont interdites dans les actes publics ainsi que dans les affiches et annonces.

Elles sont également interdites dans les actes sous seing privé, les registres du commerce et autres écritures privées produits en justice.

Les officiers publics contrevenants seront passibles d'une amende de vingt francs, qui sera recouvrée sur contrainte, comme en matière d'enregistrement.

L'amende sera de 10 francs pour les autres contrevenants ; elle sera perçue *pour chaque acte ou écriture sous signature privée* ; quant aux registres de commerce, ils ne donneront lieu qu'à une seule amende pour *chaque contestation* dans laquelle ils seront produits.

Art. 6. Il est défendu aux juges et arbitres de rendre aucun jugement ou décision en faveur des particuliers, sur des *actes*, *registres* ou *écrits* dans lesquels les dénominations interdites par l'article précédent auraient été insérées, avant

Gardes champêtres. 19

que les amendes encourues aux termes dudit article aient été payées.

Art. 7 Les vérificateurs des poids et mesures constateront les contraventions prévues par les lois et règlements concernant le système métrique des poids et mesures.

Art. 8. Une ordonnance royale réglera la manière dont s'effectuera la vérification des poids et mesures.

Tableau des mesures légales. (Loi du 18 germinal an III.)

NOMS SYSTÉMATIQUES.	VALEUR.	OBSERVATIONS.
Mesures de longueur.		
Myriamètre . .	Dix mille mètres.	
Kilomètre. . .	Mille mètres.	
Hectomètre. .	Cent mètres.	
Décamètre. . .	Dix mètres.	
MÈTRE. . . .	*Unité fondamentale des poids et mesures* (dix millionième partie du quart du méridien terrestre). (1)	(1) L'étalon prototype en platine, déposé aux archives le 4 messidor an VII, donne la longueur légale du mètre quand il est à la température de zéro.
Décimètre. . .	Dixième du mètre.	
Centimètre. .	Centième du mètre.	
Millimètre. . .	Millième du mètre.	
Mesures agraires.		
Hectare. . . .	Cent ares ou dix mille mètres carrés	
ARE.	Cent mètres carrés, carré de dix mètres de côté.	
Centiare. . . .	Centième de l'are ou mètre carré.	
Mesures de capacité pour les liquides et les matiéres sèches.		
Kilolitre. . . .	Mille litres.	

NOMS SYSTÉMATIQUES.	VALEUR.	OBSERVATIONS.
Hectolitre. . .	Cent litres.	
Décalitre. . .	dix litres.	
LITRE.	Décimètre cube.	
Décilitre. . . .	dixième du litre.	
Mesures de so-lidité.		
Décastère. . .	Dix stères.	
STÈRE.	Mètre cube.	
Décistère. . .	Dixième du stère.	
Poids.		
. . . .	Mille kilogrammes, poids du mètre cube d'eau et du tonneau de mer. (1)	(1) Pour les chemins de fer et les canaux, les tarifs offi-ciels ont adop-té l'expression de *tonne* pour les 1000 kilo-grammes.
. . . .	Cent kilogrammes, quin-tal métrique.	
KILOGRAMME. .	Mille grammes, poids dans le vide d'un décimètre cube d'eau distillée à la température de quatre degrés centigrades. (2)	
Hectogramme .	Cent grammes.	(2) L'étalon prototype en platine, dépo-sé aux archives le 4 messidor an VII, donne dans le vide le poids légal du kilogramme.
Décagramme. .	Dix grammes.	
GRAMME. . . .	Poids d'un centimètre cu-be d'eau à quatre degrés centigrades.	
Décigramme. .	Dixième du gramme.	
Centigramme..	Centième du gramme.	
Milligramme. .	Millième du gramme.	
Monnaie.		
FRANC.	Cinq grammes d'argent au titre de neuf dixièmes de fin.	
Décime. . . .	Dixième du franc.	
Centime. . . .	Centième du franc.	

Conformément à la disposition de la loi du 18 germinal an III, concernant les poids et mesures de capacité, chacune des mesures décimales de ces deux genres a son *double* et sa *moitié*.

On proposait à la Chambre des Députés d'adopter d'autres fractions, et d'autoriser notamment le quart et le huitième : mais ce retour indirect aux inconvénients du décret de 1812 a été rejeté ; il résulte seulement de la discussion qu'on peut employer la dénomination de *quart*, parce qu'elle est décimale ; ainsi, l'on peut vendre et livrer un quart d'hectolitre, ce qui fait 25 litres ; un quart de mètre, ce qui fait 25 centimètres, et ainsi des autres mesures. *

Les gardes champêtres qui, dans leurs tournées de police, découvrent chez les cabaretiers des mesures illégales, doivent en informer l'autorité publique.

POIRIER SAUVAGE. Cet arbre si connu par son fruit, vient de graine dans les forêts ; bien des maraudeurs vont l'arracher en plant pour le vendre aux pépiniéristes ; ils l'enlèvent même quand il a 81 à 108 millimètres de circonférence, pour être greffé en fente dans les pays où l'on cultive les poires à cidre. Cet enlèvement se fait la nuit, en automne, et quelquefois en plein jour ; et cependant il est un délit, soit qu'on arrache le plant, soit qu'on arrache l'arbuste, soit même qu'on se borne à cueillir des fruits pour en faire des boissons.

POISSONS. Pour que les gardes puissent plus facilement les reconnaître, on a, au nom de chaque espèce, donné sa description, en telle sorte qu'il suffit d'y recourir pour éviter les méprises. (Voyez *Alose, Brochet, Éperlan, Saumon, Tanche, Truite*, etc., etc.)

POLICE RURALE. Tout délit rural, ci-après mentionné, sera punissable d'une amende ou d'une détention, soit municipale, soit correctionnelle, ou de détention et d'amende réunies, suivant les circonstances et la gravité du délit, sans préjudice de l'indemnité qui pourra être due à celui qui aura souffert le dommage. Dans tous les cas, cette indemnité sera payable par préférence à l'amende. L'indem-

* Pour plus de renseignements, voir le *Manuel des Poids et Mesures*, par M. Tarbé, faisant partie de l'*Encyclopédie-Roret*.

nité et l'amende sont dues solidairement par les délinquants. (Art. 3.)

Les moindres amendes seront de la valeur d'une journée de travail au taux du pays, déterminée par le conseil général du département. Toutes les amendes ordinaires qui n'excéderont pas la somme de trois journées de travail, seront doubles en cas de récidive dans l'espace d'une année, ou si le délit a été commis avant le lever ou après le coucher du soleil ; elles seront triples quand les deux circonstances précédentes se trouveront réunies ; elles seront versées dans la caisse de la municipalité du lieu du délit. (Art. 4.)

Le défaut de paiement des amendes et des dédommagements ou indemnités n'entraînera la contrainte par corps que vingt-quatre heures après le commandement. La détention remplacera l'amende à l'égard des insolvables, mais sa durée en commutation de peine ne pourra excéder un mois. Dans les délits pour lesquels cette peine n'est point prononcée, et dans les cas graves où la détention est jointe à l'amende, elle pourra être prolongée du quart du temps prescrit par la loi. (Art. 5.)

Les maris, pères, mères, tuteurs, maîtres, entrepreneurs de toute espèce, seront civilement responsables des délits commis par leurs femmes et enfants, pupilles, mineurs, n'ayant pas plus de vingt ans et non mariés, domestiques, ouvriers, voituriers et autres subordonnés. L'estimation du dommage sera toujours faite par le juge de paix ou ses assesseurs, ou par des experts par eux nommés. (Art. 7.)

Les domestiques, ouvriers, voituriers ou autres subordonnés seront, à leur tour, responsables de leurs délits envers ceux qui les emploient. (Art. 8.)

Toute personne qui aura allumé du feu dans les champs plus près que 100 mètres des maisons, bois, bruyères, vergers, haies, meules de grains, de paille ou de foin, sera condamné à une amende égale à la valeur de douze journées de travail, et paiera en outre le dommage que le feu aura occasionné. Le délinquant pourra de plus, suivant les circonstances, être condamné à la détention de police municipale. (Art. 10.)

Celui qui entrera à cheval dans les champs ensemencés, si ce n'est le propriétaire ou ses agents, paiera le dommage et une amende de la valeur d'une journée de travail : l'amende sera double si le délinquant y est entré en voiture. Si les blés sont en tuyaux, et que quelqu'un y entre même à pied, ainsi que dans toute autre récolte pendante, l'amende sera au moins de la valeur de trois journées de travail, et pourra être d'une somme égale à celle due pour dédommagement au propriétaire. (Art. 27.)

Si quelqu'un, avant la maturité, coupe ou détruit de petites parties de blé vert, ou d'autres productions de la terre, sans intention manifeste de les voler, il paiera en dédommagement au propriétaire une somme égale à la valeur que l'objet aurait eue dans sa maturité ; il sera condamné à une amende égale à la somme du dédommagement, et il pourra l'être à la détention de police municipale. (Art. 28.)

Quiconque sera convaincu d'avoir dévasté les récoltes sur pied, ou abattu des plants venus naturellement, ou faits de main d'homme, sera puni d'une amende double du dédommagement dû au propriétaire, et d'une détention qui ne pourra excéder deux années. (Art. 29.)

Toute personne convaincue d'avoir, de dessein prémédité, méchamment, sur le territoire d'autrui, blessé ou tué des bestiaux ou chiens de garde, sera condamné à une amende qui ne pourra excéder le quart des dommages-intérêts, ni être au-dessous de 16 francs ; elle pourra en outre être condamnée à un emprisonnement de six jours au moins et de six mois au plus. (Art. 31.)

Quiconque maraudera, dérobera des productions de la terre qui peuvent servir à la nourriture des hommes, ou d'autres productions utiles, sera condamné à une amende égale au dédommagement dû au propriétaire ou fermier ; il pourra aussi, suivant les circonstances du délit, être condamné à la détention de police municipale. (Art. 34.)

Pour tout vol de récolte fait avec des paniers ou des sacs, ou à l'aide des animaux de charge, l'amende sera du double du dédommagement, et la détention, qui aura toujours lieu, pourra être de trois mois, suivant la gravité des circonstances. (Art. 35.)

Conformément au décret sur les fonctions de la gendarmerie, tout dévastateur des bois, des récoltes, ou chasseur masqué, pris sur le fait, pourra être saisi par tout gendarme, sans aucune réquisition d'officier civil. (Art. 39.)

Les cultivateurs ou tous autres qui auront dégradé ou détérioré, de quelque manière que ce soit, des chemins publics, ou usurpé sur leur largeur, seront condamnés à la réparation ou à la restitution, et à une amende qui ne pourra être moindre de trois francs, ni en excéder vingt-quatre. (Art. 40.)

Tout voyageur qui déclora un champ pour se faire un passage dans sa route, paiera le dommage fait au propriétaire, et de plus une amende de la valeur de trois journées de travail, à moins que le juge de paix du canton ne décide que le chemin public était impraticable; et alors les dommages et les frais de clôture seront à la charge de la communauté. (Art. 41.)

Le voyageur qui, par la rapidité de sa voiture ou de sa monture, tuera ou blessera des bestiaux sur les chemins, sera condamné à une amende égale à la somme du dédommagement dû au propriétaire des bestiaux. (Art 42.)

Quiconque aura coupé ou détérioré des arbres plantés sur les routes, sera condamné à une amende du triple de la valeur des arbres, et à une détention qui ne pourra excéder six mois. (Art. 43.)

POMMIER SAUVAGE. Même observation que sur les *Poiriers*. (Voyez ce mot.)

POSSESSION ANNALE est celle du propriétaire apparent, qui, depuis une année entière, jouit publiquement, paisiblement et à titre non précaire et pour lui, d'un immeuble ou portion d'immeuble; elle peut être constatée par témoins, par procès-verbaux, par travaux, culture, etc.

POUDRE DE CHASSE. *Voyez* Chasse.

POULE D'EAU. Oiseau aquatique, dont le caractère est d'avoir quatre doigts, trois devant, un derrière, garnis dans toute leur longueur de membranes fendues et simples; le bec est droit et pointu, le bas de la cuisse dégarni de plumes, le front nu. Elle est de la grosseur d'un poulet de six mois; sa longueur est de 393 millimètres; sa tête, sa gorge et le devant de son cou sont noirâtres; le ventre est d'un cendré foncé, avec quelques nuances blanches à l'extrémité des plumes; le dessus du corps d'un brun olivâtre. Elle a

sur le front une membrane s'étendant depuis la base du bec
jusqu'au sommet de la tête, d'un rouge vif.

Cet oiseau habite le bord des rivières et des étangs, et
fréquente quelquefois les marais où il se nourrit de vers,
d'insectes et de plantes aquatiques. Le jour il se tient caché
dans les roseaux, d'où il sort le soir pour se promener sur
l'eau. Dès que les froids se font sentir et que les étangs me-
nacent de se geler, les poules d'eau quittent les montagnes
pour gagner la plaine et les grandes rivières, où le froid est
moins rigoureux. Dès les premiers jours du printemps, elles
retournent dans les lieux qui les ont vu naître. La femelle
construit son nid dans les roseaux ; elle y pond de cinq à
huit œufs d'un blanc jaunâtre, tachetés irrégulièrement de
brun rougeâtre.

POURSUITES. § 1er. Les délits de chasse, commis dans
les bois de particuliers, doivent être dénoncés par les propriétaires au procureur impérial de l'arrondissement, ou au
juge de paix du canton ; ils peuvent aussi traduire eux-
mêmes les délinquants devant les tribunaux correctionnels,
sauf au procureur impérial à prendre ses conclusions pour
la vindicte publique ; ils ont le délai d'un mois pour rendre
plainte ou pour faire assigner.

§ 2. La prescription est d'un mois, mais elle n'est acquise
qu'autant qu'aucun acte de poursuite ou d'instruction n'a
été fait pendant ce délai. L'assignation donnée au prévenu
suffit pour l'interrompre. (*Arrêt du 26 novembre* 1829.) Il
suffit même qu'il y ait eu procès-verbal et affirmation. (*Arrêt du* 28 *décembre* 1809.)

Si les délits ont été commis dans les forêts de la couronne,
l'action ne se prescrit que par trois mois. (*Arrêts des 2 juin*
1814 *et 30 mai* 1822.) (*Voyez* PROCÈS-VERBAUX. *Voyez
aussi* FORÊTS, § 2.)

PRAIRIES. Les prairies sont de deux espèces, toutes deux
interdites à moins de permission expresse : les prés naturels
et les artificiels. Tout le monde connaît les premières, il n'en
est pas encore de même des autres ; il y a bien des pays
encore où l'on ne voit ni champs de trèfle, de sainfoin, de
luzerne, de raygrass, de trèfle-incarnat ; ni champs de pois,
de carottes, de navets, qui ne sont pas positivement des
prairies artificielles , mais qui en tiennent lieu pour la nour-

riture des bestiaux et pour l'amélioration du sol. Toutes ces récoltes sont confiées à la vigilance des gardes champêtres et des gardes particuliers.

Les prairies étant de leur nature en état de production permanente, doivent en tout temps, être considérées comme chargées de récoltes ; en conséquence, celui qui passe avec une voiture attelée d'animaux de trait sur un pré, même après qu'il a été fauché, se rend coupable d'un délit qui peut être suivi par voie d'action publique.

PRESCRIPTION. *Voyez* POURSUITES, § 2.

PROCÈS-VERBAUX. Indépendamment de ce que nous avons dit section 1re, § 3 et 5, des procès-verbaux en général, nous devons ici dire quelques mots sur l'effet et la force de ces actes.

En principe, ceux des gardes forestiers et gardes-pêche font foi de ce qu'ils contiennent en fait, jusqu'à inscription de faux.

Ceux des gardes champêtres et gardes-chasse font foi jusqu'à preuve contraire.

Il s'ensuit que les premiers, quand ils sont réguliers en la forme, entraînent toujours une condamnation en cas de délit ou de contravention. Au criminel c'est différent ; ils peuvent être combattus par la preuve testimoniale ou par d'autres preuves.

Les procès-verbaux des gardes champêtres et des gardes-chasse ou gardes particuliers ne peuvent point être l'objet d'une inscription de faux ; s'il apparaissait qu'ils fussent faux, ce serait au ministère public à en poursuivre les auteurs. On pourrait seulement les combattre par la preuve contraire.

Les gardes forestiers sont tenus de remettre leurs procès-verbaux à leurs supérieurs dans les trois jours au plus tard, y compris celui où ils ont reconnu le fait sur lequel ils ont procédé. (*Arrêt du 4 mai 1811.*)

Les gardes champêtres des communes et les gardes particuliers ont un délai semblable pour les remettre au procureur impérial, au commissaire de police ou au juge de paix.

Voici ce que contient à cet égard le Code d'Instruction criminelle, art. 20 et 21.

Art. 20. Les procès-verbaux des gardes champêtres des communes, et ceux des gardes champêtres et forestiers des particuliers, seront, lorsqu'il s'agira de simples contraventions, remis par eux, dans le délai fixé par l'art. 15, au commissaire de police de la commune chef-lieu de la justice de paix, ou au maire, dans les communes où il n'y a point de commissaire de police ; et lorsqu'il s'agira d'un délit de nature à mériter une peine correctionnelle, la remise sera faite au procureur impérial.

Art. 21. Si le procès-verbal a pour objet une contravention de police, il sera procédé par le commissaire de police de la commune chef-lieu de la justice de paix, par le maire ou à son défaut par l'adjoint au maire dans les communes où il n'y a point de commissaire de police , ainsi qu'il sera réglé au chapitre 1er, titre 1er du livre II du présent Code.

Mais les gardes des bois de particuliers ont le délai d'un mois à dater de l'affirmation de leurs procès-verbaux pour les remettre au procureur impérial ou au juge de paix, suivant leur compétence respective. Le Code forestier, article 191, déroge ici aux dispositions du Code d'Instruction qu'il a confirmées dans le précédent article ; la raison est facile à saisir. Partout où il s'agit de l'intérêt public on maintient les dispositions du Code ; quand il s'agit des intérêts particuliers on laisse plus de temps. Cela n'empêcherait pas un propriétaire de remettre de suite un procès-verbal de son garde et de poursuivre immédiatement. Le délai a été fixé en sa faveur ; il peut y renoncer, et le délinquant ne serait pas reçu à se plaindre de la diligence de la partie plaignante.

Les procès-verbaux sont rédigés sur papier visé pour valoir timbre quand ils émanent de gardes champêtres ou forestiers , ou autres , ayant agi dans l'intérêt public ; mais ceux des gardes particuliers doivent être sur papier timbré de 50 centimes. (Voyez *Enregistrement*.)

Rien ne s'oppose à ce que la même feuille en contienne plusieurs, pourvu que l'affirmation soit faite dans les vingt-quatre heures. (*Arrêt du* 10 *février* 1838.)

Les gardes forestiers qui ne peuvent écrire en entier leurs procès-verbaux, peuvent les faire écrire par une personne qui a leur confiance ; c'est alors l'affirmation qui leur donne l'authenticité. (*Arrêt du 8 juin* 1829.)

Les gardes champêtres ou forestiers doivent s'abstenir d'arrêter les délinquants. (Voyez *Chasse.* § 1er.)

Le formulaire suivant peut être utile à tous les gardes champêtres qui ne sont pas encore au courant de leurs fonctions.

Procès-verbal avec mise en fourrière.

(*Si une vache, quoique connue du garde, est laissée à l'abandon, ou si elle est inconnue au garde, et qu'elle soit aussi abandonnée, le garde procède et rédige son procès-verbal ainsi :*

L'an, etc...., passant au lieu dit...., j'ai trouvé...., dans une pièce de terre, etc., une vache sous poil noir, qui paissait dans ladite pièce de terre, que j'ai reconnue pour appartenir au sieur M...., cultivateur en cette commune, mais qui n'était sous la garde de personne.

(*Ou bien*) j'ai trouvé, etc., une vache sous poil noir, qui paissait sans aucun gardien dans ladite pièce de terre, et dont le propriétaire m'est inconnu.

J'ai évalué le dégât causé par cette vache à la somme de....; j'ai saisi cette vache, et l'ai conduite et mise en séquestre dans la maison du sieur...., aubergiste en cette commune, désigné par arrêté de M. le maire, pour recevoir les animaux et objets mis en fourrière.

Ledit sieur a consenti à s'en charger comme dépositaire judiciaire, et s'est engagé à la représenter quand et ainsi qu'il en serait ordonné par justice.

De ce que dessus j'ai dressé le présent procès-verbal, qui a été signé par moi et par le sieur...., séquestre, auquel j'en ai préalablement donné lecture en ce qui le concerne.

(Le garde procède de même dans tous les cas où la loi prescrit le séquestre ; dans ceux où le délinquant ne veut pas faire cesser le dégât causé par ses bestiaux ; ou enfin dans ceux où le garde doute de la sincérité des réponses faites par le délinquant sur ses nom et demeure, ou sur la désignation du maître des bestiaux en délit.)

Procès-verbal avec perquisition.

L'an, etc...., en passant au lieu dit...., j'ai reconnu

qu'on avait arraché et enlevé dans une pièce de terre plantée en pommes de terre, et appartenant au sieur L...., cultivateur en cette commune, environ deux hectolitres de pommes de terre, que j'ai évalués à la somme de ...; la quantité des pommes de terre enlevées m'a fait présumer que, pour les emporter, on avait dû se servir de panier, sac ou bête de somme; j'ai également présumé que le vol s'était fait pendant la nuit dernière, parce que j'ai été instruit qu'hier soir, lorsque le sieur L.... avait quitté sa pièce de terre, le vol n'avait pas encore été commis, et que le sieur L.... avait découvert le vol ce matin, dès la pointe du jour.

Averti que, vers deux heures du matin, on avait aperçu un individu chargé d'un sac fort lourd, et qu'on l'avait vu entrer dans la maison habitée par Pierre N...., cultivateur en cette commune, j'ai de suite requis M...., juge de paix du canton de.... (*ou*) maire, (*ou*) adjoint au maire, (*ou*) commissaire de police de la commune de ..., de m'assister dans ladite maison. M ... ayant obtempéré à ma réquisition, je me suis transporté au domicile de Pierre N...., dont la porte ne nous a été ouverte par Pierre N.... lui-même qu'après que j'ai eu frappé à plusieurs reprises *.

J'ai déclaré à Pierre N.... quel était l'objet de mon transport, et que j'allais, en présence de M. le juge de paix, (*ou*) maire, (*ou*) adjoint, (*ou*) commissaire de police, faire une perquisition dans sa maison, ce à quoi il a consenti.

Par l'effet de cette perquisition, j'ai trouvé dans une salle au rez-de-chaussée, et caché derrière un buffet, un grand sac de toile, dont l'intérieur était encore empreint de terre humide.

J'ai aussi trouvé, dans un petit cellier derrière des planches, des pommes de terre fraîchement arrachées, qui

---

* S'il n'y avait personne, ou que le prévenu refusât l'ouverture de sa maison, le garde champêtre ferait ouvrir les portes par un serrurier, qu'il requerrait à cet effet, et le procès-verbal ferait mention du tout. S'il y avait résistance de la part du prévenu, le maire ou le garde requerrait l'assistance de la force publique, et la résistance serait constatée.

étaient encore couvertes de terre humide, et qui m'ont paru être de même qualité que les pommes de terre enlevées de la pièce du sieur L....

Interpellé par moi, de déclarer d'où lui proviennent ces pommes de terre, Pierre N.... m'a répondu qu'à la vérité il n'avait pas, cette année, récolté de pommes de terre, mais qu'il avait acheté celles-ci au dernier marché de...., qu'il ne connaissait pas l'individu qui les lui avait vendues, et que personne n'était présent lors de l'achat qu'il en avait fait.

J'ai pris plusieurs de ces pommes de terre ; je me suis rendu sur la pièce de terre du sieur L...., et là, en présence de M. le juge de paix, (*ou*) maire, (*ou*) adjoint, (*ou*) commissaire de police qui a continué de m'assister, et de Pierre N...., prévenu, qui m'avait volontairement suivi sur la sommation que je lui en avais faite, j'ai comparé ces pommes de terre avec des pommes de terre que j'ai extraites moi-même de ladite pièce de terre, et j'ai reconnu que les unes et les autres étaient de mêmes nature, espèce et qualité.

(Si le garde n'a pas les connaissances suffisantes pour faire lui-même la vérification, il appellera un expert, auquel il fera préalablement prêter serment, formalité qu'il exprimera.)

Revenu à la maison de Pierre N.... pour mettre la justice à portée de renouveler cette vérification, j'ai conservé pour échantillon les pommes de terre par moi-même extraites de la pièce de terre du sieur L...., et les ai renfermées dans un petit sac de toile grise, que j'ai clos et étiqueté, et que M. le juge de paix, (*ou*) maire, (*ou*) adjoint, (*ou*) commissaire de police a scellé du sceau de la justice de paix (*ou*) de la mairie.

Quant aux pommes de terre trouvées chez Pierre N...., je les ai renfermées dans un grand sac de toile grise que j'ai également clos et étiqueté, et M. le juge de paix, (*ou*) maire, (*ou*) adjoint, (*ou*) commissaire de police a apposé le sceau de la justice de paix, (*ou*) de la mairie, tant sur ce second sac que sur le sac trouvé derrière le buffet, pour le tout servir de pièce de conviction, et être déposé entre les mains du sieur L...., aubergiste en cette commune, désigné par M. le maire pour recevoir les animaux et objets mis en fourrière ou séquestrés.

Comme j'allais me retirer, le nommé Pierre N.... m'a avoué, en présence de M. le juge de paix, (*ou*) maire, (*ou*) adjoint, (*ou*) commissaire de police, qu'il avait en effet eu le malheur de prendre, pendant la nuit dernière, dans la pièce de terre du sieur L...., les pommes de terre trouvées chez lui, et que pour cet enlèvement il s'était servi du sac trouvé derrière son buffet. De ce que dessus, j'ai dressé le présent procès-verbal, qui a été clos à.... heures de...., dont j'ai donné lecture audit Pierre N...., et qui a été signé à chaque feuillet par M. le juge de paix, (*ou*) maire, (*ou*) adjoint, (*ou*) commissaire de police, et par moi. Quant au sieur Pierre N...., il a déclaré ne savoir signer, de ce interpellé suivant la loi.

Nota. Le garde champêtre n'oubliera pas de mettre les noms, prénoms, professions et demeures des parties qui sont connues, et fera timbrer et *enregistrer en debet* [*] son procès-verbal. Il se fera remettre, par le séquestre, un reçu détaillé des pièces de conviction déposées, et le joindra au procès-verbal.

Procès-verbal pour un délit commis dans une pièce de terre ensemencée, par une personne inconnue.

Aujourd'hui...., mai, an...., dix heures du matin, je soussigné...., garde champêtre de la commune de...., reçu et assermenté, certifie que, faisant ma ronde ordinaire, j'ai remarqué qu'il y avait été commis, la nuit dernière, un délit assez considérable dans une pièce de blé appartenant au sieur...., cultivateur en cette commune, située lieu d...., lequel délit m'a paru avoir été fait par un troupeau de moutons, et consiste dans environ .... ares de blé qui sont mangés, et qui peuvent être de la valeur de...., et n'ayant pu découvrir les auteurs de cette contravention, j'en ai dressé le présent procès-verbal, pour servir et valoir ce que de raison.

---

[*] *Enregistrer en debet*, c'est la règle générale ; elle souffre cependant des exceptions. Voyez *Enregistrement*, § 3, une ordonnance de 1838, qui dispense de l'enregistrement les procès-verbaux sur la police du roulage. Voyez aussi le *Manuel de l'Enregistrement*, par M. Biret, faisant partie de l'Encyclopédie-Roret.

Fait de retour en ma demeure, lesdits jour et an.
(*Signature.*)

Modèle de rapport pour délits de bestiaux dans une pièce ensemencée.

L'an...., le.... jour de.... vers les... heures du...., je soussigné R...., garde champêtre de la commune de..., résidant à...., faisant ma tournée ordinaire pour la conservation des grains du territoire confié à ma garde, et étant dans le chemin conduisant de.... à...., certifie avoir trouvé un troupeau de vaches qui pâturait en liberté dans une pièce de terre semée en...., et appartenant à.... Ayant aperçu au même instant la nommée ...., servante chez le sieur N...., fermier à...., je lui ai demandé à qui appartenaient les vaches; à quoi elle a répondu qu'elles étaient au sieur N.... son maître; qu'elles entraient à l'instant dans la pièce, qu'elle se préparait à les en chasser, etc.

L'ayant aussitôt sommée de faire retirer ses vaches, ce qu'elle a fait, j'ai reconnu, après les avoir comptées, qu'elles étaient au nombre de...., et que le dommage par elles causé à la pièce de luzerne s'étendait sur environ.... mètres, etc.

(*Ou bien*) certifie avoir trouvé...., fille de...., journalier, demeurant à...., qui conduisait deux vaches attachées à une corde, qu'elle faisait paître dans un pré non fauché, appartenant au sieur...., situé lieu d...., lesquelles vaches pouvaient avoir fait dommage au pré pour la somme d'environ...., etc.

De quoi j'ai dressé le présent rapport pour servir et valoir ce que de raison, etc.

Procès-verbal de saisie de chevaux trouvés en délit.

L'an...., le...., certifie avoir vu et trouvé trois chevaux, dont l'un poil blanc et les deux autres poil noir, plus, deux mulets de poil également noir, lâchés et paissant en liberté dans la pièce dite...., ensemencée en...., et appartenant à....; m'étant approché d'eux et n'ayant trouvé personne employé à leur garde, je les ai conduits au village

de...., où je les ai mis en séquestre chez N ..., qui a
consenti de s'en charger à titre de dépôt judiciaire, pour
les représenter quand il serait ordonné par justice ; et N...,
a signé avec moi, pour sa reconnaissance, le présent procès-
verbal.

Pour violation de clôture.

L'an...., le...., certifie avoir vu et trouvé un particulier passant à pied (ou à cheval) à travers la pièce dite....,
ensemencée en blé et défendue de tous côtés par une haie
vive (ou) sèche. Ayant couru au-devant de ce particulier
et l'ayant attendu à l'endroit où il devait sortir de la pièce,
je l'ai reconnu pour être le sieur L..... demeurant à....
Sur la demande à lui faite pourquoi il s'était ainsi permis
de passer à travers une pièce ensemencée et d'en violer la
clôture, le sieur L.... m'a répondu, etc. Je lui ai, en
conséquence, déclaré que j'allais en faire mon rapport, que
j'ai en effet rédigé les jour et an susdits.

Pour vol de fruits.

L'an, etc., certifie avoir aperçu un particulier vêtu
de...., lequel étant entré dans la vigne qui borde le chemin et appartenant à...., se mit à y prendre des raisins, etc. M'étant aussitôt avancé vers lui, le particulier a
pris la fuite ; mais étant parvenu à l'atteindre, je l'ai sommé
de déclarer ses nom, profession et demeure, ce qu'il a refusé.

(*Ou bien*) ce particulier m'a dit se nommer...., demeurant à....

L'ayant pareillement sommé de me suivre à l'instant chez
le juge de paix du canton, il m'a prié de l'en dispenser,
offrant de consigner en mes mains la somme de.... pour
cautionnement des indemnités et amendes qu'il pouvait
avoir encourues. A quoi obtempérant, je l'ai laissé aller en
liberté, après qu'il m'a eu consigné la somme de ... que
j'ai de fait reçue, pour la rapporter aussitôt au greffe du
tribunal.

(*Ou bien*) je l'ai sommé de me déclarer à l'instant ses
nom, qualité et domicile, ce qu'il a refusé ; l'ayant pareil-

ablement sommé de me suivre à l'instant chez le juge de paix du canton, et ce particulier ayant pareillement refusé, et même tenté de s'évader de force, je me suis saisi de son chapeau (*ou de tel autre de ses vêtements*), pour le déposer au greffe du tribunal de police, par forme de nantissement de l'amende par lui encourue.

Et j'ai dressé de ce que dessus le présent procès-verbal, pour servir et valoir ce que de raison.

(*Signature.*)

Pour usurpation sur un chemin.

Passant par...., je me suis aperçu que le charretier du sieur...., fermier, demeurant à.... en labourant une pièce de terre nommée...., avait anticipé sur le chemin qui conduit de.... à. .., vulgairement appelé le chemin de... , de la valeur d'environ.... mètres de largeur sur.... de longueur. Ayant demandé à ce charretier pourquoi il avait ainsi usurpé sur le chemin public, il m'a répondu que ce terrain lui appartenait, (*ou*) qu'il ne faisait de tort à personne (*écrire la réponse*). Et attendu que cette usurpation est une infraction aux lois, j'en ai dressé le présent procès-verbal, etc.

Pour vol de fumier dans un champ.

Passant à travers une pièce de terre actuellement en jachère, nommée...., appartenant au sieur B...., j'ai aperçu le sieur A...., demeurant à...., qui prenait du fumier déposé dans cette pièce de terre et en chargeait sa hotte, ou un âne, ou un cheval. M'étant approché de lui, il a pris aussitôt la fuite, (*ou bien*) et lui ayant demandé pourquoi il enlevait ainsi du fumier qui ne lui appartenait pas, il m'a répondu, etc. (*Écrire la réponse.*)

Pour glanage dans les javelles de grains.

Sachant que le Sr N....., cultivateur à....., devait faire lier et ramasser le blé coupé dans la pièce de....., je m'y suis transporté sur les neuf heures du matin, à l'effet d'y maintenir l'ordre parmi les glaneurs, et de les empêcher d'enfreindre les règlements ; voyant que quelques femmes, malgré ma présence, glanaient dans les gerbes non ramassées, et même dans les javelles, je les ai, à différentes reprises, rappelées à l'ordre et averties que si elles continuaient, j'en dresserais rapport contre elles : alors elles ont cessé et se sont conformées à mon avertissement ; mais un moment après j'ai vu..., fille (*ou*) femme....., demeurant à....., qui, malgré mes instances réitérées de cesser, continua de glaner et de râteler dans les gerbes non ramassées et même dans les javelles en disant que (*écrire ce qu'elle a dit*) ; et par ses propos et son exemple, ne cherchait qu'à pousser les autres glaneuses à en faire autant : j'ai en outre reconnu qu'elle avait ainsi, en contravention à la loi, glané ou râtelé la valeur d'environ... gerbes; je me suis approché d'elle pour les lui faire restituer, mais elle s'y est refusée, en s'enfuyant et en me disant des injures ; de quoi j'ai dressé, etc.

Pour pâturage d'un troupeau malade sur le terrain du parcours.

Passant par...., j'ai rencontré le berger du Sr...., cultivateur demeurant à...., qui gardait ses moutons, atteints de la maladie du claveau, sur une pièce de terre en jachère nommée.... et appartenant au Sr B...., (*ou bien*) le long du chemin qui conduit de.... à...., bordant une pièce de terre appartenant à...., nommée...., lequel (*ou*) laquelle fait partie des terres du parcours commun, et se trouve hors du cantonnement qui lui a été fixé par le maire, etc.

Pour blessures faites à des chiens de garde ou bestiaux.

Passant par...., j'ai aperçu...., berger du Sr...., qui se disputait avec un individu que j'ai reconnu pour être...., et m'étant approché d'eux, le berger m'a déclaré que....., par méchanceté ou autrement, venait de blesser un de ses moutons *ou*) son chien de garde, en lui cassant une patte de devant avec un bâton qu'il lui avait jeté. Pour quoi il m'en rendait plainte, me requérant même d'en dresser procès-verbal; et ayant interpellé.... de me dire pourquoi il avait ainsi blessé le chien ou le mouton de...., berger, il m'a répondu.... (*écrire la réponse*).

Pour un fossé comblé.

Passant par...., je me suis aperçu que le fossé qu'avait fait creuser le Sr D... pour supprimer le chemin indûment

établi à travers sa pièce de terre nommée...., était fraîchement rabattu et comblé ; après avoir fait les recherches
nécessaires pour découvrir les auteurs de cette voie de fait,
il m'a été dit que N.... en était l'auteur, et qu'il venait de
prendre le chemin qui conduit à ...; j'ai aussitôt couru
après lui et l'ayant rejoint, je lui ai demandé pourquoi il venait de combler le fossé en question, à quoi il m'a répondu...
(*ou bien*) passant par.... j'ai trouvé...., demeurant à....,
occupé à combler le fossé que le sieur D.... avait fait creuser
le long d'une pièce de terre ensemencée en blé, pour la
défendre du passage des voitures et gens de pied, et lui ayant
demandé pourquoi, etc.

*Pour un chemin indûment pratiqué à travers une pièce de
terre.*

Sur les plaintes qui m'avaient été faites à diverses reprises
par...., laboureur, demeurant à...., commune de ...,
que les habitants de..... pour abréger le chemin ordinaire
qui conduit de.... à...., se sont ingérés de pratiquer un
sentier à travers sa pièce ensemencée en blé, située près
de...., et que, malgré les épines et les petits fossés avec
lesquels il a fait barrer le sentier, on continuait toujours d'y
passer et de porter ainsi préjudice à sa récolte, je me suis plusieurs fois transporté sur cette pièce, et j'ai averti plusieurs
des habitants de ne plus passer par le sentier, sans quoi je
serais forcé de les dénoncer à la justice : néanmoins cejour-
d'hui, vers.... heures du matin, j'ai trouvé...., demeurant à.. ., qui suivait le sentier, conduisant un âne devant
elle ; je me suis alors approché de cette femme, et après lui
avoir fait des reproches sur l'infraction qu'elle commettait
à la défense de passer à travers la pièce de terre, je lui ai déclaré que j'en dresserais contre elle mon procès-verbal : elle
a répondu. .. de tout quoi j'ai fait et dressé le présent
procès-verbal, etc.

Pour des raies de terre prises sur son voisin.

L'an...., le...., vers.... heures du matin, faisant mon
service ordinaire, et passant par. .. j'ai aperçu qu'il avait
été récemment tiré deux (*ou*) trois raies de terre dans une
pièce de terre sise... , et actuellement ensemencée en

avoine ; que ces deux (*ou*) trois raies de terre avaient été rejetées sur la pièce voisine, actuellement ensemencée en...., et exploitée par....., demeurant à ...., ce qui doit faire présumer que c'est ce dernier qui a ainsi renversé les raies ; que cela est d'autant plus facile à reconnaître, que les deux pièces sont labourées depuis plus de ... jours ; que la terre en est battue et affaissée, tandis que celle des raies nouvellement retournées est toute fraîche.

Et attendu que cette voie de fait est prohibée par la loi, j'en ai dressé le présent procès-verbal pour servir et valoir ce qu'il appartiendra.

Pour feu allumé dans les champs, près d'un bois ou d'une meule de grains.

L'an...., le...., vers.... heures du...., faisant mon service ordinaire et passant par la ferme de, (*ou*) passant par le chemin qui conduit de.... à ...., j'ai aperçu des petits garçons (*ou*) des petites filles qui gardaient leurs vaches, et avaient allumé du feu auprès duquel ils étaient occupés à se chauffer et à jouer, lequel feu était entretenu avec du bois coupé dans le bois voisin (*ou*) enlevé à une haie voisine, appartenant à ... ; et attendu que le feu était allumé plus près que de.... mètres du bois voisin (*ou*) d'une meule de grains, (*ou*) de foin, (*ou*) de paille, sise sur le bord du chemin, et appartenant à...., demeurant à...., j'ai à l'instant sommé les enfants, que j'ai reconnus comme étant ceux de...., demeurant à...., d'éteindre le feu, sans quoi ils feraient condamner leur père à l'amende ; ces enfants ont fait semblant d'obéir ; mais deux heures après étant retourné sur le même lieu, je les ai trouvés continuant à faire le même feu ; de quoi j'ai dressé, etc.

Pour Inondation causée aux chemins ou aux héritages, par la trop grande élévation du déversoir ou écluse des moulins.

L'an...., le.... du mois de...., sur les plaintes à moi faites par différents particuliers que le déversoir qu'a fait construire le sieur N...., meunier du moulin de...., inondait par son élévation le chemin qui conduit de....., à...., et le rendait par conséquent impraticable et même dangereux, etc. (*Ou bien*), sur les plaintes faites par....., demeurant à..., que l'élévation des eaux du moulin de..., inondait une pièce de terre du réclamant sise...., et lui causait un préjudice considérable, je me suis en conséquence transporté au lieu du dommage, où étant arrivé, j'ai effectivement reconnu que, dans plusieurs endroits, le chemin est inondé et impraticable, (*ou bien*) que la pièce de terre est inondée sur une étendue d'environ...., et que ce préjudice n'est véritablement occasionné que par la trop grande élévation du déversoir du moulin.

Pour raison de quoi j'ai dressé le présent, etc.

Pour bestiaux morts d'une maladie contagieuse, qui ne sont pas enfouis.

L'an...., le...., heures du...., passant sur le chemin de...., (*ou*) sur *telle* pièce de terre en jachère, exploitée par le sieur N..., demeurant à...., j'ai trouvé dans cette pièce le cadavre d'un cheval mort, que j'ai jugé être un de ceux appartenant au sieur N....; et attendu qu'il est constant que la maladie contagieuse de la morve règne dans ses écuries, et que sans doute le cheval gisant dans la pièce est mort victime de cette maladie; attendu également qu'aux termes de la loi il aurait dû le faire enfouir, et non pas le laisser ainsi exposé en plein air dans un champ d'où la contagion peut se répandre sur les bestiaux des environs, j'ai fait et dressé le présent procès-verbal pour être remis à l'adjoint au maire de la commune, et être ensuite ordonné ce qu'il appartiendra.

Rapport fait par déclaration devant le Juge de paix ou l'un de ses Suppléants.

Ce...., devant nous P...., juge de paix (*ou*) suppléant du juge de paix du canton de....., est comparu le sieur R..... garde champêtre de la commune de...., y demeurant, lequel nous a rapporté que cejourd'hui, vers... heures du matin, faisant sa tournée ordinaire pour la garde des propriétés confiées à son inspection, et étant...., il a vu et trouvé, etc. (*Énoncer le genre de contravention comme dans les formules précédentes.*)

De quoi il a cru devoir venir aussitôt nous faire le présent
rapport, qu'il nous a assuré, par serment, être en tout conforme à la vérité ; et il a signé avec nous.

Même rapport fait au Greffe du tribunal.

Cejourd'hui...., deux heures de relevée, au greffe du
tribunal de paix et de police du canton de...., est comparu
le sieur N...., (*le garde champêtre*), lequel a fait rapport que faisant, vers les.... heures du matin sa ronde ordinaire pour la garde des propriétés confiées à son inspection,
etc. (*Comme ci-dessus.*) De quoi ledit sieur N ... nous a
requis de dresser le présent acte, qu'il a signé avec nous
en cet endroit.

Et de suite ledit sieur N.... s'est transporté avec nous
devant...., juge de paix (*ou*) suppléant, devant lequel il a
affirmé par serment la vérité des faits par lui ci-dessus déclarés, et le juge de paix, (*ou*) suppléant a signé avec nous,
greffier.   (*Signatures.*)

Pour Délits de Chasse.

Aujourd'hui...., an.... heures du soir, moi soussigné,
F. D.... garde champêtre de...., ayant entendu tirer un
coup de fusil au canton de...., m'y suis à l'instant transporté, et étant arrivé, j'ai aperçu dans une pièce de... appartenant à...., cultivateur, deux particuliers armés chacun d'un fusil, lesquels paraissaient chercher une pièce de
gibier qu'ils avaient blessée ; m'étant avancé près d'eux, je
leur ai représenté qu'il n'était pas permis de chasser ainsi
dans les propriétés d'autrui, et de suite je les ai sommés de
se retirer et de me dire leurs noms ; ce qu'ils ont refusé de
faire en me faisant même des menaces, (*ou bien*) lesquels
m'ont fait réponse, etc.

Sur quoi je me suis retiré, après avoir reconnu cependant
que l'un de ces deux chasseurs, vêtu d'une veste brune,
couvert d'un chapeau rond, était un habitant du hameau
de...., nommé ..., et l'autre vêtu d'une veste rouge et
ayant un bonnet blanc, m'est resté inconnu, etc.

Pour les délits forestiers, *voyez* le deuxième paragraphe,
des procès-verbaux des gardes forestiers.

Voyez aussi au Chapitre 4 de la section relative aux délits de chasse.

Pour Contravention à la Police du Roulage. Notamment pour défaut de Plaque. *

Aujourd'hui...., an...., heures...., je soussigné, F. D...., garde champêtre, faisant ma tournée sur la route de...., je me suis aperçu que ladite voiture était sans plaque, j'en ai fait l'observation au voiturier, qui m'a répondu ...., sur quoi je lui ai déclaré qu'il est en contravention au décret du 23 juin 1806, et que j'allais en dresser procès-verbal.

Formules et Modèles de Procès-Verbaux et de Rapports des Gardes Forestiers.

1° *Procès-verbal simple.*

L'an mil huit cent...., le...., heure de...., je soussigné N...., garde forestier de la couronne, la forêt (*ou*) les bois de...., résidant à...., assermenté en justice, certifie qu'étant décoré du signe caractéristique de mes fonctions, et faisant ma tournée ordinaire dans la forêt, (*ou*) dans les bois confiés à ma garde, étant parvenu au triage de...., dans une vente de.... ans de recrue, j'y ai trouvé le nommé Pierre N...., journalier, demeurant à...., étant occupé à couper, à l'aide d'une serpe, deux corps d'arbres sur pied et verts, l'un essence de chêne, et portant ... centimètres de tour. J'ai rapproché des souches les deux corps d'arbres coupés, et j'ai reconnu qu'ils s'y adaptaient parfaitement.

J'ai saisi le bois coupé en délit par ledit Pierre N...., ainsi que la serpe dont il s'était servi pour commettre le délit. J'ai déclaré à Pierre N.... que j'allais dresser procès-verbal contre lui.

De ce que dessus j'ai dressé le présent procès-verbal que j'ai signé à chaque feuillet.

* D'après la nouvelle législation, il n'y a plus lieu de s'occuper des contraventions pour jantes ni pour excès de chargement. *Voyez* Roulage.

Nota. Le garde fait viser pour timbre, et enregistrer en *débet* son procès-verbal, et dépose au séquestre les objets, instruments et animaux saisis comme il est expliqué dans la circulaire. Du reste, les gardes forestiers procèdent dans la même forme que les gardes champêtres, et font les perquisitions avec les mêmes formalités.

Les gardes champêtres et forestiers des particuliers procèdent aussi de même. Ils nomment dans leurs procès-verbaux, les personnes dont ils sont gardes, la situation des propriétés de ces personnes, et le lieu précis de ces propriétés ou s'est commise l'infraction. Ils se servent de papier timbré, et font enregistrer tous leurs actes.

Autre procès-verbal simple.

Le.... du mois de...., an...., avant (*ou*) après-midi ...., je soussigné...., garde forestier du triage de...., forêt de...., arrondissement communal de..., inspection de...., département de...., assermenté au tribunal de première instance de...., demeurant à..., étant, dans le cours de ma visite, revêtu de ma bandoulière, en passant dans le triage de...., quartier de...., de ladite forêt, déclare avoir entendu plusieurs coups de hache, au bruit desquels je suis accouru, et étant parvenu dans la partie septentrionale dudit quartier, j'ai aperçu le nommé P...., ouvrier, demeurant à...., qui, dès qu'il m'a vu, s'est éloigné, laissant sur le lieu du délit plusieurs branches de chêne de l'âge du taillis, qu'il avait commencé à lier pour en faire un fagot.

Ayant fait connaître audit.... ma qualité, je lui ai déclaré que j'allais dresser procès-verbal contre lui, l'invitant à venir avec moi pour être présent à sa rédaction et le signer ; à quoi il s'est refusé.

De tout quoi j'ai rédigé ce procès-verbal en mon domicile, les jour, mois et an ci-dessus.

Procès-verbal avec ressouchement.

Le...., j'ai rencontré dans le chemin qui traverse ladite forêt du midi au nord, deux hommes à moi inconnus, portant un chêne de l'âge d'environ... ans, et que j'ai reconnu pour être fraîchement coupé ; leur ayant déclaré ma qualité, les ai sommés de me dire quels étaient leurs noms, prénoms, qualités et demeures ; à quoi ils ont répondu s'appeler, l'un ...., fermier au village de...., l'autre... , fils, terrassier, demeurant à.... ; leur ai ensuite fait commandement de me déclarer où ils avaient coupé ledit arbre, et de retourner avec moi sur le lieu du délit, pour être présents au ressouchement que je me proposais de faire ; à quoi lesdits...., ayant obéi, nous nous sommes rendus ensemble sur la coupe usée de l'ordinaire de l'an...., où j'ai reconnu, en présence des délinquants, la souche dont a été séparé ledit chêne, en comparant son diamètre avec celui de ladite souche, lequel chêne s'est trouvé avoir.... décimètres de tour ; après cette vérification, ai fait remarquer aux dits... que le chêne par eux coupé portait l'empreinte du marteau impérial, et que c'était un baliveau de l'âge de...., (ou) qu'il portait.... empreinte des marteaux...., et que c'était un pied cornier, parois ou lisière séparatif de la coupe usée avec le taillis restant ; à quoi ils ont répondu...., ai ensuite déclaré aux délinquants la saisie dudit chêne, que j'ai laissé près de sa souche, après l'avoir marqué de mon marteau ; enfin je leur ai dit que j'allais dresser contre eux mon procès-verbal, etc.

Procès-verbal avec saisie de ferrement.

Le...., dans le cours de ma visite, passant au triage de...., ai vu le nommé...., valet de labour de...., fermier de la ferme de.... demeurant à....

qui	coupait, *ou* ébranchait, *ou* écharpait, *ou* déshonorait.	avec	une cognée une hache ou une scie.,	un arbre

essence de...., de l'âge d'environ....., et de décimètres de tour, mesuré à cent soixante-trois millimètres de terre, m'étant approché de lui, l'ai sommé de me remettre sa hache, cognée (ou scie) ; et comme il prenait la fuite, lui ai déclaré que je saisissais cet outil entre ses mains, et l'en rendais dépositaire de justice, ou (à quoi ayant obéi, je me suis emparé de ladite hache, pour en faire tel usage que de droit; enfin, ai déclaré audit.... que j'allais dresser contre lui mon procès-verbal, etc.

Procès-verbal avec Saisie d'attelage.

Le.... déclare que, me retirant dans mon domicile à l'entrée de la nuit, j'ai aperçu une charrette attelée d'un cheval (ou) de deux chevaux, qui m'ont paru être (désigner la couleur), et conduite par deux hommes, allant vers la forêt de....., par le chemin qui part de la commune de....; ayant suivi sa marche de loin, je me suis aperçu qu'elle s'était arrêtée au triage de....; après m'y être rendu, j'ai reconnu que Mathieu N..., charbonnier, demeurant à... et Louis N...., fermier, chargeaient un chêne sur ladite charrette; m'étant approché, je leur ai déclaré que je saisissais, tant ledit chêne coupé en délit, que la charrette et le cheval (ou) les chevaux destinés à en faire le transport. Les délinquants m'ayant défendu d'approcher, en me menaçant de me frapper des haches dont ils étaient armés l'un et l'autre, j'ai séquestré entre leurs mains lesdits chevaux, charrettes et haches, ainsi que le chêne qu'ils voituraient, et les ai établis dépositaires de tout, avec défense de s'en dessaisir jusqu'à ce que, par justice, il en ait été autrement ordonné. J'ai ensuite mesuré la souche sur laquelle avait été coupé ledit chêne, et j'ai trouvé qu'elle avait ... mètres ... décimètres de tour, pris à cent soixante-trois millimètres de terre. J'ai de plus observé que la charrette dont il s'agit avait traversé sur une longueur de...., un taillis de l'âge de...., et que les roues en avaient écrasé un grand nombre de brins, que j'ai comptés jusqu'au nombre de..., ayant l'un dans l'autre environ.... centimètres de tour.

(Ou) ceux-ci m'ayant dit qu'ils reconnaissaient leur faute, et qu'ils étaient prêts à se soumettre aux dispositions des lois, je leur ai ordonné de conduire la charrette chargée du chêne dont il s'agit chez le sieur....., laboureur, demeurant à....., ce qu'ils ont fait à l'instant, et étant arrivé au domicile dudit...., je lui ai déclaré qu'au nom de la loi je le constituais gardien dudit attelage et du chêne dont était chargée ladite charrette, et que je lui faisais défense de ne s'en dessaisir qu'en vertu de mandement de justice. J'ai ensuite constaté en présence tant desdits Mathieu et Louis...., que du sieur...., dépositaire, que le chêne dont il s'agit avait.... mètres de long, ... mètres de tour au gros bout ; qu'il était de la plus belle venue, bien élancé, droit et sans branches, sur une longueur de...., et l'ai estimé à la somme de...., après quoi j'ai de tout dressé le présent procès-verbal, dont j'ai donné copie à chacune des parties ci-dessus dénommées, et dont j'ai signé tant le présent original que les copies, avec ledit..., dépositaire, non lesdits Mathieu et Louis N..., qui ont refusé de le signer, de ce interpellés.

Fait double, etc.

Procès-verbal de Perquisition.

Le...., m'étant transporté dans la forêt impériale de..., pour y faire ma visite ordinaire, j'ai reconnu dans le triage de...., que l'on avait coupé avec une scie et enlevé dix baliveaux modernes, essence de hêtre, dont j'ai mesuré les souches à la coupe, et que j'ai trouvé avoir.... décimètres de tour chacun ; ayant suivi les traces des chevaux et charrettes qui ont servi au transport desdits arbres, elles m'ont mené au hameau de...., commune de...., et ont cessé de paraître près de la maison du sieur N...., garde-vente du sieur..., adjudicataire de la coupe de l'an ..., de ladite forêt ; et attendu que l'arrêté du gouvernement, du 4 nivôse an v, ne permet aux gardes de s'introduire dans les maisons qu'avec l'assistance d'un officier municipal, j'ai résolu de me transporter de suite chez le sieur...., maire de ladite commune, pour le requérir, au nom de la loi, de m'assister dans les perquisitions que j'entendais faire dudit bois volé : de quoi j'ai dressé le présent procès-verbal que j'ai signé dans la commune de..., les an et jour ci-dessus.

Le..... en exécution du contenu de mon procès-verbal de ..., je me suis rendu au domicile du sieur... , maire de la commune de.... lequel j'ai requis, au nom de la loi, de m'assister dans la recherche que j'entendais faire au domicile du sieur...., du bois volé dans la forêt de...., dont est fait mention en mon procès-verbal du...., duquel j'ai donné lecture audit maire ; celui-ci m'ayant déclaré qu'il était prêt à me donner son assistance, * je me suis transporté avec ledit maire dans la maison dudit N...., je lui ai annoncé quel était le sujet de mes démarches, et l'ai sommé de m'ouvrir les portes de ses granges, cours et remises ; à quoi ayant satisfait, j'ai trouvé dans une cour, au levant de ladite maison, dix arbres essence de hêtre, ayant à la coupe, comme ceux enlevés dans la forêt, chacun.... décimètres de tour. Ayant demandé audit.... où il s'était procuré lesdits arbres, il m'a répondu.... Malgré cette réponse, je n'ai pas douté que ces arbres ne fussent ceux dont je faisais la recherche, surtout après avoir remarqué qu'ils portaient l'empreinte du marteau impérial, que ledit..... n'a pu s'empêcher de reconnaître ; en conséquence, j'ai saisi lesdits arbres, après les avoir marqués de mon marteau, et en ai établi gardien ledit N......, à qui j'ai fait défense d'en disposer autrement que par mandement de justice, et ai estimé lesdits arbres à la somme de.... chacun ; de tout quoi j'ai dressé le présent procès-verbal, dont j'ai donné lecture audit.... et audit...., maire, et qu'ils ont signé l'un et l'autre, (*ou*) qui ont refusé de le signer, de ce interpellés, (*ou*) qui ont déclaré ne savoir signer, et en ai donné copie audit N...., dépositaire, laquelle a été revêtue des mêmes signatures que l'original.

Fait double, à

Procès-verbal dressé contre un homme inconnu au garde.

Le...., je certifie que parcourant notre triage, j'ai reconnu dans les taillis de.... ans, qu'il venait d'être coupé un baliveau, essence de chêne, que j'ai frappé de mon marteau, tant à la souche qu'à la tige ; présumant que le délinquant, à mon approche, était sorti de la forêt par le chemin qui conduit à...., je l'ai parcouru, et étant arrivé à la rive de ladite forêt, j'ai aperçu à environ.... un homme armé d'une hache, qui dirigeait sa marche vers.... ; m'étant informé de son nom auprès du sieur N...., que j'ai rencon-

----

* En cas de refus ou retard affecté du maire, adjoint ou commissaire de police d'assister un garde dans la recherche des bois volés, le garde doit en dresser procès-verbal.

tré, il m'a répondu qu'il l'ignorait, mais qu'il avait reconnu cet individu pour un habitant du hameau de. . . ; m'y étant à l'instant transporté, le sieur B. . ., que j'ai trouvé à l'entrée dudit hameau, et à qui j'ai fait différentes questions, m'a déclaré qu'il venait de rencontrer, venant du côté de la forêt et armé d'une hache, le nommé. . . ., de quoi j'ai dressé le présent procès-verbal.

Procès-verbal pour Délit de Pâturage.

Le. . . ., je. . . . certifie qu'exerçant mes fonctions dans la forêt de. . . ., et étant arrivé au triage de. . . j'ai trouvé dans un taillis de. . . . ans, une vache sous poil noir, de l'âge d'environ. . . . . et deux jeunes bœufs, l'un sous poil rouge, de l'âge d'environ. . . . ans, l'autre sous poil brun, de l'âge d'environ. . . . ans, qui avaient déjà endommagé un grand nombre de cépées du taillis sur une étendue d'environ. . . . ares, et continuaient à la brouter, sous la garde d'un homme que j'ai reconnu être le nommé. . . . ., manœuvre, demeurant à. . . . ; après avoir déclaré audit N. . . ma qualité, je l'ai sommé de conduire les bestiaux trouvés en délit, chez le sieur. . . ., ce à quoi il a obéi, et étant arrivé au domicile dudit. . . ., je l'ai constitué gardien desdits bestiaux, avec défense de s'en dessaisir qu'il n'en ait été ordonné par justice ; de quoi j'ai dressé le présent procès-verbal, dont j'ai laissé copie audit. . . ., dépositaire, après avoir signé, tant l'original que ladite copie avec ledit N. . . ., et non ledit. . . , dépositaire, qui a déclaré ne savoir. . . . (*ou*) à quoi s'étant refusé, et m'ayant été impossible de rassembler lesdits bestiaux, j'ai déclaré audit N. . . . . quo je les saisissais et l'en rendais dépositaire, pour et par lui être gardés jusqu'à ce qu'il en eut été autrement ordonné : de tout quoi j'ai dressé le présent procès-verbal, dont j'ai laissé copie signée de moi audit N. . . ., qui a déclaré ne vouloir signer, de ce interpellé.

Fait double, les jour, mois et an ci-dessus.

Procès-verbal pour Délit de Chasse.

Le. . . ., je certifie qu'étant en cours de visite dans la forêt de. . ., j'ai entendu tirer un coup de fusil ; que m'étant

*

porté vers le lieu d'où le coup était parti..., j'y ai trouvé le
sieur...., propriétaire, habitant de...., qui rechargeait
le fusil dont il était armé, et avait près de lui un chien couchant de couleur....; après l'avoir invité à me représenter
la permission dont il devait être muni pour pouvoir chasser
dans une forêt de l'État, il m'a répondu....; sur quoi j'ai
saisi son fusil entre ses mains, et lui ai fait défense d'en disposer autrement que par mandement de justice, je lui ai ensuite déclaré que j'allais dresser contre lui un procès-verbal, le sommant de m'accompagner pour être présent à
sa rédaction et le signer ; ce à quoi il s'est refusé.

Fait double.

Procès-verbal d'un Garde-Général contre un garde, pour délit non constaté.

Le...., je soussigné, garde-général du cantonnement
de .., certifie que, faisant ma visite dans la forêt impériale
de..., et étant parvenu au triage de..., j'ai aperçu qu'il
y avait été coupé quatre chênes ayant chacun.... décimètres de tour, mesurés à 163 millimètres de terre, et qui
avaient été enlevés sur des charrettes dont on apercevait
les traces ; je me suis de suite transporté dans la baraque impériale, bâtie dans ladite forêt, et occupée par N..., garde
ordinaire dudit triage ; je me suis fait représenter son registre ; ayant aperçu qu'il n'y était fait aucune mention du
délit ci-dessus, quoiqu'il eut été commis depuis plusieurs
jours, j'ai arrêté ledit registre, et déclaré audit garde qu'il
ne devait pas ignorer qu'il était responsable des délits qu'il
négligeait de constater ; et qu'il était d'autant plus répréhensible, que les chênes dont il s'agit avaient été coupés à une
très-petite distance de son habitation, et que la charrette
qui avait servi à leur transport avait passé devant sa porte ;
à quoi ledit garde nous a répondu....; de tout quoi j'ai
dressé le présent procès-verbal, qu'il a signé avec moi.

Fait double, etc.

Procès-verbal de flagrant délit.

Le..., je soussigné, garde général du cantonnement de
...., certifie que, instruit qu'il se commettait des délits

nocturnes dans la forêt impériale de....., par des personnes attroupées et armées, et que la vigilance des gardes ordinaires de ladite forêt ne pouvait réprimer ce brigandage, ai, en vertu de l'art. 24 du Code d'instruction criminelle, requis le sieur...., officier de la gendarmerie à..., de faire trouver .... gendarmes le.... du mois de.... à.... heures du soir, à l'entrée de la forêt du côté du midi. Cet officier ayant promis de satisfaire à ma réquisition, j'ai aussi ordonné au sieur...., chef de la brigade forestière de...., de se trouver avec sa brigade à l'extrémité septentrionale, ledit jour et à ladite heure ; de quoi j'ai dressé le présent procès-verbal.. ...., les an et jours ci-dessus ; et aujourd'hui.... du mois de.... à.... heures du soir, les deux troupes mentionnées en mon procès-verbal du...., s'étant trouvées aux postes à elles indiqués par ledit procès-verbal, j'ai requis leurs commandants respectifs de distribuer leurs forces chacun sur deux colonnes, et de les diriger vers le centre de ladite forêt, où étaient rassemblés les délinquants ; ce qui ayant été exécuté, les délinquants, au nombre de dix, armés de haches et de fusils, se sont trouvés cernés ; je me suis approché d'eux, étant revêtu de ma bandoulière ; après leur avoir déclaré ma dite qualité, je leur ai fait commandement de me remettre leurs armes et ferrements ; quatre d'entre eux, que l'obscurité m'a empêché de reconnaître, se sont évadés ; à l'instant les six autres se sont mis en rébellion, en me menaçant de leurs haches et de leurs fusils ; mais sur l'ordre donné à la gendarmerie de les mettre en joue, d'après la réquisition par moi faite au commandant, s'ils ne posaient à l'instant leurs fusils et ferrements, ils ont déclaré être prêts à obéir, et ont déposé leurs armes et ferrements, consistant en....., que j'ai saisis et dont je me suis emparé, pour en être fait tel usage que de droit ; je leur ai fait commandement de me dire leurs noms, surnoms, professions et demeures ; ce qu'ils ont fait de la manière suivante : le premier a dit s'appeler...., le second...., etc...., etc., après quoi j'ai, en leur présence, constaté les délits qu'ils venaient de commettre, et reconnu....; après cette opération, j'ai fait conduire lesdits...., dans une maison voisine de ladite forêt, appartenant à....., où j'ai passé le reste de la nuit, et j'ai dressé le présent procès-verbal que j'ai signé avec...., commandant de la troupe de la gendarmerie, et.... chef de la brigade forestière : en ayant donné lecture aux délinquants, et leur ayant proposé de le signer, ils ont déclaré ne savoir signer.

Fait double, etc.

Et cejourd'hui...., du mois de..., à la pointe du jour, moi garde principal susdit, ai, attendu le cas de flagrant délit, en exécution de l'article 161 du Code d'instruction criminelle, fait conduire sous bonne et sûre garde les nommés...., arrêtés pendant la nuit précédente ; écrivant mon procès-verbal ci-dessus devant M. le juge de paix du canton de...., demeurant à ..., pour être par lui procédé contre lesdits...., conformément à la loi.

Fait double, etc.

Procès-verbal dressé par un Garde forestier dans un bois de particulier.

Le,...., je soussigné, ayant été requis par...., propriétaire, habitant...., de me rendre dans le bois dit...., situé dans la commune de...., à l'effet de surprendre plusieurs individus qui s'y introduisent ordinairement à l'entrée de la nuit, pour y arracher des plants de chêne ; faisant droit à cette réquisition, conformément à la loi du 9 floréal an XI...., je me suis transporté cejourd'hui...., après le coucher du soleil, dans la partie orientale dudit bois ; et à peine y étais-je arrivé, étant revêtu de ma bandoulière, que j'ai aperçu, près du ruisseau qui traverse ledit bois, deux hommes armés de pioches, qui rassemblaient environ cent brins de chêne de l'âge de...., ayant.... centimètres de tour, et qui venaient d'être arrachés ; m'étant approché de ces deux individus, j'ai reconnu que l'un était...., et l'autre ...., qui m'ont dit...., et après leur avoir reproché leur conduite, j'ai saisi, etc.

Autre procès-verbal dans un bois de particulier.

Le...., je soussigné, instruit par la voix publique que le bois de...., situé dans la commune de..., appartenant à ...., était journellement ravagé par des troupeaux de bêtes à laine, et que ce bois de la contenance d'environ...., n'était pas du nombre de ceux que la loi permet de défricher,

je me suis transporté d'office dans ledit bois, où, étant arrivé dans le taillis de l'âge de...., j'ai trouvé N, berger de
B...., qui y gardait, à bâton planté, un troupeau de moutons du nombre de...., etc.

Formule de l'Affirmation des Procès-Verbaux.

Les règlements ne fixent point les termes dans lesquels
doit être rédigé l'acte d'affirmation des procès-verbaux; ils
ne prescrivent aucune forme qui doit être rigoureusement
observée; mais l'on peut adopter la formule suivante, comme la plus propre à remplir le vœu de la loi :

Cejourd'hui...., à.... heures du matin (*ou*) après-midi,
par-devant nous juge de paix du canton de...., (*ou*) maire,
(*ou*) adjoint au maire de la commune de...., en l'absence
de...., s'est présenté...., garde forestier impérial (*ou*)
communal du triage de..., qui nous a exhibé le présent
procès-verbal par lui dressé; et après la lecture que nous
lui en avons faite, il a affirmé qu'il contenait la vérité et a
signé avec nous.

PRUNIER SAUVAGE. Épine noire; arbrisseau commun
dans les bois, les haies et les terres incultes. Il est au nombre des *mort-bois*, dont l'enlèvement ne fait aucun tort.

PUITS. Tout propriétaire de maison où il y a des puits,
doit les maintenir en bon état, les faire nettoyer, curer
et même creuser, et les garnir de bonnes cordes et poulies
ou cylindres, afin que l'on puisse s'en servir sans inconvénient, et qu'ils viennent au secours des pompes en cas d'incendie.

PULPE. C'est la chair des fruits à noyaux. (Voyez *Merisier, Cormier, Noble-Épine, Néflier.*)

PUTOIS. Il ressemble, dit Buffon, à la fouine par le tempérament, par le naturel et par la forme du corps. Il est
cependant plus petit; il a la queue plus courte, le museau
plus pointu, le poil plus épais et plus noir. Il a du blanc sur
le front aussi bien qu'aux côtés du nez et autour de la gueule.

R

RALE. Oiseau de rivage qui a le corps aplati, la queue
courte, le bec long de plus de 27 millimètres, droit et comprimé par les côtés; quatre doigts dénués de membranes,

trois devant, un derrière; ses doigts sont longs, ses jambes dégarnies de plumes, ses ongles courts. C'est un oiseau de passage qui nous quitte en hiver.

Il y en a plusieurs espèces :

1°. Le *Bilon* qui se trouve particulièrement en Picardie, où il arrive en avril pour en partir en octobre. Il a 186 millimètres de longueur; le bec d'un très-beau vert; l'iris d'un rouge brillant; les pieds d'un vert jaunâtre; le milieu du dessus de la tête et l'occiput noirs et roux; le dessus du cou, le manteau, les couvertures supérieures des ailes et le croupion d'un roux rembruni marqué de noir sur la dernière partie, et varié sur le dos; le bord du front, les sourcils, les côtés de la tête, la gorge, le devant du cou, la poitrine et le haut du ventre sont d'une couleur de plomb bleuâtre et uniforme. La femelle est semblable au mâle.

2° Le *Râle des genêts* ou *roi de cailles*. Il n'est guère plus gros que la caille, mais sa taille est beaucoup plus allongée; il a 257 millimètres de longueur. Son envergure est de 433 millimètres, son bec est d'un brun rougeâtre en dessus; blanchâtre en dessous; les paupières sont couleur de chair; l'iris noisette; le dessus de la tête, le derrière du cou, le dos, les scapulaires, le croupion et les couvertures supérieures de la queue, variés de noirâtre et de gris roussâtre; la première teinte tient le milieu de chaque plume; la gorge d'un blanc roussâtre; les joues, le devant du cou et la poitrine d'un cendré clair; le ventre blanc, légèrement nuancé de roussâtre; les jambes de cette dernière teinte; les flancs roux, rayés transversalement de blanc; les couvertures inférieures de la queue des mêmes couleurs. La femelle est un peu plus petite, et ses couleurs, surtout la teinte rousse des flancs, sont beaucoup moins vives.

3° Le *Râle d'eau* a le bec rougeâtre et noir en dessus dans une partie de sa longueur; l'iris rouge; la partie nue de la jambe, les pieds et les ongles d'un brun verdâtre; les plumes de la tête, du cou et du corps, les scapulaires et les couvertures du dessus de la queue, celles des ailes et leurs pennes secondaires, noirâtres dans leur milieu et bordées d'un roux olivâtre; toutes les parties inférieures, les joues, la gorge, les côtés et le devant du cou, d'un cendré bleuâtre. Sa longueur est de 244 millimètres.

Ce râle ne se plaît que le long des eaux stagnantes, où il se tient caché dans les grandes herbes et les joncs ; il n'en sort guère que pour traverser les eaux à la nage, et pour ainsi dire à la course, puisqu'on en voit souvent courir légèrement sur les larges feuilles du nénuphar qui couvrent les eaux dormantes. Du reste il a, dans ses habitudes et son genre de vie, beaucoup de rapports avec le râle de terre : il court avec autant de vitesse, n'est pas moins rusé, et présente autant de difficultés au chasseur et au chien pour le forcer à prendre son vol ; il a, comme lui, son temps d'émigration marqué, mais il en reste un plus grand nombre l'hiver, époque où il se retire auprès des sources chaudes.

Il fait son nid dans les roseaux ; ses œufs ont 41 millimètres de longueur : ils sont jaunâtres et marqués de taches brunes, égales en grandeur, mais d'une forme irrégulière.

Il arrive fort souvent que cet oiseau, lorsque les chiens le pourchassent dans les eaux d'un étang, au lieu de prendre son vol, se cache dans les trous de muraille ou de pierres amoncelées s'il en trouve à sa portée.

4° Le *Râle marouette*, vulgairement connu sous les noms de *cocouan*, *girardine*, *grisette*, *petit râle d'eau*, passe, quand il est gras, pour être le meilleur de tous nos gibiers à plumes. Il a 205 millimètres de longueur, le bec et les pieds jaune-verdâtre, et l'iris noisette-rougeâtre.

RAMIER. Voyez PIGEON.

RAPATRONAGE. Le rapatronage se fait quand le garde constate l'identité des bois pris en délit avec ceux gisant dans la maison du prévenu, soit en confrontant les bois saisis avec les souches de ceux coupés en délit, soit en établissant que l'essence et la grosseur des uns et des autres sont absolument pareilles. (*Arrêts de la Cour de cassation des* 12 *octobre* 1800, 15 *octobre* 1811, 19 *mars* 1813.) Les procès-verbaux de rapatronage doivent être rédigés en double minute sur papier visé pour timbre lorsqu'ils sont dressés pour le gouvernement ou les établissements publics et les communes, et sur papier timbré quand ils sont faits par des gardes particuliers.

RAPPORT. C'est l'acte par lequel un garde champêtre rend compte de la découverte d'un délit ou d'une contravention, soit au juge de paix, soit au maire de sa commune. Il est rédigé par le fonctionnaire qui le reçoit, et affirmé par celui qui le fait. Il peut être écrit par le secrétaire de la mairie. (*Arrêt du 19 mars 1830*).

RÉCIDIVE. En général, il y a récidive quand un individu déjà condamné commet un nouveau crime ou délit. Mais en matière de chasse, il faut que le deuxième délit ait été commis dans l'année, aux termes de l'art. 3 de la loi de 1790. La Cour de cassation a jugé, le 23 mai 1839, qu'il suffit que depuis une condamnation, jusqu'au jour du nouveau délit, il ne se soit pas écoulé douze mois, pour qu'il y ait récidive, quoiqu'il se soit écoulé plus d'un an depuis le premier délit.

RENARD. Le renard, dit Buffon, est fameux par ses ruses et mérite sa réputation. Ce que le loup ne fait que par la force, il le fait par adresse et réussit plus souvent. Fin autant que circonspect, ingénieux et prudent, il se creuse une retraite où il est difficile de l'atteindre. Il loge aux bords des bois, à la portée des hameaux ; il écoute le chant des coqs et le cri des volailles ; il les savoure de loin ; il prend son temps, cache son dessein et sa marche ; il se glisse, se traîne, arrive et fait rarement des tentatives inutiles. Il diffère du chien et du loup par sa taille plus petite, sa queue plus longue et plus touffue, par un museau plus pointu, des pupilles nocturnes, et par des incisives supérieures moins échancrées. Le renard ordinaire est plus ou moins roux, avec le bout de la queue blanc ; il a pour variété le renard charbonnier, qui s'en distingue par le bout de la queue qui est noir, ainsi que quelques poils de son dos, de son poitrail et du devant de ses pattes antérieures.

Les renards exhalent une odeur fétide qui anime beaucoup les chiens à leur poursuite. Ils ont toute la légèreté du loup ; ils sont presque aussi infatigables, mais ils sont beaucoup plus ingénieux dans l'art qu'ils mettent à pourvoir à leur nourriture et à se dérober au danger. Ils habitent des terriers qu'ils savent se creuser au bord des bois ou dans les taillis, sous des troncs d'arbres, dans les pierres, ou enfin dans la terre, mais alors sur un sol en pente, afin d'éviter l'humidité ou les inondations ; quelquefois ils s'emparent des terriers de blaireaux, ou même de ceux des lapins qu'ils élargissent · ils n'habitent guère leur terrier que pour y dé-

poser leur jeune famille et l'y élever : dans tout autre temps
ils ne s'y retirent que pour échapper à un danger pressant.
Ils passent la journée à dormir dans un fourré à proximité
de leur retraite, et ils chassent pendant la nuit. Ils ne se
nourrissent guère que de proie vivante, à moins qu'ils ne
soient extrêmement pressés par la faim : dans ce cas, ils
mangent des fruits, particulièrement des baies, et ils se
tiennent à proximité des vignes pour se nourrir de raisins.

Le pied du renard est plus long et plus étroit que celui
du chien ; le talon est plus petit et les ongles plus minces.

La chasse du renard, plus facile et plus amusante que celle
du loup, demande moins d'appareil ; cependant les Anglais
y déploient un grand luxe de chevaux et de chiens.

Tous les chiens chassent le renard volontiers et même avec
plaisir : chiens courants, briquets, bassets, y sont également
propres. Avant d'entrer en quête, il faut commencer par
boucher les terriers et disposer les tireurs à portée. Dès que
les chiens sont tombés sur la voie, le renard gagne son gîte,
et s'il échappe au plomb des tireurs qu'on y a postés, il fuit
de toute sa vitesse, fait un grand tour, et revient encore à
son terrier. Il essuie une seconde fois le feu de l'artillerie
braquée contre lui, et s'il est assez heureux pour être manqué, alors il prend le parti de se sauver au loin en avant,
pour ne plus revenir.

REPEUPLEMENT. Parmi les travaux d'amélioration des
forêts, le repeuplement occupe le premier rang ; nous ne
voulons parler ici que de ce qui intéresse les gardes. Ils ont
droit à des récompenses de l'administration quand, étudiant
le sol de leur triage, ils plantent ou sèment dans les clairières les espèces d'arbres auxquelles il convient le mieux.
Une circulaire du 26 juin 1826 recommande expressément
aux agents forestiers d'apprécier et de constater avec la plus
grande exactitude les travaux de chaque garde, afin que la
distribution des gratifications se fasse avec la plus rigoureuse justice.

RESPONSABILITÉ. Il y en a de deux espèces : celle morale, résultant de la capacité, de la faiblesse, de l'indiffé-
rence, de la probité ou de la violence de l'administrateur ;
et celle résultant de la légalité ou de l'illégalité de ses actes.
La première est du ressort de l'administration supérieure ;

et, à son défaut, c'est l'opinion publique qui fait justice. La seconde donne lieu à des plaintes, à des actions même, et c'est devant les tribunaux que se décident les questions qui en dérivent.

Les pères et mères sont civilement responsables des délits de chasse et braconnage commis par leurs enfants mineurs demeurant avec eux. (*Arrêt du 5 novembre* 1829.)

Le propriétaire est civilement responsable des délits de son garde-chasse, commis dans l'exercice de ses fonctions.

Le meurtre volontaire accompagné ou suivi du délit de chasse en temps prohibé et sans permis de port d'armes, est puni de la peine capitale suivant l'article 305 du Code pénal. (*Arrêt du 22 mars* 1822.) *Voyez* Piéges, § 2.

ROULAGE. La police du roulage est très-spécialement confiée aux gardes champêtres, seuls fonctionnaires qui sont souvent à même de reconnaître et constater les contraventions. Nous mettons sous leurs yeux le texte de la loi sur la police du roulage, du 8 juin 1851, qui comprend un très-grand nombre de dispostions, toutes essentielles.

§ 1er. ROULAGE.

Une loi sur la police du roulage, rendue le 8 juin 1851, a changé toutes les règles établies par d'autres lois et règlements dans des temps où les conditions d'une bonne viabilité n'étaient pas ce qu'elles sont aujourd'hui, que les canaux et les chemins de fer absorbent presque tous les gros objets du roulage et anéantissent à peu près ces lourdes messageries qui sillonnaient toutes les routes de France.

Il résulte de cette loi, que toutes voitures suspendues ou non, peuvent circuler sur les routes impériales, départementales et autres, sans aucune condition de poids ou de largeur de jantes.

Le titre II relatif à la pénalité contient les dispositions suivantes : amende de 6 à 15 francs contre le propriétaire d'une voiture sans plaque, et de 1 à 5 francs contre le conducteur. (Art. 7.)

Amende de 16 à 100 francs contre le conducteur qui, sommé de s'arrêter, refuserait d'obtempérer. (Art. 10.)

Le propriétaire est responsable des amendes et dommages-intérêts. (Art. 13.)

Le titre III de cette loi règle la procédure. Il porte, art. 15, que les maires et adjoints, les commissaires et agents assermentés de police, peuvent constater les contraventions.

L'art. 18 veut que les procès-verbaux rédigés par les agents ordinaires soient affirmés dans les trois jours.

L'art. 20 autorise le maire de la commune où la contravention a été commise, à arbitrer provisoirement le dommage et l'amende quand le contrevenant n'est pas domicilié en France.

D'après la nouvelle loi, le conseil de préfecture jugera toutes les contraventions relatives : 1° à la forme, à la longueur et à la saillie des moyeux ; 2° à la forme des bandes des roues et des clous des bandes; 3° au nombre de chevaux de l'attelage ; 4° à la police de la circulation pendant les temps de dégel, et sur les ponts suspendus; 5° la largeur du chargement ; 6° la saillie des colliers des chevaux ; 7° le mode d'enrayage.

Tous les autres délits et contraventions prévus par ladite loi sont de la compétence des tribunaux ordinaires.

Le décret du 10 août 1852 a déterminé le règlement d'administration publique prévu par la loi du 30 mai 1851, sur la police du roulage et des messageries publiques.

Art. 1er. Les essieux des voitures ne pourront avoir plus de 2 mètres 50 centimètres de longueur, ni dépasser, à leurs extrémités, le moyeu de plus de 6 centimètres.

La saillie des moyeux, y compris celle de l'essieu, n'excédera pas plus de 12 centimètres le plan passant par le bord extérieur des bandes Il est accordé une tolérance de 2 centimètres sur cette saillie, pour les roues qui ont déjà fait un certain service.

Art. 2. Il est expressément défendu d'employer des clous à tête de diamant. Tout clou de bande sera rivé à plat, et ne pourra, lorsqu'il sera posé à neuf, former une saillie de plus de 5 millimètres.

Art. 3 Il ne peut être attelé :

1° Aux voitures servant au transport des marchandises, plus de cinq chevaux, si elles sont à deux roues ; plus de huit si elles sont à quatre roues, sans qu'il puisse y avoir plus de cinq chevaux de file ;

2° Aux voitures servant au transport des personnes, plus de trois chevaux, si elles sont à deux roues, plus de six, si elles sont à quatre roues.

Art. 4. Lorsqu'il y aura lieu de transporter des blocs de pierre, des locomotives, ou d'autres objets d'un poids considérable, l'emploi d'un attelage exceptionnel pourra être autorisé, sur l'avis des ingénieurs ou des agents-voyers, par les préfets des départements traversés.

Art. 5. Les prescriptions de l'art. 3 ne sont pas applicables sur les parties de routes ou de chemins vicinaux de grande communication affectées de rampes d'une déclivité ou d'une longueur exceptionnelle.

Art. 7. Le ministre des travaux publics détermine les départements dans lesquels il pourra être établi, sur les routes impériales et départementales, des barrières pour restreindre la circulation pendant les temps de dégel.

Les préfets, dans chaque département, déterminent les chemins de grande communication sur lesquels ces barrières pourront être établies.

Ces barrières seront fermées et ouvertes en vertu d'arrêtés du sous-préfet, pris sur l'avis de l'ingénieur d'arrondissement ou de l'agent-voyer. Ces arrêtés seront affichés.

Dès que la fermeture des barrières aura été ordonnée, aucune voiture ne pourra sortir de la ville, du bourg ou du village dans lequel elle se trouvera. Toutefois, les voitures qui seront déjà en marche pourront continuer leur route jusqu'au gîte le plus voisin, où elles seront tenues de rester jusqu'à l'ouverture des barrières.

Pour n'être point inquiétés dans leur trajet, les propriétaires ou conducteurs de ces voitures prendront un laissez-passer du maire.

Le jour de l'ouverture des barrières, et le lendemain, les voitures ne pourront partir du lieu où elles auront été retenues que deux à la fois, et à un quart-d'heure d'intervalle. Le maire ou son délégué présidera au départ, qui aura lieu dans l'ordre suivant lequel les voitures se seront fait inscrire à leur arrivée dans la commune.

Art. 8. Pendant la traversée des ponts suspendus, les chevaux seront mis au pas ; les voituriers ou rouliers tiendront les guides ou le cordeau, les conducteurs ou postillons resteront sur leur siége.

Dans les circonstances urgentes, les préfets et les maires pourront prendre telles mesures que leur paraîtra commander la sûreté publique, sauf à en rendre compte à l'autorité supérieure.

Les mesures prescrites pour la protection des ponts suspendus, seront, dans tous les cas, placardées à l'entrée et à la sortie de ces ponts.

Art. 9. Tout roulier ou conducteur de voiture doit se ranger à sa droite à l'approche de toute autre voiture , de manière à lui laisser libre au moins la moitié de la chaussée.

Art. 10. Il est interdit de laisser stationner sans nécessité sur la voie publique aucune voiture attelée ou non attelée.

§ 2. CHARRIOTS ET CHARRETTES.

Art. 11. La largeur du chargement des voitures qui ne servent pas au transport des personnes ne peut excéder 2 mètres 50 centimètres. Toutefois , les préfets des départements traversés peuvent délivrer des permis de circulation pour les objets d'un grand volume qui ne seraient pas susceptibles d'être chargés dans ces conditions.

Sont affranchies, conformément à la loi du 30 mai 1851, de toute réglementation de largeur de chargement, les voitures d'agriculture , lorsqu'elles sont employées au transport des récoltes de la ferme aux champs, et des champs à la ferme et au marché.

Art. 12. La largeur des colliers des chevaux ou autres bêtes de trait ne peut dépasser 90 centimètres , mesurés entre les points les plus saillants des pattes des attelles.

Art. 13. Lorsque plusieurs voitures marchent à la suite les unes des autres, elles doivent être distribuées en convoi de quatre voitures au plus , si elles sont à quatre roues et attelées d'un seul cheval ; de trois voitures au plus , si elles sont à deux roues et attelées d'un seul cheval ; et de deux voitures au plus , si l'une d'elles est attelée de plus d'un cheval.

L'intervalle d'un convoi à l'autre ne peut être moindre de 50 mètres.

Art. 14. Tout voiturier ou conducteur doit se tenir constamment à portée de ses chevaux ou bêtes de trait, et en position de les guider.

Il est interdit de faire conduire par un seul conducteur plus de quatre voitures à un cheval si elles sont à quatre roues, et de plus de trois voitures à un cheval si elles sont à deux roues.

Chaque voiture attelée de plus d'un cheval doit avoir un conducteur. Toutefois, une voiture dont le cheval est attaché derrière une autre, attelée de quatre chevaux au plus, n'a pas besoin d'un conducteur particulier.

Les règlements de police municipale détermineront, en ce qui concerne la traversée des villes, bourgs et villages, les restrictions qui peuvent être apportées aux dispositions du présent article et de celui qui précède.

Art. 15. Aucune voiture marchant isolément ou en tête d'un convoi ne pourra circuler pendant la nuit, sans être pourvue d'un fallot ou d'une lanterne allumée. Cette disposition pourra être appliquée aux voitures d'agriculture par des arrêtés des préfets ou des maires.

Art. 16. Tout propriétaire de voiture ne servant pas au transport des personnes est tenu de faire placer, en avant des roues et au côté gauche de sa voiture, une plaque métallique portant en caractères apparents et lisibles, ayant au moins 5 millimètres de hauteur, ses noms, prénoms et profession, le nom de la commune, du canton et du département de son domicile.

Sont exceptées de cette disposition, conformément à la loi du 30 mai 1851 :

Les voitures particulières destinées au transport des personnes, mais étrangères à un service public de messageries ;

Les voitures employées à la culture des terres, au transport des récoltes, à l'exploitation des fermes, qui se rendent de la ferme aux champs ou des champs à la ferme, ou qui servent au transport des objets récoltés du lieu où ils ont été recueillis, jusqu'à celui où, pour les conserver et les manipuler, le cultivateur les dépose ou les rassemble.

§ 3. VOITURES DES MESSAGERIES.

Art. 17. Les entrepreneurs des voitures publiques allant à destination fixe déclareront le siége principal de leur établissement, le nombre de leurs voitures, celui des places qu'elles contiennent, le lieu de destination, les jours et heures de départ et d'arrivée. Cette déclaration sera faite, dans le département de la Seine, au préfet de police, et dans les autres départements, au préfet ou au sous-préfet.

Ces formalités ne seront obligatoires pour les entrepreneurs actuels qu'au renouvellement de leurs voitures, ou lorsqu'ils en modifieront la forme ou la contenance.

Art. 20. La largeur de la voie pour les voitures publiques, est fixée, au minimum, à 1 mètre 65 centimètres entre le milieu des jantes de la partie des roues reposant sur le sol.

Toutefois, si les voitures sont à quatre roues, la voie de devant pourra être réduite à 1 mètre 55 centimètres. En pays de montagnes, les entrepreneurs peuvent être autorisés par les préfets, sur l'avis des ingénieurs ou des agents-voyers, à employer des largeurs de voies moindres que celles réglées par les paragraphes précédents, mais à la condition que les voies seront au moins égales à la voie la plus large des voitures en usage dans la contrée.

Art. 21. La distance entre les axes des deux essieux, dans les voitures publiques à quatre roues, sera égale au moins à la moitié de la longueur des caisses mesurées à la hauteur de leur ceinture, sans pouvoir néanmoins descendre au-dessous de 1 mètre 55 centimètres.

Art. 22. Le maximum de la hauteur des voitures publiques, depuis le sol jusqu'à la partie la plus élevée du chargement, est fixé à 2 mètres pour les voitures à quatre roues, et à 2 mètres 60 centimètres pour les voitures à deux roues.

Il est accordé, pour les voitures à quatre roues, une augmentation de 10 centimètres, si elles sont pourvues à l'avant-train, de sassoires et contre-sassoires, formant chacune au moins un demi-cercle de 1 mètre 15 centimètres de diamètre, ayant la cheville ouvrière pour centre. Lorsque, par application du troisième paragraphe de l'article 20, ou autorisera une réduction dans la largeur de la voie, le rapport de la hauteur de la voiture avec la largeur de la voie sera, au maximum, de 1 mètre 75 centimètres.

Dans tous les cas, la hauteur est réglée par une traverse en fer placée au milieu de la longueur affectée au chargement, et dont les montants, au moment de la visite prescrite par l'article 17, sont marqués d'une estampille constatant qu'ils ne dépassent pas la hauteur voulue; ils doivent, ainsi que la traverse, être constamment apparents.

La bâche qui recouvre le chargement ne peut déborder ces montants ni la hauteur de la traverse. Il est défendu d'attacher aucun objet en dehors de la bâche.

Art. 23. Les compartiments des voitures publiques seront disposés de manière à satisfaire aux conditions suivantes :

Largeur moyenne des places, 48 centimètres.

Largeur des banquettes, 45 centimètres.

Distance entre deux banquettes, 45 centimètres.

Distance entre la banquette du coupé et le devant de la voiture, 35 centimètres.

Hauteur du pavillon au-dessus du fond de la voiture, 1 mètre 40 centimètres.

Hauteur des banquettes y compris le coussin, 40 centimètres.

Pour les voitures parcourant moins de 20 kilomètres et pour les banquettes à plus de trois places, la largeur moyenne des places pourra être réduite à 40 centimètres.

Art. 24. Il peut être placé sur l'impériale une banquette destinée au conducteur et à deux voyageurs, ou à trois voyageurs lorsque le conducteur se placera sur le même siége que le cocher.

Cette banquette dont la hauteur, y compris le coussin, ne dépassera pas 50 centimètres, ne peut être recouverte que d'une capote flexible.

Aucun paquet ne peut être chargé sur cette banquette.

Art. 25. Le coupé et l'intérieur auront une portière de chaque côté.

La caisse de derrière ou la rotonde ne peut avoir qu'une portière ouverte à l'arrière.

Chaque portière sera garnie d'un marche-pied.

Art. 26. Les essieux seront en fer corroyé de bonne qualité, et arrêtés à chaque extrémité, soit par un écrou assujetti au moyen d'une clavette, soit par une boîte à l'huile, fixée par quatre boulons traversant la longueur du moyeu, soit par tout autre système qui serait approuvé par le ministre des travaux publics.

Art. 27. Toute voiture publique doit être munie d'une machine à enrayer agissant sur les roues de derrière et disposée de manière à pouvoir être manœuvrée de la place assignée au conducteur.

Les voitures doivent être, en outre, pourvues d'un sabot et d'une chaîne d'enrayage, que le conducteur placera à chaque descente rapide.

Les préfets peuvent dispenser de l'emploi de ces appareils les voitures qui parcourent uniquement des pays de plaine.

Art. 28. Pendant la nuit, les voitures publiques seront éclairées par une lanterne à réflecteur placée à droite et à l'avant de la voiture.

Art. 29. Chaque voiture porte à l'extérieur, dans un endroit apparent, indépendamment de l'estampille délivrée par l'administration des contributions indirectes, les nom et domicile de l'entrepreneur, et l'indication du nombre des places de chaque compartiment.

Art. 30. Elle porte à l'intérieur des compartiments :

1° Le numéro de chaque place ;

2° Le prix de la place depuis le lieu du départ jusqu'à celui de l'arrivée.

L'entrepreneur ne peut admettre dans les compartiments de ses voitures un plus grand nombre de voyageurs que celui indiqué sur les panneaux, conformément à l'art. 29.

Art. 31. Chaque entrepreneur inscrit sur un registre coté et paraphé par le maire, le nom des voyageurs qu'il transporte ; il y inscrit également les ballots et paquets dont le transport lui est confié.

Il remet au conducteur, pour lui servir de feuille de route, une copie de cet enregistrement, et à chaque voyageur un extrait en ce qui le concerne, avec le numéro de sa place.

Art. 32. Les conducteurs ne peuvent prendre en route aucun voyageur, ni recevoir aucun paquet sans en faire mention sur les feuilles de route qui lui ont été remises au point de départ.

Art. 33. Toute voiture publique dont l'attelage ne présentera de front que deux rangs de chevaux, pourra être conduite par un seul postillon ou un seul cocher ; elle devra être conduite par deux postillons ou par un postillon et un cocher lorsque l'attelage comportera plus de deux rangs de chevaux.

Art. 34. Les postillons ou cochers ne pourront, sous aucun prétexte, descendre de leurs chevaux ou de leurs siéges. Il leur est enjoint d'observer, dans les traversées des villes et des villages, les règlements de police concernant la circulation des rues.

Dans les haltes, le conducteur et le postillon ne peuvent quitter en même temps la voiture, tant que celle-ci reste attelée.

Avant de remonter sur son siége, le conducteur doit s'assurer que les portières sont exactement fermées.

Art. 35. Lorsque, contrairement à l'article 9 du présent décret, un roulier ou conducteur de voiture n'aura pas cédé la moitié de la chaussée à une voiture publique, le conducteur ou postillon qui auraient à se plaindre de cette contravention, devra en faire la déclaration à l'officier de police du lieu le plus rapproché, en faisant connaître le nom du voiturier d'après la plaque de sa voiture.

Les procès-verbaux de contravention seront sur le champ transmis au procureur impérial, qui fera poursuivre les délinquants.

S

SAINFOIN. Plante qui pousse plusieurs tiges longues d'environ 325 millimètres, rougeâtre, anguleuse, rameuse ; ses feuilles sont vertes en dessus, blanches et velues en dessous, attachées par paires sur un côté qui se termine par une seule foliole. Ses fleurs sont rougeâtres, en épis ; il leur succède de petites gousses épineuses et découpées en forme de crête de coq, lesquelles renferment chacune une semence. Il dure long-temps et doit conséquemment être respecté de tous les bestiaux, qui n'y peuvent pénétrer en aucun temps sans qu'il y ait lieu à verbaliser de la part des gardes champêtres et particuliers.

SAISIE de RÉCOLTES. Lorsqu'un créancier fait procéder à la saisie des récoltes de son débiteur, le garde champêtre doit, aux termes de l'article 628 du Code de procédure civile, être établi gardien, à moins qu'il ne soit parent ou allié jusqu'à degré de cousin issu de germain du saisissant. S'il est présent, il accepte incontinent ; s'il ne l'est pas, la saisie lui doit être signifiée.

Comme gardien, le garde champêtre doit veiller à la conservation de la chose saisie. L'article 600 du Code de procédure porte que ceux qui empêcheraient l'établissement d'un gardien ou qui enlèveraient ou détourneraient des effets saisis, seront punis conformément au Code criminel.

Il est interdit au gardien de se servir des objets saisis.

D'après l'article 605, il peut demander sa décharge si la vente n'a pas été faite au jour indiqué par le procès-verbal, sans qu'elle ait été empêchée par quelque. obstacle ; et en cas d'empêchement, la décharge peut être demandée deux mois après la saisie, sauf au saisissant à faire nommer un autre gardien.

Tous gardiens peuvent être contraints par corps à représenter les objets saisis ; cette responsabilité suffit pour éveiller leur surveillance. Il leur est alloué, par l'article 34 du tarif, 1 franc 50 centimes par jour pendant les douze premiers jours, et ensuite 60 centimes seulement.

SANGLIER. C'est le cochon sauvage, et, chose singulière, il est moins goulu que le cochon domestique ; il est aussi insouciant sur ses petits, mais les petits et la mère se protègent et s'aiment plus que les pourceaux et la truie.

Quant au caractère extérieur de ces animaux, on remarque que le sanglier a les défenses ou *grais* plus grandes. le boutoir plus fort, et la hure plus longue que le cochon domestique ; il a aussi les oreilles plus petites, plantées droites et pointues, les pieds plus gros, les pinces plus séparées et le poil toujours noir. Dans les six premiers mois, le sanglier porte le nom de marcassin ; il a des bandes grises et noirâtres qui s'étendent le long du corps depuis la tête jusqu'à la queue ; le reste de son pelage est un mélange de blanc, de fauve et de brun. A six mois il quitte la livrée. A un an, le sanglier vit en bandes, et s'appelle *bête de compagnie* ; entre deux et trois ans, c'est un *ragot* : il est en état de se défendre, et marche seul. A trois ans faits, c'est un *sanglier*; à quatre ans, c'est un *quartan*; entre cinq et six ans, c'est un *grand sanglier*; à sept ans, c'est un *solitaire*, ordinairement *miré*.

Pour distinguer les traces d'un cochon domestique de celles du sanglier, il faut remarquer que le sanglier pose la trace de derrière dans celle de devant, ce qui n'arrive presque jamais au cochon domestique. D'un autre côté, celui-ci *appuie plus du talon* que de la pince; ses ergots touchent la terre à plomb, et ne s'écartent que très-peu l'un de l'autre; au lieu que le sanglier *appuie plus de la pince que du talon, et que ses gardes donnent à terre* en s'élargissant. Le cochon écarte les pinces en marchant, et le sanglier, quand il va d'assurance, pose son pied les pinces serrées. Ses *boutis* sont profonds, en sillon droit, ou fusée; le cochon au contraire vermiile çà et là.

Les *boutis*, le *souil*, la *bauge* et les *laissées* ou fientes, servent par leur *enfoncement*, leur *étendue* et leur *grosseur*, à prendre une idée de la taille de la bête.

La taille du sanglier se distingue de celle d'une laie, en ce que celle-ci a les pinces moins grosses, qu'elle écarte légèrement de devant et de derrière, et qu'elle donne rarement de ses gardes à terre. Un sanglier écarte de derrière seulement, et pose la trace de derrière un peu à côté et en dehors de celle de devant; il donne de ses gardes en terre.

On chasse le sanglier à force ouverte avec des chiens; comme il ne fuit que lentement, qu'il laisse une odeur très-forte, qu'il se défend contre les chiens et les blesse toujours dangereusement, il ne faut pas le chasser avec les fins chiens courants, destinés pour le cerf, le daim et le chevreuil.

Ordinairement il faut les chercher, pendant le jour, dans le plus épais du bois, et particulièrement dans les endroits humides. Ils en sortent le soir pour chercher leur nourriture, qui se compose de glands, de châtaignes, de fruits sauvages ou cultivés, de racines, de grain, et même de jeunes animaux quand ils peuvent les saisir. Ils font beaucoup de mal aux champs et aux vignobles qui avoisinent les forêts, et souvent ils dépeuplent entièrement les garennes en déterrant les jeunes lapins pour les dévorer. (*Voyez* PIÈGES, § 2.)

SANSONNET. Voyez *Etourneau.*

SAPIN. Les sapins sont des arbres de bois blanc , résineux, qui viennent fort hauts, d'une belle grosseur, et dont le tronc est parfaitement droit ; ils sont terminés par une tête pyramidale de rameaux réguliers ; ils se plaisent sur les montagnes et dans les pays froids ; mais il en vient beaucoup en France. On en distingue plusieurs espèces ; celles qu'on trouve dans les forêts sont les *sapins* proprement dits , les *pins épicea*, le *pin sylvestre* et les *mélèzes.*

Les premiers ont les feuilles longuettes, planes, émoussées, échancrées par le bout, assez souples, blanchâtres en dessous, et rangées à peu près sur un même plan des deux côtés d'un filet ligneux comme les dents d'un peigne.

Les feuilles d'*épicea* sont étroites, courtes, piquantes et rangées autour d'un filet commun, en sorte qu'elles forment toutes ensemble, par leur pointe, une espèce de cylindre ; leurs cônes ont la pointe tournée en bas. Il sort de leur écorce une résine qui s'épaissit, devient concrète et semblable à des grains d'encens.

Le *Pin sylvestre* est aussi résineux. Les feuilles de tous les pins sont garnies à leur base d'une graine d'où il sort 2, 3, 4 ,5 et jamais plus de 6 feuilles. Les fleurs des pins et des sapins sont toujours placées à l'extrémité des jeunes branches. (*Voyez* MELÈZE.)

Le *Pin maritime* se distingue des autres par des feuilles étroites, lisses, pointues, piquantes, longues, géminées, d'un vert foncé ; les cônes petits, souvent opposés, sont fortement attachés aux rameaux.

Le *Pin d'Écosse*, au contraire, a les feuilles glabres, pointues, très courtes et menues ; elles sortent deux à deux d'une gaîne commune. Les cônes sont petits, presque pointus, ils viennent par bouquets placés autour des branches. On l'appelle aussi *Pin de Riga.*

SARCELLE COMMUNE. Le mâle a 406 millimètres de longueur totale ; le sommet et le derrière de sa tête sont d'un brun noirâtre ; il a deux bandes blanches sur les côtés, qui passent au-dessus des yeux, et se réunissent vers l'occiput ; les joues, la gorge, le haut du cou, variés de lignes blanches sur un fond brun roussâtre ; le devant du cou et la poitrine rayés de brun ; le reste du corps varié de blanc, de brun, de noir et de cendré ; des reflets verts aux ailes ; le bec noirâtre et les pieds plombés. La femelle a derrière et dessous l'œil une bande blanche tachetée et du même genre que les canards ; même conformation, mêmes habitudes, même différence de plumage entre les mâles et les femelles ; elle est seulement plus petite que le canard sauvage.

SARCELLE (petite). Est un peu moins grosse que la précédente ; le mâle a 379 centimètres de longueur. Les plumes du sommet de la tête sont d'un marron brun, bordé de roussâtre, qui s'étend sur la moitié du dessus du cou, en forme de bande, continuée par un trait d'un noir velouté ; sur chaque côté de la tête, une raie d'un blanc roussâtre part de l'ouverture du bec, remonte vers le front, passe sur les yeux, et s'étend jusqu'à l'occiput ; une large tache d'un vert doré brille derrière l'œil et descend le long du cou ; une petite bande est au-dessous, passe sous l'œil et s'étend vers le derrière de la tête ; les joues, le devant du cou, sont de couleur marron, et la gorge est brune. Le reste du plumage est varié de blanc, de blanchâtre et de noirâtre, de roussâtre et de brun cendré. Le bec est noir et les pieds d'un gris cendré.

Cette espèce plus commune en France que la précédente y reste toute l'année, niche dans les joncs des marais, pond dix à douze œufs de la grosseur de ceux d'un pigeon, d'un blanc sale avec de petites taches de couleur noisette. Elle habite les étangs, et ne les abandonne que quand ils sont gelés, pour aller se rabattre sur les rivières et les fontaines chaudes.

SARRASIN. C'est une plante annuelle qui pousse une tige haute de 50 à 60 centimètres, droite, ronde, lisse, striée, branchue, garnie de rameaux de fleurs qui sortent des aisselles des feuilles. Les feuilles inférieures sont portées sur des queues courtes ; elles sont en cœur, sagittées, pointues et d'un vert clair, les supérieures sont sessiles ; au sommet des tiges et des rameaux paraissent des petites fleurs blanches en bouquet, chargées d'étamines rougeâtres ; aux fleurs succèdent des graines triangulaires contenant une farine très-blanche et insipide.

SAULE ou SAULX. C'est tantôt un arbrisseau, tantôt un arbre qui vient dans les lieux humides et marécageux ; les feuilles sont velues, allongées, étroites, aiguës, argentées en dessous ; l'écorce est verdâtre et lisse dans la jeunesse de l'arbre, elle est blanchâtre et crevassée quand le saule devient vieux.

Il y a plusieurs espèces de saules qui servent à l'ornement des parcs et des jardins ou qui produisent de l'osier, mais le véritable saule du bois est celui qu'on appelle *Marsault*, sa tige est branchue, cassante, haute de 2 mètres 60 cent. à 3 mètres 25 cent., l'écorce d'un vert grisâtre, le bois blanc ; la feuille large, arrondie, ridée, blanchâtre en dessous et cotonneuse, d'un vert foncé en dessus et dentelée.

SAUMON. On peut regarder le saumon, dit Linnée, comme un des plus grands poissons de rivière que nous connaissions ; il est gros comme la cuisse, il pèse jusqu'à 14 kilog. 500 gram. et 19 kilog. 500 gr. ; mais sa taille ordinaire est entre 65 et 85 centimètres de longueur totale ; il a la mâchoire supérieure un peu avancée sur l'inférieure, il a la queue fourchue, quatorze rayons à la première nageoire dorsale et treize à l'anale. Les deux mâchoires et le palais sont garnis d'une ou de deux rangées de dents nombreuses et pointues ; on aperçoit aux deux côtés du gosier un os hérissé de dents aiguës et recourbées. La langue en porte sept ou huit de semblables. Le front, les joues et le dos sont noirs ; les côtés sont bleus ou verts à la partie supérieure et argentés en bas ; un rouge jaunâtre couvre la gorge et le ventre.

Le saumon naît dans l'eau douce et croît dans la mer. Il passe l'hiver et la belle saison dans les fleuves dont les eaux sont rapides et pures. C'est au commencement du printemps qu'a lieu l'émigration de cette espèce. Les saumons se réunissent alors en troupes ; le plus gros d'entre eux, qui est ordinairement une femelle, s'avance le premier ; les autres viennent ensuite deux à deux, à la distance de 1 mètre et demi à 2 mètres ; les plus jeunes ferment la marche. Si le temps est frais ils nagent à la surface de l'eau ; s'il fait chaud, ou si le temps est à l'orage, ils rasent le fond. Ils nagent avec une étonnante rapidité, mais le moindre bruit les effraie. On a remarqué qu'ils pouvaient parcourir en une heure un intervalle de 5 myriamètres, et que, lorsqu'ils ne sont pas contraints à des efforts prolongés, ils peuvent franchir en une seconde une étendue de 7 à 8 mètres. Leur queue est le principal agent de la rapidité de leur natation et de leur incroyable agilité.

Les saumons ne se reproduisent pas avant leur cinquième année. Cette opération a lieu vers le mois de mai dans les rivières de France. On croit que les femelles creusent une espèce de fosse au moyen du frottement de leurs parties inférieures, et qu'elles y déposent leurs œufs : les mâles viennent ensuite s'y frotter à leur tour et répandre la liqueur séminale qui doit les féconder.

Sur les bords de la Loire, voici comment on pêche le saumon : dans un endroit où le courant est rapide et l'eau profonde, on établit un jeté de 4 à 6 mètres de longueur, s'avançant dans le courant, afin d'établir un tourbillon et un remou, où le saumon aime à venir se reposer. On y pose un très-grand carrelet, dont le manche forme bascule, afin de pouvoir le lever rapidement malgré son poids. Le pêcheur, couché dans une petite cabane de paille, en sort de demi-heure en demi-heure pour lever le filet ; s'il y a un saumon dedans il fait tourner le carrelet sur l'axe de la bascule, pour l'amener à sa portée ; il assomme le poisson d'un coup de bâton sur la tête, le retire ensuite du filet et recommence à pêcher.

SEIGLE. Plante graminée, connue de tout le monde.

SENTIER. La loi sur les chemins vicinaux ne parle pas des sentiers, parce qu'ils sont presque toujours établis par tolérance comme moyen d'abréger les distances. Les gardes champêtres n'ont rien à faire quand le propriétaire d'un terrain, d'un pré ou d'un bois, tolère l'établissement des sentiers ; mais s'il s'y opposait, soit en ouvrant un fossé, soit en plaçant des barrières, il y aurait lieu de dresser procès-verbal, s'il résultait de l'établissement des sentiers un préjudice quelconque pour le propriétaire du terrain.

SERPOLET ou THYM SAUVAGE. Plante odorante dont le gibier est très-friand, et qui lui donne un goût fort agréable.

SERVICE D'ORDRE PUBLIC. Indépendamment des fonctions que nous avons énumérées, les gardes champêtres peuvent être chargés d'un service d'ordre public, sous la direction des sous-préfets, des officiers de gendarmerie et des commissaires cantonnaux, qui ont le droit de les convoquer sur un point du canton, aux termes des art. 624, 625, 626 et 627 du décret du 1er mars 1854.

SESSILE. Nom donné à une fleur ou feuille sans queue.

SÈVE. C'est une eau qui se trouve dans le corps des plantes, et qui, selon des auteurs, est par rapport aux végétaux ce que le sang est pour les animaux. Elle se met en mouvement quand la tiédeur du printemps se fait sentir.

SOUCHE. Partie de l'arbre qui tient au tronc et aux racines. C'est le point de ralliement de tous les vaisseaux qui conduisent la sève dans le corps de l'arbre. On l'appelle *cépée* quand après l'abattis de l'arbre elle se garnit de plusieurs tiges. Elle doit en cet état être respectée comme moyen de reproduction.

Elle sert aussi à constater les délits. Les gardes ne doivent jamais manquer de rapprocher de la souche les bois coupés en délit, le Code leur en fait un devoir, et ils encourraient la réprimande de l'administration ou de leurs maîtres s'ils négligeaient ce moyen de conviction. Le procès-verbal qui constate un délit, lors même que le bois coupé ne serait pas retrouvé, doit toujours contenir la description de la souche, c'est-à-dire l'indication de sa grosseur, de son essence, de son âge et celle du moyen employé pour en séparer le corps de l'arbre.

SOUCHETAGE. Constatation des souches de bois qui ont pu être coupées dans une vente avant l'exploitation de l'adjudicataire.

T

TABAC. Les gardes champêtres et forestiers sont chargés par la loi du 28 avril 1816 de constater les contraventions sur la fabrication, la vente et la circulation en fraude des tabacs français ou étrangers, et de saisir les chevaux, voitures ou autres moyens de transport.

L'ordonnance du 17 janvier 1816 leur accorde une prime de 15 francs par colporteur ou vendeur de tabac en fraude qu'ils arrêtent, ou dont ils signalent les dépôts ou lieux de fabrication.

TAILLIS. On nomme ainsi une étendue de bois depuis sa première pousse jusqu'à 25 ans ; on appelle *gaulis* le même bois depuis 25 ans jusqu'à 50 et 60. Plus tard il prend le nom de *futaie* (*Voyez* BALIVEAU.)

TANCHE. Poisson de lacs et d'étangs. Elle fraie au mois d'avril. Ses écailles sont enduites d'une mucosité qui la rend aussi glissante que l'anguille. Sa longueur ordinaire est de 257 millimètres.

Les tanches sont sujettes à varier dans leurs nuances, suivant l'âge, le sexe, le climat, les aliments et les qualités de l'eau. En général, on remarque du jaune-verdâtre sur leurs joues, du blanc sur leur gorge, du vert foncé sur leur front et sur leur dos, du blanchâtre sur le ventre, du violet sur les nageoires. La chair des mâles est plus grasse et plus agréable au goût; mais dans les femelles comme dans les mâles, la tête est grosse, le front large, l'œil petit, la lèvre épaisse, le dos un peu arqué, la peau noire *.

TANIÈRE. Nom donné au lieu de retraite des bêtes sauvages. On dit la tanière d'un ours, d'un renard, la bauge d'un loup.

TEMPS PROHIBÉ. C'est pour la chasse celui qui s'écoule entre l'époque où l'arrêté du préfet l'a close et celle de l'arrêté qui la déclare ouverte. Le temps prohibé pour la pêche est également déterminé par un arrêté du préfet. La chasse ou la pêche en temps prohibé est un délit. Voyez 3ᵉ partie, section II.

La Cour de cassation a décidé, le 17 juillet 1823, que lorsque plusieurs personnes chassent en temps prohibé, il y a autant de délits particuliers que de délinquants, et que l'amende et l'indemnité doivent être prononcées contre chaque individu personnellement. La jurisprudence des Cours impériales est la même en matière de pêche. (*Voyez* RESPONSABILITE.)

TIGE. Partie de la plante ou de l'arbre qui part de la racine et va jusqu'aux branches ; le mot propre, en parlant des arbres, est *tronc*.

TILLEUL. Arbre forestier du troisième ordre. Ses feuilles sont à peu près rondes, dentelées par les bords et terminées

* Voyez le *Manuel du Pêcheur*, faisant partie de l'*Encyclopédie-Roret*.

en pointe ; elles sont soutenues par de longues queues et posées alternativement sur les branches ; le bois est blanc, l'écorce lisse jusqu'à 40 ans, plus tard elle devient crevassée.

TIMBRE et VISA POUR TIMBRE. Tous les actes des gardes champêtres, forestiers et autres qui sont destinés à paraître en justice, doivent être rédigés sur papier timbré ou sur papier visé pour timbre par le receveur de l'enregistrement du canton. L'usage de ce dernier papier est nécessaire dans toutes les affaires criminelles ou correctionnelles poursuivies par le ministère public ; on l'a étendue à tous les procès-verbaux des gardes champêtres, forestiers et autres, agissant pour la répression des délits ruraux, forestiers, de chasse ou de pêche. (*Ordonnance du 22 mai 1816.*)

Cela doit être observé à peine de nullité des procès-verbaux ou rapports.

Le garde champêtre n'a point à s'inquiéter du paiement des droits de timbre une fois que son acte est enregistré et déposé ; c'est à l'administration de l'enregistrement à faire recouvrer les frais de timbre. (*Voyez* ENREGISTREMENT.)

TOURTERELLE. Ces oiseaux, agréables par leur forme semblable à celle du pigeon, par leur plumage cendré, par leur naturel doux et facile, s'habituent sans difficulté à vivre avec les hommes. La tourterelle des bois a 30 centimètres de longueur totale, l'envergure en a environ 50 ; l'iris est jaunâtre, le bec d'un brun bleuâtre ; les pieds sont rouges, les ongles noirs.

TOURTERELLE A COLLIER. Elle est un peu plus grosse que la précédente. L'iris est rouge, tout le plumage supérieur isabelle clair ; l'inférieur, blanc avec une légère teinte vineuse sur le devant du cou et la poitrine ; un collier noir d'environ 5 millimètres de largeur entoure le haut du cou, ce qui lui a fait donner son surnom.

TRAITEMENT DES GARDES CHAMPÊTRES. Le traitement est réglé par le conseil municipal, et c'est probablement cette nécessité de recourir aux fonds communaux qui détermine tant de communes à se passer de gardes champêtres. Aucune loi ne fixe le traitement. Il est ordinairement de 200 francs ; il s'élève plus haut dans les communes plus populeuses et plus riches, et il se paie sur les revenus communaux ou sur les centimes additionnels.

Dans les communes pauvres, les propriétaires qui ont d'autant plus besoin de surveiller leurs propriétés, et qui ne veulent pas s'exposer à des collisions fâcheuses avec les habitants indigènes, se cotisent entre eux pour solder un garde champêtre de leur choix.

Le maire dresse un rôle des plus imposés. Il est rendu exécutoire comme celui de l'instituteur, et les fonds touchés par le percepteur sont remis au garde champêtre.

Ce traitement est indépendant des indemnités et gratifications qu'il peut mériter dans l'exercice de ses fonctions. (*Voyez* INDEMNITE.)

Les traitements des autres gardes sont payés par l'État ou les établissements publics; ceux des gardes particuliers sont le résultat d'une convention qui dépend entièrement des personnes.

TRIAGE. Certaine étendue de bois confiée seule ou avec d'autres parties à la surveillance des gardes.

TROUBLE. Le terme de trouble est en quelque sorte générique. Il signifie un filet en poche dont l'embouchure est attachée à un cercle de bois ou de fer qui porte un manche, mais il y en a de différentes grandeurs, et leur forme varie plus ou moins, ce qui a pu engager à leur donner différents noms.

TROUPEAUX. Les ordonnances des maires relativement aux troupeaux, ayant presque toujours pour objet de prévenir des maladies ou des dégâts, les gardes champêtres sont chargés de veiller à leur exécution et de faire connaître les contraventions.

TRUITE. Ce poisson a deux nageoires dorsales, la première de quatorze rayons, l'anale de onze, la queue est peu échancrée; ses côtés sont parsemés de taches rondes de différentes couleurs qui forment au soleil, sur la surface de l'eau, une auréole très-brillante et du plus bel effet; les côtés de la tête et du corps sont nuancés d'un vert doré; les nageoires pectorales sont brunes et violettes; les ventrales et la queue sont également dorées, la dorsale est parsemée de taches purpurines, la nageoire adipeuse est dorée et liserée de brun; l'anale est mélangée de pourpre, d'or et d'un gris de perle; quelques taches noires se voient sur le dos.

Sa tête est assez grosse; les mâchoires et le palais sont

garnis de dents pointues et recourbées, la langue en a six ou huit. La truite a ordinairement une longueur de 325 à 487 millimètres et pèse de 500 grammes à 1 kilogramme 500 grammes; on en pêche cependant qui pèsent de 1 kilogramme 500 grammes à 2 kilogrammes, et même dans certaines provinces, comme dans le Jura et le Vivarais, il n'est pas rare d'en prendre qui pèsent jusqu'à 5 ou 6 kilogrammes. Ses écailles sont très-petites. Le temps du frai, en France, est vers le commencement de l'automne. Elle se plaît dans une eau vive et très-fraîche, coulant sur un fond rocailleux, surtout dans les ruisseaux qui descendent des hautes montagnes. L'hiver, les truites gagnent les grandes rivières pour ne pas se trouver renfermées sous la glace (mais, dès le printemps, elles remontent les torrents et même les moindres ruisseaux où elles peuvent trouver le plus de fraîcheur. C'est ordinairement la nuit et par troupes qu'elles font ce trajet. Elles nagent avec beaucoup de rapidité contre les courants et peuvent franchir les cascades les plus élevées.

U

USAGE (DROIT D'). C'est la faculté qu'ont certaines communes, et même des particuliers, de se faire délivrer dans les bois et forêts, soit du bois à brûler, soit du bois à bâtir, soit du bois de travail, ou bien la faculté d'y faire paître leurs bestiaux.

§ 1er. Il y a des droits de deux espèces : les grands et petits usages; mais ils sont soumis aux mêmes règles.

Les grands usages sont l'*affouage*, c'est-à-dire le droit au bois de chauffage. (*Voyez* art. 122 *de l'Ordonnance de* 1827.)

Le *maronage*, c'est-à-dire le droit au bois de construction ou de travail. (*Voyez* art. 123 *de la même ordonnance.*)

Le *panage*, qui est la faculté d'y mener des porcs pour en consommer le gland. (*Voyez* art. 66, 67, 68, 69 et 70 ; ainsi que les art. 75 à 79.)

Le *pâturage* ou *pacage*, qui consiste à conduire les bestiaux pour paître. (*Voyez* art. 118.)

§ 2. Les petits usages consistent à enlever les branches sèches et les bois morts ou mort-bois, c'est-à-dire les branches qui meurent sur pied et qui tombent d'elles-mêmes, ou sont cassées sans avoir besoin d'instruments pour les faire tomber.

Le mort-bois peut être pris avec outils tranchants ; on appelle ainsi les saules, marsaults, épines, aulnes, genêts, genevriers, ronces et églantiers.

§ 3. Dans tous les cas, l'usager est astreint à demander délivrance au propriétaire, et il ne peut exercer le droit de pâture qu'après que les bois qui y sont soumis ont été reconnus et déclarés défensables. (*Voyez* art. 67, 79 et 81 du *Code forestier*.) *Voyez* DÉFENSABLES.

Un autre principe en cette matière, c'est que l'exercice des droits d'usage doit être modifié selon la possibilité des forêts, et selon les besoins des usagers. (*Ordonn. de* 1820; *art.* 65 *et suiv. du Code forestier.*)

§ 4. Le Code forestier, contient, sur l'étendue et sur la manière de jouir des droits d'usage, de nombreuses dispositions qu'il est nécessaire de rapporter ici.

Des droits d'usage dans les bois de l'État.

Art. 61. Ne seront admis à exercer un droit d'usage quelconque dans les bois de l'État que ceux dont les droits auront été, au jour de la promulgation de la présente loi, reconnus fondés, soit par des actes du gouvernement, soit par des jugements ou arrêts définitifs, ou seront reconnus tels par suite d'instances administratives ou judiciaires actuellement engagées, ou qui seraient intentées devant les tribunaux, dans le délai de deux ans, à dater du jour de la promulgation de la présente loi, par des usagers actuellement en jouissance.

Art. 62. Il ne sera plus fait, à l'avenir, dans les forêts de l'État, aucune concession de droits d'usage, de quelque nature et sous quelque prétexte que ce puisse être.

Art. 66. La durée de la glandée et du panage ne pourra excéder trois mois.

L'époque de l'ouverture en sera fixée chaque année par l'administration forestière.

Art. 67. Quels que soient l'âge ou l'essence des bois, les usagers ne pourront exercer leurs droits de pâturage et de panage que dans les cantons qui auront été déclarés défensables par l'administration forestière, sauf le recours au Conseil de préfecture, et ce, nonobstant toutes possessions contraires.

Art. 68. L'administration forestière fixera, d'après les droits des usagers, le nombre des porcs qui pourront être mis en panage, et des bestiaux qui pourront être admis au pâturage.

Art. 69. Chaque année, avant le 1er mars, pour le pâturage, et un mois avant l'époque fixée par l'administration forestière pour l'ouverture de la glandée et du panage, les agents forestiers feront connaître aux communes et aux particuliers jouissant des droits d'usage, les cantons déclarés défensables, et le nombre des bestiaux qui seront admis au pâturage et au panage.

Les maires seront tenus d'en faire la publication dans les communes usagères.

Art. 70. Les usagers ne pourront jouir de leurs droits de pâturage et de panage que pour les bestiaux à leur propre usage, et non pour ceux dont ils font commerce, à peine d'une amende double de celle qui est prononcée par l'art. 199.

Art. 71. Les chemins par lesquels les bestiaux devront passer pour aller au pâturage ou au panage et en revenir, seront désignés par les agents forestiers.

Si ces chemins traversent des taillis ou des recrues de futaies non défensables, il pourra être fait à frais communs, entre les usagers et l'administration, et d'après l'indication des agents forestiers, des fossés suffisamment larges et profonds, ou toute autre clôture, pour empêcher les bestiaux de s'introduire dans les bois.

Art. 72. Le troupeau de chaque commune ou section de commune devra être conduit par un ou plusieurs pâtres communs, choisis par l'autorité municipale ; en conséquence, les habitants des communes usagères ne pourront ni conduire eux-mêmes ni faire conduire leurs bestiaux à garde séparée, sous peine de 2 francs d'amende par tête de bétail.

Les porcs ou bestiaux de chaque commune ou section de commune usagère formeront un troupeau particulier et sans mélange des bestiaux d'une autre commune ou section, sous peine d'une amende de 5 à 10 francs contre le pâtre,

et d'un emprisonnement de cinq à dix jours en cas de récidive.

Les communes et sections de commune seront responsables des condamnations pécuniaires qui pourront être prononcées contre lesdits pâtres ou gardiens, tant pour les délits et contraventions prévus par le présent titre, que pour
tous autres délits forestiers commis par eux pendant le temps
de leur service et dans les limites du parcours.

Art. 73. Les porcs et bestiaux seront marqués d'une
marque spéciale.

Cette marque devra être différente pour chaque commune
ou section de commune usagère.

Il y aura lieu, par chaque tête de porc ou de bétail non
marquée, à une amende de 3 francs.

Art. 74. L'usager sera tenu de déposer l'empreinte de la
marque au greffe du tribunal de première instance, et le fer
servant à la marque au bureau de l'agent forestier local ; le
tout sous peine de 50 fr. d'amende.

Art. 75. Les usagers mettront des clochettes au cou de
tous les animaux admis au pâturage, sous peine de 2 francs
d'amende pour chaque bête qui serait trouvée sans clochette
dans les forêts.

Art. 76. Lorsque les porcs et bestiaux des usagers seront
trouvés hors des cantons déclarés défensables ou désignés
pour le panage, ou hors des chemins indiqués pour s'y rendre, il y aura lieu contre le pâtre à une amende de 3 à
30 francs. En cas de récidive, le pâtre pourra être condamné
en outre à un emprisonnement de cinq à quinze jours.

Art. 77. Si les usagers introduisent au pâturage un plus
grand nombre de bestiaux, ou au panage un plus grand
nombre de porcs que celui qui aura été fixé par l'administration, conformément à l'art. 68, il y aura lieu, pour l'excédant, à l'application des peines prononcées par l'art. 199.

Art. 78. Il est défendu à tous usagers, nonobstant tout
titre et possession contraire, de conduire ou faire conduire
des chèvres, brebis ou moutons dans les forêts ou sur les
terrains qui en dépendent, etc., etc.

Art. 79. Les usagers qui ont droit à des livraisons de bois,
de quelque nature que ce soit, ne pourront prendre ces bois
qu'après que la délivrance en aura été faite par les agents

forestiers, sous les peines portées par le titre XII pour les bois coupés en délit.

Art. 80. Ceux qui n'ont d'autre droit que celui de prendre le bois mort, sec et gisant, ne pourront, pour l'exercice de ce droit, se servir de crochets ou ferrements d'aucune espèce, sous peine de 3 fr. d'amende.

Art. 81. Si les bois de chauffage se délivrent par coupe, l'exploitation en sera faite, aux frais des usagers, par un entrepreneur spécial nommé par eux et agréé par l'administration forestière.

Aucun bois ne sera partagé sur pied ni abattu par les usagers individuellement, et les lots ne pourront être faits qu'après l'entière exploitation de la coupe, à peine de confiscation de la portion de bois abattu, afférente à chacun des contrevenants.

Les fonctionnaires ou agents qui auraient permis ou toléré la contravention, seront passibles d'une amende de 50 fr., et demeureront en outre personnellement responsables, et sans aucun recours, de la mauvaise exploitation et de tous les délits qui pourraient avoir été commis.

Art. 84. L'emploi des bois de construction devra être fait dans un délai de deux ans, lequel néanmoins pourra être prorogé par l'administration forestière. Ce délai expiré, elle pourra disposer des arbres non employés.

Art. 85. Les défenses prononcées par l'article 57, sont applicables à tous usagers quelconques, et sous les mêmes peines.

(*Voyez* Affouage.)

USINES. On comprend sous ce nom, les forges, les verreries, les moulins, qui ne peuvent s'établir qu'avec l'autorisation du gouvernement, et sous les conditions qu'il lui plaît d'imposer dans l'intérêt général. Ces autorisations ne se donnent qu'après avoir consulté les autorités locales, qui procèdent à toutes les informations qui peuvent faire connaître les avantages et les inconvénients que présentent pour le pays ces sortes d'établissements. Les gardes champêtres et particuliers doivent surveiller les gérants de ces établissements, meuniers ou autres, et constater les dégâts qu'ils peuvent occasionner par des retenues d'eau opérées en élevant les vannes et déversoirs.

Gardes champêtres. 24

V

VANDOISE. La couleur générale de ce poisson est argentée. Les nageoires sont blanches ou grises, le dos est brunâtre. Il multiplie d'autant plus que la rapidité de sa natation le dérobe souvent à la dent de ses ennemis. On le prend avec toutes sortes de filets ; mais il est peu recherché à cause du grand nombre d'arrêtes qui traversent ses muscles. Sa longueur ordinaire est de 50 à 60 centimètres. Ses œufs sont blanchâtres et très-petits ; il vit de vers et de cousins.

VANNEAU. Il est à peu près de la grosseur d'un pigeon ; sa longueur est de 44 centimètres. On le reconnaît aisément à son aigrette, plus petite dans la femelle, composée de longs brins effilés, très-déliés ; son plumage est mélangé de blanc, de noir, à reflet métallique, changeant en vert et en rouge doré sur la tête et les ailes, en vert doré sur le dos, en cuivreux, en violet, etc., sur d'autres parties du corps.

Cet oiseau a reçu son nom du bruit qu'il fait avec ses ailes en volant, et que l'on a comparé à celui d'un van que l'on agite pour nettoyer le blé. Dans quelques provinces on l'appelle *dix-huit*, d'après le cri qu'il fait entendre deux ou trois fois de suite en partant et par reprise, dans son vol, et même pendant la nuit. On en voit quelques-uns pendant le cours de l'année ; mais, dans nos contrées, c'est au mois de mars qu'ils arrivent en bandes extrêmement nombreuses. Ils fréquentent alors les prairies humides ; puis, quand vient le dégel, ils se jettent dans les blés pour y chercher les vers, dont ils font leur principale nourriture.

Le VANNEAU SUISSE a 29 centimètres de longueur totale, et paraît sur nos côtes au printemps et en automne. Moins commun en France que le précédent, on ne le trouve guère que sur les bords de la mer, des lacs et des grandes rivières. Il se nourrit d'insectes, de vers, et, dit-on, des baies de certains arbrisseaux. On le chasse de la même manière, mais seulement au fusil, car il ne donne pas dans les filets.

Le VANNEAU PLUVIER se distingue des espèces précédentes par son manque d'aigrette. Sa longueur est de 29 centimètres. Il est assez commun dans plusieurs provinces de la

France, habite les mêmes lieux que le pluvier doré et se chasse de la même manière.

VÉNERIE. C'est l'art de chasser le gibier à poil à force de chiens. Elle a ses règles, son langage, que nous n'entreprendrons pas d'enseigner ici, mais qui ont été soigneusement rapportés dans le *Manuel du Chasseur*, faisant partie de l'*Encyclopédie-Roret*, auquel nous renvoyons ceux qui veulent de plus amples renseignements. Voici cependant quelques notions qui, sans mettre les gardes à portée de diriger une chasse, ce qui au surplus n'est pas leur affaire, leur permettent néanmoins de comprendre les chasseurs qui auraient des ordres à leur donner.

Abandonné. Se dit d'un chien courant qui prend les devants d'une meute, et qui s'abandonne sur la bête quand il la rencontre.

Abois. État d'un cerf épuisé de fatigue, à l'extrémité. On dit *tenir les abois* lorsque la bête, fatiguée par les chiens, s'arrête dans l'impuissance de poursuivre ; et lorsqu'elle tombe, on dit : *le cerf tient les derniers abois.*

Aire. Le nid, l'endroit où les faucons font leurs petits. On dit aussi : ce faucon est de bon aire, lorsqu'il sort de père et de mère faciles à affaiter.

Aller au gagnage. Se dit de la bête fauve, (le cerf, le daim ou le chevreuil), lorsqu'elle va dans les grains pour y viander : se dit aussi du lièvre, de la perdrix, etc.

Aller en quête. Se dit du valet de limier lorsqu'il va au bois pour y détourner une bête avec son limier.

Ameuter. Assembler les chiens pour la chasse. On dit les chiens sont bien *ameutés*, lorsqu'ils marchent bien ensemble.

Appâter. Mettre du grain dans un lieu pour y attirer les oiseaux qu'on veut prendre. On doit appâter les perdrix lorsqu'on veut les prendre au filet.

Appel. Sonner ou donner du cor pour animer les chiens.

On dit *sonner l'appel*, lorsqu'on veut faire avancer un relais ou appeler les veneurs. On dit un *appel forcé*, quand on le sonne sur le cinquième ton.

Appuyer les chiens. Suivre toutes leurs opérations; les diriger, les animer de la trompe et de la voix.

Arrêt. Action du chien couchant qui s'arrête l'œil fixe, ardent, le pied de devant un peu levé, la queue raide, etc., lorsqu'il voit ou sent le gibier.

Attaquer. Mettre les chiens sur un animal et le lancer.

Aumée. Signifie les mailles des filets qui sont triples, telles que celles qui sont des deux côtés d'un tramail ou d'un haillier.

Baguette. Bâton de fauconnerie propre à fourrer dans les buissons pour faire partir la perdrix, et à tenir les chiens en crainte.

Balancer. C'est lorsqu'une bête qui est poursuivie par les chiens courants, vacille en marchant. On dit : le chevreuil balance.

Balancer. Se dit aussi lorsque le limier ne tient pas la voie juste, ou qu'il va et vient à d'autres voies.

Barbet. Gros chien à poil frisé, qu'on instruit à rapporter, qui va à l'eau, et qu'on dresse à la chasse du renard. On tond les *barbets.*

Bassets. Chiens pour aller en terre. Ils ont les oreilles longues, le corps long, ordinairement le poil roux, les pattes cambrées en dedans, et le nez exquis. Il y a des bassets à jambes torses et à jambes droites.

Bâtards. On fait grand cas, en vénerie, des chiens *bâtards*, c'est-à-dire des chiens courants, sortis d'un chien normand et d'une lice anglaise, ou d'un chien anglais et d'une lice normande, et que l'on nomme bâtards anglais ou normands.

Battre l'eau ou *les eaux.* Traverser, après avoir été chassé, une rivière ou un étang ; le *cerf bat l'eau,* etc. *Se faire battre,* se faire chasser longtemps dans le même canton ; on dit : *le chevreuil s'est fait battre longtemps.*

Baubis. Chiens dressés au lièvre, au renard et au sanglier. On leur coupe presque toute la queue. Ils sont plus bas de terre et plus longs que les autres, de gorge effroyable. Ils hurlent sur la voie. Ils ont le nez dur et le poil demi-barbet.

Baud. Race des chiens courants qui viennent de Barbarie. Ils chassent le cerf. Ils sont ordinairement tout blancs ; on les appelle aussi *chiens muets,* parce qu'ils cessent d'aboyer quand le cerf vient au change.

Baudir les chiens. C'est les exciter du cor et de la voix. On *baudit* aussi les oiseaux.

Bauge. Lieu où le sanglier se couche tout le jour. C'est ordinairement un endroit bourbeux et touffu de la forêt.

Bigle ou *bicle.* Espèce de chien d'Angleterre qu'on emploie à la chasse des lièvres et des lapins.

Blottir. La perdrix, battue de l'oiseau ou arrêtée par un chien, se *blottit* et se tapit en se collant contre terre.

Bois. Cornes du cerf, daim, chevreuil.

Bois (faire le). C'est aller en quête avec le limier pour détourner un animal.

Botte. Étui suspendu par une bricole, où se porte le fusil quand on chasse à cheval.

Bouquin. Vieux lièvre.

Bouquiner. C'est lorsqu'un lièvre est en amour et qu'il tient une hase.

Boutoir ou *Boutoi.* Le bout du nez des bêtes noires. On dit : ce sanglier a le *boutoir* fort.

Bouzards. Fientes de cerf, molles, en forme de bouses de vache, et appelées *fumées*, en termes de vénerie.

Braques ou *Bracs.* Chiens ras de poil, bien coupés, légers, bons quêteurs, vigoureux et assez fins de nez. Ils sont bons pour la plaine et pour les broussailles. Ils résistent à la chaleur, et sont moins sensibles aux épines que les autres.

Canardière. Nom d'un grand fusil avec lequel on chasse aux *canards* ; on peut tuer, d'un coup ordinaire, à cent cinquante pas.

Canardière. Lieu couvert et préparé dans un étang ou un marais, pour prendre les canards sauvages.

Catterolles. Lieux souterrains où les lapines font leurs petits et qu'on dit qu'elles rebouchent tous les jours jusqu'à leur première sortie.

Catticches. Caverne ou retraite de la loutre au bord des rivières et des étangs.

Charbonnière. Terres glaises et rouges, où les cerfs, les daims et les chevreuils vont frotter leurs têtes, après avoir touché aux bois ; ce qu'on appelle *brunir*, parce qu'ils finissent par prendre cette couleur.

Chien armé. Se nomme ainsi quand il est couvert pour l'attaque du sanglier.

Chien espié. C'est celui qui a, au milieu du front, du poil plus grand qu'à l'ordinaire et dont les pointes se rencontrent; on dit que c'est une marque de vigueur.

Chiens corneaux. Engendrés de chiens courants et de mâtins, ou de mâtins et de lices courantes.

Chiens courants ou *chiens allants.* Sont ceux qui chassent par le sentiment.

Chiens de change (les), maintiennent et gardent le change de la bête qui leur a été donnée et mise devant eux pour la chasser.

Chien du haut jour. Est celui qui ne vaut rien à la rosée et qui est bon au haut du jour.

Cimier. Croupe du cerf, du daim, du chevreuil, qui, dans la curée, se donne au maître de l'équipage.

Clé, Clé de meute. Ce sont les meilleurs chiens et les plus sûrs de la meute.

Cordeau à sonnettes. C'est un *cordeau* après lequel on attache des grelots. On s'en sert pour battre et traquer les endroits où l'on ne peut avoir accès, comme dans les chasses de *bourrée* qui se font dans les chenevières.

Couper. C'est lorsqu'un chien quitte la voie de la bête qu'il chasse étant avec les autres, desquels il se sépare pour la chercher en coupant les devants pour prendre son avantage, ce qui est considéré comme un défaut dans un chien. On dit en général qu'un chien ne vaut rien quand il ne sait que couper.

Couronne. Duvet qui est autour du bec de l'oiseau, à l'endroit où il se joint à la tête.

Courre ou *le Courre.* C'est l'endroit où l'on met les lévriers lorsqu'on chasse le loup, le sanglier et le renard.

Créance. On appelle *chien* de créance celui auquel on peut se fier.

Curée. C'est faire manger le cerf ou autres bêtes aux chiens. On fait aussi la curée du lièvre.

Autrefois on disait : durant la curée point de gants ; autrement les valets de chiens étaient en droit de demander pour boire.

Pour la curée, les limiers, comme premiers, avaient le cœur et la tête.

Et les chiens courants avaient le cou, qu'on leur dépouillait tout chaudement, car les curées chaudes sont considérées comme les meilleures.

Les *curées* qui se font au logis sont de pain coupé, mêlé avec du fromage, arrosé de sang de cerf.

Dagues. Premiers bois que porte un cerf pendant le cours de sa seconde année, qui font sa première tête. Elles sont longues de 16 à 19 centimètres.

Défenses. Grandes dents de la mâchoire inférieure d'un sanglier.

Dogue. Chien de la grande espèce, qu'on apprivoise facilement, et dont on se sert pour garder les maisons, ou pour combattre contre les taureaux, les sangliers, les loups et autres bêtes féroces. On nomme *doguin* les *dogues* de petite espèce.

Donner à courre. On dit : c'est un tel qui a *donné à courre*, c'est-à-dire qu'il a été détourné et remis sur la voie de l'animal que l'on chasse.

Enceinte. Lieu où le valet de limier détourne les bêtes avec son limier.

Enfoncer. Se dit de l'oiseau qui fond sur sa proie, en la poussant jusqu'à la remise ; l'épervier vient *d'enfoncer* la perdrix.

Engin. Désigne l'équipage nécessaire à une chasse quelconque. Ainsi, l'engin, pour la chasse des allouettes, comprend le *miroir*, les *nappes*, *guides*, *cordeaux*, *maillets*, etc.

Enlever la meute. C'est lorsqu'au lieu de laisser chasser les chiens, on les arrête pour les conduire par le plus court chemin sur le lieu où un chasseur a vu le cerf, et pour les remettre sur la voie.

Epagneuls. Les chiens *épagneuls* ou *espagnols* sont plus chargés de poil que les braques, et conviennent mieux dans les pays couverts ; ils chassent de gueule, et forcent le lapin dans les broussailles : quelquefois ils rident et suivent la piste de la bête sans crier. Ils sont bons aussi pour la plume, et chassent le nez bas.

Epreintes. On nomme ainsi les fientes de loutre.

Erres du cerf. Traces ou voies de cet animal. On dit qu'il va de *hautes erres*, quand il y a plusieurs heures qu'il est passé dans un endroit.

Erucir. Le cerf érucit lorsqu'il prend une branche dans sa bouche et la suce pour en avoir la sève.

Eventer la voie. C'est, lorsqu'elle est si vive, que le chien la sent sans mettre le nez à terre, ou lorsqu'après un long défaut les chiens ont le vent du cerf, qui est sur le ventre dans une enceinte. On disait aussi *éventer un piège*, c'est-à-dire faire en sorte de lui ôter l'odeur, parce que si le renard ou la bête que l'on veut prendre en a le vent, il n'en approchera jamais ; et pour *éventer un piège*, on le fait tremper vingt-quatre heures en eau courante ou claire, et on le frotte avec des plantes odoriférantes, comme serpolet, thym sauvage et autres.

Faire sa nuit. Aussitôt que le jour finit, le cerf sort de sa demeure, et va aux gagnages, où il reste jusqu'au lendemain matin ; c'est ce qu'on appelle *faire sa nuit*. Un cerf fait sa nuit dans une pièce de pois, d'avoine, etc., ou dans les taillis, ou dans une enceinte, sans sortir.

Faire tête aux chiens. Leur résister sans fuir. Le sanglier miré fait souvent tête.

Faux-fuyant. Sentier frayé dans un bois par les animaux ou par les hommes.

Faux-rembuchement. Rentrée du cerf dans son fort. On s'exprime ainsi, lorsqu'une bête entre dans un fort dix ou douze pas et revient tout court sur elle-même pour se rembucher dans un autre lieu. Il se dit généralement des bêtes sauvages lorsqu'elles rentrent dans le bois.

Faux-repaître. En passant une plaine, un cerf chassé et mal mené s'arrête, et prend dans sa bouche le grain ou l'herbe qu'il trouve devant lui ; mais, ne pouvant pas l'avaler, il le laisse tomber l'instant d'après ; c'est ce qui s'appelle *faire un faux repaître* ; cela prouve que le cerf est tout-à-fait sur ses fins.

Forlonger. Parcourir un grand pays. Le cerf forlonge lorsqu'il a bien de l'avance sur les chiens.

Foulée, foulure. Traces de la forme du pied d'une bête, sur l'herbe ou les feuilles. Si c'est en terre nette, cela s'appelle *voie*, pour cerf, daim, chevreuil et lièvre ; pour loup, renard, *piste* ; pour bête noire, *trace*.

Fouler une enceinte. On foule une enceinte en y entrant à cheval avec des chiens pour lancer ou pour relancer un cerf, c'est-à-dire pour le mettre sur pied et l'en faire sortir ; on foule une enceinte avec un ou plusieurs limiers.

On dit aussi que les chiens courants *foulent un cerf* lorsqu'ils le mordent après l'avoir couché par terre.

Fuite. Voie du cerf qui va fuyant, ce qui est facile à connaître lorsque les bêtes courent et qu'elles ouvrent le pied. Se dit aussi du faucon qui s'écarte.

Fumées. Fientes des bêtes fauves.

Gagnages. Lieux où sont les grains, et où se rendent les bêtes fauves, la nuit, pour se repaître.

Gardes. Ergots du sanglier au-dessus du talon.

Gîte. Lieu ou le lièvre repose pendant le jour.

Guède ou Guide. Perche qui guide un filet tendu pour prendre les oiseaux avec un rets saillant.

Ha, tout bellement. Lorsqu'on soupçonne qu'il y a du change et qu'on voit les chiens balancer, on crie : *ha, tout bellement ; ha, haila tout bellement.*

Halte. Rendez-vous de chasse ; moment de repos pour les chasseurs et les chiens.

Harpailler. Quand les chiens tournent au change, qu'ils se séparent et qu'ils chassent des biches, on dit *les chiens chassent mal, ils ne font que harpailler.*

Hase. Nom que les chasseurs donnent à une vieille lapine, à la femelle du lièvre, et même à la femelle du sanglier.

Huée. Cris des chasseurs quand le sanglier est pris ; c'est aussi le cri dont on se sert pour effrayer le loup quand on le poursuit.

Hure. Tête du sanglier, de l'ours, du loup, et des bêtes carnassières.

Lancer. Faire partir de la reposée les bêtes fauves pour donner à courre aux chiens.

On découple à présent les chiens de meute pour lancer le cerf, qu'on ne lançait autrefois qu'avec des limiers.

Lesse. Corde de trois brasses, avec laquelle on tient les lévriers jusqu'à ce qu'ils aient découvert le gibier.

Limes. On nomme ainsi les deux grosses dents inférieures du sanglier ; on les appelle aussi *dagues et défenses.*

Limier. Chien qui ne porte point mais qui sert à quêter le cerf et à le lancer hors de son fort. Il y a des limiers dressés pour la chasse du matin, et d'autres pour la chasse du soir.

Liteau. Lieu où se couche et repose le loup pendant le jour.

Loureterie. Équipage pour la chasse du loup.

Maillé. Perdreau qui a toutes ses plumes, refait sa queue après la première mue, et dont le plumage commence à se *moucheter* ou *mailler*.

Marcassins. Petits de la laie.

Massacre. Tête du cerf, du daim ou du chevreuil, séparée du corps. Sonner le massacre, c'est appeler au son du cor les veneurs et les chiens pour faire la curée ; ce mot se prend encore dans l'acception naturelle, pour signifier un grand carnage de bêtes fauves.

Meute. Assemblage de plusieurs chiens dressés pour la chasse. *Meute vieille*, premier relais donné après la meute. Le second relais se nomme aujourd'hui *seconde vieille meute*.

Mue. Un des côtés de la tête du cerf, du daim et du chevreuil, qu'il met bas lorsqu'il mue, en février ou en mars ; mais le chevreuil ne mue pas régulièrement en cette saison.

Mufle. Bout du nez des bêtes sauvages.

Muser. Les cerfs commencent à faire sentir leurs chaleurs ; ils vont la tête basse le long des chemins et des campagnes. Alors on dit les cerfs commencent à muser. Cela dure cinq ou six jours.

Nasiller. Se dit d'un chien qui quête le nez en terre, rebat les vieilles voies trop souvent, et n'est pas sûr de la suite. C'est un très-grand défaut, surtout dans le chien d'arrêt.

Nez. On dit d'un chien qui chasse avec succès pendant la chaleur et dans la poussière, qu'il a le *nez fin*. Un chien de *haut nez* est celui qui va requérir sur le haut du jour.

Oiseleur. Celui qui fait toute espèce de chasse aux oiseaux.

Ouvertes. Têtes de cerf, de daim, de chevreuil, dont les perches sont fort écartées. *Qualité recherchée : elle constitue la beauté de l'animal.*

Pelage. Couleur du poil des bêtes fauves.

Pied. Empreinte du pied de la bête de chasse sur la terre.

Pigache. Connaissance que les chasseurs tirent du pied du sanglier ; c'est quand il a une pince à la trace plus longue que l'autre.

Pillard. Chien querelleur.

Pinces. Les deux bouts des pieds des bêtes fauves. Si elles sont usées, c'est signe de vieillesse.

Plate longe. Longue bande de cuir que l'on met au cou des chiens pour modérer leur course ; on la nomme aussi *bricolle*.

Poivrer l'oiseau. C'est le laver avec de l'eau et du poivre lorsqu'il a de la vermine ou la gale. C'est aussi pour l'assurer quand il est farouche.

Poudrer. Chasser un lièvre dans un temps de sécheresse : on dit : il *poudre trop*, les chiens en perdent la voie à tout moment.

Prendre le vent. C'est mener les chiens courants pour prendre le devant d'une bête.

Raboulières. Trous où la lapine fait ses petits, afin d'empêcher qu'ils ne soient mangés par les gros lapins, et où elle se retire elle-même pour se préserver des oiseaux de proie.

Racoupler. Remettre les chiens en lesse et en couple.

Rameuter. Arrêter les chiens qui tiennent la tête et les faire aller derrière soi pour attendre ceux qui suivent de loin et les faire chasser tous ensemble.

Ramures. Bois de cerf.

Raser. Se dit du gibier qui se tapit contre terre pour se cacher. La perdrix se rase quand elle aperçoit des oiseaux de proie et le lièvre se rase quand il aperçoit les chiens. Un oiseau rase l'air quand il plane.

Rebaudir. Les chiens *rebaudissent*, quand ils ont la queue droite et qu'ils sentent quelque chose d'extraordinaire.

Relais, de chiens et de chevaux. On dit : tenir les relais, c'est mettre les chiens en certains endroits et dans la refuite de la bête que l'on courre, pour les lâcher à son passage.

Le relais *volant* est celui qui n'est point fixé dans un lieu qui coupe, et suit la meute pour lui porter secours.

Reposée. Lieu où les bêtes fauves se mettent sur le ventre pour y dormir pendant le jour. La *reposée* du cerf se nomme quelquefois *lit* et *chambre*.

Ressui. Le lieu où se met la bête pour s'essuyer de la rosée du matin, ou de sa sueur après avoir été chassée.

Rompre les chiens. Les rappeler et leur faire quitter ce qu'ils chassent.

Rut. Chaleur, ardeur d'amour.

Sonner. A la chasse, on *sonne* du cor pour rappeler les chiens, les rassembler et les exciter. On dit *sonner un mot ou deux du gros ton*, quand le piqueur fait signe à un de ses compagnons d'aller à lui.

Sortir du fort. Se dit d'une bête qui débuche de son fort, lieu où elle a demeuré le jour.

Suivre. C'est lorsqu'un limier suit les voies d'une bête qui va d'assurance.

Taïöo ou *tayaut.* Cri du chasseur quand il aperçoit un cerf, un daim ou un chevreuil.

Talon. Le haut du pied du cerf, qui sert à distinguer son âge. Dans les jeunes cerfs, le talon est éloigné de quatre doigts des os ou ergots ; dans les vieux , il joint presque les os. Plus il est près, plus le cerf est vieux.

Tanière. Nom donné à la retraite des bêtes sauvages.

Tendue. Suite de pièges tendus.

Terrier. Trous des renards, des blaireaux, des lapins.

Tonnelle. Espèce de vache ou de cheval de bois peint que le chasseur pousse devant lui vers les perdrix, pour les faire entrer dans un filet.

Trace. Marque que les bêtes laissent de leurs pieds sur la terre.

Traineau. Filet pour prendre les perdrix.

Trainée. Espèce de chasse au loup, que l'on attire dans un piége, par le moyen d'un cadavre que l'on *traine* dans une campagne ou sur un chemin.

Velours, velue. Peau qui couvre le bois des bêtes fauves au moment où il repousse.

Venaison. Graisse surabondante du cerf.

Vénerie. Art de chasser le gibier à poil, à force de chiens courants et de piqueurs. Quelques personnes ont aussi donné le nom de *vénerie* à un équipage de chasse.

Veneur. Celui qui conduit la chasse et les chiens , qui quête, détourne, lance la bête, la laisse courre, la suit, la remet dans les voies et la fait prendre.

Viander. Brouter, manger.

Viandis. Pâture des bêtes fauves.

Voies. On appelle ainsi les grands chemins, au lieu que les petits sentiers se nomment routes.

Voies. Pied du cerf, chevreuil ou daim.

Vouge. Epieu du veneur armé d'un large fer.

Vue. On chasse à *vue* quand on voit le gibier. *Aller à la vue*, c'est découvrir s'il y a dans le pays des bêtes courables.

VÉRON. Le véron a le dessus de la tête d'un vert noir, le dos d'un bleu clair; des bandelettes transversales bleues; des raies variées de bleu, de jaune et de noir ou de rouge, d'azur et d'argent; les nageoires bleuâtres et marquées d'une tache rouge; presque toutes les nuances de l'arc-en-ciel ont donc été prodiguées à ce joli cyprin, qui réunit d'ailleurs à l'agrément de proportions très-sveltes, toute la grâce que peut donner une petite taille. Ses nageoires anales, dorsales et ventrales ont dix rayons.

VERVEUX. Le verveux le plus simple est un filet en forme de cloche et un peu conique, de 975 millimètres à 1 mètre 246 millimètres de longueur, dont l'entrée a un diamètre beaucoup plus grand que le fond : le corps se rétrécit peu à peu et est terminé en cône à la pointe *c*, à laquelle est formé un œillet pour le fixer dans l'endroit où on le tend.

Le corps du filet est soutenu par quatre, cinq ou six cerceaux menus et légers qu'on met en dedans.

Le cerceau de l'entrée est plus grand que les autres, dont les diamètres diminuent peu à peu.

On ajoute devant le premier cerceau ce qu'on appelle la coiffe. Cette partie, qui s'évase beaucoup, est soutenue par une portion de cercle dont les extrémités sont assujetties par une corde ou une barre de bois qui s'étend de l'une à l'autre au moyen de cette traverse; la partie inférieure de la coiffe a une forme plate et s'applique plus exactement sur le terrain.

Le verveux, non compris la coiffe, est attaché à toute la

circonférence du premier cerceau ; et comme le corps de ce filet est large, assez court et soutenu en plusieurs endroits par des cerceaux, le poisson en sortirait aisément si l'on ne mettait pas en dedans un goulet, dans lequel on ajoute souvent un petit cerceau pour que l'entrée en soit plus accessible au poisson.

VISITES DOMICILIAIRES. Elles ne peuvent être faites pendant la nuit, à moins de circonstances graves, telles que l'incendie, l'inondation, ou la réclamation partant de l'intérieur de la maison.

Tout administrateur ou tout officier de police ou de justice qui s'introduirait dans le domicile d'un citoyen, hors les cas prévus par la loi et sans les formalités qu'elle a prescrites, serait puni d'une amende de 16 francs au moins et de 200 francs au plus. (Art. 184 du *Code pénal*.)

VIVIER. Grand bassin fermé pour retenir ou conserver du poisson. Le vol de ce poisson est un délit plus grave que l'enlèvement dans les rivières. L'article 388 du Code pénal punit ce vol d'un emprisonnement d'un an au moins et de cinq ans au plus, et d'une amende de 10 francs à 500 francs. Le garde qui dresse procès-verbal d'un tel délit doit donc le transmettre au procureur impérial de son arrondissement.

VOIRIE. Elle se divise en grande et petite, selon qu'elle comprend l'administration et la police des rues ou des routes.

§ 1er. *La grande voirie*, celle relative aux routes et canaux, fleuves, etc...., est à la charge de l'État ; les devoirs des maires, à cet égard, se bornent à constater les contraventions qui viennent à leur connaissance.

Voici quelles sont les principales règles tracées par la loi du 27 floréal an x.

ART. 1er. Les contraventions en matière de grande voirie, telles qu'anticipations, dépôts de fumiers ou d'autres objets, et toutes espèces de détériorations commises sur les grandes routes, sur les arbres qui les bordent ; sur les fossés, ouvrages d'art et matériaux destinés à leur entretien, sur les canaux, fleuves et rivières navigables, leurs chemins de halage, francs-bords, fossés et ouvrages d'art, seront constatées, réprimées et poursuivies par voie administrative.

Art. 2. Les contraventions seront constatées concurremment par les maires et adjoints, les ingénieurs des ponts et chaussées, leurs conducteurs, les agents de la navigation, les commissaires de police et par la gendarmerie. A cet effet, ceux des fonctionnaires publics ci-dessus désignés qui n'ont pas prêté serment en justice, le prêteront devant le préfet.

Art. 3. Les procès-verbaux sur les contraventions seront adressés au sous-préfet, qui ordonnera, par provision et sauf le recours au préfet, ce que de droit pour faire cesser les dommages.

§ 2. Dans le cas où les contraventions de voirie constituent un délit soumis à la peine d'emprisonnement, comme dans ceux qui sont prévus par les art. 43 et 44 de la loi du 6 octobre 1791, sur les biens ruraux, ces circonstances ne peuvent empêcher l'autorité administrative de connaître de la contravention ; elle doit prononcer les dispositions de la compétence, c'est-à-dire en ce qui concerne la peine pécuniaire, sauf à renvoyer les contrevenants ou délinquants devant le tribunal correctionnel pour l'application de la peine corporelle.

Cette distinction trace à chacun les limites de ses pouvoirs, et l'on ne peut les dépasser sans s'exposer à un recours, soit en Conseil d'État, pour les arrêtés des conseils de préfecture, soit en Cour de cassation, pour les jugements qui empiéteraient sur l'autorité administrative.

§ 3. Les procès-verbaux rapportés par les fonctionnaires ou agents désignés en l'article 2 de la loi du 29 floréal an x, doivent, comme tous les procès-verbaux, sans distinction ni exception, être visés pour timbre et enregistrés en *debet*, sauf le recours sur les parties condamnées, pour le paiement du droit.

Les contraventions doivent être distinguées des délits qui sont commis sur les grandes routes. Les premières sont réprimées par les conseils de préfecture ; les seconds sont, comme on vient de le voir, jugés par les tribunaux correctionnels.

§ 4. *La petite voirie* appartient à l'autorité municipale ; c'est elle qui détermine les alignements, réprime les empiétements sur les rues, places ou chemins vicinaux, et qui veille à leur sûreté.

Les procès-verbaux en matière de petite voirie sont dispensés de l'affirmation, soit qu'ils émanent d'un garde champêtre ou d'un agent voyer. (*Arrêt du 3 janvier* 1838.)

Dans les villes, les maires et adjoints sont tenus de se conformer, pour la délivrance des permissions de bâtir, ou des alignements, aux plans arrêtés par l'administration supérieure.

Ils permettent ou défendent l'ouverture des boutiques et des étaux, ainsi que l'exposition des enseignes, pour qu'elles ne gênent en rien la voie publique.

Ils ordonnent la démolition des murs ou édifices menaçant ruine, font des visites pour s'assurer que les cheminées ou fours sont construits de manière à ne point occasionner d'incendies.

§ 5. Ils sont également chargés de la conservation des monuments publics, des statues et autres ornements des places, de faire effectuer le balayage devant les maisons, et de le faire faire aux frais de la commune dans les places et autour des jardins ou édifices publics ; ils ordonnent l'enlèvement des décombres, défendent qu'on n'expose rien sur les toits ou fenêtres qui puisse blesser les passants ; qu'on laisse vaguer des fous furieux, des animaux dangereux ; ils doivent également veiller à l'éclairage et à l'arrosage des villes, quand le Conseil municipal a voté des fonds à cet effet; et faire enlever les boues, les neiges, les glaces, soit dans les rues et les places, soit dans les égoûts et sur les bords des rivières qui traversent ou bordent les villes et villages.

VOITURE. § 1er. Les conducteurs de voitures de toute espèce sont responsables des actions qu'ils occasionnent ou des dommages qu'ils causent ; ainsi ceux qui ont tué ou blessé des bestiaux sur des chemins, sont punis des amendes et dommages-intérêts prononcés par les articles 27 et 52 du titre II de la loi du 6 octobre 1791, et par les articles 475, n° 3, et 479, n° 2, du Code pénal, sans préjudice de peines plus graves dans le cas de blessures ou de meurtre de personnes par suite de négligence, imprudence ou inobservation des règlements. (Voyez art. 319 et 320 *du Code pénal, et l'ordonnance de* 1828, *art.* 8.)

§ 2. Tout voyageur ou conducteur de voiture qui transporte plus de cinq kilogrammes de poudre sans pouvoir justifier leur destination par un passe-port de l'autorité compétente, revêtu du visa de la municipalité du lieu du départ, doit être arrêté et condamné à une amende de 20 fr. 44 c. par kilogramme de poudre saisie, avec confiscation de la poudre, des chevaux et voitures, à moins qu'il n'ait pas connaissance des chargements, auquel cas il aurait son recours contre le chargeur qui l'aurait trompé, et qui serait tenu de l'indemniser. (*Loi du* 7 *fructidor an* v. *art.* 30.)

§ 3. D'après un arrêté du 26 ventôse an vii, qui prescrit l'exécution des règlements des 18 juin et 29 novembre 1681, les entrepreneurs des voitures publiques et les voituriers, bateliers, piétons, etc., ne peuvent se charger du transport des lettres, ni même d'aucun paquet au-dessous du poids de un kilogramme.

Mais ces dispositions gênantes pour le public ne sont point exécutées, et les entrepreneurs de voitures publiques exigent seulement que les paquets ne soient pas sous enveloppe et cachet, mais sous toile et ficelle.

§ 4. D'après les règlements anciens, qui sont conservés par l'article 384 du Code pénal :

Il est défendu aux voituriers et charretiers de monter dans leurs voitures, ou de s'en éloigner; ils se tiendront à la tête de leurs chevaux, à peine de 30 francs d'amende. (*Ordonnances des* 4 *février* 1786 *et* 28 *vendémiaire an* x.)

Il est également défendu aux rouliers, voituriers, charretiers et autres de retarder la marche des courriers de la malle et des voitures de poste. En conséquence, ils sont tenus *de leur céder le pavé,* à peine de 30 francs d'amende. (*Ibid.*)

Les rouliers, voituriers et charretiers sont tenus de *céder la moitié du pavé* aux voitures des voyageurs, à peine de 60 francs d'amende. (*Ordonnance du 17 juillet 1781 ; et art. 54 de celle du 16 juillet 1828.*)

Aucune voiture attelée ou non attelée ne peut stationner sur la voie publique.

§ 5. Lorsque dans les communes rurales, les cours des aubergistes ne seront pas assez spacieuses pour contenir toutes les voitures des rouliers qui logeront chez eux, ils pourront les laisser stationner sur le bord des routes ; mais il leur est enjoint de les faire ranger de manière que la circulation soit entièrement libre. (*Ordonnance de 1781.*)

Dans ce dernier cas, une lanterne sera placée de manière que les voitures restées sur la voie publique soient aperçues des voyageurs, à peine de 50 francs d'amende, et de tous dommages et intérêts. (*Ibid.*)

Les propriétaires de charrettes, charriots, tombereaux, carrioles et de toutes autres voitures de charrois ou transports, sont tenus, conformément à la loi du 3 nivôse an VI, de faire peindre leurs noms et demeures, en caractères apparents, sur une plaque de métal, placée en avant de la roue, et au côté gauche de leurs voitures, à peine de 25 francs d'amende.

Cette peine sera double si la plaque porte soit un nom, soit un domicile supposé.

§ 6. Les aubergistes, rouliers, voituriers, charretiers et autres, sont tenus d'avoir dans leurs écuries des lanternes, pour prévenir les accidents du feu.

Il leur est défendu de porter de la lumière dans lesdites écuries ou autres lieux renfermant des matières combustibles, à moins qu'elle ne soit dans une lanterne bien fermée.

Le tout à peine de 200 francs d'amende. (*Ordonnance du 10 février 1735.*)

Les propriétaires de charrettes, voitures et chevaux, seront civilement garants et responsables des faits de leurs commis, préposés ou domestiques. (*Art. 9 de l'ordonnance du 21 décembre 1787.*) *Voyez* 3ᵉ partie, ROULAGE.

Le mot *voiture*, en matière forestière et suivant l'esprit de l'art. 147 du Code forestier, exprime tout ce qui, conduit par un homme ou des animaux, mû par une ou plusieurs roues, peut servir de moyen de transport. Ainsi l'introduction d'une BROUETTE *dans un bois*, hors des routes et chemins ordinaires, constitue le délit prévu par cet article. (*Arrêts des* 19 *décembre* 1828 *et* 2 *février* 1840.) Il suit bien de ces décisions que les gardes ont le droit de verbaliser contre ceux qui conduisent des brouettes dans les bois, mais malgré cela ils ne peuvent pas eux-mêmes qualifier de *voitures* ce qui ne serait que des *brouettes*; l'appréciation de l'assimilation est réservée aux tribunaux. Voyez ROULAGE.

VOLAILLES. Lorsqu'elles pénètrent dans les champs ensemencés, dans les jardins, les vignes, le propriétaire a le droit de les tuer sur place, mais non de s'en emparer. Ce commencement de justice qu'il se fait à lui-même n'est autorisé que pour empêcher le ravage des récoltes, et ne prive pas le propriétaire de son action civile, suivant le droit commun.

Cependant, il a été jugé par la Cour de cassation, que la divagation des volailles sur le terrain d'autrui chargé de récoltes, constitue un délit rural dont il appartient au ministère public de poursuivre la répression, sans que cette action soit subordonnée au fait d'un dommage et à la plainte de la partie lésée. (*Arrêt du* 17 *octobre* 1837.) Il suit de là que le garde champêtre peut d'office dresser procès-verbal.

TROISIÈME PARTIE. *

SECTION PREMIÈRE.

Lois, Ordonnances et Réglements sur la Chasse.

Toute l'ancienne législation relative à la chasse a été remplacée, le 30 avril 1790, par une loi nouvelle, qui a cédé la place elle-même, le 3 mai 1844, à la *Loi sur la police de la Chasse* qui nous gouverne. Nous allons donc présenter :

La loi sur la police de la chasse ;

Un commentaire de cette loi ;

Quelques dispositions législatives, encore en vigueur, qui traitent de la chasse dans les forêts de l'État, et de la louveterie ;

Enfin, un résumé de la jurisprudence sur ces matières.

CHAPITRE 1er.

§ I. Loi sur la Police de la Chasse
DU 3 MAI 1844.

SECTION PREMIÈRE.

DE L'EXERCICE DU DROIT DE CHASSE.

Article 1er. Nul ne pourra chasser, sauf les exceptions ci-après, si la chasse n'est pas ouverte, et s'il ne lui a pas été délivré un permis de chasse par l'autorité compétente.

* Cette partie est extraite textuellement du *Manuel du Chasseur*, par les mêmes auteurs. (*Note de l'éditeur.*)

Nul n'aura la faculté de chasser sur la propriété d'autrui sans le consentement du propriétaire ou de ses ayant-droit.

Art. 2. Le propriétaire ou possesseur peut chasser ou faire chasser en tout temps, sans permis de chasse, dans ses possessions attenant à une habitation et entourées d'une clôture continue faisant obstacle à toute communication * avec les héritages voisins.

Art. 3. Les préfets détermineront, par des arrêtés publiés au moins dix jours à l'avance, l'époque de l'ouverture et celle de la clôture de la chasse, dans chaque département.

Art. 4. Dans chaque département, il est interdit de mettre en vente, de vendre, d'acheter, de transporter et de colporter du gibier pendant le temps où la chasse n'y est pas permise.

En cas d'infraction à cette disposition, le gibier sera saisi et immédiatement livré à l'établissement de bienfaisance le plus voisin, en vertu soit d'une ordonnance du juge de paix, si la saisie a eu lieu au chef-lieu de canton, soit d'une autorisation du maire, si le juge de paix est absent ou si la saisie a été faite dans une commune autre que celle du chef-lieu. Cette ordonnance ou cette autorisation sera délivrée sur la requête des agents ou gardes qui auront opéré la saisie, et sur la présentation du procès-verbal régulièrement dressé.

La recherche du gibier ne pourra être faite à domicile que chez les aubergistes, les marchands de comestibles et dans les lieux ouverts au public.

Il est interdit de prendre ou de détruire, sur le terrain d'autrui, des œufs ou des couvées de faisans, de perdrix et de cailles.

Art. 5. Les permis de chasse seront délivrés, sur l'avis du maire et du sous-préfet, par le préfet du département dans lequel celui qui en fera la demande aura sa résidence ou son domicile.

La délivrance des permis de chasse donnera lieu au paiement d'un droit de quinze francs (15 fr.) au profit de l'État, et de dix francs (10 fr.) au profit de la commune

* Ces mots, *à toute communication*, doivent s'entendre des personnes et des chiens, car il n'y a pas de clôture qui puisse empêcher certain gibier de se jeter dans les héritages voisins.

dont le maire aura donné l'avis énoncé au paragraphe précédent.

Les permis de chasse seront personnels ; ils seront valables pour toute la France, et pour un an seulement.

Art. 6. Le préfet pourra refuser le permis de chasse :

1° A tout individu majeur qui ne sera point personnellement inscrit ou dont le père ou la mère ne seraient pas inscrits au rôle des contributions ;

2° A tout individu qui, par une condamnation judiciaire, a été privé de l'un ou de plusieurs des droits énumérés dans l'article 42 du Code pénal, autres que le droit de port d'armes ;

3° A tout condamné à un emprisonnement de plus de six mois pour rébellion ou violence envers les agents de l'autorité publique.

4° A tout condamné pour délit d'association illicite, de fabrication, débit, distribution de poudre, armes ou autres munitions de guerre ; de menaces écrites ou de menaces verbales avec ordre ou sous condition ; d'entraves à la circulation des grains ; de dévastations d'arbres ou de récoltes sur pied, de plants venus naturellement ou faits de main d'homme.

5° A ceux qui auront été condamnés pour vagabondage, mendicité, vol, escroquerie ou abus de confiance.

La faculté de refuser le permis de chasse aux condamnés dont il est question dans les paragraphes 3, 4 et 5 cessera cinq ans après l'expiration de la peine.

Art. 7. Le permis de chasse ne sera pas délivré :

1° Aux mineurs qui n'auront pas seize ans accomplis ;

2° Aux mineurs de seize à vingt-un ans, à moins que le permis ne soit demandé pour eux par leur père, mère, tuteur ou curateur, porté au rôle des contributions ;

3° Aux interdits ;

4° Aux gardes-champêtres ou forestiers des communes et établissements publics, ainsi qu'aux gardes forestiers de l'État et aux gardes-pêche.

Art. 8. Le permis de chasse ne sera pas accordé :

1° A ceux qui, par suite de condamnations, sont privés du droit de port d'armes ;

2° A ceux qui n'auront pas exécuté les condamnations prononcées contre eux pour l'un des délits prévus par la présente loi ;

3° A tout condamné placé sous la surveillance de la haute police.

Art. 9. Dans le temps où la chasse est ouverte, le permis donne, à celui qui l'a obtenu, le droit de chasser de jour, à tir et à courre, sur ses propres terres, et sur les terres d'autrui avec le consentement de celui à qui le droit de chasse appartient.

Tous autres moyens de chasse, à l'exception des furets et des bourses destinés à prendre le lapin, sont formellement prohibés.

Néanmoins les préfets des départements, sur l'avis des conseils généraux, prendront des arrêtés pour déterminer :

1° L'époque de la chasse des oiseaux de passage, autres que la caille, et les modes et procédés de cette chasse.

2° Le temps pendant lequel il sera permis de chasser le gibier d'eau, dans les marais, sur les étangs, fleuves et rivières.

3° Les espèces d'animaux malfaisants ou nuisibles que le propriétaire, possesseur ou fermier, pourra en tout temps détruire sur ses terres, et les conditions de l'exercice de ce droit, sans préjudice du droit appartenant au propriétaire ou au fermier de repousser ou de détruire, même avec des armes à feu, les bêtes fauves qui porteraient dommages à ses propriétés.

Ils pourront prendre également des arrêtés :

1° Pour prévenir la destruction des oiseaux ;

2° Pour autoriser l'emploi des chiens lévriers pour la destruction des animaux malfaisants ou nuisibles ;

3° Pour interdire la chasse pendant les temps de neige ;

Art. 10. Des décrets impériaux détermineront la gratification qui sera accordée aux gardes et gendarmes rédacteurs de procès-verbaux ayant pour objet de constater les délits.

SECTION II.

Des Peines.

Art. 11. Seront punis d'une amende de seize à cent francs :

1° Ceux qui auront chassé sans permis de chasse ;

2° Ceux qui auront chassé sur le terrain d'autrui sans le consentement du propriétaire;

L'amende pourra être portée au double si le délit a été commis sur des terres non dépouillées de leurs fruits, ou s'il a été commis sur un terrain entouré d'une clôture continue faisant obstacle à toute communication avec les héritages voisins, mais non attenant à une habitation.

Pourra ne pas être considéré comme délit de chasse, le fait du passage des chiens courants sur l'héritage d'autrui, lorsque ces chiens seront à la suite d'un gibier lancé sur la propriété de leurs maîtres, sauf l'action civile, s'il y a lieu, en cas de dommage.

3° Ceux qui auront contrevenu aux arrêtés des préfets concernant les oiseaux de passage, le gibier d'eau, la chasse en temps de neige, l'emploi des chiens lévriers, ou aux arrêtés concernant la destruction des oiseaux et celle des animaux nuisibles ou malfaisants ;

4° Ceux qui auront pris ou détruit, sur le terrain d'autrui, des œufs ou couvées de faisans, de perdrix ou de cailles ;

5° Les fermiers de la chasse, soit dans les bois soumis au régime forestier, soit sur les propriétés dont la chasse est louée au profit des communes ou établissements publics, qui auront contrevenu aux clauses et conditions de leurs cahiers de charges relatives à la chasse.

Art. 12. Seront punis d'une amende de cinquante à deux cents francs et pourront en outre l'être d'un emprisonnement de six jours à deux mois :

1° Ceux qui auront chassé en temps prohibé ;

2° Ceux qui auront chassé pendant la nuit ou à l'aide d'engins et instruments prohibés, ou par d'autres moyens que ceux qui sont autorisés par l'art. 9 ;

Gardes champêtres.   26

3° Ceux qui seront détenteurs ou ceux qui seront trouvés munis ou porteurs, hors de leur domicile, de filets, engins ou autres instruments de chasse prohibés;

4° Ceux qui, en temps où la chasse est prohibée, auront mis en vente, vendu, acheté, transporté ou colporté du gibier;

5° Ceux qui auront employé des drogues ou appâts qui sont de nature à enivrer le gibier ou à le détruire;

6° Ceux qui auront chassé avec appeaux, appelants ou chanterelles.

Les peines déterminées par le présent article pourront être portées au double contre ceux qui auront chassé pendant la nuit sur le terrain d'autrui et par l'un des moyens spécifiés au paragraphe 2, si les chasseurs étaient munis d'une arme apparente ou cachée.

Les peines déterminées par l'article 11 et par le présent article seront toujours portées au maximum, lorsque les délits auront été commis par les gardes champêtres ou forestiers des communes, ainsi que par les gardes forestiers de l'État et des établissements publics.

Art. 13. Celui qui aura chassé sur le terrain d'autrui sans son consentement, si ce terrain est attenant à une maison habitée ou servant à l'habitation, et s'il est entouré d'une clôture continue faisant obstacle à toute communication avec les héritages voisins, sera puni d'une amende de cinquante à trois cents francs, et pourra l'être d'un emprisonnement de six jours à trois mois.

Si le délit a été commis pendant la nuit, le délinquant sera puni d'une amende de cent francs à mille francs, et pourra l'être d'un emprisonnement de trois mois à deux ans, sans préjudice, dans l'un et l'autre cas, s'il y a lieu, de plus fortes peines prononcées par le Code pénal.

Art. 14. Les peines déterminées par les trois articles qui précèdent pourront être portées au double si le délinquant était en état de récidive, et s'il était déguisé ou masqué, s'il a pris un faux nom, s'il a usé de violence envers les personnes, ou s'il a fait des menaces, sans préjudice, s'il y a lieu, de plus fortes peines prononcées par la loi.

Lorsqu'il y aura récidive, dans les cas prévus en l'article 11, la peine de l'emprisonnement de six jours à trois mois pourra être appliquée si le délinquant n'a pas satisfait aux condamnations précédentes.

Art. 15. Il y a récidive, lorsque, dans les douze mois qui ont précédé l'infraction, le délinquant a été condamné en vertu de la présente loi.

Art. 16. Tout jugement de condamnation prononcera la confiscation des filets, engins et autres instruments de chasse. Il ordonnera, en outre, la destruction des instruments de chasse prohibés.

Il prononcera également la confiscation des armes, excepté dans le cas où le délit aura été commis par un individu muni d'un permis de chasse, dans le temps où la chasse est autorisée.

Si les armes, filets, engins ou autres instruments de chasse n'ont pas été saisis, le délinquant sera condamné à les représenter ou à en payer la valeur, suivant la fixation qui en sera faite par le jugement, sans qu'elle puisse être au-dessous de cinquante francs.

Les armes, engins ou autres instruments de chasse, abandonnés par les délinquants restés inconnus, seront saisis et déposés au greffe du tribunal compétent. La confiscation et, s'il y a lieu, la destruction en seront ordonnées sur le vu du procès-verbal.

Dans tous les cas, la quotité des dommages-intérêts est laissée à l'appréciation des tribunaux.

Art. 17. En cas de conviction de plusieurs délits prévus par la présente loi, par le Code pénal ordinaire ou par les lois spéciales, la peine la plus forte sera seule prononcée.

Les peines encourues pour des faits postérieurs à la déclaration du procès-verbal de contravention pourront être cumulées, s'il y a lieu, sans préjudice des peines de la récidive.

Art. 18. En cas de condamnation pour délits prévus par la présente loi, les tribunaux pourront priver le délinquant du droit d'obtenir un permis de chasse pour un temps qui n'excédera pas cinq ans.

Art. 19. La gratification mentionnée en l'article 10 sera prélevée sur le produit des amendes.

Le surplus desdites amendes sera attribué aux communes sur le territoire desquelles les infractions auront été commises.

Art. 20. L'article 463 du Code pénal ne sera pas applicable aux délits prévus par la présente loi.

SECTION III.

De la poursuite et du jugement.

Article 21. Les délits prévus par la présente loi seront prouvés soit par procès-verbaux ou rapports, soit par témoins, à défaut de rapports et procès-verbaux, ou à leur appui.

Art. 22. Les procès-verbaux des maires et adjoints, commissaires de police, officier, maréchal-des-logis ou brigadier de gendarmerie, gendarmes, gardes forestiers, gardes-pêche, gardes champêtres, ou gardes assermentés des particuliers, feront foi jusqu'à preuve contraire.

Art. 23. Les procès-verbaux des employés des contributions indirectes et des octrois feront également foi jusqu'à preuve du contraire, lorsque, dans la limite de leurs attributions respectives, ces agents rechercheront et constateront les délits prévus par le paragraphe 1er de l'article 4.

Art. 24. Dans les vingt-quatre heures du délit, les procès-verbaux des gardes seront, à peine de nullité, affirmés par les rédacteurs devant le juge de paix ou l'un de ses suppléants, ou devant le maire ou l'adjoint soit de la commune de leur résidence, soit de celle où le délit aura été commis.

Art. 25. Les délinquants ne pourront être saisis ni désarmés ; néanmoins, s'ils sont déguisés ou masqués, s'ils refusent de faire connaître leurs noms, ou s'ils n'ont pas de domicile connu, ils seront conduits immédiatement devant le maire ou le juge de paix, lequel s'assurera de leur individualité.

Art. 26. Tous les délits prévus par la présente loi seront poursuivis d'office par le ministère public, sans préjudice du droit conféré aux parties lésées par l'article 182 du Code d'instruction criminelle.

Néanmoins, dans le cas de chasse sur le terrain d'autrui sans le consentement du propriétaire, la poursuite d'office ne pourra être exercée par le ministère public, sans une plainte de la partie intéressée, qu'autant que le délit aura été commis dans un terrain clos, suivant les termes de l'article 2, et attenant à une habitation, ou sur des terres non encore dépouillées de leurs fruits.

Art. 27. Ceux qui auront commis conjointement les délits de chasse seront condamnés solidairement aux amendes, dommages-intérêts et frais.

Art. 28. Le père, la mère, le tuteur, les maîtres et commettants, sont civilement responsables des délits de chasse commis par leurs enfants mineurs non mariés, pupilles demeurant avec eux, domestiques ou préposés, sauf tout recours de droit.

Cette responsabilité sera réglée conformément à l'article 1384 du Code civil, et ne s'appliquera qu'aux dommages-intérêts et frais, sans pouvoir toutefois donner lieu à la contrainte par corps.

Art. 29. Toute action relative aux délits prévus par la présente loi sera prescrite par le laps de trois mois, à compter du jour du délit.

SECTION IV.

Dispositions générales.

Art. 30. Les dispositions de la présente loi, relatives à l'exercice du droit de chasse, ne sont pas applicables aux propriétés de la couronne. Ceux qui commettraient des délits de chasse dans ces propriétés seront poursuivis et punis conformément aux sections II et III.

Art. 31. Le décret du 4 mai 1812 et la loi du 30 avril 1790 sont abrogés.

Sont et demeurent également abrogés, les lois, arrêtés, décrets et ordonnances intervenus sur les matières réglées par la présente loi, en tout ce qui est contraire à ses dispositions.

§ 2. Commentaire de la Loi sur la Chasse.

DÉLIVRANCE DU PERMIS DE CHASSE.

Une différence existe entre la législation ancienne et la loi nouvelle, quant à l'intitulé du titre délivré par l'autorité, pour rendre licite l'exercice de la chasse. C'est pour éviter toute équivoque que, dans la loi, on a employé les mots de *permis de chasse*, qui, dans leur généralité, embrassent toute espèce de chasse, soit à tir, soit à courre, soit même la chasse des oiseaux de passage, réglementée en vertu de l'article 9.

Le permis de chasse doit être délivré *sur l'avis du maire et du sous-préfet*. C'est au maire que la demande, formulée sur papier timbré, doit être adressée pour qu'elle parvienne au préfet avec l'avis de ce fonctionnaire, par l'intermédiaire du sous-préfet, pour les arrondissements autres que celui du chef-lieu. Mais de même que le permis de chasse peut être pris dans le département où l'impétrant *a sa résidence ou son domicile*, de même aussi, la demande peut être formée devant le maire de la commune où l'impétrant est domicilié, ou de celle où il réside temporairement, et le choix n'est pas sans importance. En effet, aux termes du deuxième paragraphe de l'article 5, un droit de 10 francs par permis est attribué à la commune *dont le maire aura donné l'avis sus-énoncé.*

Aucun des articles de la loi n'a exigé la qualité de propriétaire comme condition de l'exercice de la chasse, et l'autorité ne peut, à cet égard, faire ce que la loi n'a pas fait. Sans doute, le deuxième paragraphe de l'article 1er porte que *nul n'aura la faculté de chasser sur la propriété d'autrui sans le consentement du propriétaire ou de ses ayant-droit;* d'où il résulte que chasser sur le terrain d'autrui sans le consentement du propriétaire, est un fait illicite. Mais il est à remarquer que ce fait, aux termes de l'article 26, ne donne lieu à des poursuites, en thèse générale, que sur la plainte du propriétaire; l'administration ne peut donc pas plus intervenir ici d'office que ne le peut l'autorité judiciaire; elle ne peut pas plus exiger, avant de délivrer le permis, la représentation d'une permission de chasser sur le terrain d'autrui, qu'elle ne peut exiger, de la part de l'impétrant, la preuve qu'il est propriétaire foncier.

REFUS DU PERMIS DE CHASSE.

Aux termes de l'art. 6, le préfet peut refuser le permis de chasse :

« 1° A tout individu majeur qui ne sera point personnellement inscrit, ou dont le père ou la mère ne serait pas inscrit au rôle des contributions. »

N'être ni imposé ni fils d'imposé est une situation exceptionnelle, puisque la contribution personnelle atteint à peu près tous les citoyens, sauf le cas d'indigence reconnue. La circonstance prévue par ce paragraphe se rencontrera principalement dans le petit nombre de villes où la contribution personnelle est remplacée par un prélèvement sur le produit de l'octroi.

Il est loisible de refuser un permis de chasse à tout citoyen majeur par le seul motif qu'il ne serait ni imposé ni fils d'imposé, et si la qualité d'imposé ou de fils d'imposé est la première condition déterminée par la loi, pour qu'un citoyen majeur ait le droit d'obtenir un permis de chasse, sans doute ce serait faire de ce principe une application trop rigoureuse et trop étendue, que d'exiger de tout impétrant qu'il justifie qu'il est imposé ou fils d'imposé. En effet, l'absence de cette condition est une rare exception, et, puisque la presque totalité des citoyens majeurs sont nécessairement imposés ou fils d'imposés, ce serait exiger une formalité inutile que d'astreindre *tous les impétrants* à joindre à leur demande un certificat ou extrait de rôle. Il suffit d'exiger cette production de ceux à l'égard desquels existent des doutes sur la question de l'inscription au rôle.

L'article 6 de la loi permet encore de refuser le permis de chasse à certains condamnés.

Toutefois, le dernier paragraphe restreint la faculté du refus dans la limite du délai de cinq ans après l'expiration de la peine.

Après avoir énuméré, dans son article 6, les circonstances qui *permettront* à l'administration de refuser le permis de chasse, la loi indique, dans ses articles 7 et 8, quels sont les individus auxquels le permis de chasse *doit être refusé*.

Ce sont :

« 1° Les mineurs qui n'auront pas seize ans accomplis. »

« 2° Les mineurs de seize à vingt-un ans, à moins que le permis ne soit demandé pour eux par leur père, mère, tuteur ou curateur, porté au rôle des contributions.

Pour les jeunes gens dans les limites d'âge de seize à vingt-un ans, la demande devra être faite, au nom de ces jeunes gens, par les personnes que désigne la loi.

3° Les interdits.

Les cas d'interdiction sont assez rares, et par cela même ils appellent assez l'attention pour que MM. les sous-préfets et maires en aient connaissance.

4° Les gardes champêtres ou forestiers des communes et établissements publics, ainsi que les gardes forestiers de l'État et les gardes-pêche.

Les gardes des particuliers ne sont pas compris dans l'exclusion prononcée par ce paragraphe ; on comprend, en effet, que les propriétaires fonciers veulent quelquefois faire chasser par leurs gardes. On peut les inviter à justifier de l'autorisation des propriétaires dont ils sont les agents.

5° Ceux qui, par suite de condamnations, sont privés du droit de port d'armes.

6° Ceux qui n'auront pas exécuté les condamnations prononcées contre eux pour l'un des délits prévus par la présente loi.

Lorsqu'un impétrant a subi une condamnation pour délit de chasse, on peut exiger de lui la preuve qu'il a exécuté la condamnation encourue. S'il y avait eu remise de la peine, ce fait équivaudrait à l'exécution de la condamnation.

7° Tout condamné placé sous la surveillance de la haute police.

Si, par l'effet d'une erreur, l'administration a été entraînée à délivrer un permis de chasse à un individu à qui il n'eût pas dû être accordé, il doit être retiré.

OUVERTURE ET CLÔTURE DE LA CHASSE.

L'article 3 charge les préfets de déterminer l'époque de l'ouverture et celle de la clôture de la chasse.

EXERCICE DU DROIT DE CHASSE.

Le droit conféré par les permis de chasse se trouve clairement défini par les deux premiers paragraphes de l'article 9.

Trois modes de chasse seulement sont déclarés licites : 1° la chasse à tir ; 2° la chasse à courre ; et 3° l'emploi des furets et des bourses destinés à prendre le lapin. *Tous autres moyens de chasse*, ajoute cet article, *sont formellement prohibés*, et dans cette prohibition générale se trouve évidemment compris l'emploi des panneaux et filets de toute espèce, des appeaux, appelants et chanterelles, des lacets, collets et engins de toute espèce, au moyen desquels la destruction du gibier s'opérait si facilement, et dont l'ancienne législation n'avait pas défendu l'emploi. La chasse de nuit, de quelque manière que ce soit, et quelle que soit l'espèce de gibier qu'il s'agirait de prendre, se trouve également prohibée par l'effet de cette seule disposition de l'article 9, portant que le permis de chasse donne le droit de chasser pendant le jour.

L'article 2 de la loi accorde le droit de chasse, « en tout temps et sans permis de chasse, au propriétaire ou possesseur, dans ses possessions attenant à une habitation et entourées d'une clôture continue, faisant obstacle à toute communication avec les héritages voisins. »

La faculté exceptionnelle accordée par cet article, existait déjà dans l'ancienne législation, et même d'une manière beaucoup plus étendue. Ainsi, il était loisible au propriétaire de chasser ou de faire chasser en tout temps, dans ses bois ou dans ses possessions entourées d'une clôture conforme aux usages du pays, alors même que ces propriétés étaient éloignées d'une habitation. Des conditions plus restreintes sont aujourd'hui imposées au propriétaire ou possesseur de terrains clos. Non-seulement il faut que la clôture soit telle qu'elle fasse obstacle à toute communication avec les héritages voisins, mais encore il faut que les terrains sur lesquels le propriétaire chasserait soient *attenants à une habitation.*

MODES EXCEPTIONNELS DE CHASSE.

Si le législateur a, dans les deux premiers paragraphes de l'article 9, limité les modes de chasse qu'il considérait comme licites, en temps permis et de jour, par la seule obtention d'un permis de chasse, il n'a pas voulu, cependant, apporter un obstacle absolu à la continuation de certains usages, qui n'auraient pu être supprimés sans un préjudice réel pour les localités où ils sont pratiqués, et où ils peuvent être considérés presque comme l'exercice d'une industrie. Il s'agit de la chasse des oiseaux de passage qui, à des époques où quelquefois toutes les autres chasses sont closes, arrivent en nombre tel qu'ils forment, pour les habitants, un moyen précieux d'alimentation et de commerce.

Le préfet peut autoriser la continuation de cette espèce de chasse, et en régler les modes et les procédés d'après l'avis du conseil général. Aux termes de l'article 9, « la caille n'est plus réputée oiseau de passage, » et en conséquence, la chasse n'en peut plus avoir lieu que dans les mêmes conditions et sous les mêmes restrictions que pour toute autre espèce de gibier.

Le préfet doit, après avoir pris l'avis du conseil général, « déterminer le temps pendant lequel il sera permis de chasser le gibier d'eau, dans les marais, sur les étangs, fleuves et rivières.

Il faut remarquer que, même pour la capture des oiseaux de passage, de quelque espèce que ce soit, et du gibier d'eau, un permis de chasse est nécessaire, quel que soit le procédé qu'on emploie. C'est bien là une chasse, en effet, et la prescription générale et absolue de l'article 1er de la loi, c'est que nul ne chasse, s'il ne lui a été délivré un permis de chasse.

Le préfet, enfin, après avoir pris l'avis du conseil général, détermine « les espèces d'animaux malfaisants ou nuisibles que le propriétaire, possesseur ou fermier, pourra en tout temps détruire sur ses terres, et les conditions de l'exercice de ce droit. » Ce n'est plus ici un fait de chasse à autoriser ; il s'agit d'un acte de légitime défense, qui a pour unique objet de préserver les récoltes des dégâts qu'y occasionneraient certaines espèces d'animaux. Il n'est donc pas nécessaire, pour l'exercice de ce droit, que les propriétaires soient munis d'un permis de chasse, mais ils commettraient une contravention, et il y aurait lieu de verbaliser contre eux, si, à l'occasion de la défense de leurs récoltes, ils se livraient à l'exercice de la chasse.

Après avoir pourvu à l'exercice d'usages qui ne pourraient pas être abolis, mais que l'on doit seulement réglementer, le même article *autorise* à prendre des arrêtés :

1° « Pour prévenir la destruction des oiseaux.» Il est un assez grand nombre de départements où l'accroissement excessif des insectes est devenu pour l'agriculture un véritable fléau, et c'est à la destruction des oiseaux que ce fait est généralement attribué. Aussi , beaucoup de conseils généraux avaient-ils demandé que les préfets fussent investis du droit que ne leur donnait pas l'ancienne législation, de prévenir la destruction des petits oiseaux.

2° « Pour autoriser l'emploi des chiens lévriers pour la destruction des animaux malfaisants, etc. »

Quelques explications sont nécessaires pour faire apprécier la portée de cette disposition.

L'emploi des chiens lévriers, comme moyen de chasse, est destructif , et de nombreuses réclamations se sont élevées, dans presque tous les départements, contre l'usage abusif que certaines personnes faisaient de ces animaux.

Désormais, l'emploi des chiens lévriers à la chasse proprement dite, se trouve compris dans la prohibition générale formulée par l'article 1ᵉʳ de la nouvelle loi, contre tout autre mode de chasse que la chasse à tir et à courre. La chasse au moyen de chiens lévriers ne rentre, en effet, ni dans l'un ni dans l'autre de ces deux modes. Si quelque incertitude à cet égard avait d'ailleurs pu subsister, elle serait levée par la disposition que nous examinons, puisque, aux termes de cette disposition, l'emploi des chiens lévriers ne peut plus avoir lieu qu'en vertu d'un arrêté spécial du préfet, et que l'arrêté ne peut même autoriser cet emploi que » pour la destruction des animaux malfaisants et nuisibles.

« 3° Pour interdire la chasse pendant le temps de neige. »

Il s'agit ici d'une mesure toute dans l'intérêt de la conservation du gibier. Déjà elle était prise dans certains départements ; dans d'autres, la légalité en avait été contestée. Cette mesure peut aujourd'hui être adoptée généralement. Les arrêtés pris à cet effet ne sont pas soumis, comme ceux relatifs à la clôture et à l'ouverture annuelles de la chasse, au délai de dix jours de publication, pour devenir exécutoires. Il ne serait même pas possible de prendre, en temps utile, des arrêtés spéciaux pour défendre l'exercice de la chasse chaque fois qu'il sera tombé de la neige. Il suffit, pour atteindre ce but, qu'à l'entrée de l'hiver, un arrêté porte défense de chasser lorsqu'il y aura de la neige sur la terre.

Pour les arrêtés à prendre en vertu des trois derniers paragraphes de l'art. 9, il n'est plus exprimé, comme pour les trois premiers paragraphes, que le préfet devra prendre l'avis du conseil général. On doit cependant recourir également à cet avis, car il s'agit ici de mesures du même ordre, et sur lesquelles les lumières et les connaissances locales des membres du conseil général peuvent être utiles.

DÉFENSE DE VENDRE DU GIBIER EN TEMPS PROHIBÉ.

La défense de chasser pendant certains temps de l'année restait souvent inefficace, et les braconniers n'hésitaient pas à l'enfreindre, encouragés qu'ils étaient par les bénéfices que leur procurait la vente du produit de leur coupable industrie.

L'art. 4 de la loi met un terme à cet abus, en défendant d'une manière absolue « de mettre en vente, de vendre, d'acheter, de transporter et de colporter du gibier pendant le temps où la chasse n'est pas permise. Ces prohibitions s'appliquent à toute espèce de gibier, quelle que soit son origine, et alors même qu'il aurait été tué dans le cas exceptionnel prévu par l'art 2 de la loi.

Si on avait, en effet, dans ce cas, laissé au propriétaire la faculté de vendre ou de transporter son gibier, on eut rendu illusoires les dispositions prohibitives de la nouvelle législation. Les propriétaires que cette mesure pourra gêner sentiront mieux que personne que ce sacrifice d'une partie de leurs droits était indispensable pour assurer la répression du braconnage, qui, sans cela, aurait continué à l'abri de prétextes difficiles à détruire.

Toutefois, les prohibitions portées dans le premier paragraphe de l'art. 4 ne s'appliquent pas au gibier tué dans les circonstances prévues par les nos 1 et 2 de l'art. 9, alors que ces chasses exceptionnelles ont été autorisées par arrêtés. Ces actes, en effet, rendant la chasse de ces espèces de gibier licite, le transport et la vente en sont nécessairement licites aussi.

Il a paru utile que le gibier ne fût pas détruit, et le deuxième paragraphe de l'art. 4 en prescrit la remise à l'établissement de bienfaisance le plus voisin, sur une ordonnance soit du juge de paix, soit du maire en cas d'absence du juge de paix ou de saisie dans une commune autre que la commune chef-lieu du canton. Il suffit que la chasse soit interdite dans le département ; on ne pourrait se prévaloir de ce qu'elle ne le serait pas dans un département voisin.

Enfin le quatrième paragraphe du même article donne à la conservation du gibier une nouvelle protection par la défense de prendre ou de détruire, sur le terrain d'autrui, des œufs et des couvées de faisans, de perdrix et de cailles.

ATTRIBUTIONS AUX COMMUNES.

L'art. 5 de la loi attribue aux communes une ressource qui figure dans leurs budgets et dans leurs comptes.

L'art. 19 attribue également aux communes, sur le territoire desquelles ont été commis des délits de chasse, le montant des amendes prononcées contre les délinquants, déduction faite des gratifications accordées aux gardes et gendarmes, en vertu de l'art. 10.

GRATIFICATIONS AUX GARDES ET GENDARMES.

L'art. 10 assure aux gardes et gendarmes, rédacteurs de procès-verbaux ayant pour objet de constater les délits de chasse, une gratification qui sera prélevée sur le produit des amendes. Le taux de cette gratification est fixé par ordonnance impériale.

A cette occasion, il faut prémunir de nouveau MM. les maires sur les inconvénients, les dangers même de certaines transactions qu'ils autorisent quelquefois entre les gardes rédacteurs de procès-verbaux, et les particuliers atteints par ces procès-verbaux. Des maires croient pouvoir arrêter les poursuites en exigeant des délinquants soit une gratification en faveur du garde, soit même le versement d'une somme quelconque en faveur des pauvres de la commune. Sans méconnaître les intentions de ces fonctionnaires, on ne peut se dissimuler qu'ils excèdent leurs pouvoirs, qu'ils contrevien-

Gardes champêtres.   27

nent soit à nos lois pénales, soit à nos lois financières, et qu'ils s'exposeraient à être poursuivis, comme concussionnaires, en vertu de la disposition finale des lois annuelles de finances.

Il serait difficile, avec de telles instructions, de se méprendre sur l'esprit de la loi. Son grand objet est surtout la répression du braconnage, de ce fléau de la propriété , non moins pernicieux pour ceux qui l'exercent que pour ceux contre lesquels on l'exerce ; car le braconnage dégénère presque partout en brigandage et conduit tôt ou tard au tribunal correctionnel et à la cour d'assises.

CHAPITRE II.

Louveterie.

La louveterie, qui était, par l'ordonnance du 20 août 1814, dans les attributions d'un grand-veneur, avait été mise dans celles de l'administration forestière par une ordonnance du 14 juillet 1852 ; mais il n'est pas douteux que la réorganisation des chasses impériales par décret de 1853 ne fasse rentrer la louveterie sous l'autorité du grand-veneur.

Conformément à l'article 6 de l'ordonnance du 24 juillet 1852, la faculté accordée par le règlement du 20 août 1814, aux lieutenants de louveterie, de chasser à courre deux fois par mois pour tenir les chiens en haleine, est restreinte, dans les forêts affermées, à la chasse du sanglier. (Article 21 du règlement du 31 janvier 1859.)

Extrait du règlement du 20 août 1814, modifié par celui du 31 janvier 1859. (Chasses dans les forêts et bois de l'Etat.)

Il est défendu à qui que ce soit, de prendre ou de tuer, dans les forêts ou bois de l'État, les cerfs et les biches. (Art. 3.)

Les conservateurs, inspecteurs, sous-inspecteurs et gardes forestiers, ne sont plus chargés de la conservation des chasses, sans que ce service puisse les détourner de leurs fonctions de conservateurs des bois et forêts de l'État. Tout ce qui a rapport à l'administration de ces bois et forêts reste sous la surveillance directe de l'administration forestière, et dans les attributions du ministre des finances. (Art. 4.)

Les permissions de chasse dans les forêts non réservées pour les chasses impériales, seront accordées par le conservateur dans l'arrondissement duquel la chasse sera située.

Le conservateur enverra au préfet et au commandant de la gendarmerie le nom des individus munis de permission.

Les demandes de permissions seront adressées aux conservateurs. Il ne faut pas les confondre avec le permis de chasse prescrit par la loi de 1844, permission a ici le même sens que consentement.

Ces permissions ne seront accordées que pour la saison des chasses, et seront renouvelées chaque année, s'il y a lieu.

Il sera accordé deux espèces de permissions de chasse : celle de chasse à tir, et celle de chasse à courre. Art. 6.)

Tous les individus qui auront obtenu des permissions de chasse, sont invités à employer ces permissions à la destruction des animaux nuisibles, et à faire connaître au conservateur des forêts le nombre de ces animaux qu'ils auront détruits, en lui envoyant la patte droite. Par là ils acquerront des droits à de nouvelles permissions. (Art. 7.)

Les conservateurs et inspecteurs forestiers veilleront à ce que les lois et règlements sur la police des chasses, soient ponctuellement exécutés. (Art. 8.)

Chasse à tir.

Les permissions de chasse à tir commenceront, pour les forêts de l'État, le 15 septembre, et seront fermées le 1er mars. (Tit. 1er, art. 1er.)

Ces permissions ne pourront s'étendre à d'autre gibier qu'à celui dont elles contiendront la désignation. (Art. 2.)

L'individu qui aura obtenu une permission de chasse, ne doit se servir que de chiens couchants et de fusil. (Art. 3.)

Les battues ou traques, les chiens courants, les lévriers, les furets, les lacets, les panneaux, les pièges de toute espèce, et enfin tout ce qui tendrait à détruire le gibier par d'autres moyens que celui du fusil, est défendu. (Art. 4.)

Les gardes forestiers redoubleront de soin et de vigilance dans le temps des pontes et dans celui où les bêtes fauves mettent bas leurs faons. (Art. 5.)

Chasse à courre.

Les permissions de chasse à courre seront accordées de la manière mentionnée à l'article 5 des dispositions générales. (Tit. 2, art. 1ᵉʳ.)

Elles seront données de préférence aux individus que leur goût et leur fortune peuvent mettre à même d'avoir des équipages et de contribuer à la destruction des loups, des renards et des blaireaux, en remplissant l'objet de leurs plaisirs. (Art. 2.)

Les chasses à courre, dans les forêts et dans les bois de l'État, seront ouvertes le 15 septembre, et seront fermées le 15 mars. (Art. 3.)

Les individus auxquels il aura été accordé des permissions pour la chasse à courre, obtiendront des droits au renouvellement de ces permissions, en prouvant qu'ils ont travaillé à la destruction des renards, loups, blaireaux et autres animaux nuisibles, ce qu'ils feront constater par les conservateurs forestiers. (Art. 4.)

L'organisation du 20 août 1814 devait être et a été modifiée depuis la révolution de 1830, qui a supprimé le grand veneur ; voici ce qu'il en reste : les lieutenants de louveterie sont tenus d'entretenir à leurs frais un équipage de chasse, composé au moins d'un piqueur, deux valets de limiers, un valet de chiens, dix chiens courants et quatre limiers.

Ils seront tenus de se procurer les pièges nécessaires pour la destruction des loups, renards et autres animaux nuisibles, dans la proportion des besoins.

Dans les endroits que fréquentent les loups, le travail principal de leur équipage doit être de les détourner, d'entourer les enceintes avec des gardes forestiers, et de les faire tirer au lancé : on découple, si cela est jugé nécessaire, car on ne peut jamais penser à détruire les loups en les forçant. Au surplus, ils doivent présenter toutes leurs idées pour parvenir à la destruction de ces animaux.

Dans le temps où la chasse à courre n'est plus permise, ils doivent particulièrement s'occuper à faire tendre des pièges avec les précautions d'usage ; faire tourner les loups, et, après avoir entouré les enceintes de gardes, les attaquer à traits de limiers sans se servir de l'équipage, qu'il est défendu de découpler, enfin faire rechercher avec grand soin les portées des louves.

Quand les lieutenants de louveterie ou les conservateurs des forêts jugeront qu'il serait utile de faire des battues, ils en feront la demande aux préfets, qui pourra lui-même provoquer cette mesure; ces chasses seront alors ordonnées par le préfet, commandées et dirigées par les lieutenants de louveterie, qui, de concert avec lui et le conservateur, fixeront le jour, détermineront les lieux et le nombre d'hommes.

Le préfet en préviendra le ministre de l'intérieur et le grand-veneur.

Ils feront connaître ceux qui auront découvert des portées de louveteaux. Il sera accordé pour chaque louveteau une gratification qui sera double si l'on parvient à tuer la louve.

Tous les habitants sont invités à tuer les loups sur leurs propriétés; ils en enverront les certificats aux lieutenants de louveterie de la conservation forestière.

Les lieutenants de louveterie feront connaître journellement les loups tués dans leur arrondissement, et, tous les ans, enverront un état-général des prises.

Les préfets sont invités à envoyer au ministre de l'intérieur les renseignements particuliers qu'ils pourraient avoir.

Attendu que la chasse du loup, qui doit occuper principalement les lieutenants de louveterie, ne fournit pas toujours l'occasion de tenir les chiens en haleine, ils ont le droit de chasser à courre, deux fois par mois, dans les forêts de l'État faisant partie de leur arrondissement, le chevreuil-brocard, le sanglier ou le lièvre, suivant les localités. Sont exceptés les forêts ou les bois du domaine de l'État de leur arrondissement dont la chasse est particulièrement donnée par l'Empereur aux princes ou à toute autre personne.

Il leur est expressément défendu de tirer sur le chevreuil et le lièvre; le sanglier est excepté de cette disposition, dans le cas seulement où il tiendrait aux chiens.

Ils seront tenus de faire connaître, chaque mois, le nombre d'animaux qu'ils auront forcés.

Les commissions de lieutenants de louveterie seront renouvelées tous les ans; elles seront retirées dans le cas où les lieutenants n'auraient pas justifié de la destruction des loups.

Tous les ans, au 1ᵉʳ mai, il sera fait, sur le nombre des loups tués dans l'année, un rapport général qui sera mis sous les yeux de l'Empereur.

L'uniforme est déterminé comme il suit : habit bleu, droit, à la française, avec collet et parements de velours bleu pareil, galonné sur le devant et au collet ; poches à la française et en pointe, également galonnées, parements en pointe, avec deux chevrons pour les lieutenants.

Le galon sera or et argent ;

Boutons de métal jaune, sur lesquels sera empreint un loup ;

Veste et culotte chamois ;

Chapeau retapé à la française , avec ganse en or et en argent ;

Couteau de chasse en argent, avec un ceinturon en buffle jaune, galonné comme l'habit ;

Bottes à l'écuyère ;

Eperons plaqués en argent.

Uniforme des piqueurs.

L'habit sera le même que celui des officiers, excepté que le bouton sera en métal blanc, et que le galon sera un tiers d'or sur deux tiers d'argent.

Harnachement du cheval.

Bride à la française, avec bossette, sur laquelle sera un loup ;

Bridon de cuir noir ;

Selle à la française, en veau laque-blanc ou en velours cramoisi ;

Housse cramoisie, garnie en galon or et argent ; croupière noire, unie, et la boucle plaquée.

Étriers noirs, vernis ; martingale noire, unie.

Sangles à la française.

Cet uniforme est permis, mais non obligatoire. Celui des chasses impériales est différent.

CHAPITRE III.

Jurisprudence sur la chasse.

La première section contient les arrêts antérieurs à la loi sur la police de la chasse et qui ont encore une application possible. La deuxième section, les arrêts et décisions postérieurs.

SECTION Ire.

Arrêts antérieurs à 1844.

—

§ 1. DÉCISIONS DES PRÉCÉDENTES ÉDITIONS.

1. Il y a délit de chasse par cela seul qu'un individu a tiré sur le terrain d'autrui un coup de fusil même sur une corneille, et bien qu'il ne fût que dans une avenue. (*Arrêt du 13 novembre 1818.*)

2. L'action de fureter dans un bois sans la permission du propriétaire n'est pas un vol, mais un délit de chasse. (*Arrêt du 13 août 1840.*)

3. En défendant même aux propriétaires ou possesseurs de chasser dans leurs terres non closes avant la dépouille entière des fruits, la loi veut parler des terres portant des choses récoltables, et non, par exemple, d'une prairie artificielle dont la seconde coupe a été faite. (*Arrêt du 31 janvier 1840.*)

4. Le propriétaire qui fait lever le gibier sur son fonds, ou le chasseur qui a blessé un animal sur un terrain où il a le droit de chasse, n'a pas le droit de poursuivre sur le fonds voisin, mais il doit s'arrêter et rompre ses chiens sur la ligne de démarcation des héritages. (*Arrêt de la cour d'appel de Rouen, du 20 octobre 1825.*)

5 Les tribunaux ne peuvent se dispenser de prononcer l'amende sans violer la loi et commettre un excès de pouvoir. (*Arrêt du 13 octobre 1808.*)

6. Lorsque plusieurs individus chassent en temps prohibé, il y a autant de délits commis qu'il y a de délinquants : en conséquence, l'amende et l'indemnité doivent être pronon-

cées contre chacun d'eux personnellement. (*Arrêt du 17 juillet* 1823.)

7. Lorsque plusieurs individus sont convaincus d'avoir chassé de compagnie, en délit, il y a lieu à condamnations solidaires pour les amendes et les frais. (*Code pénal, article* 55. *Arrêt du* 18 *mars* 1837.)

8. Le meurtre volontaire, accompagné ou suivi du délit de chasse en temps prohibé et sans permis de port d'armes, est passible de la peine capitale, suivant l'article 304 du Code pénal, même dans la circonstance où le meurtrier aurait chassé dans un terrain clos. (*Arrêt du* 21 *mars* 1822.)

9. Le fait, par un chasseur porteur d'un fusil, d'avoir regardé, d'un chemin voisin, ses chiens chasser dans les terres d'autrui sans avoir fait des efforts pour les empêcher ou les rompre, constitue un délit de chasse. (*Arrêt de la cour de Rouen,* 17 *juin* 1831.)

10. La complicité d'un délit de chasse tombe, comme tout autre délit, sous l'application des articles 59, 60 et 62 du Code pénal : ainsi, l'individu qui achète du gibier tué dans la forêt impériale, sachant qu'il a été tué en délit, peut être poursuivi comme complice par recélé. (*Arrêt du* 6 *décembre* 1839.)

11. Il suffit qu'un individu chassant ne justifie pas d'un permis de chasse * pour qu'il doive être condamné, encore bien qu'il ait déposé la somme nécessaire pour l'obtenir, et quand même c'est par une circonstance indépendante de sa volonté qu'il ne l'a pas obtenu. (*Arrêt du* 3 *mars* 1836.)

12. Si le port-d'armes est délivré, et que seulement le chasseur ne l'ait pas au moment où les gardes ou gendarmes le demandent, il doit les frais faits jusqu'à la justification du fait. (*Arrêté du* 26 *novembre* 1823.) Ordinairement, le tribunal diffère de statuer pour que l'on puisse faire la justification, puis il renvoie de la plainte et condamne aux dépens, parce que le procès a eu lieu par la faute du chasseur.

13. Le propriétaire d'un terrain clos de haies et de murs, de pierres sèches, n'a pas le droit de chasser, sans

* La loi du 3 mai 1844 sur la police de la chasse a supprimé le *permis de port-d'armes*, et y a substitué le permis de chasse *Voyez* cette loi, page 248. Toutes les décisions en matière de port-d'armes, s'appliqueraient indubitablement au permis de chasse. Il y a même raison de décider.

permis de port-d'armes, sur ce terrain, quoiqu'il existe là une cabane en pierres sèches et qui n'est faite que pour servir d'abri au chasseur, quand le terrain ne tient pas à la maison d'habitation proprement dite. (*Arrêt du 13 avril 1833.*)

14. La chasse sans permis de port-d'armes dans un bois environné de fossés, lorsque ce bois ne forme pas un enclos lié à la maison d'habitation, constitue le délit de port-d'armes de chasse. (*Arrêt du 21 mars 1823.*)

15. Le garde champêtre trouvé chassant sans permis de port-d'armes, dans cette circonstance qu'il accompagnait, comme garde particulier, des amis de son maître qui chassaient, doit être réputé avoir commis le délit de chasse dans l'exercice de ses fonctions. (*Arrêt du 9 mars 1838.*)

16. Il est dérogé par les articles 154 et 189 du Code d'Instruction criminelle à la loi de 1790, qui exigeait, à défaut de rapport, deux témoins ; un seul peut suffire. (*Arrêt du 26 août 1830.*)

§ 2. DROIT DE CULTIVATEURS, PROPRIÉTAIRES OU FERMIERS.

17. Le fermier a le droit de protéger ses récoltes contre les animaux sauvages en détruisant ces derniers.

Ce droit existe même lorsque le bailleur s'est expressément réservé le droit de chasse sur la terre louée.

« Le fermier a également le droit de tendre des collets pour défendre ses récoltes contre le gibier, lors même que son bail lui interdit tout recours contre le propriétaire, qui s'est réservé exclusivement le droit de chasse. »
(*Cour de Paris*, 21 *août* 1840.)

Cette décision est applicable sous l'empire de la nouvelle loi, car l'article 15 de la loi du 30 avril 1790, sur laquelle elle se fonde, est reproduit par l'article 9 de la loi du 3 mai 1844.

18. Le fermier a qualité, aussi bien que le propriétaire, pour porter plainte à raison des délits de chasse commis sur les terres affermées ; bien qu'il n'ait pas lui-même le droit d'y chasser, il a le droit de veiller à la conservation de ses ensemencements, de ses récoltes, de ses clôtures. (*Cass.*, 9 *avril* 1836.)

§ 3. FAITS DE CHASSE.

19. Deux arrêts de cassation, des 5 août et 5 décembre 1839, ont jugé qu'il n'y avait pas fait de chasse par cela seul qu'un garde ait été aperçu tenant un fusil abattu dans la main gauche, le long d'une propriété ; cette attitude pouvant convenir à une position de repos.

Mais, si au lieu d'avoir le fusil en bandoulière, on le porte *armé*, à la main ou sous le bras, ce sera là une grande présomption. La cour de cassation a jugé ainsi le port d'un fusil *armé*, dans le chemin de barrage d'une forêt. (*Cass.*, 22 *janvier* 1829.)

20. Un arrêt de la cour de cassation, du 5 décembre 1839, décide formellement que les articles 59 et 60 du Code pénal, sur la complicité, s'appliquent au délit de chasse.

Ainsi, le propriétaire d'un enclos, où la chasse est permise en tout temps, envoie, en temps prohibé, vendre le gibier qu'il a tué ; non seulement il est responsable, aux termes de l'article 28, des dommages-intérêts et frais auxquels sera condamné le porteur, mais il devra lui-même être personnellement poursuivi et condamné pour contravention à l'article 4 de la loi.

21. Quand le permis n'a pas encore été délivré par l'autorité au moment où a lieu le fait de chasse, bien que l'argent pour l'obtention de ce permis eût été consigné, ou que l'on fût en réclamation pour l'obtenir, il y a lieu de punir le délinquant. (*Cass.*, 11 *février* 1820, 7 *mars* 1823, 7 *mars* 1832, 3 *mars* 1836.)

22. Le délit de chasse, quoique accompagné de ces deux circonstances, qu'il a eu lieu : 1° sur le terrain d'autrui et sans son consentement ; 2° sur un terrain non encore dépouillé de ses fruits, ou en temps prohibé, n'est punissable que d'une seule amende. (*Cass.*, 18 *mars* 1837.)

§ 4. PROCÈS-VERBAUX.

23. Tout procès-verbal doit porter avec lui la preuve de sa validité. En conséquence, les formalités exigées et non constatées sont considérées comme ayant été omises. (*Cass.*, 29 *mars* 1810.)

L'absence de date est une cause de nullité des procès-verbaux ; mais une simple erreur matérielle dans la date ne produirait pas ce résultat. (*Cass.*, 3 *janvier* 1833.)

24. *Les procès-verbaux des gendarmes* ne sont assujettis à aucune formalité, soit par le Code d'instruction criminelle, soit par les lois spéciales réglant la compétence de la gendarmerie. (*Cass.*, 11 *mars* 1825.)

25. L'affirmation n'est pas non plus exigée pour les *procès-verbaux des commissaires de police, maires ou adjoints.*

SECTION II.

Arrêts postérieurs à 1844.

§ 1. PERMIS DE CHASSE.

1. Le jour de la date d'un permis de chasse ne doit pas être compté comme faisant partie de l'année pendant laquelle vaut le permis, et, en conséquence, ce permis était encore valable pour toute la journée du 24 octobre 1849. Voici les termes de cet arrêt, qui porte la date du 22 mars 1850 :

« Vu l'article 12 du décret du 11 juillet 1810 , et l'article 5 de la loi du 3 mai 1844.

» Attendu que l'article 12 ci-dessus visé portait : « Le » permis de port-d'armes de chasse ne sera valable que » pour un an, à dater du jour de sa délivrance ; »

» Que la loi du 3 mai , en accordant le même laps de temps pour l'exercice du droit qui résulte du permis de chasse, ne reproduit pas les expressions fiscales dudit article 12 ;

» Attendu dès lors qu'en décidant que le jour *à quo* (jour de la délivrance du permis) ne devrait pas être compté dans le délai d'une année accordé par l'article 5, et en relaxant, par suite, le prévenu de la poursuite exercée contre lui, le jugement attaqué n'a violé aucune loi.

» Rejette, etc. »

2. La durée d'une année pendant laquelle le permis de chasse est valable, commence à courir du jour de la date apposée par le préfet au permis, et non pas seulement du jour où l'impétrant a obtenu la remise du permis des mains du

percepteur, en acquittant le droit. (*Cass.*, *4 mars*; *24 septembre* 1848.)

3. Le prévenu qui a été trouvé chassant à un instant où le permis de chasse avait été signé et délivré par le préfet, mais où il n'avait pas encore acquitté le droit de 25 francs, n'est passible d'aucune peine. (*Cass.*, **24 septembre** 1847.)

Cependant, un permis accordé par le préfet ne suffit pas pour empêcher les poursuites (*Voy.* n° 10), si l'impétrant n'en a pas obtenu la délivrance. (*Toulouse*, 5 *mars* 1846.)

La date du jour de délivrance d'un permis ne doit pas compter dans l'année fixée pour sa durée. (*Aix*, 16 *janvier* 1856, *S. V.* 56, 2, 70.)

5. Lorsqu'un permis a été remis à l'impétrant sans paiement de prix, le délai n'en court pas moins contre lui dans la forme de droit. (*Cass.*, 24 *septembre* 1847.)

6. Les quittances des receveurs ne peuvent être produites à l'appui des demandes en délivrance de permis de chasse *que dans le mois de leur date.* (*Circulaire du 18 juillet* 1844.)

7. Il est décidé par une circulaire du 28 août 1849, que toute demande de permis de chasse doit être écrite sur papier timbré.

8. La Cour de cassation a décidé le 6 mars 1846, que la justification à l'audience d'un permis de chasse obtenu avant le procès-verbal, met le prévenu à l'abri de toute peine, et même des frais de poursuite.

9. La Cour de Montpellier a jugé dans le même sens, le 12 octobre de la même année, qu'il suffit que sur les poursuites du ministère public, le permis produit à l'audience porte une date antérieure à celle du procès-verbal de constat.

10. Ce point de jurisprudence est maintenant tellement reconnu, que tout procès-verbal qui serait remis au ministère public, contre une personne qui aurait déclaré qu'elle produirait un permis obtenu antérieurement au fait de chasse, serait supprimé de plein droit, sur la représentation du permis. (*Voyez* n° 3.)

11. La Cour de Bourges ayant pensé que *le permis de chasse n'est exigé* que pour l'exercice de la chasse ordinaire et normale, c'est-à-dire celle qui se pratique à tir ou

à courre contre toute espèce d'animaux sauvages, et à l'aide de furets et de bourses contre les lapins, tandis qu'elle ne l'est pas pour la chasse exceptionnelle que les préfets ont la faculté d'autoriser contre les *oiseaux de passage;* avait spécialement décidé qu'il n'est pas besoin d'un permis de chasse pour prendre des alouettes avec des lacets en crin, vulgairement appelés *collets* ou *sillonnées,* lorsque ce mode de chasse a été autorisé par arrêté préfectoral. (*Bourges,* 27 *février* 1845.)

Mais la Cour de cassation a annulé cette décision le 18 avril 1845. Voici son principal motif :

« Attendu que la loi du 3 mai 1844 soumet, en règle générale, la chasse à quatre conditions, savoir : que la chasse soit ouverte, qu'on ait obtenu un permis de chasse, qu'on soit propriétaire du terrain ou qu'on ait le consentement du propriétaire ; enfin qu'on ne chasse que le jour, à tir ou à courre;

« Que si l'article 9 de cette loi autorise les préfets, dans certains cas, et spécialement en ce qui concerne les oiseaux de passage, à modifier ces conditions, ce n'est que sous le rapport du temps où la chasse est permise et des moyens qu'on y peut employer ; qu'aucune disposition ne les autorise à porter atteinte aux deux autres conditions générales relatives au droit de propriété et au permis de chasse, lesquelles doivent donc, dans tous les cas, être remplies par les chasseurs, etc., etc.

12. Quoique, comme nous l'avons dit, le permis de chasse soit personnel, il faut pourtant reconnaître qu'il y a des procédés de chasse spéciaux qui, lorsqu'ils sont autorisés par les préfets, exigent nécessairement la coopération de plusieurs personnes; dans ce cas, les auxiliaires qui, tout en prenant part à la chasse, n'en profitent pas, ceux-là ne sont pas de véritables chasseurs ; ils n'ont donc pas besoin de permis de chasse.

Il s'en suit que le propriétaire ou maître d'une tendue, l'adjudicataire de la chasse aux petits oiseaux, dans une forêt communale, peuvent, lorsqu'ils sont eux-mêmes pourvus d'un permis de chasse, se faire aider, pour la confection des sauterelles ou raquettes, leur pose et leur mise en état, ainsi que pour la levée des oiseaux pris sur ces piéges, par leurs enfants, domestiques, gardes-bois ou autres individus

Gardes champêtres. 28

salariés, sans que ceux-ci soient soumis à l'obligation du permis de chasse.

Autrement, la chasse aux oiseaux de passage deviendrait absolument impossible. Pendant toute la durée de cette chasse, qui est ordinairement de deux mois, chaque jour et même deux ou trois fois par jour, il faut visiter les sauterelles ou raquettes placées à la lisière et dans l'intérieur du bois pour détacher les oiseaux pris, et remettre les raquettes en situation de produire leur effet. Cependant, il faut le dire, cette exception doit être restreinte au seul cas où celui qui est muni d'un permis de chasse est seulement aidé ou suppléé dans une tendue qu'il dirige habituellement lui-même, elle cesse d'être applicable toutes les fois que la tendue organisée par un homme à gages est seulement visitée accidentellement par quelqu'un muni d'un permis, lors même que celui-ci serait appelé à en recueillir seul les produits. (*Cour de Nancy, les* 25 *novembre et* 4 *décembre* 1844.)

Il y a eu pourvoi du procureur général, mais la Cour de cassation l'a rejeté le 7 mars 1845. Cette décision est fort importante pour tous les pays où la chasse aux oiseaux est à la fois un très vif plaisir et un produit assez important.

13. Le garde champêtre qui a obtenu par surprise un permis de chasse ne peut être poursuivi pour délit de chasse sans permis. (*Cass.,* 24 *janvier* 1858. *S. V.* 58. 1. 485.)

§ 2. CONSENTEMENT DU PROPRIÉTAIRE.

14. En général, il serait à propos que le propriétaire qui consent à ce qu'on chasse sur lui, donnât ce consentement par écrit, parce que ce serait éviter bien des contestations et même des procès. Mais la loi ne le prescrivant pas, il s'en suit qu'elle laisse aux tribunaux le soin d'apprécier les circonstances qui établissent le consentement. La Cour de cassation a consacré ce principe par arrêt du 12 juin 1846. Elle a même décidé que la preuve testimoniale est admise en pareil cas.

15. Sur quelque tête que repose la propriété, sur un individu ou sur un être collectif, le consentement *du propriétaire* n'en est pas moins indispensable à celui qui veut chasser sur le terrain d'autrui.

Mais ce consentement, en cas d'incapacité du propriétaire, est délivré par celui qui est investi de l'administration des biens de l'incapable. *Décision du* 10 *mai* 1841.)

§ 3. Décisions diverses des faits de chasse.

16. Les questions des *faits de chasse* constituent des questions de droit susceptibles d'appréciation par la Cour de cassation. (*Cass.*, 18 *mars* 1853.)

17. Le chasseur, ayant blessé sur son terrain une pièce de gibier qui est allée tomber sur un terrain voisin peut aller la ramasser, et se la faire rapporter par son chien, sauf à tenir compte au propriétaire du dommage qu'a pu causer à la récolte le passage du chien. (*Limoges*, 5 *février* 1848.)

18. Le chasseur muni d'un permis de chasse, qui, en temps de chasse, tue une pièce de gibier traversant des terres, alors que ce gibier a été levé par un autre chasseur sur son propre terrain et est encore suivi du chien de ce dernier, use d'un droit et par conséquent ne commet pas un délit de chasse. (*Paris*, 17 *juin* 1862. — *Droit*, 21 *juin* 1862.)

19. Lorsque la chasse dans les bois d'une commune est adjugée à un ou plusieurs locataires, l'adjudication constitue un droit personnel propre à chacun des fermiers, ce qui s'oppose à la rétrocession du droit. (*Cass.*, 16 *mai* 1848.)

20. Si le fermier du droit dont il est parlé dans le numéro précédent est dans l'impossibilité d'en user en personne, il ne peut permettre qu'on l'exerce en son nom. (*Cass.*, 14 *juillet* 1848.)

21. Un individu qui, avec l'autorisation du fermier d'une chasse communale, serait trouvé chassant seul dans la forêt affermée, commettrait le délit de chasse et pourrait être poursuivi par le ministère pub. (*Cas.*, 16 *juin* 1848, 18 *août* 1849)

22. Les dispositions des articles 66 et suivants du Code pénal, relatives au discernement, sont applicables en matière de délit de chasse.

En conséquence, lorsqu'un jeune homme âgé de moins de seize ans est déclaré coupable d'un délit de chasse, sans discernement, la peine doit être abaissée conformément à l'article 69 du Code pénal, (*Cass.*, 3 *janvier* 1845. 18 *juin* 1846.)

Toutefois, les traqueurs non armés ne peuvent être considérés comme se livrant *personnellement* à la chasse : de même que la meute, ce sont plutôt des *instruments*; en conséquence, ils n'ont pas besoin de *permis de chasse. Paris*, 26 *avril* 1845.)

23. Le fait d'avoir tué des corbeaux avec un fusil, en temps prohibé et sans permis de port-d'armes, sur des terres non closes, est un délit de chasse, quand bien même il serait déclaré que le prévenu n'a eu en vue que de préserver ses volailles et celles de ses voisins, sur l'instance desquels il s'était servi de son arme. (*Cass.*, 5 *novembre* 1842.)

24. Tuer des pigeons à autrui et se les approprier, dans tout autre temps que celui pendant lequel ces oiseaux sont réputés gibier, c'est commettre une action frauduleuse, et se rendre passible des peines portées par l'art. 401 du Code pénal. (*Cass.*, 20 *septembre* 1823, 25 *janvier* 1842.)

25. Les délits de chasse ne peuvent être excusés par la bonne foi des coupables. (*Cass.*, 16 *juin* 1848 et 4 *juillet* 1848. — *Angers*, 1er *avril* 1851.)

26. Les principes généraux du droit criminel sont applicables en matière de délits de chasse. (*Amiens*, 15 *janv.* 1853.)

27. Les délits de chasse commis en commun entraînent pour tous les coupables la solidarité des peines. (*Orléans*, 13 *décembre* 1849, 24 *mars* 1851. — *Cass.*, 13 *décembre* 1853)

28. La confiscation des armes ne doit, dans l'esprit de la loi, atteindre que ceux qui chassent en *temps prohibé et sans permis de chasse*, c'est-à-dire les véritables braconniers. C'est donc avec raison que la Cour de Nancy a jugé que la confiscation des armes de chasse ne doit pas être prononcée, au cas de chasse, sans autorisation du propriétaire, sur des terres non récoltées, lorsque d'ailleurs le chasseur était muni d'un permis de chasse, et que le délit a été commis après l'ouverture de la chasse. (*Nancy*, 17 *décembre* 1844.)

29. Les tribunaux doivent, en matière de confiscation d'armes de chasse, laisser au délinquant le choix de l'abandon de l'arme ou du paiement de sa valeur. (*Limoges*, 26 *mars* 1859, *S. V.* 59. 2. 539.)

30. Il n'y a pas lieu de distinguer entre le temps où la chasse est close d'une manière générale, et le temps où elle n'est prohibée que momentanément, par exemple, à cause de la neige ; la confiscation des armes doit être prononcée dans un cas aussi bien que dans l'autre. (*Cass.*, 5 *juillet* 1845, 3 *janvier* 1846, 4 *mai* 1848.)

51. Le maire qui a commis un délit de chasse sur le territoire de sa commune, doit, comme officier de police judiciaire, être traduit, à raison de ce délit, devant la première chambre de la Cour impériale. (*Nancy, 20 avril* 1857, *S. V.* 57. 2. 773.)

52. Le garde forestier qui, dans le triage confié à sa garde, commet un délit de chasse, doit être considéré comme étant dans l'exercice de ses fonctions et traduit, suivant l'art. 483, Code d'instruction criminelle, devant la Cour d'appel. (*Cass., 5 mars* 1846.)

53. Le fait de prendre sur le terrain d'autrui des œufs et couvées d'oiseaux autres que les faisans, perdrix et cailles, notamment les pies, ne constitue pas un délit de chasse. Cass., 10 *février* 1853.)

54. Le ministère public a qualité pour poursuivre d'office, et sans plainte préalable, les délits de chasse dans les bois soumis au régime forestier, tels que les bois communaux. (*Cass., 9 janvier* 1846.)

L'administration forestière elle-même, *partie intéressée*, a qualité pour poursuivre la répression des délits de chasse commis dans les bois et forêts soumis au régime forestier ; particulièrement depuis la loi du 3 mai 1844, dont les articles 22 et 25 n'ont nullement dérogé à la législation antérieure.

55. La Cour de cassation a décidé, le 14 août 1847, que le propriétaire qui, de son enclos, tire sur du gibier en dehors de sa clôture, commet un délit de chasse.

56. Dans le silence du bail, le droit de chasse appartient au propriétaire et non au fermier. *Cass., 4 juillet* 1845, *S.* 45, 774 ; — *Grenoble*, 18 mars 1846 ; *D.* 46, 184.)

Cependant le droit de chasse dans un parc clos de murs appartient au fermier, quand ce fermier habite la maison dont le parc est une dépendance. (*Paris*, 17 *août* 1846.)

57. L'autorisation de chasser dans une forêt communale ne peut être accordée par le maire. Le décret du 25 prairial an XIII a été abrogé par les dispositions générales de la loi du 18 juillet 1837 sur les attributions des maires et des conseils municipaux.

Il suit de là :

1° Qu'un maire fait un acte arbitraire et illégal en donnant, de son autorité privée, une permission écrite de chasse dans une forêt communale ;

2° Qu'une telle permission ne saurait tenir lieu du consentement nécessaire pour chasser dans une telle forêt ;

3° Enfin, que celui qui se livre à la chasse dans une forêt communale muni d'une simple permission du maire, commet le délit prévu et puni par les art. 1 et 2, n° 2 de la loi du 3 mai 1844. (*Cass.*, 5 *février* 1848.)

38. Mais l'autorité municipale peut, par un arrêté, défendre de chasser sur le territoire de la commune jusqu'à la clôture du ban des vendanges, à une certaine distance des vignes ; la Cour de cassation, par arrêté du 4 septembre 1847, a confirmé sa jurisprudence antérieure.

39. C'est chasser que de tirer sur une pièce de gibier qui se présente inopinément à vous sans qu'on l'ait recherchée ; ainsi :

1° L'apprenti qui, placé sur le seuil de la boutique de son maître, tire un coup de fusil sur des petits oiseaux voltigeant sur la place publique, ne commet pas une simple contravention, mais bien un délit de chasse s'il n'est pas muni d'un permis. (*Cass.*, 24 *septembre* 1847.) ;

2° Le fermier qui, sans sortir de sa maison, trouve occasion de tirer un lièvre, s'arme d'un fusil pour profiter de cette occasion et le décharge sur ce gibier, commet un délit de chasse s'il n'a pas de permis.

Jugé en sens contraire à l'égard d'un individu qui, n'étant pas à la recherche et à la poursuite du gibier, mais averti par les cris des voisins, avait tiré simplement, par occasion, sur un lièvre qui passait dans le moment au-devant de sa maison. (*Bordeaux*, 20 *mars* 1844.)

40. Le propriétaire, régulièrement autorisé à détruire des animaux nuisibles, peut déléguer son droit de destruction à un tiers, en se conformant aux dispositions de l'arrêté de destruction. (*Angers*, 19 *mars* 1859, *S. V.* 2. 667.)

41. Le propriétaire ou le fermier peuvent détruire en tout temps, même avec un fusil et sans permis de chasse, les animaux malfaisants ou nuisibles, portant à leurs récoltes un dommage actuel, mais à la charge de prouver le fait du dommage. (*Agen*, 21 *juillet* 1852. — *J. Palais*, tom. 1ᵉʳ, 1854, p. 164.)

§ 4. DE DIFFÉRENTS PROCÉDÉS DE CHASSE.

42. La chasse au flambeau est prohibée, mais il a été jugé plusieurs fois que la chasse ne doit pas être réputée avoir eu lieu la nuit, par cela seul qu'elle a eu lieu après le coucher du soleil, s'il faisait encore jour à ce moment. (9 *novembre* 1847.)

43. La chasse aux *oiseaux du pays*, à l'aide de *lacs ou filets*, est interdite, même en l'absence d'arrêtés préfectoraux qui la défendent. (*Cass.*, 25 *mars*, 4 *avril* 1846.)

Il en est de même de la chasse aux oiseaux du pays avec *gluaux et appelants* (*Cass.*, 23 *avril* 1847.)

44. La *chasse au miroir* avec fusil ne saurait constituer le délit de chasse avec engins ou instruments prohibés; ce n'est qu'un mode de chasse à tir.

45. Quant aux *oiseaux de passage*, la chasse avec *appeaux et appelants* peut en être autorisée par arrêté préfectoral. (*Cass.*, 16 *juin* 1848.)

46. L'arrêté préfectoral qui autorise la chasse des petits oiseaux avec lacet fait d'un seul crin, ne peut dispenser celui qui chasse d'être muni d'un permis. (*Bordeaux*, 28 *février* 1850.)

47. La chasse avec *traque et battue* est un mode de chasse licite. Ce n'est qu'un mode particulier de la chasse à tir, permis aux termes du 2ᵉ alinéa de l'art. 9. Il en eût été différemment, si, comme on l'a prétendu, la chasse avec traqueurs avait pu être regardée comme constituant un mode direct et principal de chasse, distinct de la chasse à tir. (*Cass.*, 29 *novembre* 1845.)

48. L'interdiction de la chasse en temps de neige ne s'applique pas à la chasse aux oiseaux de passage et au gibier d'eau. *Arrêt du* 30 *janvier* 1844.)

49. La possession de lacs, filets ou autres engins prohibés ou non autorisés, est un délit. Ils peuvent être saisis même chez les fabricants ou chez les marchands qui les exposent en vente. (*Arrêt du* 4 *avril* 1846.)

50. Nous venons de voir que les engins prohibés pouvaient être saisis chez les marchands. Peuvent-ils l'être dans une maison particulière? Les deux arrêts suivants de 1844 et 1845 résolvent cette importante question.

La détention d'engins prohibés, sans aucune circonstance extérieure propre à en révéler l'existence au domicile du prévenu, bien qu'elle constitue par sa nature un délit permanent, continu et successif, ne peut constituer le *flagrant délit*.

En conséquence, il ne rentre pas dans les attributions du procureur impérial de requérir la gendarmerie d'en faire la perquisition à domicile.

La perquisition et les procès-verbaux dressés par les gendarmes, en vertu d'un tel réquisitoire, sont frappés de nullité et ne peuvent servir de base légale à des poursuites correctionnelles. (*Cour de Rouen*, 1ᵉʳ *février* 1845.)

51. Les gardes-chasse ne peuvent se permettre de fouiller une personne qu'ils présument porteur d'engins prohibés. — Un procès-verbal dressé en ce sens, ne peut servir de base à une condamnation. (*Rouen*, 17 *avril* 1859. *S. V.* 2, 57, 451.)

Le chasseur, sommé par un garde de représenter son permis de chasse, peut s'y refuser — ce refus ne constitue pas un délit — mais le chasseur peut être cité en police correctionnelle à l'effet de justifier de son permis.

52. La détention d'instruments de chasse prohibés, abstraction faite de l'intention, ne constitue pas un délit.

Ainsi, lorsque rien n'établit que les inculpés se livrent au braconnage, et que de diverses circonstances reconnues au procès, il résulte que la détention déjà ancienne de filets saisis n'a pas eu lieu dans une intention de chasse, il n'y a pas de délit. (*Arrêt du* 2 *novembre* 1844. Voyez § 9, n° 49.)

§ 5. DES CHIENS. — DES LÉVRIERS.

53. L'instruction d'un chien constitue un fait de chasse. (*Cass.* 17 *février* 1855.)

54. La course d'un chien à travers champs, sans la participation du maître, ne constitue pas un fait de chasse. (*Cass.* 1855. *S. V.* 1. 846.)

55. Les lévriers sont des chiens à hautes jambes, qui chassent de vitesse, et non par l'odorat. Ils sont remarquables par la souplesse et la spontanéité de leurs mouvements : leur taille svelte, déliée, fort longue, leur museau égale-

ment très-allongé , leur tête haute , leur cou flexible, font de ces chiens une classe remarquablement belle. On en compte plusieurs espèces ; les meilleures viennent de France, d'Angleterre et de Turquie. Il y a des lévriers à lièvres et à lapins ; les plus grands sont pour courre le loup, le sanglier, le renard et toutes les grosses bêtes.

Ces derniers viennent d'Irlande et d'Ecosse (*V*, nᵒˢ 87 et 88.)

56. Il résulte, de la discussion à la chambre des pairs, que la chasse aux lévriers est prohibée. Cependant, la loi, en donnant aux préfets la faculté d'autoriser l'emploi de ces chiens pour la destruction des animaux malfaisants ou nuisibles est une exception à ce principe. ((*Rapport du* 26 *mars* 1844.)

Tout arrêté qui accorderait cette faculté pour une chasse ordinaire, serait contraire à la loi.

La chasse au lévrier croisé est prohibée comme la chasse au lévrier de pure race, (*Douai*, 19 *janvier* 1846, *S.*)

57. L'emploi des chiens lévriers est punissable des peines édictées par l'art. 12 de la loi du 3 mai 1844 , et non pas seulement de l'amende prononcée par l'art. 11 de la même loi, bien que cette prohibition se trouve surabondamment rappelée dans un arrêté préfectoral. (*Cass.* , 19 *février* 1846.)

§ 6. LAPINS, DÉGATS, RESPONSABILITÉ.

58. Le lapin , considéré comme gibier, appartient au premier occupant. Considéré comme animal rongeur et nuisible aux récoltes, il peut être détruit par les propriétaires des champs et bois où se commettent les dégâts. Cela a été jugé par un grand nombre d'arrêts ; en voici qui ont confirmé cette jurisprudence depuis la nouvelle loi sur la chasse.

59. La destruction des lapins ne peut avoir lieu que suivant les moyens autorisés par arrêté préfectoral : en conséquence, si l'arrêté ne parle que de furets et de bourses, il est interdit de faire usage de lacets, collets et autres engins quelconques. (*Voy.* § 12, nᵒ 87.)

60. Bien qu'un bois ne renferme ni terrain, ni garenne, mais seulement des buissons, des broussailles, des herbages longs et touffus, ménagés par le propriétaire , pour y atti-

rer des lapins, le propriétaire est responsable des dégâts commis par ces animaux dans les champs voisins. (*Cass.*, 7 *mars* 1849.)

Le propriétaire qui, en affermant sa propriété, se réserve le droit de chasse, ou ne donne que des permissions restreintes, reste seul responsable des dommages causés par la multiplication des lapins. (*Cass.*, 28 *mars* 1849.)

61. La Cour de cassation a décidé, le 13 août 1840, que fureter dans un bois pour y prendre des lapins non tenus en garenne, sans la permission du propriétaire, c'est non se rendre coupable de vol ou de tentative de vol, mais seulement commettre le délit de chasse sur le terrain d'autrui.

§ 7. DES FRUITS ET RÉCOLTES.

62. Les produits de la terre qui ne sont pas destinés à être récoltés, mais bien à être enfouis sur les lieux mêmes pour servir d'engrais, tels que des pois lupins ou du blé noir, ne sont pas des *fruits* dans le sens de la loi sur la chasse. (*Arrêt de Grenoble*, 11 *novembre* 1841.)

63. Il n'y a pas d'aggravation de délit dans le fait d'avoir chassé sur des champs ensemencés de pommes de terre. (*Colmar*, 16 *novembre* 1842.)

Il en est de même sur un champ de sainfoin coupé depuis quinze jours; ce champ est alors réputé dépouillé de sa récolte. (*Bourges*, 25 *novembre* 1841.) Il en est encore de même en cas de chasse dans une prairie artificielle, dont la deuxième coupe a été faite, et qui n'est plus destinée à être fauchée de l'année. (*Cass.*, 31 *janvier* 1840.)

Voir § 1, nº 3.

§ 8. DES PIQUEURS; DÉLITS DE CHASSE.

64. Un piqueur ne peut être assimilé au simple traqueur. On ne peut soutenir qu'il est l'accessoire obligé de la meute, qu'il faut qu'il l'accompagne partout pour l'encourager, la ramener; que séparer le piqueur de la meute, ce serait chose impossible, dangereuse même; car les chiens pourraient rencontrer du bétail, l'effrayer, l'attaquer, et occasionner ainsi des dégâts de toute sorte, s'ils n'étaient pas retenus par l'intervention du piqueur. La jurisprudence

considère le piqueur comme se livrant à un fait personnel de chasse et le soumet à toutes les obligations du chasseur, telles que la nécessité du permis de chasse. (*Cass.*, 18 *juillet* 1846.)

65. Le piqueur qui, lors d'une chasse organisée par son maître, viole la propriété d'autrui en y suivant ses chiens poursuivant le gibier, commet le délit de chasse et doit être condamné à ce titre, sans préjudice des dommages et intérêts dus par le propriétaire des chiens. (*Cass.*, 18 *juillet* 1846.)

66. Le traqueur peut être déclaré complice du chasseur (*Rouen*, 26 *avril* 1849), lorsqu'il coopère à une chasse pour laquelle son assistance n'est pas ordinaire, par exemple, la chasse aux lapins.

§ 9. DES TERRAINS CLOS.

67. Il n'est permis de chasser dans un terrain clos, qu'autant qu'il est *attenant* à une maison d'habitation. Ainsi, il ne suffirait pas qu'il se trouvât dans ce terrain une construction pouvant servir à l'habitation, il faut que cette construction soit, si ce n'est actuellement habitée, au moins *destinée à l'habitation,* de telle sorte que l'enclos qui l'environne puisse être considéré comme une *dépendance* d'une habitation. (*Cass.*, 3 *mai* 1845.)

Ce mot dépendance n'est pas le mot propre ; il résulte de la discussion de la loi, qu'une maison peut dépendre d'un enclos ou un enclos d'une maison sans y être contigu, et la loi veut que l'enclos soit attenant.

Le tribunal de Marseille a décidé, le 17 septembre 1844, qu'il y a lieu de considérer, comme rentrant dans l'article 2 de la loi, la propriété close au midi et au couchant par un mur, au levant par une haie, et bordée au nord par une route impériale, dont les berges ont sur ce point 4 mètres d'élévation. — Les gendarmes avaient gravi les berges, et l'un d'eux seulement en s'aidant de sa carabine.

C'est là une appréciation de faits qui échappe à la censure de la Cour de cassation, mais sur laquelle une Cour pourrrit avoir une opinion différente.

68. La Cour de Metz a également décidé, par un arrêt du 22 mai 1845, qu'on doit considérer comme terrains

clos, dans le sens de la loi, une propriété attenant à une habitation, et fermée par une rivière et un canal de dérivation, encore bien que sur ce canal il existe un pont pour communiquer à d'autres dépendances non closes de la même propriété. C'est bien là, suivant la Cour de Metz, l'un des cas de clôture continue, pour l'appréciation desquels la loi s'en est d'ailleurs rapportée aux tribunaux.

69. Le propriétaire d'un terrain clos, attenant à une habitation, ne peut pas plus qu'un autre, détenir impunément des instruments de chasse prohibés, au mépris de l'article 12, qui punit d'une manière absolue le simple fait de la détention de filets ou engins prohibés. Mais, dans ce cas, le délit ne peut être constaté par les agents ordinaires, parce qu'ils n'ont pas le droit de s'introduire dans le domicile. Il faut, en ce cas, un réquisitoire et mandat spécial de l'autorité judiciaire.

70. Une île, environnée d'une rivière navigable, ne peut être considérée comme une propriété close. (*Cass.*, 13 *février* 1830.)

<h3>§ 10. TRANSPORT, VENTE, ACHAT DU GIBIER.</h3>

71. Le transport, la vente et l'achat du gibier en temps prohibé, étant un délit qui peut compromettre beaucoup de personnes qui ne s'en doutent pas, il est nécessaire de préciser les circonstances qui le constituent. Il a été jugé, le 8 mai 1846, que le gibier vivant, transporté pendant le temps où la chasse est défendue, peut être saisi, sauf le cas où il est transporté dans un but de repeuplement.

72. La vente, en temps prohibé, du gibier tué dans une propriété close et attenante à une habitation, est interdite. (*Angers*, 25 *juillet* 1853.)

73. Lorsqu'il n'existe pas d'établissement de bienfaisance dans la commune où le gibier a été saisi, et que ce gibier doit être envoyé à distance, à l'établissement le plus voisin, *les frais de transport doivent être supportés par l'établissement, s'il consent à recevoir.*

Il a été décidé aussi que le gibier qui paraît avoir été capturé avec des engins prohibés, ne peut être saisi dans les marchés pendant le temps où la chasse est permise. *Ibid.*

74. Le transport du gibier de passage, dont la chasse est permise dans un département, est punissable, s'il a lieu au travers d'un département où cette chasse n'est pas autorisée : — Attendu que cette circonstance, que la chasse des *bécasses*, gibier de passage, était permise dans certains départements au moment où la saisie a eu lieu, ne peut justifier le transport de ce gibier dans les autres départements où cette chasse est interdite ; que la difficulté de constater chez les marchands l'origine de ce gibier, entraînerait de grands abus et rendrait illusoire la disposition de la loi, etc. (*Voy.* n° 77.)

75. La mise en vente du gibier pris ou présumé pris au filet ou au moyen de tout autre engin prohibé, pendant le temps où la chasse est permise, n'est point réprimée par la loi : aucune peine ne peut donc être prononcée.

Et cela, alors même qu'un arrêté préfectoral interdirait cette mise en vente, un tel arrêté, dépassant les attributions de l'autorité administrative, n'est pas obligatoire pour les tribunaux. (*Cour de Grenoble, 26 décembre 1844.*)

La vente, l'achat et le colportage du gibier ne sont pas défendus pendant le temps où la chasse a été temporairement interdite, en vertu d'arrêté préfectoral, par suite de la survenance de la neige. (*Rennes, 6 mars 1850.*)

76. La prohibition de la vente et de la mise en vente de toute espèce de gibier, alors que la chasse n'est pas permise, n'est pas applicable à la vente et à la mise en vente des conserves de gibier, *Terrines de Nérac, etc. (Cass., 24 décembre 1844.)*

77. Les lapins, bien que classés par un arrêté préfectoral parmi les animaux nuisibles, doivent être considérés comme gibier ; dès lors le transport en est défendu dans le temps où la chasse est close. (*Cour d'Amiens, 9 mai 1845.*)

L'interdiction du transport du gibier en temps prohibé est tellement absolue, que le transport est illicite, et doit être puni, quoique la chasse soit ouverte dans le lieu du départ et dans celui de la destination, si elle ne l'est pas dans le lieu intermédiaire où la saisie a été opérée. (*Paris, 22 avril 1844.*)

78. Le conducteur de voiture qui transporte, en temps prohibé, une bourriche sans connaître son contenu et sans

moyen de le vérifier, ne peut être condamné pour infraction à l'article 12, § 4. (*Cass.*, 9 *décembre* 1859, *S. V.* 60, 1. 189.)

§ 11. GRATIFICATIONS.

79. Les gardes assermentés des propriétés particulières ont droit aux gratifications accordées par la loi, pour les délits de chasse qu'ils constatent. Mais les maires, adjoints, commissaires de police, employés de l'octroi et des contributions indirectes, qui concourent à la saisie du giber, n'y ont aucun droit. La raison de cette différence est dans les démarches, les courses que font les gardes pour constater les délits et même dans les dangers qu'ils courent, en surveillant les braconniers. Une décision du ministre des finances, du 20 juin 1845, comprend les brigadiers et gardes à cheval, dans la dénomination de gardes forestiers et les admet à participer aux gratifications.

80. Une circulaire du 14 juillet 1846, décide que la gratification ayant pour but d'encourager la punition du délit, et l'existence du délit étant avérée par une condamnation quelconque, ne fût-elle qu'aux frais, cela suffit pour justifier la gratification.

81. La loi sur la chasse ayant renvoyé à une ordonnance d'exécution la fixation des gratifications, celle rendue à cet égard le fut dans les termes suivants :

« Art. 1er. La gratification accordée aux gendarmes, gardes forestiers, gardes champêtres, gardes-pêches et gardes assermentés des particuliers, qui constateront des infractions à la loi du 3 mai 1844, sur la police de la chasse, est fixée ainsi qu'il suit :

» 8 francs pour les délits prévus par l'article 11 ;

» 15 francs pour les délits prévus par l'article 12 et l'article 13, § 1er ;

» 25 francs pour les délits prévus par l'article 13, § 2.

» Art. 2. La gratification est due pour chaque amende prononcée ; elle sera acquittée par les receveurs de l'enregistrement, suivant le mode actuel et les règles de la comptabilité ordinaire.

Art. 3. Il sera tenu un compte spécial par commune du recouvrement des amendes. Ce compte sera réglé chaque année; après prélèvement des gratifications et de 5 p. 100

q pour frais de régie, le produit restant des amendes recouvrées sera compté à la commune sur le territoire de laquelle l'infraction aura été commise.

En cas d'insuffisance de l'amende pour le paiement de la
gratification, il ne sera, pour cet excédant, exercé aucun
recours contre la commune.

Les frais de poursuites tombés en non valeurs seront
remboursés conformément à l'article 6 de l'ordonnance du
30 décembre 1823.

Art. 4. Il ne sera alloué qu'une seule gratification, lors
même que plusieurs agents auraient concouru à la rédaction du procès-verbal constatant le délit.

Art. 5. La présente ordonnance est applicable aux
amendes prononcées en vertu de la loi du 3 mai 1844.

§ 12. DES BAUX; FERMIERS ET CO-FERMIERS.

82. Le droit de chasse peut-il être aliéné à perpétuité ?
Cette question, longuement discutée, semble devoir être
résolue par l'affirmative. (*Amiens*, 2 *décembre* 1835.)

83. La concession du droit de chasse à tous les habitants
d'une commune constitue une servitude réelle valable, et
non une servitude personnelle, prohibée par la loi. (686,
Code Nap.) *Cass.*, 4 *janvier* 1860, *S. V.* 60, 1,747.)

84. Le cahier des charges du 21 juillet 1845 contient
entre autres dispositions celles qui suivent :

Le nombre des personnes que les fermiers peuvent s'ad-
joindre dans la jouissance de leur bail est ainsi fixé :

Une pour 300 hect. et au-dessous; deux au-dessus de
300 hect. jusqu'à 600; trois au-dessus de 600 hect. jusqu'à 900; quatre au-dessus de 900 hect. jusqu'à 1,200;
cinq au-dessus de 1,600 hect. jusqu'à 2,000; sept au-
dessus de 2,000 hect. jusqu'à 3,000; huit au-dessus de
3,000 hect. (Art. 13.) Elles doivent être agréées par l'administration forestière et souscrire l'engagement de se conformer, comme le fermier lui-même, aux clauses du cahier
des charges relatives à la chasse.

85. Les fermiers et co-fermiers peuvent se faire accompagner chacun d'un ami.

Le fermier qui ne désignera pas de co-fermier ou n'aura
pas atteint le *maximum* ci-dessus indiqué, pourra, quand

il chassera, remplacer par deux amis chacun des co-fermiers non désignés. (Art. 14.)

Les cessions de bail ne pourront avoir lieu qu'en vertu d'une autorisation du directeur-général des forêts. (Art 15.) Les substitutions de co-fermiers pourront être autorisées par le conservateur. (Art. 16.)

Le titre 5, spécialement affecté à l'*exploitation et à la police de la chasse*, porte :

86. La chasse de toute espèce de gibier et de tous les oiseaux existant dans les forêts affermées, sera exercée par les fermiers et les co-fermiers, aux époques et sous les réserves déterminées par les arrêtés des préfets, pris en exécution des articles 5 et 9 de la loi du 3 mai 1844.

Les fermiers et co-fermiers ne pourront se livrer à la chasse qu'après avoir obtenu, indépendamment du permis de chasse de l'autorité compétente, un permis spécial de l'agent forestier chef de service. (Art. 18.)

Ils jouiront en commun de l'exercice de la chasse sur toute la forêt affermée, sans qu'il leur soit permis de la diviser par lots attribués exclusivement à un ou à plusieurs d'entre eux.

87. La chasse à tir et la chasse à courre, avec toute espèce de chiens autres que le lévrier, sont les seules permises. — Sont formellement prohibés tous autres moyens de chasse, à l'exception de ceux qui seront autorisés pour la chasse des oiseaux · de passage. — Les adjudicataires pourront néanmoins se servir, pour la destruction des lapins, de bourses, de furets, et même de chiens lévriers, lorsque l'emploi de ces chiens aura été autorisé par les arrêtés des préfets. (Art. 20. *V.* § 5, n° 55.)

88. L'article 22 impose aux adjudicataires, à moins de dispense spéciale, l'obligation de détruire les lapins, sous peine de dommages-intérêts, tant vis-à-vis de l'Etat qu'à l'égard des riverains. (*Voir* § 5, n°s 55 et 56.)

Ils sont également responsables des dommages causés aux propriétés riveraines par les sangliers et autres animaux qui ravagent les récoltes. (Art. 24.)

89. En temps prohibé, la chasse des animaux nuisibles ne pourra être exercée qu'au moyen de pièges autorisés par le préfet; l'usage des armes à feu est interdit.

Les articles 24 et 25 imposent aux fermiers l'obligation : 1° de souffrir les battues ordonnées pour la destruction des loups et autres animaux nuisibles ; — 2° de concourir à ces battues ; — 3° de supporter l'exercice du droit accordé aux lieutenants de louveterie de chasser le sanglier deux fois par mois.

§ 13. DES ARRÊTÉS PRÉFECTORAUX.

90. Tout règlement administratif dont l'infraction emporte une pénalité, n'est obligatoire qu'autant qu'il a été publié par les voies ordinaires, et qu'il est censé parvenu ainsi à la connaissance de ceux qui doivent s'y conformer. C'est un principe de notre droit public ; et cette connaissance ne peut résulter de l'insertion du règlement dans un bulletin administratif, destiné sans doute à faciliter les rapports des préfets avec les administrateurs placés sous leurs ordres, mais qui ne peut avoir pour effet d'avertir les particuliers de ce que l'autorité défend ou ordonne.

91. Les propriétaires peuvent renoncer à leur droit de chasse au profit de la commune où sont situés leurs héritages. L'administration admet ce principe. (*Décision du 30 mars* 1844.)

92. Les arrêtés des préfets ne sont pas exécutoires de plein droit ; ils doivent être publiés dans chaque commune au moins dix jours à l'avance. C'est ce que la Cour d'appel de Nancy a jugé au mois de mars 1850, en confirmant cinq jugements prononçant l'acquittement d'individus chassant après la clôture de la chasse, telle qu'elle a été fixée par arrêté de M. le préfet.

93. Le jour de la délivrance du permis compte dans l'année fixée pour sa durée ; et par cela même, la date correspondante de l'année suivante se trouve exclue ; autrement le permis durerait non pas une année seulement, mais un an et un jour. (*Argument du ministre des finances, détruit par un arrêt de cassation du* 22 *mars* 1850. *Voyez* n° 1 er.)

94. Les arrêtés préfectoraux qui prohibent la chasse en temps de neige, sont permanents. (*Cass.*, 27 *novembre* 1847.)

§ 14. PRESCRIPTION.

95. Le délit de chasse sans permis se prescrit par trois mois. (*Article* 29 *de la loi du* 5 *mai* 1844.)

96. En matière de chasse, le jour du délit ne doit pas être compris dans le délai de la prescription de l'action publique. (*Nancy,* 20 *décembre* 1852.)

97. L'abandon de l'action civile en matière de délit de chasse sur le terrain d'autrui, ne peut arrêter l'action publique que l'action civile a provoquée. (*Cass.,* 13 *décembre* 1855.)

98. La prescription de trois mois se compte de quantième à quantième, et non par la révolution de trois fois trente jours. Ainsi, le délit de chasse commis le 23 août peut être encore utilement poursuivi le 22 novembre de la même année, bien que l'intervalle compris entre ces deux actes soit supérieur à trois fois trente jours. (*Cour de Nancy,* 28 *janvier* 1846.)

La prescription d'un mois, établie par l'article 12 de la loi de 1790, est générale et applicable à tous les délits de chasse commis dans les bois de l'Etat, des communes et des particuliers. (*Cassation,* 30 *mai et* 30 *août* 1822.)

Les délits de chasse dans les bois de la commune et de la liste civile restent soumis à la prescription de trois mois, établie par l'ordonnance de 1669. (*Cassation,* 30 *mai* 1822.)

L'action intentée en temps utile, fait que la poursuite n'est susceptible d'être périmée que par une interruption de trois ans, comme en matière correctionnelle ordinaire. (20 *septembre* 1828.)

La prescription peut être interrompue par la plainte : il n'est pas nécessaire que l'assignation ait été remise. (28 *décembre* 1809.)

L'action en réparation du délit de chasse, intentée par la partie civile, profite au ministère public, en ce sens qu'elle a pour effet d'interrompre la prescription de l'action publique, et réciproquement, l'action du ministère public interrompt la prescription de l'action civile. (*Cassation,* 15 *avril* 1826.)

§ 15. FORÊTS DE L'ÉTAT.

99. La police de la chasse dans les forêts de l'Etat, est attribuée à l'administration des forêts. (*Ordonnance du 14 sept. 1830.*) Cette ordonnance annule les fonctions attribuées au grand-veneur par l'ordonnance du 15 août 1814, article 1er, et rétablit la hiérarchie des conservateurs, inspecteurs, sous-inspecteurs et gardes forestiers.

A partir du 1er septembre 1832, le droit de chasse dans les forêts de l'Etat a été affermé et mis en adjudication : et le gouvernement est chargé de faire tous les règlements pour assurer l'exécution de cette disposition. (*Loi du 21 avril 1832.*)

100. La chasse de toute espèce de gibier et de tous les oiseaux existants dans les forêts affermées, est exercée par les adjudicataires et leurs associés, depuis le 15 septembre de chaque année, jusqu'au 15 mars de l'année suivante, sauf la faculté accordée aux lieutenants de louveterie par l'article 6 de l'ordonnance du 24 juillet 1832. Les contrevenants seront poursuivis conformément au décret du 30 avril 1790. (*Décision du ministre des finances du 31 janvier 1839.*)

101. La chasse à tir et la chasse à courre sont les seules permises : les fermiers et les associés peuvent chasser avec toute espèce de chiens et se servir de furets propres à la destruction des animaux nuisibles : il leur est défendu de tendre des panneaux, lacs, lacets, collets et autres appareils et instruments destructeurs du gibier, et d'enlever les œufs et les nids d'oiseaux, autres que les oiseaux de proie, sous les peines portées par la loi de 1790. (*Id.*)

102. La chasse des animaux nuisibles, au moyen de piéges tendus, pourra être exercée en tout temps, moyennant les précautions convenables pour la sûreté des personnes. (*Id.*)

Il est défendu de prendre vivants et d'enlever les faons et les jeunes daims et chevreuils. (*Id.*)

La police et la conservation de la chasse dans les forêts domaniales restent exclusivement confiées aux agents et gardes forestiers. (*Id.*)

Sont punies de trois mois de prison, toutes personnes qui chassent avec armes à feu dans les parcs du chef de l'État, les jours où Sa Majesté chasse en personne. (*Décret du 14 septembre 1791.*)

Par un arrêt du 7 janvier 1855, la Cour de cassation a décidé une question qui a un intérêt majeur pour tous les chasseurs. Il porte que lorsqu'un tribunal correctionnel a sursis à statuer sur la prévention, jusqu'à décision des tribunaux civils, en se fondant sur ce que le prévenu excipait d'un titre apparent, de nature à légitimer l'acte qui lui était reproché, la Cour de cassation ne peut examiner ce motif de sursis qu'autant qu'il est constant pour elle que l'exception invoquée par le prévenu constituait bien une question préjudicielle, c'est-à-dire qu'il invoquait un droit de propriété ou un autre droit réel. Le droit de chasse, entre les mains d'un autre que le propriétaire, et spécialement entre les mains d'un tiers qui s'est rendu adjudicataire de ce droit, dans une forêt domaniale, ne constitue pas un droit réel. Spécialement, lorsqu'un individu est prévenu d'avoir chassé dans la forêt de Compiègne, postérieurement au sénatus-consulte des 1er avril et 5 juillet 1852, qui ont attribué au prince Président de la République, le droit exclusif de chasse dans une forêt, et qui ont ordonné qu'il en serait mis immédiatement en possession, sauf indemnité aux locataires dépossédés, si ce prévenu excipe d'un acte d'adjudication qui l'aurait rendu fermier du droit de chasse, et que le tribunal surseoit, en se fondant sur ce que cet acte d'adjudication constitue un titre apparent, la Cour de cassation, saisie par le pourvoi du ministère public, doit casser le jugement au chef du sursis sans examiner si ce titre subsiste encore en présence de deux sénatus-consultes, ou est détruit par eux, en se fondant seulement sur ce que le droit de chasse invoqué ne constitue pas un droit réel et de nature à servir de base à une question préjudicielle. (Art. 182 du Code forestier.)

Cet article 182 du Code forestier porte cependant qu'en cas de condamnation il sera sursis à l'exécution du jugement, sous le rapport de l'emprisonnement, et que le montant des amendes sera versé à la caisse des dépôts et consignations, pour être remis à qui il sera ordonné par le tribunal qui statuera sur le fond du droit. (*Voir* aussi deux arrêts de la même Cour des 8 janvier et 1er mai 1830.)

SECTION II.

Lois et ordonnances sur la pêche fluviale.

Quoique nous ayons présenté en détail et avec les commentaires la législation qui règle les droits et les devoirs des gardes, nous allons reproduire le texte des lois qui réglementent la pêche. Nous espérons ainsi faciliter les recherches des gardes au moment de la rédaction de leurs procès-verbaux, dans lesquels ils sont obligés de citer les articles auxquels les délinquants ont contrevenu.

LOI DU 15 AVRIL 1827.

Du Droit de Pêche.

Art. 1er. Le droit de pêche sera exercé, au profit de l'État : — 1. Dans tous les fleuves, rivières, canaux et contre-fossés navigables ou flottables avec bateaux, trains ou radeaux, et dont l'entretien est à la charge de l'État ou de ses ayant causes ; — 2. Dans les bras, noues, boires et fossés qui tirent leurs eaux des fleuves et rivières navigables ou flottables dans lesquels on peut en tout temps passer ou pénétrer librement en bateau de pêcheur, et dont l'entretien est également à la charge de l'État. — Sont toutefois exceptés les canaux et fossés existants, ou qui seraient creusés dans les propriétés particulières et entretenus aux frais des propriétaires.

2. Dans toutes les rivières ou canaux autres que ceux qui sont désignés en l'article précédent, les propriétaires riverains auront, chacun de son côté, le droit de pêcher jusqu'au milieu du cours de l'eau, sans préjudice des droits contraires établis par possession ou titres.

3. Des ordonnances royales, insérées au Bulletin des lois, détermineront, après une enquête de *commodo et incommodo,* quelles sont les parties des fleuves et rivières et quels sont les canaux désignés dans les deux premiers paragraphes de l'article 1er où le droit de pêche sera exercé au profit de l'État. — De semblables ordonnances fixeront les limites

entre la pêche fluviale et la pêche maritime dans les fleuves et rivières affluant à la mer. Ces limites seront les mêmes que celles de l'inscription maritime, mais la pêche qui se fera au-dessus du point où les eaux cesseront d'être salées sera soumise aux règles de police et de conservation établies pour la pêche fluviale. — Dans le cas où des cours d'eau seraient rendus ou déclarés navigables ou flottables, les propriétaires qui seront privés du droit de pêche auront droit à une indemnité préalable, qui sera réglée selon les formes prescrites par les articles 16, 17 et 18 de la loi du 8 mars 1810, compensation faite des avantages qu'ils pourraient retirer de la disposition prescrite par le gouvernement.

4. Les contestations entre l'administration et les adjudicataires relatives à l'interprétation et à l'exécution des conditions des baux et adjudications, et toutes celles qui s'élèveraient entre l'administration ou ses ayant cause et des tiers intéressés, à raison de leurs droits ou de leurs propriétés, seront portées devant les tribunaux.

De l'Administration et de la Régie de la Pêche.

6. Nul ne peut exercer l'emploi de garde-pêche s'il n'est âgé de vingt-cinq ans accomplis. (*Code forestier, art. 3.*)

7. Les préposés chargés de la surveillance de la pêche ne pourront entrer en fonctions qu'après avoir prêté serment devant le tribunal de première instance de leur résidence, et avoir fait enregistrer leur commission et l'acte de prestation de leur serment au greffe des tribunaux dans le ressort desquels ils devront exercer leurs fonctions. Dans le cas d'un changement de résidence qui les placerait dans un autre ressort en la même qualité, il n'y aura pas lieu à une nouvelle prestation de serment. (*Code forestier, art. 5.*)

8. Les gardes-pêche pourront être déclarés responsables des délits commis dans leurs cantonnements, et passibles des amendes et indemnités encourues par les délinquants lorsqu'ils n'auront pas dûment constaté les délits.

9. L'empreinte des fers dont les gardes-pêche font usage pour la marque des filets sera déposée au greffe des tribunaux de première instance.

Des Adjudications des cantonnements de Pêche.

10. La pêche au profit de l'État sera exploitée soit par voie d'adjudication publique aux enchères et à l'extinction des feux, conformément aux dispositions du présent titre, soit par concession de licence à prix d'argent. — Le mode de concession par licence ne pourra être employé qu'à défaut d'offres suffisantes. — En conséquence, il sera fait mention, dans les procès-verbaux d'adjudication, des mesures qui auront été prises pour leur donner toute publicité possible, et des offres qui auront été faites.

11. L'adjudication publique devra être annoncée au moins quinze jours à l'avance par des affiches apposées dans le chef-lieu du département, dans les communes riveraines du cantonnement et dans les communes environnantes.

12. Toute *location* faite autrement que par adjudication publique sera considérée comme clandestine et déclarée nulle. Les fonctionnaires et agents qui l'auraient ordonnée ou effectuée seront condamnés solidairement à une amende *égale ou double* du fermage annuel du cantonnement de pêche. — Sont exceptées les concessions par voie de licence. (*Code forestier, art.* 18.)

13. Sera de même annulée toute adjudication qui n'aura point été précédée des publications et affiches prescrites par l'article 11, ou qui aura été effectuée dans d'autres lieux, à autres jour et heure que ceux qui auront été indiqués par les affiches ou les procès-verbaux de remise en location. — Les fonctionnaires ou agents qui auraient contrevenu à ces dispositions seront condamnés solidairement à une amende égale à la valeur annuelle du cantonnement de pêche, et une amende pareille sera prononcée contre les adjudicataires en cas de complicité. (*Code forestier, art.* 19.)

14. Toutes les contestations qui pourront s'élever pendant les opérations d'adjudication, sur la validité des enchères ou sur la solvabilité des enchérisseurs et des cautions, seront décidées immédiatement par le fonctionnaire qui présidera la séance d'adjudication. (*Code forestier, art.* 20.)

15. Ne pourront prendre part aux adjudications, ni par eux-mêmes, ni par personnes interposées directement ou indirectement, soit comme parties principales, soit comme as-

sociés ou cautions : — 1. Les agents et gardes forestiers et les gardes-pêche dans toute l'étendue du royaume ; les fonctionnaires chargés de présider ou de concourir aux adjudications et les receveurs du produit de la pêche dans toute l'étendue du territoire où ils exercent leurs fonctions. — En cas de contravention, ils seront punis d'une amende qui ne pourra excéder le quart ni être moindre du douzième du montant de l'adjudication, et ils seront en outre passibles de l'emprisonnement et de l'interdiction qui sont prononcés par l'article 175 du Code pénal ; — 2. Les parents et alliés en ligne directe, les frères et beaux-frères, oncles et neveux des agents et gardes forestiers et gardes-pêche dans toute l'étendue du territoire pour lequel ces agents ou gardes sont commissionnés. — En cas de contravention, ils seront punis d'une amende égale à celle qui est prononcée par le paragraphe précédent ; — 3. Les conseillers de préfecture, les juges, officiers du ministère public et les greffiers des tribunaux de première instance dans tout l'arrondissement de leur ressort. — En cas de contravention, ils seront passibles de tous dommages-intérêts, s'il y a lieu. — Toute adjudication qui sera faite en contravention aux dispositions du présent article sera déclarée nulle.

16. Toute association secrète ou manœuvre entre les pêcheurs ou autres, tendant à nuire aux enchères, à les troubler, ou à obtenir *les cantonnements de pêche* à plus bas prix, donnera lieu à l'application des peines portées par l'article 412 du Code pénal, indépendamment de tous dommages-intérêts ; et, si l'adjudication a été faite au profit de l'association secrète ou des auteurs desdites manœuvres, elle sera déclarée nulle.

17. Aucune déclaration de command ne sera admise si elle n'est faite immédiatement après l'adjudication et séance tenante. (*Code forestier, art.* 23.)

18. Faute par l'adjudicataire de fournir les cautions exigées par le cahier des charges dans le délai prescrit, il sera déclaré déchu de l'adjudication par un arrêté du préfet, et il sera procédé dans les formes ci-dessus prescrites à une nouvelle adjudication du cantonnement de pêche à la folle enchère. — L'adjudicataire déchu sera tenu par corps de la différence entre son prix et celui de la nouvelle adjudication,

sans pouvoir réclamer l'excédant, s'il y en a. (*Code forestier, art.* 24.)

19. Toute personne capable et reconnue solvable sera admise, jusqu'à l'heure de midi du lendemain de l'adjudication, à faire une offre de surenchère, qui ne pourra être moindre du cinquième du montant de l'adjudication. — Dès qu'une pareille offre aura été faite, l'adjudicataire et les surenchérisseurs pourront faire de semblables déclarations de simple surenchère jusqu'à l'heure du midi du lendemain de l'adjudication, heure à laquelle le plus offrant restera définitivement adjudicataire. — Toutes déclarations de surenchère devront être faites au secrétariat qui sera indiqué par le cahier des charges, et dans les délais ci-dessus fixés : le tout sous peine de nullité. Le secrétaire commis à l'effet de recevoir ces déclarations sera tenu de les consigner immédiatement sur un registre à ce destiné, d'y faire mention expresse du jour et de l'heure précise où il les aura reçues, et d'en donner communication à l'adjudicataire et aux surenchérisseurs dès qu'il en sera requis ; le tout sous peine de 500 fr. d'amende, sans préjudice de plus fortes peines en cas de collusion. — En conséquence, il n'y aura lieu à aucune signification de déclaration de surenchère soit par l'administration, soit par les adjudicataires et surenchérisseurs. (*Code forestier, art.* 25.)

20. Toutes contestations au sujet de la validité des surenchères seront portées devant les conseils de préfecture. (*Code forstier, art.* 26.)

21. Les adjudicataires et surenchérisseurs sont tenus, au moment de l'adjudication ou de leurs déclarations de surenchère, d'élire domicile dans le lieu où l'adjudication aura été faite ; faute par eux de le faire, tous actes postérieurs leur seront valablement signifiés au secrétariat de la sous-préfecture. (*Code forestier, art.* 27.)

22. Tout procès-verbal d'adjudication emporte exécution parée et contrainte par corps contre les adjudicataires, leurs associés et cautions, tant pour les paiements du prix principal de l'adjudication que pour accessoires et frais. — Les cautions sont en outre contraignables solidairement, et par les mêmes voies, au paiement des dommages, restitutions et

amendes qu'aurait encourus l'adjudicataire. (*Code forestier,*
art. 28.)

Conservation et Police de la Pêche.

23. Nul ne pourra exercer le droit de pêche dans les
fleuves et rivières navigables ou flottables, les canaux, ruisseaux ou cours d'eau quelconques, qu'en se conformant aux
dispositions suivantes :

24. Il est interdit de placer, dans les rivières navigables
ou flottables, canaux et ruisseaux, aucun barrage, appareil
ou établissement quelconque de pêcherie ayant pour objet
d'empêcher entièrement le passage du poisson. — Les délinquants seront condamnés à une amende de 50 fr. à 600 fr.,
et en outre aux dommages-intérêts, et les appareils ou établissements de pêche seront saisis et détruits.

25. Quiconque aura jeté dans les eaux des drogues ou appâts qui sont de nature à enivrer le poisson ou à le détruire,
sera puni d'une amende de 50 fr. à 300 fr., et d'un emprisonnement d'un mois à trois mois.

26. Des ordonnances royales détermineront : — 1. Les
temps, saisons et heures pendant lesquels la pêche sera interdite dans les rivières ou cours d'eau quelconques ; —
2. Les procédés et modes de pêche qui, étant de nature à
nuire au repeuplement des rivières, devront être prohibés ;
— 3. Les filets, engins ou instruments de pêche qui seront
défendus comme étant aussi de nature à nuire au repeuplement des rivières ; — 4. Les dimensions de ceux dont l'usage
sera permis dans divers départements pour la pêche de différentes espèces de poissons ; — 5. Les dimensions au-dessous desquelles les poissons de certaines espèces qui seront
désignées ne pourront être pêchées, et devront être rejetés
en rivière ; — 6. Les espèces de poissons avec lesquelles il
sera défendu d'appâter les hameçons, nasses, filets et autres
engins.

27. Quiconque se livrera à la pêche pendant les temps,
saisons et heures prohibés par les ordonnances, sera puni
d'une amende de 50 fr. à 200 fr.

28. Une amende de 50 à 100 fr. sera prononcée contre
ceux qui feront usage, en quelque temps et en quelque
fleuve, rivière, canal ou ruisseau que ce soit, de l'un des

procédés ou modes de pêche ou de l'un des instruments ou engins de pêche prohibés par les ordonnances. — Si le délit a eu lieu pendant le temps du frai, l'amende sera de 60 à 200 fr.

29. Les mêmes peines seront prononcées contre ceux qui se serviront, pour une autre pêche, de filets permis seulement pour celle du poisson de petite espèce. — Ceux qui seront trouvés porteurs ou munis, hors de leur domicile, d'engins ou instruments de pêche prohibés, pourront être condamnés à une amende qui n'excédera pas 20 fr., et à la confiscation des engins ou instruments de pêche, à moins que ces engins ou instruments ne soient destinés à la pêche dans les étangs ou réservoirs.

30. Quiconque pêchera, colportera ou débitera des poissons qui n'auront point les dimensions déterminées par les ordonnances, sera puni d'une amende de 20 à 50 fr. et de la confiscation desdits poissons. — Sont néanmoins exceptées de cette disposition, les ventes de poisson provenant des étangs ou réservoirs. — Sont considérés comme des étangs ou réservoirs, les fossés et canaux appartenant à des particuliers dès que leurs eaux cessent naturellement de communiquer avec les rivières.

31. La même peine sera prononcée contre les pêcheurs qui appâteront leurs hameçons, nasses, filets ou autres engins, avec des poissons des espèces prohibées qui seront désignées par les ordonnances.

32. Les fermiers de la pêche et porteurs de licences, leurs associés, compagnons et agents à gages, ne pourront faire usage d'aucun filet ou engin quelconque qu'après qu'il aura été plombé ou marqué par les agents de l'administration de la police de la pêche. — La même obligation s'étendra à tous autres pêcheurs compris dans les limites de l'inscription maritime pour les engins et filets dont ils feront usage dans les cours d'eau désignés par les paragraphes 1 et 11 de l'art. 1er de la présente loi. — Les délinquants seront punis d'une amende de 20 fr. pour chaque filet ou engin non plombé ou marqué.

33. Les contre-maîtres, les employés du balisage et les mariniers qui fréquentent les fleuves, rivières et canaux navigables ou flottables, ne pourront avoir, dans leurs bateaux

et équipages, aucun filet ou engin de pêche, même non prohibé, sous peine d'une amende de 50 fr., et de la confiscation des filets. — A cet effet ils seront tenus de souffrir la visite, sur leurs bateaux et équipages, des agents chargés de la police de la pêche aux lieux où ils abordent. — La même amende sera prononcée contre ceux qui s'opposeront à cette visite.

34. Les fermiers de la pêche et les porteurs de licences, et tous pêcheurs en général, dans les rivières et canaux désignés par les deux premiers paragraphes de l'art. 1er de la présente loi, seront tenus d'amener leurs bateaux, et de faire l'ouverture de leurs loges et hangars, bannetons, huches et autres réservoirs ou boutiques à poissons, sur leurs cantonnements, à toute réquisition des agents et proposés de l'administration de la pêche, à l'effet de constater les contraventions qui pourraient être par eux commises aux dispositions de la présente loi. — Ceux qui s'opposeront à la visite ou refuseront l'ouverture de leurs boutiques à poisson seront, pour ce seul fait, punis d'une amende de 50 fr.

35. Les fermiers et porteurs de licences ne pourront user sur les fleuves, rivières et canaux navigables, que du chemin de halage ; sur les rivières et cours d'eau flottables, que du marchepied. Ils traiteront de gré à gré avec les propriétaires riverains pour l'usage des terrains dont ils auront besoin pour retirer et assécher leurs filets.

DES POURSUITES EN RÉPARATION DE DÉLITS.

Des poursuites exercées au nom de l'administration.

36. Le gouvernement exerce la surveillance et la police de la pêche dans l'intérêt général. — En conséquence, les agents spéciaux par lui institués à cet effet, ainsi que les gardes champêtres, éclusiers des canaux et autres officiers de police judiciaire, sont tenus de constater les délits qui sont spécifiés au titre IV de la présente loi, en quelques lieux qu'ils soient commis ; et lesdits agents spéciaux exerceront, conjointement avec les officiers du ministère public, toutes les poursuites et actions en réparation de ces délits. — Les mêmes agents et gardes de l'administration, les gardes cham-

pêtres, les éclusiers, les officiers de police judiciaire, pourront constater également le délit spécifié en l'art. 5, et ils transmettront leurs procès-verbaux au procureur impérial.

57. Les gardes-pêche nommés par l'administration sont assimilés aux gardes forestiers impériaux.

58. Ils recherchent et constatent par procès-verbaux les délits dans l'arrondissement du tribunal près duquel ils sont assermentés.

59. Ils sont autorisés à saisir les *filets et autres instruments de pêche prohibés, ainsi que le poisson pêché en délit,* (*Code forestier, art.* 161.)

40. Les gardes-pêche ne pourront, sous aucun prétexte s'introduire dans les maisons et enclos y attenant, pour la recherche des filets prohibés.

41. Les filets et engins de pêche qui auront été saisis comme prohibés ne pourront, dans aucun cas, être remis sous caution : ils seront déposés au greffe, et y demeureront jusqu'après le jugement pour être ensuite détruits. — Les filets non prohibés, dont la confiscation aurait été prononcée en exécution de l'art. 5, seront vendus au profit du trésor. — En cas de refus, de la part des délinquants, de remettre immédiatement le filet déclaré prohibé, après la sommation du garde-pêche, ils seront condamnés à une amende de 50 francs.

42. Quant au poisson saisi pour cause de délit, il sera vendu sans délai dans la commune la plus voisine du lieu de la saisie, à son de trompe et aux enchères publiques, en vertu d'une ordonnance du juge de paix ou de ses suppléants si la vente a lieu dans un chef-lieu de canton, ou, dans le cas contraire, d'après l'autorisation du maire de la commune : ces ordonnances ou autorisations seront délivrées sur la requête des agents ou gardes qui auront opéré la saisie, et sur la représentation du procès-verbal régulièrement dressé et affirmé par eux. — Dans tous les cas, la vente aura lieu en présence du receveur des domaines, et, à défaut, du maire ou adjoint de la commune, ou du commisssaire de police.

45. Les gardes-pêche ont le droit de requérir directement la force publique pour la répression des délits *en matière de*

pêche ainsi que pour la saisie des filets prohibés et du poisson *pêché en délit*.

44. Ils écriront eux-mêmes leurs procès-verbaux ; ils les signeront, et les affirmeront, au plus tard le lendemain de la clôture desdits procès-verbaux, par-devant le juge de paix du canton ou l'un de ses suppléants, ou par-devant le maire ou l'adjoint soit de la commune de leur résidence, soit de celle où le délit a été commis ou constaté ; le tout sous peine de nullité. Toutefois, si, par suite d'un empêchement quelconque, le procès-verbal est non-seulement signé par le garde-pêche, mais non écrit en entier de sa main, l'officier public qui en recevra l'affirmation devra lui en donner préalablement lecture, et faire ensuite mention de cette formalité, le tout sous peine de nullité du procès-verbal. (*Code forestier, art.* 165.)

45. Les procès-verbaux dressés par les agents forestiers, les gardes généraux et les gardes à cheval, soit isolément, soit avec le concours des gardes-pêche et des gardes champêtres, ne seront point soumis à l'affirmation. (*Id. art.* 166.)

46. Dans le cas où le procès-verbal portera saisie, il en sera fait une expédition, qui sera déposée dans les vingt-quatre heures au greffe de la justice de paix, pour qu'il en puisse être donné communication à ceux qui réclameraient les objets saisis. — Le délai ne courra que du moment de l'affirmation pour les procès-verbaux qui sont soumis à cette formalité.

47. Les procès-verbaux seront, sous peine de nullité, enregistrés dans les quatre jours qui suivront celui de l'affirmation ou celui de la clôture du procès-verbal, s'il n'est pas sujet à l'affirmation. — L'enregistrement s'en fera en débet. (*Code forestier, art.* 170.)

48. Toutes les poursuites exercées en réparation de délits pour fait de pêche seront portées devant les tribunaux correctionnels.

49. L'acte de citation doit, à peine de nullité, contenir la copie du procès-verbal et de l'acte de l'affirmation. (*Id. art.* 172.)

50. Les gardes de l'administration *chargés de la surveillance de la pêche* pourront, dans les actions et poursuites exercées en son nom, faire toutes les citations et significa-

tions d'exploits, sans pouvoir procéder aux saisies-exécutions. — Leurs rétributions pour les actes de ce genre seront taxées comme pour les actes faits par les huissiers des juges de paix. (*Id. art.* 173.)

51. Les agents de cette administration ont le droit d'exposer l'affaire devant le tribunal, et sont entendus à l'appui de leurs conclusions. (*Id. art.* 174.)

52. Les délits en matière de pêche seront prouvés soit par procès-verbaux, soit par témoins, à défaut de procès-verbaux ou en cas d'insuffisance de ces actes.

53. Les procès-verbaux revêtus de toutes les formalités prescrites par les art. 44 et 47 ci-dessus, et qui sont dressés et signés par deux agents ou gardes-pêche, font preuve jusqu'à inscription de faux, des faits matériels relatifs aux délits qu'ils constatent, quelles que soient les condamnations auxquelles ces délits peuvent donner lieu. — Il ne sera, en conséquence, admis aucune preuve outre ou contre le contenu de ces procès-verbaux, à moins qu'il n'existe une cause légale de récusation contre l'un des signataires.

54. Les procès-verbaux revêtus de toutes les formalités prescrites, mais qui ne seront dressés et signés que par un seul agent ou *garde-pêche*, feront de même preuve suffisante jusqu'à inscription de faux, mais seulement lorsque le délit n'entraînera pas une condamnation de plus de 50 fr., tant pour amende que pour dommages-intérêts.

55. Les procès-verbaux qui, d'après les dispositions qui précèdent, ne font point foi et preuve suffisante jusqu'à inscription de faux, peuvent être corporés et combattus par toutes les preuves légales, conformément à l'art. 154 du Code d'instruction criminelle. (*Id. art.* 178.)

56. Le prévenu qui voudra s'inscrire en faux contre le procès-verbal sera tenu d'en faire, par écrit et en personne, ou par un fondé de pouvoirs spécial par acte notarié, la déclaration au greffe du tribunal avant l'audience indiquée par la citation. — Cette déclaration sera reçue par le greffier du tribunal; elle sera signée par le prévenu ou son fondé de pouvoir, et, dans le cas où il ne saurait ou ne pourrait signer, il en sera fait mention expresse. — Au jour indiqué par l'audience, le tribunal donnera acte de la déclaration, et fixera un délai de huit jours au moins, et de quinze jours au

plus, pendant lequel le prévenu sera tenu de faire au greffe le dépôt des moyens de faux et des noms, qualités et demeures des témoins qu'il voudra faire entendre. — A l'expiration de ce délai, et sans qu'il soit besoin d'une citation nouvelle, le tribunal admettra les moyens de faux s'ils sont de nature à détruire l'effet du procès-verbal, et il sera procédé sur le faux conformément aux lois. — Dans le cas contraire, et faute par le prévenu d'avoir rempli toutes les formalités ci-dessus prescrites, le tribunal déclarera qu'il n'y a lieu à admettre les moyens de faux, et ordonnera qu'il soit passé outre au jugement.

57. Le prévenu contre lequel aura été rendu un jugement par défaut, sera encore admissible à faire sa déclaration d'inscription de faux pendant le délai qui lui est accordé par la loi pour se présenter à l'audience sur l'opposition par lui formée. (*Code forestier, art.* 180.)

58. Lorsqu'un procès-verbal sera rédigé contre plusieurs prévenus, ou qu'un ou quelques-uns d'entre eux seulement s'inscriront en faux, le procès-verbal continuera de faire foi à l'égard des autres, à moins que le fait sur lequel portera l'inscription de faux ne soit indivisible et commun aux autres prévenus. (*Id. art.* 181.)

59. Si, dans une instance en réparation de délit, le prévenu excipe d'un droit de propriété ou tout autre droit réel, le tribunal saisi de la plainte statuera sur l'incident. — L'exception préjudicielle ne sera admise qu'autant qu'elle sera fondée soit sur un titre apparent, soit sur des faits de possession équivalents, articulés avec précision ; et si le titre produit ou les faits articulés sont de nature, dans le cas où ils seraient reconnus par l'autorité compétente, à ôter au fait qui sert de base aux poursuites tout caractère de délit. — *Dans le cas de renvois à fins civiles,* le jugement fixera un bref délai dans lequel la partie qui aura élevé la question préjudicielle devra saisir les juges compétents de la connaissance du litige, et justifier de ses diligences, sinon il sera passé outre. Toutefois, en cas de condamnation, il sera sursis à l'exécution du jugement sous le rapport de l'emprisonnement s'il était prononcé, et le montant des amendes, restitutions et dommages-intérêts sera versé à la caisse des

dépôts et consignations pour être remis à qui il sera ordonné par le tribunal qui statuera sur le fond de droit.

60. Les agents de l'administration *chargés de la surveillance de la pêche* peuvent, en son nom, interjeter appel des jugements, et se pourvoir contre les arrêts et jugements en dernier ressort ; mais ils ne peuvent se désister de leur appel sans autorisation spéciale. (*Code forestier, art.* 183.)

61. Le droit attribué à l'administration et à ses agents de se pourvoir contre les jugements et arrêts par appel ou par recours en cassation, est indépendant de la même faculté qui est accordée par la loi au ministère public, lequel peut toujours en user, même lorsque l'administration ou ses agents auraient acquiescé aux jugements et arrêts. (*Id. art.* 184.)

62. Les actions en réparation de délits en matière de pêche se prescrivent par un mois à compter du jour où les délits ont été constatés, lorsque les prévenus sont désignés dans les procès-verbaux. Dans le cas contraire, le délai de prescription est de trois mois à compter du même jour.

63. Les dispositions de l'article précédent ne sont pas applicables aux délits et malversations commis par les agents, préposés ou gardes de l'administration dans l'exercice de leurs fonctions ; les délais de prescription à l'égard de ces préposés et de leurs complices seront les mêmes que ceux déterminés par le Code d'instruction criminelle.

64. Les dispositions du Code d'instruction criminelle sur les poursuites des délits, sur défauts, oppositions, jugements, appels et recours en cassation, sont et demeureront applicables à la poursuite des délits spécifiés par la présente loi, sauf les modifications qui résultent du présent titre.

Des poursuites exercées au nom et dans l'intérêt des fermiers de la pêche et des particuliers.

65. Les délits qui portent préjudice aux fermiers de la pêche, aux porteurs de licence et aux propriétaires riverains, seront constatés par leurs gardes, lesquels seront assimilés aux gardes-bois des particuliers.

66. Les procès-verbaux dressés par ces gardes feront foi jusqu'à preuve contraire. (*Id. art.* 188.)

67. Les poursuites et actions seront exercées au nom et à la diligence des parties intéressées.

68. Les dispositions contenues aux art. 38, 39, 40, 41, 42, 43, 44, 45, 46, 47, paragraphe 1er, 49, 52, 59, 62 et 64 de la présente loi, sont applicables aux poursuites exercées au nom et dans l'intérêt des particuliers et des fermiers de la pêche pour les délits commis à leur préjudice.

Des peines et condamnations.

69. Dans le cas de récidive la peine sera toujours doublée. — Il y a récidive lorsque, dans les douze mois précédents, il a été rendu contre le délinquant un premier jugement pour délit en matière de pêche.

70. Les peines seront également doublées lorsque les délits auront été commis la nuit.

71. Dans tous les cas où il y aura lieu à adjuger les dommages-intérêts, ils ne pourront être inférieurs à l'amende simple prononcée par le jugement. (*Code forestier, art. 202.*)

72. Dans tous les cas prévus par la présente loi, si le préjudice causé n'excède pas 25 fr., et si les circonstances paraissent atténuantes, les tribunaux sont autorisés à réduire l'emprisonnement même au-dessous de six jours, et l'amende même au-dessous de 16 fr. ; ils pourront aussi prononcer séparément l'une ou l'autre de ces peines, sans qu'en aucun cas elle puisse être au-dessous des peines de simple police.

73. Les restitutions et dommages-intérêts appartiennent aux fermiers, porteurs de licences et propriétaires riverains si le délit est commis à leur préjudice, mais lorsque le délit a été commis par eux-mêmes au détriment de l'intérêt général, ces dommages-intérêts appartiennent à l'État. — Appartiennent également à l'État toutes les amendes et confiscations. (*Id. art.* 204.)

74. Les maris, pères, mères, tuteurs, fermiers et porteurs de licence, ainsi que tous propriétaires, maires et commettants, seront civilement responsables des délits en matière de pêche commis par leurs femmes, enfants mineurs, pupilles, bateliers et compagnons, et tous autres subordonnés, sauf tout recours de droit. — Cette responsabilité sera réglée conformément à l'art. 1384 du Code Nap.

LOI DU 31 MAI 1865

Sur la Pêche.

Art. 1er. Des décrets rendus au Conseil d'État, après avis des Conseils généraux de département, détermineront :

1° Les parties des fleuves, rivières, canaux et cours d'eau réservées pour la reproduction, et dans lesquelles la pêche des diverses espèces de poissons sera absolument interdite pendant l'année entière.

2° Les parties des fleuves, rivières, canaux et cours d'eau dans les barrages desquelles il pourra être établi après enquête un passage appelé échelle, destiné à assurer la libre circulation du poisson.

Art. 2. L'interdiction de la pêche pendant l'année entière ne pourra être prononcée pour une période de plus de cinq ans. Cette interdiction pourra être renouvelée.

Art. 3. Les indemnités auxquelles auront droit les propriétaires riverains, qui seront privés du droit de pêche par application de l'article précédent, seront réglées par le Conseil de Préfecture, après expertise, conformément à la loi du 16 septembre 1807.

Les indemnités auxquelles pourra donner lieu l'établissement d'échelles dans les barrages existants seront réglées dans les mêmes formes.

Art. 4. A partir du 1er janvier 1866, les décrets rendus sur la proposition des Ministres de la marine et de l'agriculture, du commerce et des travaux publics, régleront d'une manière uniforme, pour la pêche fluviale et pour la pêche maritime dans les fleuves, rivières, canaux affluant à la mer :

1° Les époques pendant lesquelles la pêche des diverses espèces de poisson sera interdite.

2° Les dimensions au-dessous desquelles certaines espèces ne pourront être pêchées.

Art. 5. Dans chaque département il est interdit de mettre en vente, de vendre, d'acheter, de transporter, de colporter, d'exporter ou d'importer les diverses espèces de poissons pendant le temps où la pêche en est interdite, en exécution de l'article 26 de la loi du 15 avril 1829.

Cette disposition n'est pas applicable aux poissons provenant des étangs ou réservoirs définis en l'article 30 de la loi précitée.

Art. 6. L'administration pourra donner l'autorisation de prendre et transporter, pendant le temps de la prohibition, le poisson destiné à la reproduction.

Art. 7. L'infraction aux dispositions de l'art. 1er et du premier paragraphe de l'article 5 de la présente loi, sera punie des peines portées par l'article 27 de la loi du 15 avril 1829 et en outre le poisson sera saisi et vendu sans délai, dans les formes prescrites par l'article 42 de la dite loi.

L'amende sera double et les délinquants pourront être condamnés à un emprisonnement de dix jours à un mois.

1° Dans les cas prévus par les articles 69 et 70 de la loi du 15 avril 1829.

2° Lorsqu'il sera constaté que le poisson a été enivré ou empoisonné.

3° Lorsque le transport aura lieu par bateaux, voitures ou bêtes de somme.

La recherche du poisson pourra être faite en temps prohibé, à domicile, chez les aubergistes, chez les marchands de denrées comestibles et dans les lieux ouverts au public.

Art. 8. Les dispositions relatives à la pêche ou au transport du poisson, s'appliquent au frai du poisson et à l'alevin.

Art. 9. L'article 32 de la loi du 15 avril 1829 est abrogé en ce qui concerne la marque ou le plombage des filets.

Des décrets détermineront le mode de la vérification de la dimension des mailles des filets autorisés pour la pêche de chaque espèce de poisson, en exécution de l'article 26 de la loi du 15 avril 1829.

Art. 10. Les infractions concernant la pêche, la vente, l'achat, le transport, le colportage, l'exportation ou l'importation du poisson, seront recherchées et constatées par les agents des douanes, les employés des contributions indirectes et des octrois, ainsi que par les autres agents autorisés par la loi du 15 avril 1829 et par le décret du 9 janvier 1852.

Des décrets détermineront la gratification qui sera accordée aux rédacteurs des procès-verbaux ayant pour objet de constater les délits : cette gratification sera prélevée sur le produit des amendes.

Art. 11. La poursuite des délits et contraventions et l'exécution des jugements pour infractions à la présente loi auront lieu conformément à la loi du 15 avril 1829 et au décret du 9 janvier 1852.

Art. 12. Les dispositions législatives antérieures sont abrogées en ce qu'elles peuvent avoir de contraire à la présente loi.

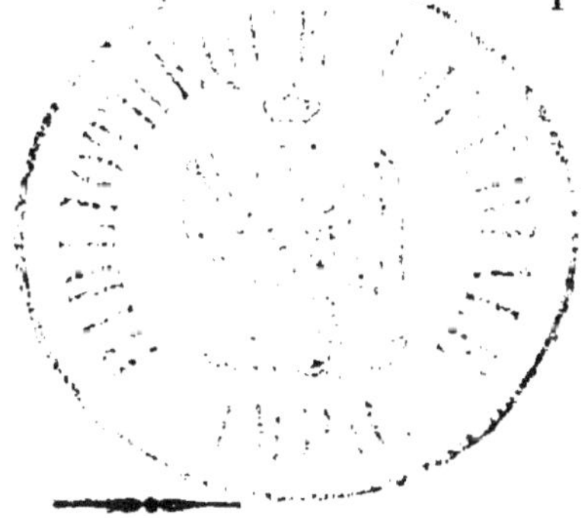

Gardes champêtres. 31

TABLE DES MATIÈRES. *

PREMIÈRE PARTIE.

SECTION 1re.

SECTION II.

* Cette Table ne s'applique qu'à la première et à la troisième partie du Manuel, la seconde étant rédigée par ordre alphabétique.

FIN DE LA TABLE.